Einheit – Freiheit – Selbstbestimmung

Karl-Ernst Jeismann (Hg.)

Einheit – Freiheit – Selbstbestimmung

Die Deutsche Frage im historisch-politischen Bewußtsein

Campus Verlag
Frankfurt/New York

CIP-Kurztitelaufnahme der Deutschen Bibliothek

Einheit, Freiheit, Selbstbestimmung
Die Deutsche Frage im historisch-politischen Bewußtsein
Karl-Ernst Jeismann (Hg.). – Frankfurt/Main; New York:
Campus Verlag, 1988.
ISBN 3-593-33903-X

Umschlaggestaltung: Atelier Warminski, Büdingen
Satz: Fotosatz Froitzheim, Bonn
Druck und Bindung: Franz Spiegel Buch GmbH, Ulm
Printed in Germany

Inhalt

Teil III: Zur historischen Dimension der Deutschen Frage

Teil IV: Die Rahmenbedingungen nationaler Politik

Vorwort

In der Präambel des Grundgesetzes für die Bundesrepublik Deutschland werden die drei Begriffe Einheit, Freiheit und Selbstbestimmung, die dieser Veröffentlichung ihren Titel gegeben haben, in pointierter Form miteinander verknüpft: »Das gesamte Deutsche Volk bleibt aufgefordert, in freier Selbstbestimmung die Einheit und Freiheit Deutschlands zu vollenden.« Dieser Verfassungsauftrag und das Nachdenken über seine Realisierungsmöglichkeiten umreißen den Kern dessen, was wir in der politischen Diskussion als die Deutsche Frage bezeichnen.

Das historisch-politische Bewußtsein in der Bundesrepublik Deutschland ist durch die Erfahrung der deutschen Spaltung nach dem Ende des Zweiten Weltkrieges, die doppelte Staatsgründung 1949 und die Integration der beiden deutschen Staaten in die globalen gegensätzlichen Bündnissysteme nachhaltig geprägt worden. Mit diesem Prozeß waren komplexe Probleme im Hinblick auf die Ausbildung eines geschichtlichen Herkunftsbewußtseins wie einer staatlichen und nationalen Identitätsfindung verbunden. Während in der frühen Nachkriegszeit die Möglichkeit einer Wiedervereinigung Deutschlands in absehbarer Frist noch als ein Nahziel der Politik aufgefaßt wurde, wobei die Bundesrepublik Deutschland als ein »Provisorium« oder als bloßes Durchgangsstadium der deutschen Geschichte erschien und die staatliche Existenz der DDR aufgrund der fehlenden Legitimation der dort etablierten Herrschaft negiert wurde, brach sich im Zusammenhang mit der Vertragspolitik zwischen Ost und West die Erkenntnis Bahn, daß die Konsequenzen der deutschen Spaltung nur in einem langfristigen Prozeß überwunden werden können.

Im Verhältnis zwischen beiden Staaten sind nach Abschluß des »Vertrages über die Grundlagen der Beziehungen zwischen der Bundesrepublik Deutschland und der Deutschen Demokratischen Republik« vom 21. Dezember 1972 manche Erleichterungen und Verbesserungen – insbesondere im Hinblick auf die Erweiterung der Kontakte zwischen den Menschen und die Regelung praktischer Fragen – erreicht worden, doch sind wir von »normalen gutnachbarlichen Beziehungen« (Art. 1 des Grundlagenvertrages) noch weit entfernt.

Vor dem Hintergrund der staatlichen Teilung Deutschlands erhält die Frage nach der nationalen Einheit der Deutschen ihr besonderes Gewicht. Denn die Deutschen haben nicht nur eine gemeinsame Geschichte, Sprache und Kultur, sondern sind auch durch vielfältige persönliche Beziehungen über die Grenze in Deutschland hinweg in besonderer Weise miteinander verbunden, so daß sich die Deutsche Frage gleichermaßen in eine verfassungsrechtliche, staatliche, nationale und gesellschaftliche Dimension auffächert.

Der vorliegende Sammelband kann und will kein fertiges Konzept zur Lösung der Deutschen Frage entwickeln, sondern steht im Zusammenhang mit verschiedenen anderen Veröffentlichungen, die in der Schriftenreihe der Bundeszentrale für politische Bildung in den letzten Jahren zum gleichen Thema vorgelegt worden sind. Die hier zusammengefaßten Studien wollen die Diskussion über Inhalt und Bedeutung der Deutschen Frage deutlicher konturieren und damit einen Beitrag zur historisch-politischen Bewußtseinsbildung der Deutschen leisten. Geschichtliche und aktuelle Aspekte werden dabei in einer multidisziplinären Analyse verschiedener Fachwissenschaften miteinander verbunden, um die Vielfalt der Perspektiven zu erschließen, die eine vertiefte Reflexion der Deutschen Frage erfordert. Besondere Bedeutung haben die Autoren dem Vermittlungszusammenhang zwischen Wissenschaft und Unterricht beigemessen und damit wichtige Anregungen für die Behandlung der Deutschen Frage in der politischen Bildung bereitgestellt, die zur weiterführenden und eigenständigen Auseinandersetzung herausfordern wollen.

Das Direktorium der Bundeszentrale für politische Bildung

Franklin Schultheiß   Horst Dahlhaus   Wolfgang Maurus

Einleitung

»Wer Erbschaft als Besitz behandelt,
hat sie verspielt.« (Hans Mayer)

Um die »Deutsche Frage« wird es nicht ruhig. Beim Anschein der geringsten politischen Bewegung zwischen den Machtblöcken wird sie zum Thema der politischen Rhetorik und Publizistik. Was der interessierte Leser und Hörer zur Kennntnis nehmen muß, offenbart dabei immer aufs Neue die Widersprüchlichkeit der in dieser Frage aufeinandertreffenden Normen, Postulate, Vorschläge und Spekulationen. Bald wird ihm die Vorstellung nahegebracht, daß es dem ureigensten sowjetischen Machtinteresse entspreche, die beiden deutschen Staaten in naher Zukunft zur Wiedervereinigung zu bringen; dann liest er, daß die Wiedervereinigung jenseits aller Realitität liege und es an der Zeit sei, die »Einheit« gegen die »Freiheit« einzutauschen. Er liest, daß der bundesdeutsche Staatspatriotismus schon längst viel bedeutsamer und wirklicher geworden sei als der Wunsch nach der politischen Einheit der deutschen Nation, daß letzterer geradezu dem ersteren im Wege stehen könne. Andererseits beobachtet ein aufmerksamer Zeitgenosse, wie am rechten und am linken Rand des politischen Spektrums ein engagiertes Eintreten für die Einheit der Nation sich artikuliert – in beiden Fällen ein kämpferisches Gegenbild, das im Rückgriff auf nationale Vergangenheit oder im Vorgriff auf eine autonome nationale Friedseligkeit die Verhältnisse negiert, denen die Bundesrepublik Deutschland ihre Existenz, ihre innere und äußere Sicherheit verdankt.

Schließlich vernimmt er immer wieder die offizielle Lesart, nach der die politische Einheit der Nation virtuell im Anspruch der Bundesrepublik bestehe, das deutsche Reich faktisch auf ihrem Territorium, rechtlich aber in den alten Grenzen zu vertreten – womit die in den Ostverträgen, insbesondere im Warschauer Vertrag staatsrechtlich unangefochtene Westgrenze Polens bei künftigen Friedensverhandlungen mit einem Gesamtdeutschland wieder zur Debatte stehen würde. Die diffizilen Rechtskonstruktionen und Vorbehalte, welche die Ostverträge begleiteten, die komplizierte Gedankenführung des Bundesverfassungsgerichtsurteil vom 31. Juli 1973 sind kaum geeignet, der Öffentlichkeit verständlich zu machen, welches Territorium denn nun eigentlich noch als Deutschland anzusehen sei, geschweige denn die Frage zu beantworten, wie die politischen Postulate mit pragmatischer Politik noch zusammenzubringen sind. Man braucht stets weiter greifende Erklärungen und Projektionen, um den Auftrag des Grundgesetzes als Maxime der Politik und als eine künftig einlösbare Verpflichtung begreiflich zu machen. Daß die drei elementaren Grundforderungen – Friedenswahrung in

Europa und der Welt, Geltung einer freiheitlichen Verfassung für ganz Deutschland und staatliche Einheit der deutschen Nation – nicht als einander ausschließende, sondern als miteinander verträgliche Werte vorzustellen sind, setzt die Erwartung voraus, daß sich die politischen Verhältnisse in Europa tiefgreifend verändern, mehr noch, daß eine grundsätzliche Umformung der weltpolitischen Strukturen, eine Überwindung der Systemgrenzen wie der machtpolitischen Interessen eintritt – ist es unbegreiflich, daß unter solchen Voraussetzungen im öffentlichen Bewußtsein die »Vollendung« der Einheit Deutschlands auf den Sankt-Nimmerleins-Tag verschoben erscheint, daß die Wiedervereinigungsforderung des Grundgesetzes zum bloßen Glaubensartikel wird?

Wie immer in solchen Situationen schlägt die Politik um in Pädagogik, tritt an die Stelle konkreten, zielgerichteten Handelns die Beschwörung der Zukunft und der Offenheit der Geschichte. Das ist verständlich und unabwendbar – die Frage ist nur, ob eine Nation diese Verlagerung der politischen Problemlösungen auf die Ebene des Bewußtseins und des Diskurses so vollzieht, daß die Offenheit der Geschichte als Vielfalt von Möglichkeiten erkannt wird, die in der Vergangenheit angelegt sind, aber keineswegs die Zukunft deterministisch prägen; anders, ob die Verlagerung der Einheit der Nation aus der politischen Realität auf die Ebene des Diskurses glaubhaft gelingt und nicht zwischen müder Gleichgültigkeit und leerem Pathos auch als Gegenstand des Bewußtseins entschwindet.

Die Beobachtung dieses Diskurses über die deutsche Einheit stimmt nachdenklich. Der unruhigen Oberfläche der öffentlichen Meinung, der zum Stereotyp gewordenen Wiedervereinigungsrhetorik im politischen Raum entspricht kein tieferes und allgemeines Bedürfnis nach Auseinandersetzung mit diesem Problem. Es gibt nachdenkliche und faszinierende Stimmen, in Literatur und Wissenschaft mehr als in der Politik, denen es glingt, die Tiefe, Widersprüchlichkeit und an die Existenz gehende Bedeutung dieser Frage zu präsentieren – aber sie wirken vereinzelt, finden kein breites Echo im öffentlichen Bewußtsein, scheinen vielmehr in einer allgemeinen Unlust zu versinken.

Und doch ist es unbestreitbar: Je länger die Deutsche Frage »offen« ist, je stabiler andererseits die Faktizität der Teilung erscheint, um so ausschließlicher wird die Frage nach der Existenz und der Möglichkeit einer kulturellen, aber auch politischen Einheit der Nation eine Angelegenheit des politischen und historischen Bewußtseins der Deutschen selbst. Schweigendes Desinteresse ist ebenso wie die leere Phraseologie, mit der die Schwierigkeiten und Widersprüche des Problems übertönt werden, ein Zeichen für mangelndes Nachdenken – und es scheint noch ungewiß, ob dieser Mangel Ausdruck der Akzeptanz einer neuen historischen Situation oder Zeichen der Verkennung einer historischen Aufgabe ist.

Versteht man die Deutsche Frage als ein Problem des politischen und historischen Bewußtseins der breiten, denkenden, an politischen Fragen interessierten und engagierten Öffentlichkeit – nicht allein als ein Thema kleiner Fachzirkel – so kommt man um die Feststellung nicht herum, daß die Nation ihrer Existenz als einer die Generationen umspannenden historischen Erscheinung unsicher, daß der Horizont, der Vergangenheitsdeutung, Gegenwartbestimmung und Zukunftserwartung umschließt, verhangen ist. Und doch eröffnen Zeiten verringerter Handlungsspielräume die Chance sorgfältiger Bestandsaufnahme und gelassener Reflexion in größerer Distanz zum aktuellen Geschehen.

Es wäre vermessen, Gründe für die Mattigkeit und Unlust der Existenz der deutschen kulturellen und politischen Nation im Bewußtsein aufzuzählen; das Ursachenbündel reicht über die kognitive Sphäre in schwer auflösbare sozialpsychische Phänomene, die ihrerseits historische Tiefe haben. Aber es lassen sich doch Hindernisse bezeichnen, welche das Bewußtsein lähmen, weil sie den Diskurs abschneiden. Dies gilt besonders für den Grundwiderspruch, der seit der Gründung beider deutscher Staaten besteht: ihre Einordnung in die gegensätzlichen Lager der Weltpolitik und die gleichzeitig erhobene Forderung nach der deutschen Einheit. Was immer dafür sprach, daß der »Zielkonflikt« (Waldemar Besson) 1949 und 1955 endgültig zugunsten der festen und zum Bekenntnis erhobenen Einbindung der deutschen Teilstaaten in die westliche und die östliche Welt entschieden wurde: Die Verhinderung der offenen Diskussion dieses Zielkonflikts durch die eine Generation lang durchgehaltene These von der Harmonie beider Ziele wurde, je länger desto mehr, zur Schranke einer glaubhaften, politisch relevanten Auseinandersetzung mit der Lage Deutschlands in unserer Zeit. Der Weg in die Zukunft neuer europäischer und weltpolitischer Orientierung erschien zugleich als Straße in die Vergangenheit des deutschen Nationalstaates – eine Gegenläufigkeit, die sich nicht als fruchtbare Spannung, sondern als lähmende Blockierung herausgestellt hat.

Als die Kultusminister nach dem Urteil des Bundesverfassungsgerichts von 1973 eigene Empfehlungen zur Behandlung der Deutschen Frage im Unterricht erließen (1978), waren sie daran gebunden, die rechtspolitische Interpretation des Bundesverfassungsgerichts zur verbindlichen Grundlage des Unterrichts zu erklären. Damit wurden die Ebenen vermischt: Was als Behauptung einer staats- und völkerrechtlichen Position rechtspolitisch seinen Sinn hat, kann nicht zum verbindlichen Rahmen des öffentlichen Nachdenkens und schon gar nicht des Gesprächs mit der kommenden Generation werden. Die Spannung, welche der Deutschen Frage historisch wie politisch innewohnt, wurde auf diese Weise reduziert. Es gibt kaum eine wirkungsvollere Gesprächsblockade als eine auf juristische Formulierungen verweisende pädagogische Denkanordnung in politischen und historischen Fragen.

Solch deterministische Betrachtung reduziert das Nachdenken über die deutsche Einheit auf die schroffe Alternative einer postulierten Wiederherstellung des nationalen Staates nach dem Muster der Reichseinigung des 19. Jahrhunderts einerseits, der faktischen Fortschreibung und Festigung des gegenwärtigen Zustandes andererseits. Die offizielle Politik der SED hat, die Faktizität interpretierend, nicht nur die staatliche, sondern auch die nationale Einheit aufgekündigt. In der Bundesrepublik Deutschland ist unterschwellig ein spiegelbildliches Verhalten trotz aller politischer Gegensteuerung längst üblich. Die Bundesrepublik wird im Bewußtsein ihrer Bürger zu »Deutschland«; der Kommunikations- und Erfahrungsraum und damit auch der Raum des politischen und historischen Bewußtseins engt sich auf unseren Staat und das westliche Europa ein. Vor einer solchen Alternative und angesichts der Notwendigkeit, in schwierigeren ökonomischen und politischen Perioden die Integrität des bestehenden Staates und die Loyalität seiner Bevölkerung zu festigen, kann dann ein Wiedervereinigungspostulat als destabilisierender Faktor für die bestehende und bejahte Ordnung erscheinen. »Wie lange kann es sich die Bundesrepublik noch leisten, die eigene Jugend zur nationalen Unzufriedenheit zu erziehen?« (Jürgen C. Heß)

Eine solche Konkurrenz zwischen bundesstaatlichem Patriotismus und deutschem Nationalbewußtsein ist die Folge einer Blockierung der Zukunftsperspektiven deutscher Entwicklung durch die Stereotypisierung und Dogmatisierung der nationalen Vergangenheit. Wo das Spektrum nationaler Erwartungen und Hoffnungen durch »juristische Spitzfindigkeiten« (Helmut Schmidt) auf eine bestimmte historische Form der deutschen Einheit festgelegt wird, erscheint selbst die zur Zeit mögliche Deutschlandpolitik – die Verbindung zwischen den Menschen in beiden Staaten nicht abreißen zu lassen oder wieder zu stärken – als ein Weg zur Vertiefung der politischen Trennung der Nation in zwei Staaten.

Daß die vielschichtige Zusammengehörigkeit der deutschen Nation in gesellschaftlicher, wirtschaftlicher, kultureller und politischer Hinsicht unterschiedliche Formen »deutscher Einheit« in der Vergangenheit hervorgebracht hat und also auch in Zukunft aller Erfahrung gemäß bereithalten wird, geht einem solchen blockierten Denken verloren. Dies kann Gleichgültigkeit oder Eskapismus zur Folge haben. Daher besteht die Gefahr, daß sich ein reduziertes historisch-politisches Bewußtsein der Öffentlichkeit im Hinblick auf die nationale Frage negativ auf die Politikfähigkeit der Bundesrepublik auswirkt. Historisches Bewußtsein und politische Denkfähigkeit können das konkrete politische Handeln nicht determinieren; wie sich in Zukunft die Möglichkeiten einer Einheit der deutschen Nation ausnehmen werden, hängt von der realen Entwicklung der politischen Verhältnisse, nicht vom Stand des historischen Bewußtseins der Deutschen ab. Aber wie diese Möglichkeiten interpretiert und gewertet, erkannt und genutzt oder verfehlt werden können, das ist sehr wohl eine Frage dieses Bewußtseins in der politischen Elite wie in der Öffentlichkeit des innerdeutschen Diskurses. Es bedarf eines von Klischees und Blockaden freien geschichtlichen und politischen Vorstellungshorizontes. Er bewahrt vor der nationalen Resignation, welche die nicht nur im staatlichen, sondern im gesamten kulturellen und gesellschaftlichen Bereich, aber auch in den konkreten politischen Interessen tief verankerten nationalen Zusammenhänge verkennt; er bewahrt auch vor einem nationalen Voluntarismus, der die Nation als absoluten Wert setzt und die Begrenztheit und Bedingtheit nationaler Formationen im europäischen und internationalen Rahmen nicht wahrhaben will.

Wenn die deutlichen Anzeichen einer Störung der Vermittlung historischen und politischen Bewußtseins im Hinblick auf die Deutsche Frage in Unterricht und Öffentlichkeit nicht trügen – auch noch die bisweilen schon hektisch werdende Suche nach dem scheinbar Selbstverständlichen, der »deutschen Identität«, gehört zu den besorgniserregenden Erscheinungen – so haben wir es mit einem fatalen politischen Befund zu tun. Man kann ihn zwar plausibel erklären: aus dem Zusammenbruch des deutschen Nationalstaates als des zentrierenden Faktors des Geschichtbewußtseins, die Belastung dieses Zusammenbruchs mit der Pervertierung der nationalen Idee durch den Nationalsozialismus und der in dieser Perversion unverkennbare Widerspruch zwischen universalen, humanitären und nationalistischen Leitvorstellungen in dieser Periode deutscher Geschichte; ferner aus dem gegenwärtigen Erlebnishorizont, der trotz aller Bemühungen und aller Anzeichen des Interesses nach Osten nur teilweise geöffnet ist, während er zum Westen hin frei und verlockend erscheint. Es war ein komplizierter und langer historischer Weg zu einer immer unvollkommenen, aber realen politischen Einheit der deutschen Nation; heute ist schon das Denken einer nationalen Einheit nicht nur schwieriger geworden als je, es verlangt einen neuen und anderen Zugang als die Konservierung des national-staatlichen Modells aus der ersten Hälfte unseres Jahrhunderts. Während die Geschichtswissenschaft offensichtlich dabei ist, solche neuen Zugänge durch differenzierte Erhellung des historischen Prozesses zu erschließen, bleiben die Rückbezüge des öffentlichen Bewußtseins und der politischen Argumentation auf die deutsche Nationalgeschichte unter der Frage nach der Möglichkeit der deutschen Einheit starr und laufen Gefahr, zu bloßen Argumentationsfiguren für bestimmte politische Absichten und Ansichten und also zur bloßen politischen Rhetorik zu werden.

Diesem Zustand will diese Veröffentlichung entgegenwirken. Sie zielt auf das öffentlich vermittelte Geschichtsbewußtsein und hier wiederum auf die institutionalisierte Form dieser Vermittlung, auf den Unterricht. Da aber Unterricht nicht allein durch administrative Anweisungen – Empfehlungen, Erlasse, Lehrpläne – oder durch das Angebot an Lernmitteln und Medien bestimmt ist, sondern in tieferer Weise durch die in der Gesellschaft vorherrschenden historisch-politischen Vorstellungskomplexe geprägt wird, geht es über den Unterricht hinaus auch um diese Bewußtseinslagen, wie sie durch öffentliche Äußerungen unterschiedlichster Art in den Medien faßbar werden.

Daß die hier gruppierten Aufsätze nur einige Aspekte der umfassenden Fragestellung aufgreifen können, liegt auf der Hand und bedarf keiner Erklärung. Der erste Teil des Bandes enthält drei Beiträge, welche die historisch-politische Bewußtseinsbildung thematisieren. *Erich Kosthorst* stellt das Spektrum politischer Optionen und historischer Traditionen vor, welche die Diskussion der Frage nach der deutschen Einheit heute strukturieren. *Wolfgang Marienfeld* faßt die Ergebnisse eines Forschungsprojektes zusammen, welches das Deutschlandbild und die Deutsche Frage in der Darstellung der Schulgeschichtsschreibung in beiden deutschen Staaten seit 1975 verfolgte. *Karl-Ernst Jeismann* und *Bernd Schönemann* legen eine bewußt pointierte Auseinandersetzung mit den Empfehlungen der Ständigen Konferenz der Kultusminister zur Behandlung der Deutschen Frage im Unterricht (1978) und Grundgedanken eines Alternativkonzeptes vor.

Der zweite Abschnitt befaßt sich mit der nationalen Begrifflichkeit, Mentalität und Programmatik in beiden deutschen Staaten. Die Vielschichtigkeit des Nationsbegriffes ist das Thema des Aufsatzes von *Günter C. Behrmann*. Die nationale Mentalität als Teil der politischen Kultur und die Einstellung zur nationalen Frage in der Bundesrepublik Deutschland und in der DDR werden von *Karl Rohe* und *Gert-Joachim Glaeßner* dargestellt.

Der dritte Abschnitt wendet sich der historischen Dimension der Deutschen Frage zu. *Rudolf Vierhaus* skizziert die nationale Einheit Deutschlands als ein Problem der Deutschen und der Europäer seit der Französischen Revolution. Während hier die geschichtlichen Grundzüge des deutschen Weges zur Staatsnation vom heutigen Forschungsstand aus umgreifend skizziert werden, ist der Beitrag von *Franz-Josef Jakobi* ein Fallbeispiel für die Art, wie durch Rückgriff auf mittelalterliche Geschichte im 19. und 20. Jahrhundert politische Legitimationen für bestimmte Ansichten der Deutschen Frage begründet wurden. Für eine solche Stereotypisierung und Mythologisierung, deren funktionaler Charakter insbesondere zur Zeit der Weimarer Republik aufgewiesen wird, ließen sich auch Beispiele anderer politischer Provenienz anführen; dieses eine mag genügen, um für die Schwierigkeit und Problematik des Umgangs mit Geschichte in politischer Absicht zu sensibilisieren.

Im letzten Teil werden die Rahmenbedingungen skizziert, an denen heute das Nachdenken über die Möglichkeit und die Wünschbarkeit der deutschen Einheit nicht vorbeigehen kann. Die im öffentlichen Bewußtsein zu wenig bekannten wirtschaftlichen Verflechtungen zwischen der Bundesrepublik Deutschland und der DDR stellt *Diemar Petzina* vor und macht deutlich, wie auf eine besondere Weise über die Grenze zwischen den politischen, ökonomischen und ideologischen Blöcken hinweg durch die mittelbare Anbindung der DDR an die Europäische Gemeinschaft eine alte, wirtschaftshistorische Kontinuitätslinie weiter erkennbar bleibt. *Jochen Frowein* greift die in der politischen Auseinandersetzung immer virulente, in den administrativen Vorgaben für den Unterricht an erste Stelle gerückte Frage nach der Rechtspolitik auf und formuliert wertende und politische Konsequenzen aus dieser Analyse. Abschließend beschreibt *Andreas Hillgruber* das gegenwärtige politische Spannungsfeld, in das sich jede Deutschlandpolitik heute gestellt sieht und dessen Bedingungen sie als Grenzen und Möglichkeiten ihres Handelns zu beachten hat.

Alle elf Beiträge verstehen sich als Versuche, durch Reflexion historischer und gegenwärtiger Sachverhalte nicht so sehr neue Erkenntnisse oder Tatbestände zu präsentieren – an eingehenden und soliden faktographischen Darstellungen zur Deutschen Frage ist kein Mangel – sondern vielmehr, einen freieren, energischeren und informierten Umgang mit der Deutschen Frage als Herausforderung an das historische und politische Bewußtsein zu ermutigen.

Den Zeitpunkt dieser Bemühungen, die Deutsche Frage als ein Problem unseres politischen und historischen Bewußtseins zum Gegenstand interdisziplinären Nachdenkens zu machen, bestimmte unabhängig von der allgemeinen politischen Virulenz dieser Frage ein persönlicher Anlaß. Am Ende des Wintersemesters 1985/86 wurde Erich Kosthorst emeritiert. Er hat in Forschung und Lehre, für Wissenschaft und Unterricht die Deutsche Frage, wie sie sich seit dem Zusammenbruch der Ersten Republik im Hitler-Reich und in der Nachkriegszeit entwickelte, zum zentralen Thema nicht nur seines wissenschaftlichen, sondern auch seines politisch-moralischen Engagements gemacht. Ihm sei daher ein besonderer Dank gesagt.

Herausgeber und Autoren dieses Bandes danken der Werner-Reimers-Stiftung, die den Verfassern der Beiträge einen intensiven Gedankenaustausch ermöglicht hat, und der Bundeszentrale für politische Bildung für die Veröffentlichung dieses Sammelbandes.

Karl-Ernst Jeismann

Teil I

Nationalstaat und Nationalbewußtsein in Öffentlichkeit und Unterricht

Erich Kosthorst

Die Frage der deutschen Einheit im Spannungsfeld politischer Optionen und historischer Traditionen

Mit Blick auf die Kapitulation des »Dritten Reiches« schrieb Jobst Siedler in einem Essay »Was im Mai 1945 wirklich geschah« folgende bitteren Sätze: »Es ist deutsche Selbstüberhebung, den Untergang einer Epoche unter dem eigenen Vorzeichen zu sehen. Die Geschichte wird sich der Ereignisse von 1945 nicht erinnern, weil eine der europäischen Nationen ihre staatliche Ordnung verloren hat, sondern weil die asiatische Gegenmacht nun nicht mehr hinter Dnjepr und Düna, sondern an der Elbe steht. Dies und nicht politische Organisationsformen sind die Vorgänge, die den Gang der Geschichte markieren. Und deshalb sind die osteuropäischen Wanderungsbewegungen von annähernd 50 Millionen Menschen ein gravierenderer Vorgang als der Zerfall des Bismarckschen Reiches.«[1]

Diese Thesen führen uns im Zusammenhang unseres Themas in das Spannungsfeld der Trias Vergangenheitsanalyse, Gegenwartsdeutung und Zukunftsperspektive, wie sie Karl-Ernst Jeismann als konstitutive Elemente des historisch-politischen Bewußtseins definiert hat. Ich setze sie als bekannt voraus und hebe für unseren Gedankengang lediglich noch einmal die damit einhergehende, der historisch-politischen Pädagogik als Geschichtsdidaktik zuzuschreibende Aufgabe heraus, durch rationale Beziehung jener drei Elemente zueinander ein aufgeklärtes Geschichtsbewußtsein zu schaffen – ein aufgeklärtes Geschichtsbewußtsein als notwendiger Bedingung einer vernünftigen und humanen (individuellen und kollektiven) Existenz und Handlungsmotivation. Auf unser Problem bezogen bedeutet dies, die von Jobst Siedler aufgeworfene Feststellung noch einmal als Frage aufzunehmen. Die Erörterung dieser Frage – der »Deutschen Frage« – ist ohne die Herstellung eines aufgeklärten Bezuges zu ihrer Vergangenheit, ohne Einbeziehung der deutschen Nationalgeschichte nicht denkbar. An einigen repräsentativen Stellungnahmen soll untersucht werden, ob und in welcher Weise dies bei uns geschieht.

I.

Nun gibt es bekanntlich die Sorge, daß zuviel Geschichte der Gegenwart zur unerträglichen Last werde, Handlungsfähigkeit und -freiheit in ihr verhindere.

Nicht nur bei Nietzsche ist sie zu finden, Ernst Nolte trägt sie im Hinblick auf den Nationalsozialismus vor als eine »Vergangenheit, die nicht vergehen will«[2], und es gibt Grund, sich auch im Zusammenhang der Deutschen Frage mit ihr auseinanderzusetzen. Kein Geringerer als Jürgen Kocka ist offenbar von der Sorge bewegt, daß die permanente Erinnerung an die deutsche Nationalgeschichte die notwendige Entfaltung eines bundesrepublikanischen Selbst- und Staatsbewußtseins behindere. Wolle die Bundesrepublik Deutschland zu sich selbst, zur gesuchten Identität kommen, müsse sie sich, so führte er aus[3], der Bindung an ein gesamtdeutsches Nationalbewußtsein entschlagen. Die Erinnerung an die Geschichte berufe in diesem Falle naturgemäß vor allem deutsche, nationale Traditionen, die gerade nicht spezifisch seien für die Bundesrepublik Deutschland, sondern mit der DDR gemeinsam seien. Wenn man diese Traditionen betone, stärke man aber wohl gerade nicht die erforderliche bundesrepublikanische Identität, sondern ein gesamtdeutsches Gemeinsamkeitsbewußtsein. Die Erinnerung an die Geschichte stärke also insofern nicht die Solidarität innerhalb *der* Einheit, in der wir sie brauchten, weil wir nur in ihr handeln könnten. Es sei wahr, so schließt er diesen Gedankengang, daß *Traditionslosigkeit destablisiere, die historische Erinnerung aber auch.*

Jürgen Kocka will gewiß nicht die historische Erinnerung überhaupt annullieren, sondern über eine von ihm befürchtete Verengung auf Nationalstaatsgeschichte hinaus zu einer, wie er erläutert, produktiveren Vergegenwärtigung der zahlreichen anderen Traditionen, in denen der einzelne sich finden könne, gelangen – in erster Linie eben zur Loyalität eines Bürgerbewußtseins in der Bundesrepublik. Aber auch wenn man Kockas Darlegungen in diesem Sinne ernst nimmt, bleibt doch der oben herausgehobene Satz von der Destabilisierung historischer Erinnerung in seinem Gewicht bestehen. Ich nehme ihn, ohne ihn verabsolutieren zu wollen, noch einmal auf und assoziiere ihn im Interesse unseres Gegenstands mit Friedrich Nietzsches »Vom Nutzen und Nachteil der Historie für das Leben«[4]: »Zu allem Handeln«, schreibt Nietzsche, »gehört Vergessen. ... Ein Mensch, der durch und durch nur historisch empfinden wollte, wäre dem ähnlich, der sich des Schlafens zu enthalten gezwungen würde, oder dem Tiere, das nur vom Wiederkäuen und immer wiederholten Wiederkäuen leben sollte ... *es gibt einen Grad von Schlaflosigkeit, von Wiederkäuen, von historischem Sinn, bei dem das Lebendige zu Schaden kommt und letztlich zugrunde geht, sei es nun ein Mensch oder ein Volk oder eine Kultur.«*[5]

Ein deutscher Nationalstaat, in ununterbrochenem Wiederkäuen Bismarckscher Reichstradition erinnert und zur Wiederherstellung gefordert, wäre, um Kockas Sorge in Nietzsches Sprechweise zu übersetzen, das Fortschleppen eines »nie zu vollendenden Imperfektums«, das die Gegenwart unterschlägt und die Bundesrepublik Deutschland zu einem Ding macht, »das davon lebt, sich selbst zu verneinen und zu verzehren, sich selbst zu widersprechen«. Demnach müßte, so wäre mit Nietzsche zu folgern, die Bundesrepublik, um endlich zu sich selbst zu kommen, sich in den vorfindlichen Gegenwartshorizont einschließen und die deutsche Nation als Vergangenheit vergessen, damit diese nicht zum »Totengräber des Gegenwärtigen« werde. Wir müßten, um noch einmal mit Nietzsche zu sprechen, vordringlich auf unsere »plastische Kraft« setzen, in der Zuversicht, daß sie fähig ist, »aus sich heraus eigenartig zu wachsen ... Verlorenes zu ersetzen, zerbrochene Formen aus sich nachzuformen«.

Dem ist entgegenzuhalten: So gewiß die Gegenwart als Horizont der Geschichte gelten muß, so fragwürdig wäre es, diesen Horizont im Dienste gewünschter Handlungsfreiheit mit Nietzsche als »geschlossen und ganz« zu setzen, so daß nichts mehr, wie Nietzsche formuliert, »daran zu erinnern vermag, daß es noch jenseits desselben Menschen, Leidenschaften, Lehren, Zwecke gibt«. Dem steht entgegen, daß nicht nur die Gegenwart den Horizont der Geschichte bildet, sondern umgekehrt auch die Geschichte Horizont der Gegenwart ist. Es gilt demnach, in der Spannung zwischen beiden Horizonten die Balance zu halten. Oder mit einem anderen Bild: Auf der Waage des historisch-politischen Bewußtseins muß mit beiden Gewichten – Vergangenheit und Gegenwart – die für die Zukunft gesuchte Handlungsmenge austariert werden.

Versucht man dieses Balancieren und Tarieren zu konkretisieren, so gerät man in das Feld verschiedener »Sehe-Punkte« und damit in eine zusätzliche Schwierigkeit. Diese »Sehe-Punkte« haben jeder für sich ihre Berechtigung, können also weder von vornherein richtig oder falsch genannt werden, weil, wie Johann Martin Chladenius als einer der frühesten Interpreten dieser »Sehe-Punkte« bereits 1742 erläutert hat, die Verschiedenheit der Sehe-Punkte teils in dem Ort und in der Stellung unseres Leibes, die bei jedem verschieden seien, teils in der verschiedenen Verbindung, die wir mit den Sachen hätten, teils in unserer vorhergehenden Art zu denken zu suchen sei, vermöge welcher dieser auf das, der andere auf jenes acht zu geben sich angewöhnt habe[6].

Uns interessiert im Zusammenhang der mit den verschiedenen Sehe-Punkten gegebenen Aspekte besonders die Bedeutung des historischen Sichtfeldes, seine Funktion in der Trias der Dimensionen. Damit ist zwar die Legitimität verschiedener solcher Aspekte, nicht aber ihre Beliebigkeit gegeben und erst recht nicht die Freizügigkeit der Entbindung von den anderen Triaselementen. Bezogen auf die Deutsche Frage, ergeben sich somit mehrere Denkmöglichkeiten – Denkmöglichkeiten, die, sich ergänzend, das Problemfeld komplettieren und diskursiv Lösungsmöglichkeiten projektieren, aber doktrinäre Entgegensetzungen ausschließen. Über der Komplexität der Frage weitet sich die Perspektive.

An dieser Stelle unserer Überlegungen angelangt, müssen wir uns im Rückgriff auf die eingangs skizzierte politische Lage noch einmal dessen vergewissern, was allen möglichen Sehe-Punkten als gemeinsamer »Stehe-Boden« vorgegeben ist und bei Nichtanerkennung von der Diskussion ausschließt: Es ist der vom weltpolitischen Ausbruchsversuch Hitler-Deutschlands provozierte Gegenschlag der Ost-West-Koalition, der 1945 zur Auslöschung des Deutschen Reiches und zur politischen Eliminierung Mitteleuropas führte – ein epochaler historischer Bruch, der mit der anschließenden Teilung Deutschlands in zwei Staaten zusätzlich zu einem deutschen Kontinuitätsbruch erweitert wurde. In der Namensgebung des westlichen Teilstaates wurde durch das Attribut Deutschland zwar eine Überbrükkung des Kontinuitätsbruches versucht, jedoch hat die »Inanspruchnahme der stellvertretenden Übernahme der Verantwortung für das Ganze und des Willens zur Wiedervereinigung mit dem anderen Teil Deutschlands [Kernstaatsgedanke] die Machtlosigkeit gegenüber der ›deutschen Frage‹ von 1945/49 bis zur Gegenwart nicht verändert. ... Bei fortgesetzter Bestätigung des Status quo im geteilten Deutschland ... ist der Kontinuitätsbruch der deutschen Geschichte des 20. Jahrhunderts solange fortgeschrieben, wie die weltpolitische Situation in Europa auf den Entscheidungen der Jahre 1945/47 beruht.«[7]

Die durch Deutschland gezogene Teilungslinie ist also nicht irgendeine territoriale Trennlinie, sie fungiert als Brandmauer zwischen zwei antagonistischen Weltmächten, ja, als Frontlinie »zwischen zwei Bündnissystemen potentieller Kriegsgegner«[8]. Darin dient die Bundesrepublik Deutschland »als Mittelstück im europäischen Verteidigungsbogen des atlantischen Systems«, und dies ist die »Bedingung ihrer Existenz«[9]. Ein Gleiches gilt, vice versa, für die DDR. Hinzuzufügen ist jedoch: Die Deutschen sind in die Teilung ihres Landes hineingezwungen worden; seither besteht zwischen dem Postulat wiederzuerringender Einheit und faktischer Separierung eine bis heute nicht aufgehobene Spannung. »Der sichtbarste Indikator für die Spannung zwischen Dauerhaftigkeit und Änderungsbedürftigkeit bzw. Unerträglichkeit zwischen den Systemen ist die militärisch befestigte und gesicherte Linie (›Todesstreifen‹ – ›Staatsgrenze‹) durch Deutschland und Berlin.«[10] In dieser Situation lebt die Bundesrepublik Deutschland im Widerspruch zwischen nationalpolitischem Verfassungsauftrag, der eine weitgreifende Veränderung fordert, und der Statik weltpolitischer Machtverhältnisse. Die Auflösung dieses Widerspruchs in einer *peaceful change* ist nicht in Sicht. Der Status quo gilt unverändert, wenngleich sich der Handlungsspielraum der Bundesrepublik mit ihrem wachsenden Gewicht innerhalb des westlichen Bündnisgefüges erweitert und sich ein eigenes Verhältnis zur Sowjetunion eingestellt hat. Ob sich damit »auf neue Weise«, wie Werner Conze feststellen zu können meinte, »die traditionelle Zwischenlage Deutschlands, wie in einem gewissermaßen nach Westen gerückten ›Mitteleuropa‹« wieder einstellen könnte, ist fraglich[11].

Wenn somit die Teilung Deutschlands »zu den stabilen Elementen einer instabilen Welt gehört«[12], dann befindet sich die Bundesrepublik mit ihrem nationalpolitischen Verfassungsgebot je länger, je mehr in einer Aporie, in einer ausweglosen Lage. Daß das in den Anfangsphasen des geteilten Deutschland noch statthafte rhetorische Überspielen der Aporie – sei es in autosuggestiver Selbsttäuschung, sei es in »volkspädagogischer« Absicht – an sein Ende gekommen ist, davon zeugen die in den letzten Jahren sich verstärkenden Besorgnisse, Warnungen, Lösungsvorschläge und dezisionistischen Projekte.

II.

Die oben skizzierte Aporie der deutschen Lage führt zunehmend zu der Ansicht, wenn es in der Deutschen Frage keinerlei Manövrierraum mehr gebe, müsse das Festhalten am deutschen Nationalstaatspostulat angesichts fehlender politischer Operationalisierungsmöglichkeit zu einem sozialpsychologisch verhängnisvollen Dauerdefekt des für die Bundesrepublik Deutschland unerläßlichen Selbst- und Staatsbewußtseins führen, die Indentitätsstörung spätestens in einer Großkrise, in einer Identitätszerstörung enden. Die Bundesrepublik müsse sich also, unter Abkoppelung vom fiktiven deutschen Nationsgedanken, endlich selbst als endgültigen Staat, ja, als Nation erkennen und anerkennen und eine entsprechende Räson entwickeln – einen »Verfassungspatriotismus« (Sternberger) in einer »postnationalen Demokratie« (Bracher)[13]. Nur so sei ein volles Bürgerbewußtsein zu erreichen, und zugleich seien die europäischen Nachbarstaaten ihrer Sorgen angesichts der ewig unruhigen Deutschen ledig und die Weltmächte in ihrer geopolitischen Zwangslage an der deutsch-deutschen Grenzlinie ebenfalls entlastet. Wir haben eine solche Position oben bereits gestreift, doch ging es dabei weniger um die Beschäftigung mit ihr als solcher, als vielmehr um den theoretischen Einstieg in den Fragenkreis vom Nutzen und Nachteil der Historie überhaupt. Tritt man in die konkrete Diskussion ein, so ist es bemerkenswert, daß es gerade Historiker sind, die hier in vorderster Linie fechten – Historiker zumeist der mittleren Generation und mit starkem politischem Engagement.

Hier ist sogleich Hans-Ulrich Wehler zu nennen, der mit der Vehemenz seines Temperaments alle, die sich der Präambel des Grundgesetzes verpflichtet fühlen, dem Verdikt einer »schon pathologischen Mißachtung einer Grundtatsache der internationalen Politik« unterwirft[14]. Seine Begründung ist einerseits eine präsentistische (in Ost und West bestehe »nicht das geringste realpolitische Interesse daran, den Status quo in Mitteleuropa zugunsten der riskanten Rückkehr zu einem 80-Millionen-Staat der Deutschen aufzugeben«), andererseits eine historische. Die von Wehler aufgerufene historische Erinnerung hat die Funktion, die von ihm befürchtete Verdrängung des bereits von der deutschen Geschichte vorgegebenen Faktums eines zur »unkalkulierbare[n] Größe ... geballte[n] deutsche[n] Potential[s], zumal befreit von jeder Westbindung«, verhindern zu helfen. Die Abwehr des damit einhergehenden Versuchs einer, wie Wehler formuliert, Wiedererweckung der »Leiche des 1945 endgültig gescheiterten Bismarckreiches«[15] wird von ihm zum Angelpunkt eines Geschichtsbewußtseins erhoben, das sich von solchem »sich historisch-traditionsbewußt gebenden«, in Wirklichkeit jedoch mehr als »tolpatschig[em], provinziellem Verhalten« ebenso absetzt wie, so fügt er hinzu, von linken »Irrlichtern eines neuen Nationalismus, dem erneut ein ›dritter Weg‹ zwischen Ost und West« vorschwebe. Dies sei die Renaissance des berüchtigten Sonderweges, der diesmal zu einem neutralisierten Gesamtdeutschland führen solle. Mit dem abschließenden Satz des Artikels, daß unser Geschichtsbewußtsein den rationalen Argumenten, die aus den bitteren Erfahrungen der deutschen Geschichte abzuleiten seien, standhalten lernen müsse, wird die von Wehler gesetzte Priorität der Gegenwart als Horizont der Geschichte noch einmal deutlich: Aus der eigentümlichen Schwebelage der Trias-Elemente des Geschichtsbewußtseins wird die Vergangenheitsanalyse unter den Gegenwartshorizont abgedreht.

Das Handicap der von Wehler bekanntlich in toto negativ statuierten deutschen Nationalgeschichte (seit Bismarck) besteht in der Annullierung eines Spannungsfeldes, in dem eben auch die Antithese beachtet sein will: die Geschichte als Horizont der Gegenwart. Wo dieser Horizont wirklich ausgeleuchtet wird, zeigen sich andere Aspekte des von Bismarck in einer außergewöhnlichen europäischen Konstellation geschaffenen und dann in einer europäischen Balance gehaltenen deutschen Nationalstaats, wie zuerst Thomas Nipperdey Wehler kritisch entgegengehalten hat. Sie werden inzwischen international gewürdigt, auch in der DDR gesehen und wollen auch im Zusammenhang der Deutschen Frage beachtet sein. Für Wehler bleiben aber offenbar die von ihm behaupteten Defekte und deren bis ins Dritte Reich fortwirkende soziale Kosten das singuläre Lernpotential. In der Verabsolutierung sonst bedenkenswerter Thesen gerät er in die Gefahr, die Vergangenheit zu lehren, wie sie hätte sein sollen, was gleichbedeutend ist mit: die Geschichte zu lehren, was sie lehren soll. In dieser Tautologie hebt sich das Spannungsfeld Geschichtsbewußtsein als mögliches Lernfeld auf.

Vom Motiv einer dringlichen Stabilisierung der Bundesrepublik Deutschland ähnlich bewegt wie Wehler, plädiert Hans Mommsen mit gleicher Entschiedenheit, jedoch mit anderen Argumenten für einen Absprung aus der Kontinuität des Bismarckschen Nationalstaates als eines antiquierten gesamtdeutschen Denkrasters, ohne zu bedenken, daß für unsere Verfassungsväter das Bismarck-Reich keineswegs Modellfunktion besaß. Sein eigener Bezugspunkt, von ihm, wie er erklärt, aus der Beobachtung des historischen Prozesses der Entnationalisierung der europäischen Staaten und Gesellschaften gewonnen, ist der Gedanke der Wiedererstehung der neu-alten Form regionaler Vergesellschaftung, der *regionalen Solidarität.* Dazu verweist er auf die baskische, die bretonische, walisische, flämische Situation und, ohne nähere Kennzeichnung, auch auf außereuropäische Regionalismen. In diesen Kategorierahmen stellt Mommsen die von ihm konstatierte und nachdrücklich befürwortete (weil mit einem Modernisierungs- oder Rationalisierungsschub kongruente) deutsche Entwicklung zu einer Bi-Nationalisierung ein, wie er das Auseinanderfallen Deutschlands in eine west- und eine mitteldeutsche Region nennt. Seine, wie er meint, auf historischer Beobachtung und Gegenwartsdiagnose beruhende Prognose für Deutschland lautet wie folgt: »Wenn der Trend zur Regionalisierung anhält, der sich in Deutschland auch in einer Regionalisierung der Geschichtsbilder niederschlägt – und Geschichte ist immer der klassische Indikator für nationales Bewußtsein – spricht wenig dafür, daß ein gesamtdeutsches Bewußtsein Bismarckscher Prägung sich revitalisieren ließe; es spricht aber sehr viel dafür, daß die Rationalisierung zunächst einmal auf eine Unterstützung des Bi-Nationalisierungsprozesses hinausläuft, wobei die langfristige Perspektive sogar sein kann, durch eine Regionalisierung der deutschen Teilgebiete über die beiden deutschen Staaten hinaus gewissermaßen eine neue Staatssituation für das Selbstverständnis der Individuen zu bekommen, gleichsam eine transnationalstaatliche Regionalisierung als Lösungsmöglichkeit.«[16]

Diese Perspektive Mommsens entspringt offensichtlich einem Optionenbündel. Was in früheren Aufsätzen vorsichtiger als eine Frage formuliert war, die der Fortgang der Geschichte noch zu beantworten hätte, ist ihm nunmehr schon zur Gewißheit geworden. Die Frage lautete seinerzeit, welche Prägekraft den jüngeren, vom gesamtnationalen Standpunkt desintegrativen Tendenzen gegenüber der nachwirkenden Tradition zuzusprechen sei. Den Impuls zu dieser Frage gab die Beobachtung der »Rückläufigkeit der nationalen Komponente im deutschen politischen Selbstverständnis der Nachkriegszeit«[17]. Zugleich hatte Mommsen damals diagnostiziert, daß – nach einem Wort von Otto Bauer – die Nation als das »Geschichtliche in uns«, als »geronnene Geschichte« anzusehen sei und in diesem Zusammenhang die Erfahrung des Dritten Reiches gerade nicht eine Reduktion des Nationalbewußtseins herbeigeführt habe, sondern mit ihren traumatisch belastenden Aspekten indirekt das Bewußtsein nationaler Solidarität bewirken helfe.

Wenn Hans Mommsen nunmehr als Stromrichtung der deutschen Geschichte die geradezu zwangsläufige Auflösung der Existenzbedingungen einer ungeteilten deutschen Nation anzeigt, dann erscheint mir dies als voluntaristischer Ausbruch aus der von ihm gekennzeichneten Paradoxie der deutschen Geschichte; als ein willentlicher Sprung aus dem Spannungsfeld des Geschichtsbewußtseins: Gegenwartsdeutung und Zukunftsperspektive werden vom Horizont der Vergangenheit vorschnell abgetrennt. Der Blick, den Mommsen abschließend noch einmal auf die Vergangenheit richtet, dient nur noch der Bestätigung der vorweg fixierten These: Die deutsche Geschichte sei immer mittel- und osteuropäische Geschichte im transnationalen Sinne gewesen, und die Katastrophen der deutschen Geschichte hätten regelmäßig auf der Leugnung solcher Wahrheit beruht. Diese Aussage bedürfte, soll sie als Stützfunktion dienen können, einer sorgfältigen Differenzierung. Im Verein mit den übrigen zur Begründung der Regionalisierungstheorie vorgebrachten Argumenten vermag sie meines Erachtens das kritische Urteil von Rainer Lepsius nicht zu entkräften, daß jene Theorie ohne historischen Boden sei[18].

So wie sich der Anspruch einer historischen Abstützung der Regionalisierungs-Thesen als unhaltbar erweist, so auch der soziologisch-empirische Verweis Mommsens auf das Faktum eines bereits vollzogenen nationalen Bewußtseinsschwundes und eines inzwischen herausgebildeten regional-nationalen Teilstaatsbewußtseins, dem zu folgen die politische Vernunft gebiete. Die Leiterin des demoskopischen Instituts Allensbach, Elisabeth Noelle-Neumann, hat sich 1982 direkt mit den von Hans Mommsen ins Spiel gebrachten Umfrageergebnissen auseinandergesetzt und diese aufgrund einer längerfristigen Datenanalyse widerlegt. Ich kann die Ergebnisse, die von Frau Noelle-Neumann methodologisch gegenüber einer vereinfachten Demoskopie eigens noch einmal abgesichert wurden, hier nicht im einzelnen vorführen und muß mich damit begnügen, auf die einschlägige Untersuchung mit dem Titel »Nationalgefühl, Vaterland und Wiedervereinigung« hinzuweisen[19]. Die hier zu findende Kennzeichnung der Mommsenschen Position als einer Verbindung von »moralischer Intention mit Konstruktionsfreude« (S. 198) entspricht unserer oben getroffenen Feststellung einer Horizontverschiebung oder Horizonteinschränkung im triadischen Geschichtsbewußtsein.[20]

Es mag verwundern, in der Reihe der entschiedenen Befürworter einer nationalen Partialisierung auch einen Historiker wie Michael Stürmer zu finden, dessen Zeitperspektive im übrigen ganz anders geartet ist als die der beiden vorher Genannten. Ihn treibt ebenfalls die Sorge einer durch politische Spekulationen eines »Dritten Weges«, durch geistige Pendelbewegungen zwischen West und Ost gefährdeten Standfestigkeit der Bundesrepublik Deutschland. Er plädiert nachdrücklich für das Aufgeben der These einer staatlichen Transzendenz, einer Übergangsposition, des Charakters des Unvollständigen, Fragmentarischen, fordert einen auf die Bundesrepublik bezogenen Patriotismus und nimmt es in Kauf, daß dieser mit einem auf ganz Deutschland bezogenen Nationalbewußtsein in scharfen Kontrast geraten könne. Gesamtdeutsches Denken verdünnt sich dabei zum Gefühl eines Restbestandes einer, wie Stürmer formuliert, »gesamtdeutschen Verantwortung für die Menschen in der DDR«. Stürmers Postulat erhält seinen Impuls nicht durch Herstellung von historischen Bezügen zum Sachverhalt einer 300jährigen Verquickung der Deutschen Frage mit dem europäischen Mächtesystem, sondern durch das Erschrecken vor dem Fazit einer zeitgeschichtlichen politisch-strategischen Analyse: Nach der Sowjetisierung Mitteleuropas und in der Konstellation einer brisanten Bipolarität zwischen der Sowjetunion und den USA ist die Bundesrepublik Deutschland zum Schlußstein der (west-)europäischen Freiheit geworden. Bräche dieser Schlußstein heraus, fiele das Ganze, so erklärt Stürmer, in sich zusammen[21].

Mit der im Scheitern des Widerstands verlorenen letzten Chance zu einer Alternative hat nach Michael Stürmer die deutsche Vergangenheit ihr nationales Potential verspielt. Die Gegenwart ist die Teilung Deutschlands und, mit ihr verbunden, die Mitteleuropas. Der Status quo erscheint bei Stürmer als irreversibel, die Zukunftsperspektive zielt auf Bestandserhaltung. Die Verteidigung der verbliebenen Freiheit gegenüber »sowjetischer Einschüchterung und Machtprojektion« ist die Räson der Bundesrepublik und Westeuropas als »Vaterland der Vaterländer«[22]. Der Status quo als letztes Wort der Geschichte, die DDR als ewige Garnison der »Gruppe der sowjetischen Streitkräfte in Deutschland«?

III.

Angesichts solch düsterer Lagebeurteilung, angesichts der Abwehrhaltung aller benachbarten europäischen Nationen gegenüber einem kompakten Gesamtdeutschland als einer »kritischen Größenordnung« und angesichts eigener deutscher Vorbehalte gegenüber negativen Traditionen des Bismarck-Reiches tritt neuerdings als Versuch einer Ausweichbewegung die Erinnerung an die produktive Funktion des föderativen Deutschen Bundes vor 1871 hervor. Die deutsche Einigung von 1871 erscheint in ihrer kleindeutschen Form nun nicht mehr als eine realpolitische Lösung der Einheitsfrage, zu der es faktisch eine Alternative nicht gab, sie erscheint auch nicht mehr als ein Fortschritt im Zusammenschluß vorher getrennter und vordem gehemmter politischer und ökonomischer Kraftzentren, wie noch Marx und Engels und mit ihnen die Geschichtsschreibung der UdSSR und DDR ihn auch heute noch werten, und erst recht nicht mehr als eine von Bismarck verwirklichte – nach ihm dann freilich mißbrauchte und verspielte – Chance einer Ausbalancierung des europäischen Mächtesystems (Deutschland als »Bleigewicht am Stehaufmännchen Europa«) – sie erscheint als ein Fehlgriff, als ein Ausnahmefall der deutschen Geschichte, aus der friedenssichernden »Normalität« deutscher Vielstaaterei herausfallend. So sieht Wolf Gruner in seinem bemerkenswerten Buche »Die deutsche Frage«[23] im, wie er formuliert, Normalfall des deutschen Mehrstaatensystems »Patriotismus und Nation ... in einem gesunden Spannungsverhältnis« stehen; der deutsche Staatenbund gilt ihm als »Kernelement jeder europäischen Friedensordnung« und sollte dies wieder sein. In diesem Sinne könne ein staatenbündisches Deutschland, so folgert er, auch unter veränderten historischen Rahmenbedingungen seine ehemalige »ausgleichend-stabilisierende Rolle für die europäische Ordnung [wieder] übernehmen«, statt als nationaler Einheitsstaat ihr »Totengräber« zu werden. Auf solche Weise wäre nach Gruners Meinung die staatsrechtliche Form Deutschlands »in Übereinstimmung mit den Bedürfnissen der europäischen und internationalen Ordnung« gebracht.

Was hier aus dem historischen Reservoir politischer Organisationsmodelle herausgeholt und als Idealform politischer Vernunft vorgestellt wird, ist dies eine einstmals versäumte, aber nunmehr revitalisierbare historische Alternative? Mir kommen Bedenken verschiedener Art:

Wenn man von einem *nur* 75 Jahre währenden Bestehen des Bismarckschen Reiches spricht und in dieser Weise geschichtliche Dauer als Argument ausspielt, dann kann der in Rede stehende Deutsche Bund mit einer nur etwa 50jährigen Lebensdauer an historischem Gewicht kaum gewinnen. Und selbst dann, wenn man das in jener Föderation steckende Organisationsprinzip, die Dezentralisierung und Entmächtigung Mitteleuropas durch vielfache Teilung seiner deutschen Potenzen, bis in größere geschichtliche Tiefe, bis 1648 oder gar noch weiter zurück verlängert, ist damit kein wirklich exaktes historisches Exemplum gewonnen. Gibt denn der hier aufgesuchte Horizont der Geschichte den von einer vertrackten Gegenwart verhängten Blick in eine von Verknotungen gelöste und den Bedürfnissen der europäischen und internationalen Ordnung ideal kongruente und erwünschte Zukunft wirklich frei?

Ich halte dafür, daß die in diesem Fall bei der Suche nach einer Problemlösung herangeholte, auf den ersten Blick frappierende historische Analogie bei näherem Hinsehen der Realität ebensowenig standhält wie der verwandte Regionalisierungsgedanke. Der Charakter ihrer autogenen Entlastungsfunktion kommt ans Licht, wenn man sieht, daß selbst befreundete europäische Nachbarstaaten eine wie auch immer gedachte Föderation ebenso ungern sähen wie einen engeren nationalen Verbund. Als Kronzeuge sei dafür ein so vorzüglicher – kritischer, aber nicht übelwollender – Beobachter der deutschen Geschichte wie der französische Historiker Raymond Poidevin in die Schranken gerufen, der sich, wie sein jüngstes Werk »Die unruhige Großmacht« ausweist, bereits angesichts der gegebenen deutschen Zweitstaatenkonstruktion beunruhigt fühlt. Poidevin konstatiert auch in und mit den beiden voneinander getrennten Staaten die Kontinuität einer wirtschaftlichen, kulturellen und darin verschränkten politischen deutschen Expansion. In Ermangelung von etwas Besserem manifestiere sich der deutsche Nationalismus, so schreibt er, in einem Erfolg, der die Bundesrepublik Deutschland zu einer führenden Wirtschaftsmacht und die DDR zum wichtigsten Industriestaat des Ostblocks erhoben habe. Deutschland habe es trotz seiner Zweiteilung fertiggebracht, wieder eine echte Expansion zu betreiben und auf internationaler Ebene abermals eine hochwichtige Rolle zu spielen[24]. Wer so bilanziert, kann sicherlich keine nähere Bindung zwischen den beiden deutschen Staaten wünschen, auch nicht innerhalb eines staatenbündischen Modells. (Auf Poidevins »Bilanz und Ausblick« ist später noch einmal zurückzukommen.)

Vielleicht ist es nützlich, hier auf die ganz andere Perspektive aufmerksam zu machen, die der für manchen politischen Bereich außerordentlich weitsichtige Alexis de Tocqueville, 1849 französischer Außenminister, in seinen »Erinnerungen« (»Souvenirs«) 1850 gegeben hat: Ob es im Interesse Frankreichs liege, so fragt er, daß das Band des Deutschen Bundes enger oder lockerer werde. Ob die Franzosen wünschen sollten, daß Deutschland in gewissen Hinsichten eine einzige Nation werde oder eine schlecht zusammengehaltene Verbindung einiger Völker und Fürsten bleibe. Und er antwortet, daß die alte Tradition der französischen Diplomatie angesichts der Gefährdung der europäischen Unabhängigkeit durch Rußland aufgegeben werden müsse. Die russische Bedrohung mache die Einigung aller deutschen Stämme zum erstrangigen französischen Interesse, um diese Union dem Zaren entgegenzustellen. Der Zustand der Welt sei neu, und darum seien die alten Maximen zu ändern. Frankreich dürfe sich nicht fürchten, seinen Nachbarn als Gegengewicht gegen den gemeinsamen Gegner stark zu machen.

Wo Gruner im Durchdenken der Aporie der deutschen Frage einen möglichen Ausweg in einer historischen Analogie zum Deutschen Bund zu entdecken glaubt, ohne jedoch die Realisierbarkeit einer konkreten politischen Ausformung in einer aktualisierbaren Staatenbundsformation vorzuführen, da offeriert der Publizist Wolfgang Venohr[25] ein komplettes Föderationskonzept. Er hat überdies die ihm in den Postulaten verwandten, wenn auch in der Herkunft und im Denkstil verschiedenen Positionen 1982 in einem Sammelband mit dem Titel »Die Deutsche Einheit kommt bestimmt« an die Öffentlichkeit gebracht. Dazu hat sich Hermann Rudolph bereits hinreichend geäußert[26], so daß ich mich hier auf eine ganz knappe Wiedergabe des Grundtenors eines neueren Aufsatzes von Venohr aus dem Jahre 1984[27] beschränken kann: Angesichts der von ihm beschworenen apokalyptischen Perspektive eines von den antagonistischen Weltmächten zynisch ins Auge gefaßten, auf Mitteleuropa begrenzten Atomkrieges will Venohr den über das historisch-politische Bewußtsein der Deutschen gelegten sedativen Schleier von Entspannungseuphorie und Status-quo-Beschwörungen hinweggezogen wissen und in Erkenntnis der gemeinsamen Vernichtungsgefahr für beide deutsche Staaten eine gemeinsame Überlebensstrategie vorstellen: Konföderation in einem deutschen Staatenbund (Zwischenlösung) – nationaler Einheitsstaat als langfristiges Endziel – stufenweises Voranschreiten.

Das Kernstück der Argumentation sei im folgenden kurz vorgeführt: Die Interessensphären der Supermächte sind durch eine deutsch-deutsche Konföderation nach Venohr »vorerst« nicht angetastet, weil, wie er meint, der internationale Status der beiden deutschen Teilrepubliken (ihre Zugehörigkeit zu »diversen« Militär- und Wirtschaftsbündnissen) »mitnichten« in Frage gestellt werde und die äußeren Grenzfragen überhaupt nicht aufgeworfen würden. Da innerhalb der *Konföderation* beide deutsche Staaten existent blieben, werde die Bündnisfrage »nicht« aufgeworfen. Auch die Nachbarn Deutschlands, in Ost wie in West, brauchten fortan keinen »gesamtdeutschen Koloß« zu fürchten, da Deutschland als lockerer Staatenbund, weiterhin integriert in die beiderseitigen Bündnissysteme, für niemanden eine Bedrohung darstelle.

Für die Deutschen selbst liegt der Vorzug solcher Art von Konföderationslösung nach Venohr: 1. in der Verwandlung Mitteleuropas in eine Zone der Nicht-Konfrontation; in der Erleichterung der für die beiden deutschen Teilregierungen bestehenden Aufgabe, im Konföderationsverband nach Ost und West ein *gemeinsames* Wort des Friedens zu sprechen. 2. in der Erlangung von mehr *Souveränität.* (Begründung: »... durch die Existenz von drei völkerrechtlichen Subjekten in Deutschland – der Bundesrepublik, der DDR und der gemeinsamen *Konföderation Deutschland* – ergibt sich eine Potenzierung der bisherigen Teilsouveränitäten der beiden deutschen Staaten. Die Deutsche Nation spricht über die *Konföderation* plötzlich mit *einer* Stimme.«). 3. in der Herstellung der Freizügigkeit zwischen den beiden deutschen Teilstaaten. 4. in der Sicherung der *Nation* (Begründung: »Denn auch ohne nationalen Einheitsstaat gehören doch alle Deutschen in einer *Konföderation* einem gemeinsamen Vaterland an, und die Gefahr des Separatismus wird ein für allemal gebannt.«). 5. im Gewinn der nunmehr konkret werdenden *Hoffnung*, daß sich durch den Staatenbund hindurch allmählich der nationale Einheitsstaat entwickeln könne[28].

Es handelt sich hier um die Geburt einer Chimäre, um eine irrationale, dezisionistische Fluchtbewegung in aussichtsloser Lage, drapiert mit papierenen historischen Assoziationen an Bismarcks Realpolitik und den Patriotismus der deutschen

Widerstandsbewegung – und doch auch um einen Indikator eines alleingelassenen, schweifenden Suchens. Dieser Versuch einer Konkretisierung von Staatenbundsanalogien muß also beachtet werden. Er ist ein Warnsignal für schnellfüßige historische Reminiszenzen, für ein nicht hinreichend bedachtes Ausspielen des Deutschen Bundes gegen das kleindeutsche Reich, des Staatenbundes gegen den Bundesstaat.

IV.

Wenn auch Gruner und Venohr nicht einfachhin nebeneinander gestellt werden können, so sind sie doch beide – der historische Wissenschaftler wie der Publizist – Indikatoren eines nationalpolitischen Umdenkens. In diesem Denkrahmen finden sich inzwischen auch Einfärbungen aus dem linken politischen Spektrum, in der Gedankenführung manchmal, wie etwa bei Herbert Ammon, von bemerkenswertem intellektuellen Niveau und Tiefgang der historischen Analyse. Ammon hat durch ein vor einigen Jahren zusammen mit Peter Brandt herausgebrachtes Werk zur Deutschen Frage Aufsehen erregt. Nicht auf dieses Buch wollen wir jedoch unsere Aufmerksamkeit richten, sondern auf einen neueren Aufsatz Ammons, eine kritische Erwiderung auf Ausführungen des Politologen Reimund Seidelmann zum Thema »Deutschlandpolitik als Europapolitik«[29], in der er seine Vorstellungen in knappster Form dargelegt hat[30].

Ausgangspunkt veränderter politischer Denkweise ist ihm – wie Venohr – das durch Atomraketen und Wettrüsten der Supermächte aufgerüttelte existentielle Bedrohungsgefühl der europäischen Völker. Eine in dieser Lage vor sich gehende Neukonstituierung der Deutschen als politischer Nation wirkt nun nicht, wie er beobachten zu können glaubt, als zusätzlicher Angstauslöser für die anderen, sondern eher als (gemeinsamer) Rettungsfallschirm für alle. Dies ist der Kernpunkt seines Gedankengangs, den er mit folgenden Argumenten begründet: Das »allseits beliebte Standardargument von der historischen Kurzlebigkeit des von Bismarck geschaffenen kleindeutschen Nationalstaats« verliere allgemach bei nachdenklichen Köpfen draußen wie drinnen an Überzeugungskraft. Die mit jenem Argument einhergehenden historischen Hinweise auf eine Jahrhunderte währende glückliche Symbiose der Vielzahl deutscher Fürstentümer, Länder und Staaten (in einer goldenen *longue durée*) kennzeichnet Ammon als romantisch-idealistische Verklärung, der er ironisierend den Schmalkaldischen Bund, die katholische Liga, die protestantische Union, den friderizianischen Fürstenbund und den napoleonischen Rheinbund entgegenhält.

Die kritische historische Analyse weiterführend, destruiert er dann die These der Ewigkeitsbedeutung der Status-quo-Formel der europäischen Mächtebalance. Es sei richtig, so erklärt er zunächst, daß das traditionelle Gleichgewichtstheorem in seiner historischen Genese dem Selbstverständnis und dem wertfrei definierten Mächtespiel der im kontinentaleuropäischen Feudalabsolutismus gesellschaftlich nahezu identisch strukturierten europäischen Mächte entsprochen habe. In der Revolutionsära außer Kraft gesetzt, auf dem Wiener Kongreß noch einmal restauriert, tauge die Formel jedoch gegenwärtig nicht mehr zur Beschreibung der innenpolitischen, ökonomisch-sozialen und militärisch-strategischen Wirklichkeit des nunmehr in Blöcke gespaltenen Europas. Sich dann den deutschlandpolitischen Aspekten zuwendend, nennt Ammon die Übertragung des statischen Gleichgewichtsbegriffes der europäischen Pentarchie aus dem 18. und 19. Jahrhundert auf das System von Jalta, genauer: auf die durch die Remilitarisierung der beiden deutschen Teilstaaten fixierte Blockspaltung Europas, eine bequeme analytische Simplifizierung. Angesichts der Brisanz eines nuklearen oder auch nur modern-konventionellen Zusammenstoßes an der Konfrontationslinie quer durch Deutschland sei die populäre mechanistische Gleichgewichtsformel nicht mehr zu halten, sie entbehre der klassischen friedenssichernden Funktion. Als deutschlandpolitische Folgerung ergibt sich nach Ammon daraus die Widerlegung der stereotypen These, ein Gesamtdeutschland sei untragbar, weil es wegen des ihm inhärenten Dominanzpotentials das im Gleichgewicht stabilisierte europäische und globale Sicherheitssystem bedrohe.

Er führt dann, auf seinen nationalpolitischen Lösungsvorschlag zuschreitend, weiter aus: Das Sicherheitstrauma der Osteuropäer sei keineswegs etwa durch die Teilung der beiden deutschen Staaten geheilt. Das Interesse der Osteuropäer an einer Teilung Deutschlands, vom Status-quo-Argument der europäischen Mächtebalance abgeleitet, sei inzwischen von ihrem Interesse an einer Entlastung von der politisch-militärischen Paktstruktur und der ihr innewohnenden Disziplinierungsfunktion verdrängt. So wachse bei aufmerksamen Osteuropäern mit zunehmender Skepsis gegenüber dem technokratischen Integrationsprozeß Westeuropas die Einsicht, daß ohne die Wiederherstellung der deutschen Einheit die friedliche Einigung des Kontinents, eine gesamteuropäische Einheit, unerreichbar bleibe.

Die Vielschichtigkeit der deutschlandpolitischen Schlußfolgerungen, die Ammon mit seiner historischen Analyse und der mit ihr verbundenen Gegenwartsdeutung offengelegt hat, reduziert er zum Schluß überraschend auf eine einzige Ebene, indem er auf den Lösungsvorschlag setzt, den der ungarische Friedensforscher Ferenc Miszlivetz auf der IV. Europäischen Friedenskonferenz in Amsterdam offerierte und der folgenden Wortlaut hat: »Wenn die europäische Teilung die unaufgelöste Rivalität der Supermächte symbolisiert, dann ist die Teilung Deutschlands in ihrem gegenwärtigen Zustand das Symbol eines Symbols.« Die deutsche Wiedervereinigung könne das Überleben der europäischen Völker und ihr Recht auf Selbstbestimmung sichern, indem Ost- und Westdeutschland die Militärpakte verließen und einen Staatenbund bildeten (unter Beibehaltung der Mitgliedschaft in den unterschiedlichen internationalen Wirtschaftsorganisationen EG und RGW). Die aus der Föderation resultierenden politischen Sachzwänge würden auch eine internationale Annäherung herbeizuführen vermögen. Die Gründung dieses neutralen, lockeren Staatenbundes würde den Kern des Supermachtkonfliktes in Europa beseitigen und dazu beitragen, das System von Jalta aufzulösen[31].

Man wird einen Augenblick lang an Venohrs Konzept erinnert, erkennt aber dann schnell den Unterschied. Dennoch ist der präsentierte Föderationsvorschlag Ammons mit seinem Neutralisierungsaxiom kaum weniger irreal als der Venohrs. Ammon entwickelte aus einer rationalen historischen Analyse, aus dem kritischen Vergleich von klassischen Äquilibriumsvorstellungen und dem gegenwärtigen Gleichgewichtsdogma, das mit nuklearem Vernichtungspotential aufgeladen ist, bedenkenswerte Zweifel an der Funktionsfähigkeit und Sinnhaftigkeit der geltenden Status-quo-Doktrin. Das daraus gefolgerte Postulat einer Änderungsbedürftigkeit vor allem der deutschen Dinge, eines deutschen Ausstiegs aus der bipolaren Satellitenfunktion zum Zwecke einer zunächst mitteleuropäischen, dann gesamteuropäischen und schließlich globalen Befriedung, verliert im Augenblick seiner Umsetzung in den konkreten Lösungsvorschlag jedoch an realer politischer Substanz.

Neben den bisher skizzierten nationalpolitischen Konzeptionen mit der unterschiedlichen Gemengelage ihrer Implikationen muß noch das Postulat von Karl Dietrich Bracher genannt werden, die Bundesrepublik Deutschland möge die Herausforderung annehmen, »als postnationale Demokratie unter Nationalstaaten zu leben«. Bracher gründet diese These nach einem Worte Alfred Grossers auf die Entscheidung: »Freiheitliche Grundordnung anstelle der Nation« und stellt sich damit zugleich in die intellektuelle Denkschule eines »Verfassungspatriotismus« (Dolf Sternberger) ein. Das *politische* Kriterium, so erklärt er, werde »40 Jahre nach der ›Stunde Null‹ auch zu einem historischen« und führe die Frage nach der deutschen Identität von der Erwartung auf Wiedervereinigung allmählich weg[32].

V.

Halten wir an dieser Stelle inne und überschauen das Feld repräsentativer deutschlandpolitischer Optionen (dabei die rechten und linken Außenpositionen einmal außer acht lassend), so erscheint die in der Präambel des Grundgesetzes verkündete und, ihr folgend, im »Brief zur deutschen Einheit«, im Verfassungsgerichtsurteil sowie im Beschluß der Kultusministerkonferenz zur deutschen Frage im Unterricht bekräftigte Maxime, die »nationale und staatliche Einheit zu wahren und als gleichberechtigtes Mitglied in einem vereinten Europa dem Frieden der Welt zu dienen« und »in freier Selbstbestimmung die Einheit und Freiheit Deutschlands zu vollenden«, als politisch höchst unvernünftig, gegen den Strom der Geschichte gerichtet, ja geradezu als reaktionärer nationaler Dogmatismus. Ist aber jene Verfassungsmaxime, so muß mit dem Ernst, der der Sache zukommt, jetzt gefragt werden, tatsächlich obsolet geworden? Erzwingt die Zeitperspektive im Ensemble ihrer Vergangenheits-, Gegenwarts- und Zukunftselemente wirklich eine gänzlich neue Handlungsmotivation?

Zunächst gilt es, einige generelle Gesichtspunkte ins Auge zu fassen, um dann die eigene, jener Maxime (wie ich bekenne) verhaftete Position zu begründen: Die offizielle deutschlandpolitische Konzeption ist gewiß in hohem Maße traditionsbestimmt und also, wenn man so will, konservativ zu nennen. Sie ist jedoch als Option für eine Restauration des Bismarck-Reiches schlechthin mißverstanden. Das Motiv der Verfassungsväter war das des Anknüpfens an den Bestand der Weimarer Republik unter Überwindung ihrer Verfassungsmängel und eben nicht an das Bismarck-Reich. Man muß dies betonen, um einer eingefahrenen kritischen Schieflage zu entgehen. Ferner: Diese Option will gewiß einen deutschen Nationalstaat, läßt jedoch sowohl den Weg dahin wie die Konturen seiner konkreten Ausgestaltung unbestimmt. Der klassische Nationalstaat des 19. Jahrhunderts ist kein verbindliches Leitbild, moderne Strukturen sind durchaus denkmöglich. In dieser Option ist die Deutsche Frage prinzipiell in doppelter Weise offen; jedoch befindet sie sich zugleich praktisch-politisch in einem Dilemma: gebunden in der Statik der gegebenen Mächtekonstellation, in der sie festgezurrt ist, und gleichzeitig auf die weltpolitische Dynamik geschichtlicher Veränderung setzend, in der eine Vollendung nationaler deutscher Einheit gedacht und realisiert werden könnte. Daraus folgt für die deutsche Politik die Aufgabe, die Deutsche Frage offenzuhalten, und das Problem einer angemessenen Operationalisierung.

Mit den genannten generellen Gesichtspunkten seien zugleich einige allgemeine kritische Anmerkungen zu den alternativen Lösungsvorschlägen der sogenannten Bi-nationalisierung und der postnationalen Demokratie verbunden:

Erstens: Eine vom deutschen Nationalgedanken abgekoppelte Bundesrepublik Deutschland allein in einem »Verfassungspatriotismus« verankern zu wollen, unterschätzt die mit der Nationbildung verbundene, tiefe Einbindung in Emotionalschichten. Ein solcher Befund ist nicht mit dem Etikett »irrational« in Altertumsschubladen abzulagern, er muß ernst genommen werden. Es ist ein Verdienst von Hagen Schulze, in der von Jürgen Habermas ausgelösten Debatte zur Geschichtsdeutung auf die Erfahrung hingewiesen zu haben, daß »die Verfassungspatrioten der ersten deutschen Republik dem mächtigen emotionalen Appell der Nationalisten nichts Wirksames entgegenzusetzen hatten«. Die Erfahrung des Dritten Reiches habe die deutsche Neigung zu nationalistischen Extremen zwar gedämpft, ob aber diese Dämpfung länger als eine oder zwei Generationen anhalten werde, sei zweifelhaft. Die Frage nach der deutschen Einheit und nach nationaler Identität sei nach wie vor gestellt, und es sei nicht nur Sache des wissenschaftlichen Interesses, sondern auch der politischen Prävention, sich des Problems anzunehmen. Deshalb müsse immer wieder die *ganze* Geschichte erzählt und erklärt werden, und dazu gehörten neben Auschwitz und Weimar auch Freiheit *und* Einheit, Verfassung *und* Nation[33]. (In diesem Zusammenhang sei auch auf die Beobachtungen eines Frankreichkenners wie Ernst Weisenfeld verwiesen. In Frankreich stelle man sich in bezug auf Deutschland, so schreibt er, die Frage, ob mit der fortschreitenden Säkularisierung Menschen, die keine

Nation hätten, nicht zu solchen würden, die nicht wüßten, woher sie kämen und wohin sie gingen, und deren Lebensgrund darum unsicher sei. Die Franzosen, so fährt er fort, wüßten etwas von der Glut, die noch lange unter der Asche vergangener Reiche schwele, und ein normales Nationalgefühl scheine ihnen weniger unberechenbar als ein frustriertes oder unterdrücktes[34].)

Zweitens: Unter dem von Hagen Schulze angedeuteten historischen und anthropologisch-sozialpsychologischen Erfahrungshorizont erscheint mir der Gedanke der Möglichkeit und Wünschbarkeit einer »postnationalen Demokratie unter Nationalstaaten« als ein intellektuelles Konstrukt. Und es drängt sich zugleich die Frage auf, ob mit der Etablierung eines solchen Prototyps, den die Bundesrepublik Deutschland pionierhaft auf dem Wege zu einem transnationalen Europa vorleben soll, nicht wiederum ein vermaledeiter deutscher Sonderweg eröffnet würde.

Drittens: Gegenüber dem Postulat der »Vernunft« der endgültigen Anerkennung einer deutschen Zweistaatlichkeit, der Anerkennung des Status quo der Separierung der beiden deutschen Teilstaaten, des jeweiligen Eigenweges mit der je zugeschriebenen Blickwendung nach Westen oder nach Osten, der entschiedenen Förderung des Prozesses einer Bi-Nationalisierung oder auch der Novität einer postnationalen Formierung muß schließlich noch folgendes kritisch angemerkt werden: Solche Optionen rechnen nicht oder nicht zureichend mit der unzweifelhaften Tatsache eines von der Bevölkerung der DDR festgehaltenen Einheitswillens, und sie rechnen nicht mit dem Faktum einer von der DDR-Führung verdeckt, aber entschieden vertretenen national-sozialen Piemont-Funktion des sozialistischen deutschen Staates, die neuerdings durch die forcierte Rezeption des ungeteilten geschichtlichen deutschen Erbes noch verstärkt wird[35]. Die DDR als potentielles »rotes Piemont« (wie Andreas Hillgruber als erster den Sachverhalt kennzeichnete) – zwingt dies nicht allein schon, sozusagen aus der Defensive, zum Festhalten am Kernstaatsgedanken? Wird die Bundesrepublik Deutschland nicht Gefahr laufen, mit Hilfe unerlöster nationaler Gefühle vom Osten her ausgehebelt zu werden und ihren demokratischen Charakter und die damit unlösbar verbundenen freiheitlichen Implikationen aufgeben zu müssen? So gesehen wird der Rückzug auf resignative Begrenzungsformeln fragwürdig und die Wahrung der Interessen einer freiheitlichen deutschen Nation durch die Bundesrepublik zugleich zur schlichten Selbstverteidigung.

VI.

Abschließend soll der Versuch unternommen werden, einige Linien der eigenen Position darzulegen. Diese ist mit dem im Grundgesetz proklamierten Auftrag zur Vollendung einer freiheitlich-demokratisch verfaßten deutschen Nation (in einem dynamischen Verständnis dieses Begriffs) verbunden und setzt auf eine – nach der Barbarei des Nationalsozialismus nicht annullierte – deutsche Aufgabe für Europa. Was damit gemeint ist, hat Carlo Schmid in seiner großen Bundestagsrede am 25. Februar 1972 ausgesprochen, als er an die Nationsdefinition von Augustinus erinnerte: *Populus est coetus rationalis hominum amore rerum, quas diligunt, consociatus.* Er übersetzte: Die Nation ist »ein der Vernunft zugänglicher Verband von Menschen, die sich vergemeinschaftet haben, weil sie identische Werte lieben«, und er ergänzte kommentierend: hohe Menschheitswerte für sich anerkennend und diese auf dem zugeschriebenen Gebiet verwirklichend. Wesentlich erscheint mir in diesem Zusammenhang, daß Carlo Schmid dabei nachdrücklich vor dem Mißverständnis eines Rückzuges auf eine »Kulturnation« warnte.

Denkt man in dieser, hier zunächst nur vage angedeuteten Richtung weiter, so stellt sich schnell heraus, wie komplex sich die Dinge auch unter diesem Aspekt darstellen. Deutschland in Mitteleuropa – was dies heißen kann, müßte weit genauer durchdacht werden und könnte vielleicht in der Sichtweise Richard Löwenthals einer Klärung nähergebracht werden. Deutschland in Mitteleuropa, dies bedeute, so erläuterte Löwenthal, keine »Zwischenkultur«, wohl aber einen *besonderen Beitrag der Deutschen* zu der gemeinsamen westlichen Kultur. Deutschland sei historisch ein Teil Europas, das im wesentlichen nicht vom Atlantik bis zum Ural, sondern bis zum Bug reiche, aber nicht Westeuropa, sondern eben Mitteleuropa sei; die kulturelle Scheidelinie innerhalb des geteilten Europas liege – im Unterschied zur politisch-militärischen – nicht zwischen einem künstlichen »Osteuropa« bis hin zur Elbe und einem entsprechend vergrößerten Westeuropa, sondern zwischen dem echten Westeuropa, einem zeitweise vergessenen Mitteleuropa auf beiden Seiten der Elbe und einem ebenfalls noch durchaus europäischen Ost- und »Ostmittel«-Europa bis zur sowjetischen Grenze[36].

Den Deutschen die Kontinuität einer kulturellen Funktion – der Trägerschaft von Werten im Schmidschen Verständnis – in diesem neu bedachten, räumlich bestimmbaren und nach wie vor nationalstaatlich organisierten Mitteleuropa erhalten zu wollen, dies ist nicht, um Schmids These noch einmal aufzunehmen, in einer a-politischen Ausweichbewegung zu denken, etwa in der Idee der Neukonstituierung einer deutschen »Kulturnation« als Surrogat einer aufgegebenen oder aufzugebenden deutschen »Staatsnation«.[37] (Man kann nicht, wie es 1859 zum 100. Geburtstag Schillers und *vor* der deutschen Einigung geschah, auf Aussagen Schillers aus dem Gedichtfragment »Deutsche Größe« zurückgreifen, in dem er die vom Untergang des Reiches unanfechtbare »deutsche Würde«, »ihre in der Kultur und im Charakter der Nation« wohnende und »von ihren politischen Schicksalen unabhängig[e] ... sittliche Größe« pries. Dies wäre doch wohl nichts anderes als eine literarische Reminiszenz an die »Eliten-Kulturnation« um 1800, eine rhetorische Kunstfigur, keine praktikable Renaissance[38].)

Wie auch immer die Aufgabe der Deutschen in der gemeinsamen europäischen Kultur gedacht werden mag, sie fordert die Eliminierung der durch Deutschland gezogenen mitteleuropäischen Scheidelinie. In diesem Sinne Eröffnung der Freiheit zu wollen, führt den Gedanken sofort nach Ostmitteleuropa weiter. Ist angesichts dieses Kulturraumes der Abschied von der Nationalgeschichte möglich, sinnvoll, wünschbar? Angesichts der durch Geschichte geschaffenen Bestandslage (sowohl innerhalb der *longue durée* als auch nach der jüngst exekutierten Westverschiebung des europäischen Ostens wie der europäischen Mitte) scheint mir ein nicht restaurativ, sondern modern gedachter deutscher Nationalstaat ein notwendiger Kulturfaktor zu sein. Wenn es – fern von jedem Sonderweg – eine Aufgabe der Deutschen in der gemeinsamen europäischen Kultur gibt, dann bedarf sie zu ihrer Ermöglichung einer institutionellen Sicherung, eines gesicherten Raumes der Freiheit und des Rechts. Die Institution eines staatlichen Rahmens ist die konstitutive Bedingung solchen Rechts und solcher Freiheit[39]. Hier liegt der Grund für ein Neubedenken der Funktion eines deutschen Nationalstaates im mitteleuropäischen Raum unter weltpolitischen Aspekten.

Die Frage ist dabei nicht nur, was wir wollen, sondern was wir wollen können. Vor unserem Wollen steht nicht nur der von der Sowjetunion bewachte Status quo, sondern auch das westeuropäische Trauma der »kritischen Größenordnung« eines Gesamtdeutschland. Darauf sei eine Antwort versucht.

Der Gedanke einer Europa nicht zumutbaren potentiellen Stärke eines ungeteilten Deutschlands erhält seine geschichtliche Relevanz durch die Tatsache eines zweimaligen zerstörerischen Einsatzes dieses Potentials. Es ist wahr – diese Relevanz ist gegeben. Aber ist es nicht ebenso wahr, daß in der historischen Selbsterkenntnis der Deutschen ein Lernpotential wirkt oder wirken könnte, das deutsche Ausbruchsversuche ein für allemal ausschließt? Warum sollten die Deutschen zur Erfassung der geschichtlichen Lehre unfähig sein, ihre ökonomischen, politischen und kulturellen Potenzen in einem erneuerten Nationalstaat in der Zukunft produktiv-friedlich einzusetzen, vermittelnd nach beiden Seiten? Ist denn anders die Relevanz einer weit in den Westen vorgeschobenen sowjetrussischen Hegemonialstellung mit ihrer mitteleuropäischen Sperriegelfunktion eine im historisch-politischen Bewußtsein auf Dauer einzustellende Alternative? (Diese Frage gilt auch bei Anerkennung legitimer sowjetrussischer Interessen.) Und muß nicht auch gesehen werden, daß die sogenannte kritische Größenordnung Deutschlands bei nüchterner Betrachtung künftig an traumatischem Volumen verlieren wird. Der oben zitierte Raymond Poidevin reduziert es auf folgenden Bestand: »Mit einer Einwohnerzahl von 78 Millionen würde es [ein vereinigtes Deutschland] lediglich ein Drittel der Bevölkerung der beiden Supermächte haben, und angesichts seines Geburtenrückgangs würde sich dieser Abstand laufend vergrößern. Deutschlands Kohleförderung würde nur ein Siebtel der amerikanischen sowie ein Fünftel der sowjetischen ausmachen, und überdies verfügte es über keinerlei Erdölvorkommen, während die beiden Supermächte ihren Bedarf ohne weiteres selbst decken können. Es würde etwa so viel Strom erzeugen wie Japan allein oder wie Großbritannien und Frankreich zusammen genommen. Seine Stahlproduktion würde zwar die gemeinsame der beiden Länder übertreffen, aber dies wäre etwa dennoch nur die Hälfte der japanischen oder gar nur ein Drittel der amerikanischen. Das wiedervereinigte Deutschland wäre somit eine sehr starke Wirtschaftsmacht, die aber erst an vierter Stelle nach den Vereinigten Staaten, der Sowjetunion und Japan rangieren würde.«[40]

Freilich wünscht Poidevin trotz solcher Einschränkungen keinen wiedervereinigten deutschen Nationalstaat; dagegen wendet sich jedoch eine nicht minder ernstzunehmende Stimme aus einer ganz anderen französischen Denkschule, die des »Ambassadeur de France« Jean-Marie Soutou, bis 1980 Generalsekretär des französischen Außenministeriums. Die Position der Wiedervereinigung Deutschlands, so erklärte er jüngst unter Rückgriff auf Tocqueville und bei uns ganz unbekannte Gedanken Jacques Maritains, sei den Positionen anderer deutscher Repräsentanten vorzuziehen. Diese, so wörtlich, »sollten aufhören, uns allen häufig zu sagen, daß das Problem der Wiedervereinigung nur eine französische Zwangsvorstellung sei und eine europäische Belastung. ... Diese Haltung ist für die Deutschen nicht gut; sie ist für die Franzosen nicht gut; und sie ist auch für den gesamten Westen nicht gut, und selbst nicht für die Länder Osteuropas, die Russen eingeschlossen. ... Wir alle brauchen ein deutsches Nationalbewußtsein ohne Hintergedanken und ohne Arroganz ...; damit Europa endlich direkte Verantwortung für seine eigene Sicherheit annimmt und das Gefühl überwindet, nur ein Element in einem globalen strategischen Gleichgewicht zu sein; damit wir mit der größten Wirksamkeit auf den Appell antworten, den das gefangene Europa an uns richtet, wozu eben auch der östliche Teil Deutschlands zählt; ...«[41] Daß es sich hier nicht mehr um eine isolierte, um eine singuläre Position handelt, zeigt das Schlußkapitel des Buches des langjährigen Pariser ARD-Korrespondenten Ernst Weisenfeld »Welches Deutschland soll es sein?«[42]

Die Perspektive eines freien Europas enthält also auch einen deutschen Nationalstaat neben den anderen Nationalstaaten – pathetischer: ein Vaterland Deutschland neben den anderen Vaterländern, ein »Europa als Vaterland der Vaterländer«. Die geschichtliche Verankerung dieser Zukunftsperspektive sei am Schluß noch stärker verdeutlicht: Wir haben die Formel von Ernest Renan, wonach Nation ist, was Nation sein will, ein täglich wiederholtes Plebiszit, in unser Denken aufgenommen. Neben diesem voluntaristisch-subjektiven Teil steht bei Renan jedoch noch dieser andere: Eine Nation ist eine große Gemeinschaft, die sich gründet auf das Bewußtsein der Opfer, die man gebracht hat und noch zu bringen bereit ist – Nation verpflichtet in einem gemeinsamen Erbe der Vergangenheit.

Unter einer Außenschicht schnell greifbarer und einsetzbarer Argumente gegen das Festhalten an einer zusammengehörenden deutschen Nation, gibt es also noch eine historische Tiefenschicht, eine *longue durée*, die meines Erachtens zu wenig beachtet wird: eine tiefgehende, durch den Deutschen Bund hindurchgreifende nationale Dynamik, die sich in den Freiheitskriegen bildete und dann staatlich formierte. Wäre das Aufgeben einer unter Opfern und Leiden erreichten geschichtlichen Integration nicht ein Rückschritt, psychologisch gesprochen: eine Regression, die nach Gesetzen psycho-physischer Ökonomie nicht ohne negative

Folgen für Individuen und Sozialkörper bliebe? Dazu kommt die Überzeugung, daß es unverantwortbar wäre, wenn eine Generation innerhalb einer Kette von Generationen vorschnell auf eine in langer Dauer gewordene, Vergangenheit, Gegenwart und Zukunft einschließende geschichtliche Form – Nation – verzichtete. Es wäre ein Verzicht, der die Existenz der kommenden Generationen präjudizierte, indem er diese von der nationalen Geschichte unwiderruflich abschnitte. Im Spiel ist also – ganz unpathetisch gesagt – unsere Verantwortung vor den kommenden Generationen, vor der Zukunft der kommenden Generationen. Im Spiel ist aber ebenso – und nicht minder – unsere Verantwortung vor den Toten, vor den vergangenen Generationen; mit Worten von Karl Jaspers: Es dauert fort jener »Kampf der Toten, deren Sein noch nicht entschieden ist, solange neue Menschen die Fackel eines anscheinend Verlorenen ergreifen«[43].

Richtet man den Blick abschließend noch einmal auf künftige Möglichkeiten, dann scheint mir zweierlei gewiß zu sein: Auszuschließen ist der Gedanke einer simplen Wiederherstellung des »klassischen« deutschen Nationalstaats; auszuschließen ist aber auch die Hinnahme der deutschen Teilung auf Dauer. Neben der Einsicht in die normative Kraft des Faktischen gilt eben auch die, daß es Verhältnisse gibt, »deren Unnormalität durch den Verlauf der Zeit allmählich wieder anschaulicher und fühlbarer wird«. Ernst Nolte, der dies im Blick auf die deutsche Teilung feststellt, fügt hinzu, daß die »Ungeheuerlichkeit« dieser Teilung nach 40 Jahren besser erkannt werden könne als nach 20 Jahren, und nach 60 Jahren besser als nach 40. »Normalität« ist freilich nicht einfach zu haben, sie ist auch nicht abstrakt konstruierbar; »Einigkeit und Recht und Freiheit« müssen der konkreten geschichtlichen Entwicklung neu abgerungen werden. Der Zusammenhalt dieser Dreiheit ist in verschiedenen Formen möglich – denkbar in einer Form zwischen Deutschem Reich und Deutschem Bund.

Den rationalen Argumenten standhalten heißt auch, sich den skizzierten Aspekten zu stellen, und das bedeutet, die Deutsche Frage offenzuhalten. Es ist sehr viel schwieriger, diese Position zu behaupten, als das gesamtdeutsche Nationalbewußtsein aufzugeben und die Entscheidung für eine Bi-Nationalisierung zu treffen. Sie verlangt eine Doppelidentifikation mit jeweils einem deutschen Teilstaat und zugleich mit der weiterhin gegebenen Existenz einer in und mit den Teilstaaten lebendigen und erhaltenswerten deutschen Nation – die Balance von Gesamtnations- und partiellem Staatsbewußtsein. Eine solche Balancehaltung erfordert kritisches Zusammenhalten der Trias-Elemente im historisch-politischen Bewußtsein sowie Durchhaltevermögen, eine auf lange Dauer gestellte psychische und geistige Anstrengung, wie sie bisher in der Geschichte von keinem anderen Volk unter vergleichbaren Bedingungen erwartet worden ist.

Anmerkungen

1 In: Frankfurter Allgemeine Zeitung (FAZ) vom 5. Mai 1985, mit dem Untertitel: »Längst bevor Europa seine Welt verspielte, verlor es seine Vernunft«. – Zum Komplex der ostmitteleuropäischen und ostdeutschen Westverschiebung und seiner »millenaren« Bedeutung siehe Hans Raupach, Der Zusammenbruch des deutschen Ostens, in: Aus Politik und Zeitgeschichte, B 23/85. Ergänzend, wenn auch unter anderem Aspekt, siehe auch Dietrich Geyer, Ostpolitik und Geschichtsbewußtsein in Deutschland, in: Vierteljahrshefte für Zeitgeschichte, 34 (1986), S. 147–159.

2 Unter diesem Titel in der FAZ am 6. Juni 1986 veröffentlicht als »eine Rede, die geschrieben für die Frankfurter Römerberggespräche, aber nicht gehalten werden konnte«, dann aber bei den »Römerberggesprächen« dennoch provozierend gewirkt hat.

3 Jürgen Kocka, Nation und Gesellschaft. Historische Überlegungen zur »deutschen Frage«. Vortrag anläßlich der Gedenkveranstaltung des Rates der Stadt Bielefeld am 17. Juni 1980, S. 18.

4 In: Friedrich Nietzsche, Werke in drei Bänden, hrsg. von Karl Schlechta, München 1966, Bd. 1. Zu den oben direkt oder indirekt wiedergegebenen Formulierungen Nietzsches siehe S. 211–215.

5 Im Original gesperrt gedruckt. – Der Gedankengang Nietzsches lautet weiter: »Um diesen Grad und durch ihn dann die Grenze zu bestimmen, an der das Vergangene vergessen werden muß, wenn es nicht zum Totengräber des Gegenwärtigen werden soll, müßte man genauer wissen, wie groß die *plastische Kraft* eines Menschen, eines Volkes, einer Kultur ist; ich meine jene Kraft, aus sich heraus eigenartig zu wachsen, Vergangenes und Fremdes umzubilden und einzuverleiben, Wunden auszuheilen, Verlorenes zu ersetzen, zerbrochene Formen aus sich nachzuformen. ... Und dies ist ein allgemeines Gesetz; jedes Lebendige kann nur innerhalb eines Horizonts gesund, stark und fruchtbar werden; ... alles das hängt, bei dem einzelnen wie bei dem Volk, davon ab, ... daß man ebenso gut zur rechten Zeit zu vergessen weiß, als man sich zur rechten Zeit erinnert; davon, daß man mit kräftigem Instinkte herausfühlt, wann es nötig, historisch, wann unhistorisch zu empfinden. Dies gerade ist der Satz, zu dessen Betrachtung der Leser eingeladen ist: *Das Unhistorische und das Historische ist gleichermaßen für die Gesundheit eines einzelnen, eines Volkes und einer Kultur nötig.*«

6 Johann Martin Chladenius, Einleitung zur richtigen Auslegung vernünftiger Reden und Schriften, Leipzig 1742. Photomechanischer Nachdruck mit einer Einleitung von Lutz Geldsetzer, Düsseldorf 1969.

7 Werner Conze, Staats- und Nationalpolitik. Kontinuitätsbruch und Neubeginn, in: ders./Rainer M. Lepsius (Hrsg.), Sozialgeschichte der Bundesrepublik Deutschland, Stuttgart 1983, S. 441–467; hier S. 441/42 u. 458/59.

8 Werner Conze (Anm. 7), S. 464.

9 Michael Stürmer, Suche nach der verlorenen Erinnerung, in: Das Parlament, 36. (1986), 20–21, S. 1.

10 Werner Conze (Anm. 7), S. 459.

11 Ebd., S. 464/65.

12 Michael Stürmer, in: Mitten in Europa. Deutsche Geschichte, hrsg. v. Hartmut Boockmann/Hagen Schulze/Heinz Schilling/Michael Stürmer, Berlin 1984, S. 409.

13 Siehe Karl Dietrich Bracher, Das Modewort Identität und die deutsche Frage, in: FAZ vom 9. August 1986.

14 Siehe hier und im folgenden den Artikel Hans-Ulrich Wehlers mit dem Titel: Den rationalen Argumenten standhalten, in: Das Parlament, 36 (1986) 20–21, S 2.

15 Die Negativassoziation dieses von Wehler hier gebrauchten Bildes findet sich noch gesteigert bei Heinrich Böll in der Feststellung: »Das zweite deutsche Reich war eine ...

Mißgeburt«, in: Drei Fragen zu Deutschland, 58 Antworten, München–Hamburg 1985, S. 12 (Hrsg. von J. M. Häußling, Klaus Held, Lew Kopelew, Heinz Rölleke durch die Bergische Universität/Gesamthochschule Wuppertal).

16 So im Diskussionsbeitrag »Die Nation ist tot. Es lebe die Region!«, in: Guido Knopp/ Siegfried Quandt/Herbert Scheffler (Hrsg.), Nation Deutschland. I. Hambacher Disput, Paderborn 1984, S. 37. Der letzte Satz erinnert an eine These des amerikanischen Psychologen Daniel Katz: »Wenn die Menschen ein erfülltes und reiches Leben als Individuen führen könnten, würden sie kein Verlangen nach der Größe ihrer Gruppe haben.« (Zitiert von Heinrich A. Winkler im Zusammenhang seines Erklärungsversuches des Nationalismus als symbolischer Ersatzbefriedigung, »Wandlungen des deutschen Nationalismus«, in: Merkur, 33 (1979), S. 963–973).

17 Vgl. Hans Mommsen, Auf der Suche nach der Nation, in: Evangelische Kommentare, 12 (1979), S. 565–567. Hier auch die im folgenden wiedergegebenen Äußerungen Mommsens.

18 Vorgetragen beim Colloquium aus Anlaß des 70. Geburtstages von Werner Conze (1980) im Institut für Sozial- und Wirtschaftsgeschichte in Heidelberg.

19 Allensbacher Jahrbuch der Demoskopie 1978–1983, Bd. 8, S. 198–207; Nachdruck aus Rheinischer Merkur/Christ und Welt vom 26. März 1982 u. vom 2. April. 1982. Vgl. die sehr differenzierte neuere demoskopische Analyse von Hartmut Hentschel, 40 Jahre und Kriegsende. Was ist heute deutsches Nationalbewußtsein?, in: Klaus Weigelt (Hrsg.), Deutsche Frage und Westbindung, Melle–St. Augustin 1986.

20 Daß man auch bei Würdigung regionaler Elemente zu ganz anderen Einsichten im nationalen Zusammenhang gelangen kann, mag die Antwort zeigen, die Joachim Fest auf die ihm – neben 57 anderen ausgewählten Persönlichkeiten des öffentlichen Lebens – von einer Forschungsgruppe der Bergischen Universität/Gesamthochschule Wuppertal 1985 gestellten Frage gegeben hat, welche Bedeutung der staatspolitischen Einheit Deutschlands von 1871–1945 für die Entwicklung der deutschen Nation, ihres geistigen Lebens und ihrer Kultur zukomme. Er antwortete: »Die regionalen Zusammengehörigkeiten haben zwar vielfach die Reichsgründung überdauert ... Aber im ganzen sind sie doch im Gefühl der lange ersehnten und endlich verwirklichten Einheitsidee untergegangen. Zu den Erstaunlichkeiten der heutigen Entwicklung gehört, daß jenes Zusammengehörigkeitsgefühl, das sich historisch nur in einem Zeitraum von 75 Jahren entwickeln konnte, trotz aller dagegen gerichteten Bemühungen von seiten der DDR nahezu ungebrochen weiterbesteht. – Die verwirklichte Einheit hat dem Deutschen Reich einen unerhörten geistigen und wirtschaftlichen Impuls vermittelt, da dank der föderativen Struktur des Landes gewisse Unterschiede und Schwerpunkte bestehen blieben, die die Spannungen produktiv machten. ...« (siehe Anm. 15).

21 In: Hans Weigelt (Hrsg.), Deutsche Frage und Westbindung. Forschungsbericht Konrad-Adenauer-Stiftung e. V., Melle – St. Augustin, 1986, S. 112/113, 143/44 u. passim.

22 In jüngster Zeit hat Michael Stürmer seiner Lageanalyse wieder eine nationale Perspektive angefügt, deren Stellenwert jedoch hier nicht mehr erörtert werden konnte. Es sei aber wenigstens auf die Schlußpassage des neueren Essays »Nation und Demokratie. Zur Substanz des deutschen Nationalbewußtseins« verwiesen: »Deutschland bleibt geteilt zwischen Demokratie und Diktatur, Pax Americana und Pax Sovietica, und die Deutschen doch eine Nation, verbunden durch Geschichte und Sprache, Kultur und das Versprechen der freiheitlichen Demokratie .... Die Teilung Deutschlands aber wird nicht aufzuheben sein ohne eine Rechts- und Friedensordnung für Europa. Das setzt historische Zeiträume und einen langen Atem voraus, am meisten bei den Deutschen, die nicht aufhören dürfen, freiheitliche Demokratie und Nation zusammenzudenken und ein Bewußtsein von sich selbst zu haben, das nicht nur eine leidvolle Geschichte umfaßt, sondern auch eine offene Zukunft.« (in: Die politische Meinung, 32 (1987) 1, S. 15–27).

23 München 1985. Der Untertitel des Buches lautet »Ein Problem der europäischen Geschichte seit 1800«. – Die im folgenden wiedergegebenen Gedanken finden sich im Schlußkapitel, S. 204–206.

24 Raymond Poidevin, Die unruhige Großmacht. Deutschland und die Welt im 20. Jahrhundert, Würzburg 1985, S. 412 u. 414.

25 Wolfgang Venohr, Chefredakteur der Fernsehproduktionsgesellschaft «Lübbe-tv«.

26 Hermann Rudolph, Die deutsche Frage – neu gestellt? Zur Kritik des neuen Patriotismus vor dem Hintergrund von Jakob Kaisers Brücke-Konzept, in: Deutschland Archiv, 17 (1984), S. 286–294.

27 Wolfgang Venohr, Deutschlands Mittellage. Betrachtungen zur ungelösten deutschen Frage, in: Deutschland Archiv, 17 (1984), S. 820–829; die im folgenden wörtlich wiedergegebenen Argumente auf S. 827 u. 828.

28 Ebd., S. 826 u. 827.

29 In: Deutschland Archiv, 18 (1985), S. 601-606

30 Herbert Ammon, Weder Deutschland- noch Europapolitik. Kritische Anmerkungen zu Reimund Seidelmann, in: Deutschland-Archiv, 18 (1985), S. 1186–1191.

31 Das Zitat von Miszlivetz, nach H. Ammon (Anm. 30), S. 1191.

32 In: FAZ (Anm. 13).

33 Hagen Schulze, Frage, die wir stellen müssen, in: Die Zeit vom 26. September 1986.

34 Ernst Weisenfeld, Welches Deutschland soll es sein? Frankreich und die deutsche Einheit seit 1945, München 1986, S. 175 u. 181.

35 Vgl. die entsprechenden Sätze in der für die Bundesrepublik Deutschland Aufsehen erregenden Rede Erich Honeckers vom 15. Dezember 1981 an die Delegierten der SED-Bezirkskonferenz in Ost-Berlin sowie die in der DDR intensiv geführte Diskussion über die Aneignung der deutschen Geschichte als »Erbe und Tradition«.

36 In: François Bondy, Das Phantom Mitteleuropa und die politische Wirklichkeit. Nachdenken über eine gemeinsame Kultur zwischen Ost und West, in: FAZ vom 21. Dezember 1985.

37 So argumentiert auch Karl Dietrich Bracher, wenngleich er im übrigen zu anderen Schlußfolgerungen gelangt; »Denn auch mit den seit 1969 gängigen Konzeptionen, die in der ›Kulturnation‹ den neuen Bezugspunkt sehen möchten, wird das staatlich-politische Problem nicht gelöst, selbst wenn sie den Kulturzusammenhang als Ersatz für eine politische Klammer von Deutschland-West und -Ost verstehen wollten.« (in: FAZ [Anm. 13]).

38 Vgl. dazu Georg Mölich, Aus der Zersplitterung geboren. Die deutsche Kulturnation: Historische Realität und heutiges Streitobjekt, in: Das Parlament, vom 6. September 1986, S. 5.

39 Diese These wurde nachdrücklich auch von François Bondy (Zürich) auf der Arbeitstagung des historisch-politischen Arbeitskreises des Kuratoriums Unteilbares Deutschland in Bonn am 13. Dezember 1986 vertreten.

40 R. Poidevin (Anm. 24), S. 414.

41 Jean-Marie Soutou, Deutsches Nationalbewußtsein – Bedingung europäischer Politik, in: FAZ vom 20. August 1986. In seinem soeben ins Deutsche übersetzten Buch »Europa als eine Macht« (Köln 1986) plädiert auch Henri Froment-Meurice, ehemaliger französischer Botschafter in Moskau und Bonn, für eine französische (europäische) Politik, in der die »Dimension der deutschen Einheit« eingearbeitet ist (S. 160–167).

42 Weisenfelds Schlußfolgerung lautet: »Vielen Franzosen fällt der Gedanke, daß die Selbstbestimmung der Deutschen zu einer Wiedervereinigung von 80 Millionen führen könnte, nicht leicht. Aber trotzdem ist die große Mehrheit heute bereit, den Deutschen die Selbstbestimmung zu geben, die sie für Polen, Tschechen, Ungarn und Rumänien ohne Scheu fordern.« (Anm. 34, S. 181/82).

43 Zitiert bei Gerd Tellenbach, Die Entstehung des deutschen Reiches, München 1946, S.227.

44 Ernst Nolte, Das geteilte Berlin und die Deutschen nach dem zweiten Weltkrieg, in: Aus Politik und Zeitgeschichte, B 32/87, S. 44/45. Da dieser Aufsatz erst während der Drucklegung des vorliegenden Bandes erschien, konnte nicht näher auf ihn eingegangen werden. Noltes Projektion einer neuen Stufe des Deutschen Bundes bleibt überdies zu knapp.

WOLFGANG MARIENFELD

Die »Einheit der Nation« in der Schulgeschichtsschreibung beider deutscher Staaten seit 1945*

I.

In den Anfangsjahren der Bundesrepublik Deutschland galt der 7. September, der Tag des erstmaligen Zusammentritts des Deutschen Bundestages 1949, als »nationaler Gedenktag des deutschen Volkes«, bevor dann der Aufstand des 17. Juni 1953 einen neuen nationalen Gedenktag festlegte. Bei dessen erster feierlicher Begehung im Jahre 1950 gab Bundespräsident Heuss in der ihm eigenen bildhaften Sprache dem »Bedrängtsein unserer Empfindung« Ausdruck, »daß die Geschichtsmelodie Deutschlands zerbrochen ist«. Dieser Ausspruch zielte über den Zustand des geteilten Deutschlands hinaus auf das Verhältnis der Deutschen zu ihrer Geschichte, das Verhältnis der Deutschen zu sich als Nation – und dieses vor dem Hintergrund von Aufstieg und Fall des Dritten Reiches[1].

Im überkommenen Bild deutscher Geschichte war die nationale Idee die sinngebende Konstante im Spiel divergierender Kräfte, die Hervorbringung des nationalen Staates ihr eigentlicher Auftrag, der nationale Staat ihr krönender Abschluß. Wie erklang die »Geschichtsmelodie« in den Worten Heinrich von Sybels, gesprochen im Erlebnis der Reichsgründung im Januar 1871: »Die Tränen fließen mir über die Backen. Wodurch hat man die Gnade Gottes verdient, so große und mächtige Dinge erleben zu dürfen? Und wie wird man nachher leben? Was zwanzig Jahre der Inhalt alles Wünschens und Strebens gewesen ist, das ist nun in so unendlich herrlicher Weise erfüllt. Woher soll man in meinen Lebensjahren noch einen neuen Inhalt für das weitere Leben nehmen?«[2]

Gut sechzig Jahre später, am 1. April 1933, dem Geburtstag Bismarcks, huldigt Johannes Haller dem neuen Kanzler des Deutschen Reiches mit den Worten: »Zum erstenmal seit 43 Jahren geschieht es, daß wir des Tages, da dem deutschen Volk der Gründer seines Reiches geboren wurde, mit ruhigem Gewissen gedenken können. ... Noch ist uns das Bismarckreich ein fernes Ziel, an das wir glauben, ohne es zu sehen. Aber der Anfang ist gemacht, die Irrbahn ist verlassen, der rechte Weg wiedergefunden. ... Heute steht er [Hitler] an der Stelle, wo Bismarck stand, sein Erbe, sein Fortsetzer, ja, will's Gott, der Vollender seines

Werkes. Als der greise Feldmarschall, der altpreußische Soldat, und der jugendliche Kanzler, der süddeutsche Sohn des Volkes, am Sarge Friedrichs des Großen einander die Hände reichten, als in diesen beiden Männern gleichsam deutscher Norden und deutscher Süden, deutsche Vergangenheit und deutsche Zukunft sich einten im Gelöbnis, das Letzte einzusetzen für deutsche Freiheit, deutsche Ehre, deutsche Größe, da ging die Saat auf, die Bismarck gestreut, da begann der Baum, den er gepflanzt und den der Blitz getroffen, wieder zu grünen.«[3]

Das Reich Adolf Hitlers und das Reich Bismarcks in einer Linie historisch-nationaler Sinnerfüllung, Hitler als Erbe, als Fortsetzer, ja Vollender Bismarcks; Preußischblau und Nazibraun als Komplementärfarben der Sinnerfüllung deutscher Geschichte, nach Jahren oder Jahrzehnten des Irrtums befreit aufatmende Rückkehr in den großen Strom deutscher Geschichte. War Alfred Rosenberg, der Chefideologe des Dritten Reiches, so fern dieser Wirklichkeit des deutschen Geschichtsbewußtseins, wenn er Hitler am 31. Januar 1933 im »Völkischen Beobachter« als »Messias« in Anspruch nahm, der »Ströme deutscher Sehnsüchte ... fern aus vergangenen Jahrhunderten«[4] endlich zusammengeführt habe? Die Selbstoffenbarung dieses Staates nicht als Eschaton, sondern als Apokalypse der deutschen Geschichte mußte für die Überlebenden und für die Nachwachsenden das Bild dieser Geschichte, das Bild von der eigenen Nation, viel tiefer und grundsätzlicher in Frage stellen als jedes Ereignis zuvor. Die Idee der Nation – im Dritten Reich als Lebensinhalt und als Maß allen Handelns aufs höchste gesteigert und zugleich in schrecklicher Weise verunstaltet – konnte sie noch und kann sie noch für die Bewahrung und Wiedergewinnung der Nation ein Kraftquell sein?

Werden Deutsche in unserer Zeit auf die Idee der Nation hin angesprochen, reagieren sie verhaltensunsicher; die naive Bekundung nationaler Identität ist nahezu gänzlich abgebrochen: In der Bundesrepublik Deutschland, wo die ungehinderte Bekundung des politischen Willens möglich ist, bringt niemand an nationalen Feiertagen durch das Aufziehen der schwarzrotgoldenen Fahne seine Übereinstimmung mit der politischen Idee des jeweiligen Tages zum Ausdruck. Würde es jemand tun, würde er befremdete Verwunderung erregen. Der ständige zum Flaggenhissen drängende nationale Appell im nationalsozialistischen Deutschland hat diese Tradition vollkommen verkümmern lassen – ganz anders als in anderen, national ungebrochenen Ländern. Nicht nur dieses: Für das nationale Selbstbestimmungsrecht der Deutschen wird nicht demonstriert, wohl für das anderer Völker. Verletzungen der Menschenrechte an der innerdeutschen Grenze oder an der Berliner Mauer, Verletzungen bestehender Verträge in nationalen Lebensfragen, wie etwa die Verdoppelung des Zwangsumtausches, bleiben ohne breite öffentliche Resonanz.

Die Verfassungen der beiden deutschen Staaten hatten dagegen 1949 die Frage nach der nationalen Identität ganz eindeutig beantwortet: mit der Flagge, mit der Staatsbezeichnung, mit der Staatsbürgerschaft, mit der Setzung des deutschen Volkes in seiner Gesamtheit als ideellem Verfassungsgeber; mit dem politischnationalen Auftrag stellen sie sich in die Tradition und Verpflichtung der liberalen, demokratischen und nationalen Bewegung, legen sie sich auf die Bewahrung oder Wiedergewinnung des nationalen Staates fest.

Aber aus dieser historischen Standortbestimmung war schon vor 1949 keine Kraft gegen die Spaltung Deutschlands erwachsen – nicht nur weil die soziale Situation im Besatzungsdeutschland die Menschen auf die tägliche Daseinssicherung festlegte und zugleich die Politik der Besatzungsmächte dominierendes Gewicht besaß, sondern – wichtiger noch – weil die Kraft der nationalen Idee erschöpft war und weil aus dem Erlebnis des Dritten Reiches demokratische Rechtsstaatlichkeit beziehungsweise sozialistische Gesellschaftsreform normativen Vorrang vor der nationalen Einheit bekamen. Noch 1935 bei der Saar-Abstimmung und 1938 beim »Anschluß« Österreichs hatte sich die Idee der nationalen Einheit als höchster und nicht relativierbarer Wert erwiesen und waren Tatbestände wie die Zertrümmerung der Demokratie in Deutschland 1933, die Zerstörung des Rechtsstaates, die Einrichtung von KZs und die Judenverfolgung, der Kirchenkampf in den Hintergrund des Bewußtseins gedrängt und damit zu Werten zweiter Ordnung gemacht worden. Das Erlebnis totalitärer Herrschaft im Dritten Reich schloß künftig eine derartige Wertehierarchie aus und machte die Idee nationaler Einheit zu einem nachgeordneten Wert unterhalb demokratischer Rechtsstaatlichkeit beziehungsweise sozialistischer Gesellschaftsordnung. Hiermit waren neue Loyalitäten gegenüber denjenigen weltpolitischen Lagern verbunden, die diese Werte repräsentierten und die zugleich die Sicherheit verbürgten, nach ihnen ungefährdet leben zu können: Einheit in Freiheit auf der einen, Einheit im Sozialismus auf der anderen Seite; Sicherheit vor kommunistischer Diktatur und sowjetischer Expansion auf der einen, Sicherheit vor bürgerlicher Klassenherrschaft und kapitalistischer Weltverschwörung auf der anderen Seite.

Die Vergeblichkeit aller seitherigen Versuche, die Antinomie zu durchbrechen und die deutsche Einheit zurückzugewinnen, tritt bewußtseinsformend hinzu: 1959 wurde zum letztenmal von den Siegermächte des Zweiten Weltkrieges über Einheit und Wiedervereinigung Deutschlands verhandelt. Seitdem geht es nur darum, Modalitäten der Teilung festzulegen[5]. Die Einheit Deutschlands ist inner- und außerhalb Deutschlands kein unmittelbares Ziel praktischer Politik mehr, sondern allenfalls eine Hoffnung, die nicht in politischen, sondern in historischen Dimensionen zu denken oder zu empfinden ist. Auch die Erinnerung an die Einheit Deutschlands hat mittlerweile historische Dimensionen gewonnen: Diejenigen, die die Einheit Deutschlands noch bewußt miterlebt haben, sind weit über fünfzig Jahre alt; diejenigen, die sie noch als demokratische Rechtsstaatlichkeit erlebt haben, sind siebzig Jahre und älter. Und immer wenn die Menschen sich an die erlebte Einheit Deutschlands erinnern, haben sie den nationalsozialistischen Unrechtsstaat vor Augen, der wie ein gewaltiger erratischer Block den freien Blick zurück in die deutsche Geschichte versperrt und der zugleich als Last des Bewußtseins den freien Schritt nach vorn in die Zukunft behindert. Die große Mehrheit der Deutschen kennt als unmittelbare historische Erfahrung nur das geteilte Deutschland. Was Wunder, daß Stimmen laut werden, auf die Einheit Deutschlands auch als politisches Fernziel zu verzichten, das Grundgesetz entsprechend zu verändern, die Bundesrepublik Deutschland – ebenso die DDR – als Staat sui generis zu sehen und nicht als Fortsetzung des Deutschen Reiches, entsprechend ihrem politischen Anspruch auf ihre unmittelbaren politischen Belange zu begrenzen. Gäbe es nicht Berlin als nicht zu übersehendes Menetekel des deutschen Nationalproblems, wäre dieser Bewußtseinsprozeß vermutlich schon viel weiter vorangeschritten. Berlin mahnt uns, daß wir nicht aus unserer nationalen Geschichte aussteigen können.

Wird es möglich sein – die Rede von Bundespräsident Heuss aus dem Jahre 1950 aufnehmend – die Vergangenheit so zu bewältigen, »daß wir wieder aus dem Gefängnis der Geschichte heraustreten können«?[6] Wird der Erosion der nationalen Idee – bedingt durch die historische Last wie ebenso durch die politische Gegenwartserfahrung – im Unterricht entgegengearbeitet? Wird – bezogen auf die Bundesrepublik Deutschland – der Unterricht dem Urteil des Bundesverfassungsgerichts vom 31. Juli 1973 gerecht, wonach sich aus dem Wiedervereinigungsgebot der Verfassung nicht nur die Verpflichtung ergibt, den Wiedervereinigungsanspruch »nach außen beharrlich zu vertreten«, sondern auch »ihn im Innern wachzuhalten«? Was erfahren Schüler über Teilung und Wiedervereinigung Deutschlands? In welcher Perspektive wird das nationale Identitätsproblem vor ihnen ausgebreitet?

II.

Der historisch-politische Unterricht in seiner konkreten Gestalt ist empirisch nur sehr eingeschränkt, im historischen Rückgriff auf frühere Verwirklichungsformen gar nicht erfaßbar. Erfaßbar sind Informationen, Inhalte, Wertungen, leitende Zielvorstellungen von Richtlinien und von Schulbüchern, die zwar den Unterricht in starkem Maße bestimmen, aber ihn nicht zur Gänze ausmachen. Auch bleibt unsicher, inwieweit die dem Schulbuch eigenen Intentionen im Blick auf Wissen und Einstellungen tatsächlich bewußtseinsbildend wirken, stehen sie doch in der Konkurrenz höchst unterschiedlicher meinungsbildender Sozialfaktoren. Für die Richtlinien und Schulbücher der DDR allerdings gilt: Die leitenden Intentionen sind viel präziser bestimmbar als in der Bundesrepublik: Es gibt nur jeweils ein verbindliches Lehrbuch, und der konkrete Unterricht wird bis hin zu Medien, Tafelbild, Hausaufgaben und natürlich Wertungen durch die den Lehrbüchern beigegebenen Unterrichtshilfen in starkem Maße festgelegt, so daß die jeweils herrschenden Intentionen und die Formen ihrer Verwirklichung deutlich hervortreten. Das offene System der Bundesrepublik kennt dagegen eine Vielzahl miteinander konkurrierender Bücher, die gelegentlich höchst unterschiedliche Akzente setzen, und der konkrete Unterricht wird weder durch die Richtlinien, die Schulbücher noch durch mögliche Unterrichtshilfen präformiert. Für beide

Schulbuchgruppen aber gilt generell: Die Bücher lassen das erkennen, was als Grundwissen angesehen, als Grundgestimmtheit empfunden und für traditionswürdig erachtet wird. Tritt in der historischen Rückschau in die Schulbuchgeschichte für die DDR das offizielle Selbstbewußtsein des Staates oder der Partei in seinem historischen Wandel deutlich zutage, so für die Bundesrepublik das sehr viel breitere Spektrum divergierender oder konkurrierender Auffassungen im gesellschaftlichen Prozeß.

Der Blick in die ersten Schulbücher nach dem Kriege ist höchst aufschlußreich für die Wirkungen der nationalsozialistischen Gewaltherrschaft auf das geschichtliche Bewußtsein: Das nationale Selbstwertgefühl ist schwer erschüttert – auch dann, wenn jene Herrschaft zunächst überwiegend personalistisch als Werk Hitlers gedeutet wird, die Verbrechen des nationalsozialistischen Staates als Teil seiner Biographie erscheinen: »Die größte seiner Schandtaten ist die Judenverfolgung gewesen. ... In welches Unglück hatte ein einzelner Mann in seiner Verblendung Millionen von Menschen gestürzt!«[7]

Ungeachtet dieser viel zu kurz greifenden Interpretation wird doch die Herrschaft Hitlers als Teil der deutschen Geschichte empfunden und damit historische Verantwortung übernommen. »Werden und Wirken« sieht in der nationalsozialistischen Herrschaft sogar »eine mit dem deutschen Wesen unvereinbare Nachahmung fremder Vorbilder«, beschwört aber doch »das quälende Gefühl von eigener Schuld, die Last von Haß und Verachtung, die ... auf das deutsche Volk gehäuft wurde«. Eine wertorientierte, an Intensität und Umfang ständig zunehmende Auseinandersetzung mit der NS-Herrschaft setzt ein, deren historisch und sozial deutlich tieferer Zugriff in der Kapitelüberschrift eines gegenwärtigen Schulbuches erkennbar wird: »›Ein Reich der Ordnung und Sauberkeit‹? – Der ›Führer‹, der Nationalsozialismus und 65 Millionen Deutsche.«[8]

Angesichts einer als so belastend empfundenen Geschichte verbietet sich eine nationalpathetische Sprache – das wird im Vergleich zum zeitgleichen DDR-Buch besonders deutlich, verbietet es sich auch, Geschichte vornehmlich als Machtgeschichte der Nationalstaaten zu sehen. Vor dem finsteren Hintergrund der nationalsozialistischen Herrschaft stehend, wird nach moralischen Orientierungspunkten gesucht: »Helden der Menschlichkeit, Wohltäter der Menschheit, Pioniere des Wahren, Guten und Schönen«, wie es in einem bayerischen Erziehungsplan von 1947 heißt[9] und wie es in Hessen 1946 sogar Verfassungsrang bekommen hat (Artikel 56). Die sittliche Persönlichkeit, der klassischen Antike und dem Christentum verpflichtet, stand den Autoren idealtypisch vor Augen, nicht der politische und seiner Nation verpflichtete Mensch. »Erbe des Abendlandes« (1954)[10] ist ein besonders repräsentativer Schulbuchtitel dieser Zeit. Das christlich-humanistische Erbe soll geistig zurückgewonnen und für den Neuaufbau der Welt und besonders Deutschlands fruchtbar gemacht werden. Ebelings fünfbändige »Deutsche Geschichte« (1949–52) macht diese Geschichte mit ausführlichen Biographien vornehmlich als Kunst- und Kulturgeschichte sichtbar: Der Schweizer

Pädagoge Pestalozzi wird dem Schüler mit seiner humanitären Erziehungskonzeption auf fünf Seiten vorgestellt, acht Seiten erhält Robert Owen als Sozialreformer des 19. Jahrhunderts; über die Potsdamer Konferenz, ein Fundamentalereignis für die politische Nationalgeschichte Deutschlands, wird in diesem 1500 Seiten starken Werk in sechs Zeilen informiert: ein in der Reaktion auf den Nationalsozialismus wurzelnder Auszug aus Staat und Politik in eine Welt humanitärer Mitmenschlichkeit[11].

Viele Bücher beenden ihren historischen Lehrgang mit dem Jahre 1945, sprechen die Zeit danach gar nicht oder nur in einem Ausblick an. Noch 1967, in zweiter Auflage 1969, erscheint ein Schulbuch (»Geschichte unserer Welt«), das die Auseinandersetzung mit dem Nationalsozialismus auf 66 Seiten führt, über die 22 oder dann 24 Jahre Nachkriegsentwicklung aber nur noch in der Form eines inhaltlich zusammenhanglosen Datenrasters informiert[12]. Endet die deutsche Geschichte 1945?

Wenn die Geschichte nach 1945 in den Blick genommen wird, dann rücken drei Ereignisfelder in den Vordergrund:

Zum einen der soziale Prozeß von den Zerstörungen des Krieges und dem Nachkriegselend über Marshallplan und Währungsreform zum Wiederaufbau und zum Wirtschaftswunder. Hierbei wird auch das Flüchtlings- und Vertriebenenproblem angesprochen, das heißt es wird als ein soziales und nicht als ein nationales abgehandelt. Der Zugang zu ihm wird über Eingliederung und Lastenausgleich und nicht über Vertreibung und Charta der Heimatvertriebenen gesucht. Die deutschen Gebiete jenseits von Oder und Neiße geraten völlig aus dem Blick. Ein einziges Schulbuch in den sechziger Jahren (»Unser Weg durch die Geschichte«) sucht sie mit einem Kapitel über »Die deutschen Ostgebiete heute« ins Bewußtsein zu rücken, unter anderem durch den Abdruck eines Briefmarkenpaares vom Breslauer Rathaus aus den Jahren 1931 und 1961[13]. Auch die Neugründung Österreichs und dessen auferlegter wie auch gewollter Austritt aus der deutschen politischen Nation wird kaum oder gar nicht angesprochen, der Staatsvertrag von 1955 nur gelegentlich und beiläufig erwähnt.

Zum anderen wird der Aufbau von Demokratie und Rechtsstaatlichkeit in den Blick gerückt und mit der Wiederbegründung von Parteien, mit demokratischen Wahlen in Gemeinden und Ländern, schließlich mit dem Grundgesetz vor Augen geführt. Vergleichende Bezugspunkte werden gesucht zum Herrschaftssystem des Dritten Reiches und zur Weimarer Reichsverfassung. Die Funktionsweise des demokratischen Rechtsstaates Bundesrepublik soll deutlich werden vor dem dunklen Hintergrund der nationalsozialistischen Gewaltherrschaft und der problembeladenen Weimarer Verfassung, soll zugleich als staatsbürgerlicher Auftrag wirksam werden. Der nationale Auftrag der Bundesverfassung tritt deutlich zurück gegenüber dem demokratisch-rechtsstaatlichen. Dabei hätte es doch unter beiden Gesichtspunkten nahegelegen, den Verfassungsvergleich mit der DDR vorzunehmen, um deutlich zu machen, daß hier zwei Staaten ins Leben treten, deren Verfassungen auf denselben ideellen Verfassungsgeber zurückgehen, die sich mit Namen, Nationalfarben, Staatsbürgerschaft und politischem Auftrag zur deutschen Nation bekennen und sich als Kern dieser Nation verstehen, also in einen rivalisierenden Kampf um die politische und gesellschaftliche Ordnung Deutschlands eintreten und damit das Thema anstimmen, das die Zukunft beherrscht.

Zum dritten findet der weitgehende Verzicht auf die innerdeutsche Rivalität seine Entsprechung darin, daß auch der alliierte Konflikt um Deutschland nicht zureichend in den Blick genommen wird, also etwa danach gefragt wird, weshalb die während des Zweiten Weltkrieges als Antwort auf die nationalsozialistische Herausforderung aufgekommenen Zertrümmerungskonzeptionen am Ende des Krieges wieder aufgegeben werden, warum die Einheit Deutschlands dann doch verloren geht, obwohl die drei Potsdamer Mächte sich eindeutig zu ihr bekennen. Die meist aus dem aufbrechenden Ost-West-Konflikt linear gefolgerte Teilung Deutschlands greift insofern zu kurz, als doch die Besonderheit der deutschen Situation eben darin bestand, daß hier – anders als in Ostmitteleuropa – alle über Deutschland bestimmenden Mächte gleichzeitig präsent waren und es durchaus möglich war, daß Deutschland zu einem Völkerrechtssubjekt oder -objekt eigener Art gemacht wurde, wie es ja auch verschiedene Neutralisierungskonzeptionen alliierter Mächte vorsahen. Kurz: In der Darstellung der Nachkriegsgeschichte wird dem Schüler die nationale Problematik der Existenz Deutschlands nicht mit genügender Dringlichkeit und Klarheit, zum Teil auch gar nicht vor Augen gerückt; ihm werden als Bürger der Bundesrepublik Deutschland und als Westeuropäer eher supranationale als nationale Aufgaben und Ziele gestellt.

Die auf die Bundesrepublik eingeengte Perspektive wird deutlich, wenn »Erbe des Abendlandes« seinen Abschlußband unter den Titel stellt »Vom Bismarckreich bis zur Bundesrepublik« und eben nicht »Vom Bismarckreich zum geteilten Deutschland«[14]. In der »Geschichte unseres Volkes« (1951–53) wird nach ausführlicher Würdigung des Bonner Grundgesetzes festgestellt: »Jeder von uns ist Angehöriger zweier Staaten. Er ist Bürger seines Heimatlandes ... und Bürger der deutschen Bundesrepublik.«[15] Ist er nicht auch Teilglied der deutschen Nation? Das Schulbuch »Der Mensch im Wandel der Zeiten« (1954) nennt seine drei Schlußkapitel: »Deutschland in Not ...«, »Der Wiederaufbau in der Bundesrepublik ...«, »Das Ringen um die Einigung Europas«[16]. Gab es nicht auch ein Ringen um die Einheit Deutschlands?

Im zeitgleichen DDR-Geschichtsbuch »Lehrbuch für den Geschichtsunterricht« gibt es im Rahmen der breit ausgefalteten Zeitgeschichte ein 48 Seiten starkes Kapitel »Der demokratische Neuaufbau Deutschlands« und darin den 16seitigen Abschnitt 4: »Der Kampf um die Einheit Deutschlands«. – Hier heißt es mit nationalem Pathos und mit Zukunftsgewißheit: »Der Vormarsch der Nationalen Front des demokratischen Deutschland ist unaufhaltbar. Sie wird siegen, ganz Deutschland befreien und wiedervereinigen.« Das vom Nationalsozialismus gerade befreite Deutschland erneut befreien? Von wem? Das Buch antwortet darauf: »Durch die Bildung der Bonner Regierung wurde die Spaltung Deutschlands vollendet. Damit war die Gefahr der Vernichtung der deutschen Nation in dem geplanten Dritten Weltkrieg noch größer geworden. Zur Abwendung dieser Gefahr und als Sammelpunkt aller patriotischen Kräfte Deutschlands wurde am 7. Oktober 1949 die Deutsche Demokratische Republik gegründet.«[17]

Die dunklen Mächte des Monopolkapitals, die zwei Weltkriege vom Zaun gebrochen hätten, bereiteten den dritten Weltkrieg, den Überfall auf das sozialistische Lager vor. Sie hätten Deutschland gespalten, um Westdeutschland als Aufmarschgebiet, Rüstungsschmiede und Söldnerreservoir ungestört benutzen zu können. Hiergegen stehe die DDR als Hort des Friedens, des sozialen Fortschritts und der Einheit Deutschlands, in ihrer gesellschaftlichen Ordnung die des künftigen Gesamtdeutschlands vorwegnehmend – so wie sie innerhalb Deutschlands, und wie die Sowjetunion und das sozialistische Lager insgesamt auf Weltebene gegen jene Kräfte des Kapitalismus, stehen, die – wenn auch in bürgerlicher Verbrämung – denen des Faschismus gleich seien. Die Deutung von Vergangenheit und Gegenwart aus dem marxistischen Verlaufsmodell von Geschichte – Geschichte als unentrinnbare Notwendigkeit, als gesetzmäßiger Prozeß auf ein Endzeitalter hin – erlaubt es, klare und unzweideutige Urteile über Gut und Böse, Edel und Gemein, Friedliebend und Aggressiv auszusprechen: »Im Ergebnis des Zweiten Weltkrieges bildeten sich zwei Lager in der Weltpolitik, das Lager des Friedens und das Lager des Krieges. Das mächtige Weltfriedenslager ... steht unter der Führung der Sowjetunion. Das Lager des Krieges wird angeführt von den Vereinigten Staaten von Amerika.«[18]

Die ideologische Geschichtsschau erlaubt es, den Nationalsozialismus hinsichtlich Verursachung und Verantwortung aus der eigenen Geschichte zu verdrängen, sich selbst nur als Opfer und zugleich als Sieger des Zweiten Weltkrieges zu sehen, erlaubt damit einen nationalen Anspruch und eine nationalpathetische Sprache, die durch die NS-Herrschaft nicht fragwürdig geworden sind, erlaubt es, die positiven Traditionen der deutschen Kultur in Anspruch zu nehmen und die negativen der Bundesrepublik zuzuweisen, erlaubt es oder nötigt gar dazu, die Menschen in Westdeutschland als Brüder und Schwestern des gemeinsamen Vaterlandes ebenso in Anspruch zu nehmen, wie gleichzeitig die Bundesrepublik als Staat aus der Nation auszugrenzen, erlaubt es schließlich, trotz abgrundtiefer Gefahren in Gegenwart und naher Zukunft doch eine höchst optimistische Prognose für die nationale wie für die Weltgeschichte aufzustellen.

Geschichte als Helden- und Schurkenstück, als Märchen vom lieben Rotkäppchen und dem bösen Wolf! Kann man mit diesem ideologischen Weltbild Politik mit dem Ziel betreiben, zwischen konkurrierenden, aber in sich legitimen und zugleich auf der höheren Ebene der Nation zusammenfließenden Interessen Kompromisse zu finden? War das flammende Bekenntnis zur Einheit Deutschlands – die »Erringung der Einheit Deutschlands« als »Hauptaufgabe« – reales politisches Ziel oder nur taktisches Spiel zur Legitimierung der eigenen Herrschaft im Konkurrenzverhältnis zur Bundesrepublik? Gab es noch ein gemeinsames Deutschland als Zukunftsbild oder nur noch sich ausschließende Alternativen? War die nationale Frage nicht von vornherein eine Klassenfrage, in der die zentralen Begriffe wie Einheit, Vaterland, Frieden, Demokratie nur mit sozialistischen Symbolen besetzt werden durften?

Die großen Entscheidungen in Deutschland in den fünfziger Jahren – Souveränitätsgewinn beider deutscher Staaten und deren Einbeziehung in die militärischen Machtblöcke 1955 – verändern das Geschichtsbild der Schulbücher: Die historische Wirklichkeit hatte den Rückzug aus Staat und Politik in eine mehr unpolitische Welt humanitärer Zuwendung desavouiert. Die Bücher werden deutlich politischer, Machtgeschichte der Staaten rückt wieder in den Blick, die Nachkriegsgeschichte wird angesprochen, der Anteil der Zeitgeschichte am historischen Lehrgang deutlich gesteigert. Mit den neuen Konturen des Deutschlandproblems tritt dieses selbst deutlicher ins Bewußtsein – freilich nicht so, daß der deutschlandpolitische Entscheidungsprozeß seinem Bedeutungsgewicht entsprechend wahrgenommen würde. Dies ist an drei Tatbeständen besonders deutlich ablesbar:

- Drei Viertel aller Schulbücher in der Bundesrepublik enthalten zu den Stalin-Noten von 1952 keinerlei Informationen, obwohl doch mit dem Notenwechsel dieses Jahres die Fundamentalprobleme, die Entscheidungsalternativen und Handlungskonzeptionen der Deutschlandfrage unmittelbar verknüpft sind.
- Die sich von der »Genfer Direktive« 1955 herleitenden Bemühungen, durch die Verknüpfung von Sicherheit und Wiedervereinigung doch noch einen deutschlandpolitischen Kompromiß zwischen den Mächten zustande zu bringen (besonders deutlich im Herter-Plan 1959), werden ebenfalls nur in wenigen Büchern thematisiert, kaum als Konzeption vorgestellt, entsprechend auch nicht oder zu vordergründig die mit Berlin-Ultimatum und Friedensvertragsvorschlag operierende sowjetische Gegeninitiative ab 1958.
- Die mit dem Mauerbau notwendig werdende Neuorientierung der Ost- und Deutschlandpolitik (begrenzte Öffnung nach Osten: kulturell, wirtschaftlich, sicherheitspolitisch, diplomatisch; neue Denkmodelle in der Deutschlandfrage: Österreichlösung, zehnjähriges Moratorium) wird nur in Einzelereignissen, nicht aber als Konzeption kenntlich gemacht (besonders in der Aufnahme diplomatischer Beziehungen zu Rumänien), entsprechend auch nicht die politische Gegeninitiative von Sowjetunion und DDR. Die Ost- und Deutschlandpolitik der sozial-liberalen Koalition ab 1969 fällt dann fast voraussetzungslos in die Geschichte ein.

Der Mauerbau von 1961 und das mit ihm verbundene Ende aller bisherigen Wiedervereinigungshoffnungen hinterläßt deutlich resignative Wirkung. Das deutschlandpolitisch besonders engagierte Schulbuch »Spiegel der Zeiten« (1955–58), das sein Schlußkapitel »Die Wiedervereinigung Deutschlands als Problem der Weltpolitik« nannte, formulierte in der neunten Auflage von 1967 um; das Schlußkapitel heißt jetzt »Weltpolitische Probleme der Gegenwart«; unter ihnen erscheint die Deutsche Frage nicht mehr[19]. Sie rinnt aus den Problemen der Zeit heraus. 1971 entfällt dann auch das bisherige Deckelbild des Abschlußbandes: das Brandenburger Tor zwischen Kreml und Weißem Haus als leitendes Bildsymbol für die zentrale Problematik in der nationalen Existenz Deutschlands nach 1945.

In dem Schulbuch »Die Reise in die Vergangenheit« wird über SBZ und DDR erst berichtet, nachdem Geschichte und auch Vorgeschichte der Bundesrepublik Deutschland bis zum Warschauer Vertrag von 1972 abgehandelt worden sind. Der nationale Anspruch der DDR wird für den Schüler nur indirekt in einem frühen SED-Wahlplakat erkennbar, das den historischen Händedruck zwischen Pieck und Grotewohl zeigt und die Parole enthält: »Einheit der Arbeiterklasse – Einheit Deutschlands«. Die DDR und ihre Geschichte werden gar nicht mehr als Teil der deutschen Nationalgeschichte begriffen. Der ununterbrochene Entscheidungsprozeß in Deutschland findet nicht statt; es vollziehen sich bis in die Vorgeschichte der Staatsgründungen hinein getrennte historische Verläufe[20]. Das sehr weit verbreitete Schulbuch »Menschen in ihrer Zeit« (1965/66) diskutiert in seinem gemeinschaftskundlichen Anhang »Damals – Heute – Morgen« unter dem Motto »Die Zukunft ist uns allen aufgegeben« historische Probleme in ihrer Gegenwarts- und Zukunftsbedeutung. Das deutsche Nationalproblem gehört nicht dazu. Ist die nationale Einheit nicht mehr »uns allen aufgegeben«?[21] Allgemein gilt: Die Wahrnehmungsperspektive für die Deutschlandfrage ist viel stärker moralischer als politischer Natur. Man sieht das an der Berichterstattung über den 17. Juni, den Mauerbau, später dann die Ost- und Deutschlandpolitik der sozial-liberalen Koalition.

Über die DDR wird knapp, lückenhaft, sporadisch und vorbehaltvoll informiert. Die Verwendung der offiziellen Staatsbezeichnung kommt gänzlich außer Gebrauch. Die DDR wird nur noch als Ostzone, Sowjetzone, SBZ oder ähnlich bezeichnet. Ihre Rolle als Satellit der Sowjetunion und ihr Charakter als Zwangsstaat treten deutlich hervor. 1968 formuliert ein Schulbuch als Arbeitsauftrag: »Stelle auf der Landkarte die vier Besatzungszonen Deutschlands fest! Welche Zone besteht noch heute?«[22] Ihr Zwangscharakter wird an den vier Darstellungsschwerpunkten festgemacht: Flucht, 17. Juni, Zwangskollektivierung der Landwirtschaft, Mauerbau. Es gibt keine zwar kritische, aber doch vom Selbstverständnis der Herrschaftsträger in der DDR ausgehende Darstellung. Ihre deutschlandpolitische Selbstinterpretation bleibt unangesprochen, sie erscheint von vornherein als antinationale Kraft, mit der Totalitarismustheorie darüber hinaus als wesensgleich mit der NS-Herrschaft. Vor diesem dunklen Hintergrund nimmt sich die Bundesrepublik als das genaue Gegenbild aus, als das wahre Deutschland, souverän, prosperierend, in sich solidarisch, in seiner gesellschaftlichen und politischen Ordnung, in Westorientierung und Blocksolidarität rundum auf dem rechten Wege befindlich. Es wird hiermit ein Darstellungsmuster erkennbar, das dem des oben genannten DDR-Buches nicht unähnlich ist: Während Land und Bewohner der DDR als Teil der Nation in Anspruch genommen werden, wird die DDR als quasi faschistischer Staat aus der Nation ausgegrenzt.

Noch deutlicher und schärfer als vordem geschieht dies mit umgekehrten Vorzeichen im zeitgleichen DDR-Buch. Das 1960 herausgegebene »Lehrbuch für Geschichte für die 10. Klasse der Oberstufe« widmet der Bundesrepublik ein eigenes, 24 Seiten starkes Kapitel, das unter die Überschrift gestellt wird: »Der Kampf des deutschen Volkes gegen den westdeutschen Imperialismus und Militarismus und für die nationale Wiedergeburt Deutschlands als einheitlicher, friedliebender und demokratischer Staat.«[23] Der Name Bundesrepublik Deutschland wird in der Überschrift nicht genannt. Der Rang, ein autonomes Staatswesen eigener Art zu sein, wird ihr nicht zugebilligt. Ihr politischer Gehalt wird mit »westdeutscher Imperialismus und Militarismus« pejorativ gebrandmarkt; sie erscheint als Negation von Einheit, Frieden und Demokratie, damit zugleich als Diktatur der Träger von Imperialismus und Militarismus, gegen die sich berechtigter- und notwendigerweise »der Kampf des deutschen Volkes richtet«. Die DDR steht in diesem Kampf ihrer Natur oder ihrer historischen Mission gemäß auf seiten des deutschen Volkes; sie ist »der einzige rechtmäßige, demokratische und friedliebende Staat des deutschen Volkes«[24]. Sie repräsentiert damit die deutsche Nation in ihrer Gesamtheit; ihre Geschichte ist die eigentliche Nationalgeschichte nach 1945. Das durch Erziehung und Unterricht auf sie hin zu erweckende DDR-Staatsbewußtsein ist zugleich gesamtdeutsches Nationalbewußtsein oder in der Selbstinterpretation: »demokratisches Nationalbewußtsein«. Die Bundesrepublik als Staat repräsentiert nicht die deutsche Nation, auch nicht einen Teil von ihr; sie repräsentiert nach dem mit der Gründung der DDR erreichten »Wendepunkt in der Geschichte des deutschen Volkes« nur noch historischen Ballast; sie ist nur noch ein Element der Verzögerung auf dem Wege des welthistorischen Fortschritts, historisch zwar überholt, vom »Weltgeist« auch zum Untergang verurteilt, dennoch in der politischen Gegenwart ungeheuer gefährlich; denn »heute bereiten diese imperialistisch-militaristischen Volksfeinde von der Bonner Bundesrepublik aus erneut einen Aggressionskrieg vor. In einem dritten Weltkrieg möchten sie Revanche für die Niederlagen von 1918 und 1945 üben und endlich jene Raubpläne verwirklichen, die unter Wilhelm II. und Hitler so kläglich scheiterten.«[25]

Insbesondere die DDR sieht sich einer ununterbrochenen Aggression ausgesetzt: durch »Brandstiftung, Sprengung von Brücken, Mord an Funktionären ..., Abwurf von Kartoffelkäfern«[26]. »Im Juni 1953 nahmen die Imperialisten fieberhaft Kurs auf die gewaltsame Beseitigung der Arbeiter- und Bauern-Macht in der Deutschen Demokratischen Republik ... Rowdies aus halbfaschistischen Organisationen, arbeitsscheue und kriminelle Elemente wurden von den Westsektoren her in den demokratischen Teil Berlins eingeschleust. Die Leitung lag in Händen des amerikanischen Geheimdienstes und Bonner Regierungsstellen. Der Putsch wurde von unseren Staatsorganen gemeinsam mit den klassenbewußten Werktätigen niedergeschlagen.«[27]

Später wird dann gesagt werden, daß am 13. August 1961 mit dem Bau der Mauer in Berlin als »antifaschistischem Schutzwall« der militärische Überfall verhindert, der »Frieden in Deutschland gerettet« worden ist[28]. Das Bekenntnis zur Nation klingt dabei ungebrochen. Der Mauerbau erscheint nicht als eine politische Maßnahme, mit der sich die DDR aus der Nation entfernen will, um sich als Staatswesen eigener Art zu etablieren, sondern gleichsam als eine erzwungene nationale Verteidigungsmaßnahme, mit der sich der Träger der nationalen Idee für deren Verwirklichung erhalten will. Nach wie vor gilt die Wiedervereinigung Deutschlands als »nationale Hauptaufgabe« der DDR.

Im Schulbuch von 1960 wird den Schülern ausführlich der von Ulbricht entwikkelte »Plan einer deutschen Konföderation« vor Augen geführt als Ausdruck des der DDR gestellten nationalen Auftrages[29]. Doch im Blick auf die Kennzeichnung der sich in Deutschland gegenüberstehenden, durch DDR und Bundesrepublik repräsentierten Kräfte wird man wiederum fragen müssen: Ist die so beschworene Einheit Deutschlands reales politisches Ziel oder nur ein taktisches Mittel zum Gewinn historisch-politischer Legitimation gegenüber der eigenen Bevölkerung? Was sollte und was konnte eigentlich bei der in Deutschland bestehenden Antinomie von Gut und Böse, Fortschritt und Reaktion, Demokratie und Faschismus, Frieden und Krieg konföderiert werden?

III.

Die 1969/70 durch die sozial-liberale Koalition neuorientierte Ost- und Deutschlandpolitik stimuliert deutlich das didaktische Interesse am Deutschlandproblem – nicht nur weil eine Phase höchster politischer Aktivität und damit Ereignisfülle anhebt, sondern weil sich mit der im Grundlagenvertrag besiegelten Zweistaatlichkeit das Problem der nationalen Identität viel dringlicher als vordem stellt. Die hierin liegende Herausforderung kommt der Behandlung im Schulbuch zugute, quantitativ und qualitativ. Ein Buch wie »Zeitaufnahme« widmet fast 20 Prozent seines gesamten Informationsvolumens dem Deutschlandproblem[30]. Neben den Schulbüchern erscheinen zahlreiche Themenhefte zum Deutschlandproblem, 1978 fassen die Kultusminister einen Beschluß zur Behandlung der deutschen Frage im Unterricht[31].

Die Ost- und Deutschlandpolitik der siebziger Jahre wird in den Lehrbüchern ausführlich vorgestellt und mit Bild- und Textquellen breit dokumentiert. Allerdings ist auffallend, daß die moralische Wahrnehmungsperspektive im Vordergrund steht: Versöhnung, Aussöhnung, Ausgleich sind die leitenden Begriffe. Der die neuorientierte Politik konzeptionell tragende, von Egon Bahr geprägte Begriff »Wandel durch Annäherung« wird nur von drei Büchern aufgenommen und nur von einem als eigentlicher Leitbegriff herausgearbeitet und schon als erkenntnisleitendes Interesse in die Überschrift gesetzt: »Die neue Ost- und Deutschlandpolitik. Trotz Annäherung kein Wandel?«[32] Dies ist um so verwunderlicher, als in der neuen Schulbuchgeneration auch frühere zentrale Entscheidungssituationen neu überdacht und problematisiert werden. »Erinnern und urteilen« rückt die politische Entscheidungssituation der Jahre 1950 bis 1955 (Neutralisierung Deutschlands oder militärische West- bzw. Ostintegration der beiden deutschen Staaten) mit nicht weniger als 11 Textquellen ins Bewußtsein[33].

Innerhalb der didaktischen Neuorientierung der Schulbücher fällt besonders ins Auge, daß über die DDR viel umfassender, zugleich sachlich berichtet wird; die Informationen werden in eigenen, oft recht umfangreichen Kapiteln zusammengefaßt, pejorative Bezeichnungen sind fortgefallen, eine Identifizierung oder auch nur vergleichende Relation zur NS-Herrschaft im Sinne der Totalitarismustheorie wird nicht hergestellt. Die Informationen reduzieren sich auch nicht auf solche Sachverhalte, die den Zwangscharakter der SED-Herrschaft erkennen lassen, sondern sind auch auf soziale und wirtschaftliche Leistungen bezogen. »Zeitaufnahme« nennt die entsprechenden Kapitel nüchtern »Bundesrepublik Deutschland. Eine neue Demokratie entsteht« und »Deutsche Demokratische Republik. Ein sozialistisches System in Deutschland«[34]. Beide haben mit 21 bzw. 22 Seiten einen nahezu gleichen Umfang.

Das Bemühen um Versachlichung, um Verminderung geistigen Konfliktpotentials, geht in manchen Schulbüchern so weit, daß Dinge nicht mehr beim Namen genannt werden. Das wird besonders deutlich, wenn man etwa Darstellungen des 17. Juni oder des Mauerbaus oder auch Darstellungen zur Geschichte der Sowjetunion in verschiedenen Auflagen ein- und desselben Schulbuches miteinander vergleicht. Hierzu ließe sich eine Fülle von Material beibringen. Zwei Beispiele mögen genügen. In dem Schulbuch »Wir erleben die Geschichte« hatte in der älteren Ausgabe (1966) der Erlebnisbericht eines drangsalierten Bauern die Zwangskollektivierung der Bauern in ihrem konkreten Ablauf vor Augen geführt; in der neuen Ausgabe von 1974 ist an die Stelle der sehr eindrucksvollen Textquelle ein harmloses Werbeplakat der SED für die Sozialisierung auf dem Lande getreten und der konkrete Vorgang hinter abstrakten Formulierungen des Autors wie »Druck auf die Bauern« verschwunden. Gleiches vollzieht sich im Bericht über den Mauerbau, der in diesem Buch von eineinhalb Seiten auf eine Viertelseite geschrumpft ist und in dem der angeführten ideologischen Rechtfertigung Ulbrichts (»Schutz vor Spionen, Menschenhändlern und Saboteuren«) nicht widersprochen wird. Hatte es 1966 im kritischen Vergleich der politischen und rechtlichen Ordnung beider Staaten noch geheißen: »Wir leben in Freiheit, wir können an jeden Ferienort fahren, der uns gefällt; wir können unseren Feierabend verbringen, wie wir ihn wünschen – kein Schulungskurs versucht, unsere politische Meinung zuzuschneiden; unsere Zeitungen bringen Berichte und Bilder aus aller Welt. Vielleicht sollten wir öfter darüber nachdenken, was es bedeutet, als freier

Bürger zu leben« – so ist dieser Absatz jetzt weggefallen. Sollen die Schüler nicht mehr darüber nachdenken?[35]

Diese Minderung der kritischen Distanz zur DDR hat eine Entsprechung in der kritischer werdenden Darstellung der Bundesrepublik Deutschland. Es wird kein affirmatives Bild mehr gezeichnet, in dem alles so richtig ist, wie es ist und wie es geworden ist. Besonders die Eigentumsordnung wird kritisch beleuchtet. Eine Kapitelüberschrift wie »Die Bundesrepublik zwischen Restauration und Reform«, in der die beiden Leitbegriffe zugleich für Phasen in der Geschichte der Bundesrepublik stehen, wäre für die vorausgegangene Schulbuchgeneration undenkbar gewesen[36]. Die Bundesrepublik erscheint nicht mehr als in jeder Hinsicht beispielhaft und zukunftsweisend; die Selbstgewißheit der fünfziger und sechziger Jahre ist verloren gegangen. Der Verzicht auf die Wir-Perspektive als sprachliches Darstellungsmuster vergrößert die Distanz zum eigenen Staat.

Von besonderem Interesse für das Problem nationaler Identität ist, wie die neuorientierte Politik hinsichtlich ihrer leitenden Intentionen gesehen wird: ob sie mehr oder gar ausschließlich als Ostpolitik oder ob sie mehr als Deutschlandpolitik verstanden wird, also als eine Politik, die sich doch trotz vertraglicher Hinnahme des Bestehenden am nationalen Auftrag des Grundgesetzes orientiert. In etwa der Hälfte der Anfang der achtziger Jahre im Umlauf befindlichen Schulbücher wird der dem Vertragswerk zugehörige »Brief zur deutschen Einheit« weder zitiert noch überhaupt erwähnt. Gleiches gilt für die Präambel des Grundlagenvertrages, in der der Dissens in der nationalen Frage artikuliert wird. In dem weit verbreiteten Hauptschulbuch »Die Reise in die Vergangenheit« wird der Grundlagenvertrag nur als Faktum erwähnt, aber nicht als Quelle abgedruckt. Dazu wird unwidersprochen ein italienischer Zeitungskommentar zitiert, in dem es heißt: »Das Deutsche Reich ist 101 Jahre nach seiner Taufe und 27 Jahre nach der Hitler-Katastrophe mit schmuckloser Einfachheit beerdigt worden.«[37]

Der Autor selbst spricht davon, daß im Grundlagenvertrag »die deutsche Teilung vertraglich besiegelt wurde«. Anders als der Grundlagenvertrag wird der Warschauer Vertrag in voller Länge und graphisch besonders hervorgehoben abgedruckt. Er findet sich in dem Kapitel »Um Verständigung und Versöhnung«, das auf »Deutsche und Franzosen«, »Deutsche und Juden«, »Deutsche und Polen« bezogen ist[38]. Die sich nach der NS-Herrschaft stellende Aufgabe der Verständigung und Versöhnung wird nur als Aufgabe der Bundesrepublik Deutschland und ihrer Bürger gesehen, nicht auch als Aufgabe der DDR und ihrer Bürger. Dieses alles zusammengenommen, einschließlich der Darstellung der Geschichte der Bundesrepublik und der DDR als voneinander getrennter Verläufe, macht sichtbar: Die deutsche Nation wird als historische Verantwortungsgemeinschaft und als politischer Auftrag in den Schulbüchern dieser Richtung gar nicht mehr wahrgenommen.

In der anderen Hälfte der Bücher wird dagegen die deutschlandpolitische Komponente der neuen Politik deutlich herausgearbeitet, nämlich als Versuch gewertet, in einer gegebenen Machtlage durch begrenzte Anerkennung des Bestehenden alles zu tun, um den Zusammenhalt innerhalb der Nation auf Dauer zu gewährleisten. Die leitende Frage hierbei ist: Sind wir noch eine Nation und wollen wir es bleiben? »Erinnern und urteilen« nimmt schon die Behandlung des Nationenproblems im 19. Jahrhundert zum Anlaß, »die Frage nach der deutschen Nation – damals und heute« zu stellen. Die Aktualisierung der historischen Problemsituation wird sehr wirkungsvoll mit Kleists »Katechismus der Deutschen« vorgenommen. Zu dem Quellentext wird die Aufgabe gestellt: »Formuliere das Gespräch zwischen Vater und Sohn so um, als ob es nicht 1809 stattgefunden hätte, sondern heute in Meißen und in Deinem Geburtsort stattfände!« Eine Fülle von Material beleuchtet die gegenwärtige Situation – sowohl nach der politisch-konzeptionellen als auch nach der praktischen Seite, in der sich das Deutschlandproblem in seinen konvergierenden wie auch in seinen divergierenden Kräften darstellt. Es heißt dann abschließend: »Das Bewußtsein der Gemeinsamkeit von Sprache, Geschichte und Kultur in beiden deutschen Staaten ist ein wichtiges gesamtdeutsches Bindeglied ... Auch wenn zur Zeit konkrete Erfolge einer auf die staatliche Wiedervereinigung gerichteten Politik nicht erkennbar sind, bleiben trotzdem alle Deutschen dazu aufgefordert, den Anspruch auf die deutsche Einheit und auf das Selbstbestimmungsrecht aller Deutschen wachzuhalten.«[39] Ungeachtet dieser Aufgabenbeschreibung wird dem Schüler doch kein bestimmtes Legitimationsverhalten in der nationalen Frage abverlangt, denn ein offener Arbeitsauftrag fordert ihn zur Überlegung auf: »Was ist Deutschland für Dich heute?« Die nationale Identität wird dem Schüler nicht auferlegt; er wird nur veranlaßt, sich dieser Frage zu stellen. In anderen Schulbüchern dient dieser Intention der Abdruck der beiden deutschen Nationalhymnen nebeneinander.

An der sehr unterschiedlichen Wahrnehmung der neuen Ost- und Deutschlandpolitik ist deutlich geworden, daß die Schulbücher in der Bundesrepublik wesentlich facettenreicher in der Artikulation des nationalen Identitätsproblems geworden sind. Auch im DDR-Schulbuch hat die in der neuen Ost- und Deutschlandpolitik liegende Herausforderung zu einer neuen Darstellung geführt. Der Unterschied zur bisherigen Position fällt grell ins Auge. Noch größeres Gewicht als bisher ist der Zeitgeschichte mit mehr als 40 Prozent Stoffanteil im historischen Lehrgang zugemessen. Die Vorstellung, daß mit der russischen Revolution 1917 die Epochenwende zwischen Vorgeschichte und eigentlicher Geschichte der Menschheit verbunden sei, macht diese Gewichtung verständlich. Im Abschlußband für das 10. Schuljahr wird ausführlich deutsche Geschichte nach 1945 dargestellt, aber in auffällig anderer Proportionierung und mit grundlegend veränderter Akzentsetzung. Der Schüler erfährt sehr wenig über die Bundesrepublik, um so mehr, etwa im Verhältnis von neun zu eins, über die Entstehung und Geschichte der DDR.

Wichtiger aber als diese quantitative Veränderung ist der qualitative Gestaltwandel: Es gibt kein Kapitel mehr, das geschlossen – wenn auch vielleicht anklägerisch – über die Bundesrepublik informiert. Die alten Kapitelüberschriften wie: »Der

Kampf um die Einheit Deutschlands« (1953) oder »Der Kampf des deutschen Volkes ... für die nationale Wiedergeburt Deutschlands als einheitlicher, friedliebender, demokratischer Staat« (1960) sucht man vergebens. Deutsches Volk, deutsche Nation, deutsche Einheit, Deutschland waren hier die tragenden Begriffe – auch wenn die Bundesrepublik als Staat aus ihnen ausgegrenzt wurde. Das Kapitel über die Besatzungszeit 1945–49 trägt jetzt den Titel. »Der Kampf für die antifaschistisch-demokratische Umwälzung in Deutschland«. Es ist eingebunden in Kapitel über »die Herausbildung des sozialistischen Weltsystems 1945–49« und über » die Festigung des sozialistischen Weltsystems und den Kampf gegen die imperialistische Aggressionspolitik« nach 1949. Nicht mehr der nationale Handlungsrahmen und der nationale Handlungsauftrag, sondern der internationale Rahmen und der sozialrevolutionäre Auftrag stehen im Vordergrund. Die DDR wird nicht mehr gegründet zur Rettung der deutschen Nation gegen antinationale Kräfte in der Bundesrepublik, sondern »zur Sicherung und Weiterführung des revolutionären Prozesses... Die Gründung des ersten Staates der Arbeiter und Bauern in der Geschichte des deutschen Volkes war ein wichtiges Ergebnis im Kampf der Arbeiterklasse um die Erfüllung ihrer historischen Mission, ein Wendepunkt in der Geschichte unseres Volkes und ein Teil des geschichtlichen Prozesses, in dem sich das sozialistische Weltsystem ausbildete.«[40]

Entsprechend tritt die nationale Komponente in der Darstellung der Frühgeschichte der DDR stark zurück. So wird beispielsweise im Quellenabdruck »Grundsätze und Ziele der SED« vom April 1946 auf nahezu alles verzichtet, was damals zur nationalen Einheit gesagt worden war. Begriffe wie Nation und Vaterland sind gleichwohl unverzichtbar. Aber sie werden jetzt – getreu dem Beschluß des VIII. Parteitages der SED von 1971 – von vornherein auf die DDR in dem Sinne eingegrenzt, daß sich hier die Bildung einer neuen, einer sozialistischen Nation vollzogen habe, die mit der bürgerlichen Nation nichts mehr verbinde.

Angesichts dieser internationalistischen Perspektive kann auf die monographische Abhandlung der Bundesrepublik verzichtet werden; sie war nur so lange unerläßlich, wie die Bundesrepublik als rivalisierender Teil im Kampf um die Einheit Deutschlands angesehen wurde. Informationen zur Bundesrepublik finden sich jetzt an verschiedenen Stellen, zugleich immer im Zusammenhang mit der Darstellung des allgemeinen Weltimperialismus. Die Bundesrepublik hat damit aber nicht im mindesten an Gefährlichkeit verloren; sie hat nach wie vor die Funktion der »Speerspitze des Weltimperialismus im Kampf gegen die Sowjetunion und die anderen sozialistischen Länder Europas«[41]. Die Informationen zum 17. Juni und zum Mauerbau machen ihre Gefährlichkeit sichtbar: »In den ersten Augusttagen 1961 leiteten die Militaristen der BRD die letzten militärischen Aggressionsvorbereitungen gegen die DDR ein«[42]. Eine als Quelle ausgegebene operative Karte signalisiert die strategischen Ziele des geplanten Überfalls und die Erwartungsperspektiven. Danach sollte schon am dritten Tag – also offenbar in historischer Weltbestzeit – Warschau erobert werden. In letzter Minute hat dann der Bau der

Mauer in Berlin den militärischen Überfall verhindert und den Frieden in Europa gerettet: die Mauer also ein Friedenswerk von welthistorischer Bedeutung – zugleich im Zeitalter moderner Militärtechnologie eine fortifikatorisch einmalige Leistung!

Die neue Ost- und Deutschlandpolitik der sozial-liberalen Koalition brachte – ungeachtet der vertraglichen Anerkennung des Bestehenden – keine Veränderung der Wahrnehmungsperspektive. Es fällt auf, daß über sie – ganz anders als in den Büchern der Bundesrepublik – nur sehr knapp informiert wird: keine Bilder von den Treffen Brandts und Stophs in Erfurt und Kassel oder von der Unterzeichnung der Verträge, keine Dokumentation der Verträge selbst, auch nicht des Grundlagenvertrages, vom Brief zur deutschen Einheit ganz zu schweigen. Die den Informationen zugehörige Kapitelüberschrift »Der Kampf um die Verwirklichung des Friedensprogramms der KPdSU« macht deutlich, wo die neue Politik initiiert worden ist, und der Leitbegriff »Kampf« signalisiert, wie widerwillig sich die Mächte des Monopolkapitals zur vertraglichen Anerkennung des Bestehenden gezwungen gesehen haben – ohne freilich von ihren Zielen abzulassen. Formeln wie »Wandel durch Annäherung« machen die unverrückten Zielsetzungen deutlich und werden als »konterrevolutionäre Aktivität«, die Forderung nach Freizügigkeit von Menschen, Informationen und Ideen als »hinterhältiges Bemühen« entlarvt. Die neuen politischen Aktivitäten sind nur »neue Varianten imperialistischer Politik im Kampf gegen die sozialistischen Staaten und gegen die antiimperialistischen Kräfte in der ganzen Welt«[43]. Erziehung zum Haß gegen die Feinde des Sozialismus und damit des Friedens ist nach wie vor, ja verstärkt zentrales Lernziel. Das alles eröffnet wenig hoffnungsvolle Perspektiven im Blick auf die Bewahrung der Nation als Indentität stiftendes Element des historischen Bewußtseins.

Gegenteiliges jedoch ergibt sich aus dem Versuch der SED, die DDR als Nation in der deutschen Geschichte zu verankern und damit in ihrer Existenz zu sichern. Je stärker sich die DDR im Ablauf ihrer Geschichte als Staat eigener Prägung verstand, desto umfassender wurde ihr Zugriff auf die deutsche Geschichte. Die vom VIII. Parteitag der SED 1971 ausgehende Abgrenzungspolitik hat dieses Bemühen noch erheblich verstärkt. Hatte sie sich anfangs nur auf die sozialistische Arbeiterbewegung zurückgeführt, also eine historisch selektive Traditionslinie aufgebaut, so griff sie in der Folge immer tiefer und immer umfassender in die deutsche Geschichte zurück. In dem Bemühen um eine eigene nationale Identität erhebt sie jetzt Anspruch auf die gesamte deutsche Geschichte, als deren Ergebnis sie sich ansieht. Die in der Wiederaufrichtung des Standbildes Friedrichs des Großen erkennbar werdende Neubewertung Preußens, die Restauration vieler historischer Bauwerke, auch solcher, die Feudalherrschaft repräsentieren – besonders eindrucksvoll in Dresden –, das Lutherjahr 1983 mit seinem vollkommen veränderten Lutherbild – vom »Bauernfeind« und »Fürstenknecht« zu »einem der größten Söhne des deutschen Volkes« – sind deutliche Merkmale dieses veränderten historischen Zugriffs.

In dem Maße aber, in dem die DDR um ihrer historischen Legitimation als Nation willen auf die gesamte deutsche Nationalgeschichte zurückgreift, rückt sie wieder an die Bundesrepublik Deutschland heran und unterscheidet sich von ihr nur noch durch die – historisch gesehen – kurze Nachkriegsgeschichte. Der Versuch, mit der Konstruktion einer »sozialistischen Nationalgeschichte« und einer »kapitalistischen Nationalgeschichte« der gemeinsamen Geschichte perspektivisch zu entkommen, um Begriff und Anspruch der sozialistischen Nation verankern zu können, ist eine ideologische Fiktion, wie der höchst wechselvolle eigene Umgang etwa mit der Reformationsgeschichte oder mit der preußischen Geschichte deutlich zeigt. Der Versuch, die deutsche Nationalgeschichte als Legitimationsgrundlage der DDR zu okkupieren, rückt diese als gemeinsames, dabei naturgemäß immer vielgestaltiges und wandlungsreiches Erbe wieder ins Bewußtsein. Lassen sich hieraus Hoffnungen schöpfen oder Rückschlüsse ziehen, weil sich darin die Einheit der Nation als Inhalt des Geschichtsbewußtseins trotz, ja sogar infolge der politischen Separationsbestrebungen manifestiert?

Anmerkungen

* Für weitergehendes Interesse wird auf die diesem Beitrag zugrundeliegende Untersuchung verwiesen in: W. Jacobmeyer (Hrsg.), Deutschlandbild und Deutsche Frage in den historischen, geographischen und sozialwissenschaftlichen Unterrichtswerken der Bundesrepublik Deutschland und der Deutschen Demokratischen Republik von 1949 bis in die 80er Jahre (Studien zur internationalen Schulbuchforschung Bd. 43), Braunschweig 1986, S. 1 ff., S. 119 ff.

1 Feier des Nationalen Gedenktages des deutschen Volkes im Plenarsitzungssaal des Deutschen Bundestages am 7. September 1950. Verhandlungen des Deutschen Bundestages. Stenographische Berichte. 1. Wahlperiode 1949 ff., S. 3085–89, Zitat S. 3087.

2 W. Lautemann/M. Schlenke (Hrsg.), Geschichte in Quellen, Bd. 5: Das bürgerliche Zeitalter 1815–1914, München 1980, S. 373 f.

3 Johannes Haller, Zum 1. April 1933. Reden und Aufsätze zur Geschichte und Politik, Stuttgart–Berlin 1934, S. 376–81.

4 Leitartikel des Völkischen Beobachters vom 31. Januar 1933 zur politischen Bedeutung des Regierungswechsels.

5 Vgl. dazu den Beitrag von Andreas Hillgruber in diesem Band.

6 Feier des Nationalen Gedenktages (Anm. 1), S. 3089.

7 Wege in die Welt. Aus der Geschichte unserer Welt, hrsg. von C. Hagener/C. Schietzel/F. Stückrath, Braunschweig 1954, S. 218.

8 Erinnern und urteilen. Unterrichtseinheiten Geschichte, 4 Bde., hrsg. von J. Grolle/W. Hilligen/F. J. Lucas/E. Schwalm, Stuttgart 1977–81. Bd. IV (1981), S. 74.

9 Erziehungsplan auf weite Sicht vom 31. März 1947. Hauptstaatsarchiv Hannover Nds. 400, Nr. 443.

10 Erbe des Abendlandes. Lehrbuch der Geschichte für höhere Schulen, 4 Bde., hrsg. von H. Schaefer/J. Erdmann, Düsseldorf 1950 f.; Ausg. B. für die Oberstufe des Gymnasiums, hrsg. von A. Wucher/G. Stadtmüller/E. Ewig/R. Frohn, 3 Bde., Düsseldorf 1954.

11 Deutsche Geschichte, Ausg. A, hrsg. vom Geschichtspädagogischen Forschungskreis Braunschweig, dargestellt und erzählt von H. Ebeling, Braunschweig 1949–52.
12 Geschichte unserer Welt, 3 Bde. hrsg. von C. Hagener, Braunschweig 1964–67.
13 Unser Weg durch die Geschichte, 3 Bde., hrsg. von R. Heerdt/H. Heumann, Frankfurt 1961, Bd. III, S. 112f.
14 Abschlußband des Mittelstufenwerkes, vgl. Anm. 10.
15 Geschichte unseres Volkes, 4 Bde., hrsg. von J. Scherl, München 1950–53, Zitat Bd. IV, S. 123.
16 Der Mensch im Wandel der Zeiten, hrsg. von J. M. Bauer/O. H. Müller, Braunschweig 1954.
17 Lehrbuch für den Geschichtsunterricht, 4 Bde., Berlin (Ost) 1952f., die Zitate in Bd. IV, Seite 330 und 335.
18 Ebd., S. 292.
19 Spiegel der Zeiten. Geschichtsbuch für deutsche Schulen, 5 Bde., hrsg. von W. Hoffmann/G. Lange/O. Röthig/M. Stellmann, Frankfurt 1955–58.
20 Die Reise in die Vergangenheit, 4 Bde., hrsg. von H. Ebeling, neubearbeitet von W. Birkenfeld, Braunschweig 1970–73; die entsprechenden Kapitel in Bd. IV, S. 189–198 und S. 206–214.
21 Menschen in ihrer Zeit, 6 Bde., hrsg. von F. J. Lucas, Stuttgart 1965f.; eine vierbändige Ausgabe erschien 1968f.
22 Die Vergangenheit lebt, 4 Bde., hrsg. von J. Scherl/J. Schwandner, München 1965–67, 2. Aufl. 1968; Zitat Bd. IV, S. 146.
23 Lehrbuch für Geschichte der 10. Klasse der Oberschule; Berlin (Ost) 1960, S. 315.
24 Ebd., S. 176.
25 Ebd., S. 83.
26 Ebd., S. 309f.
27 Ebd., S. 310f.
28 Geschichtliches Lehrbuch für Klasse 10, Teil 1., Berlin (Ost) 1967, S. 218.
29 Lehrbuch für Geschichte (Anm. 23), S. 334–38.
30 Zeitaufnahme, 4 Bde., hrsg. von S. Graßmann, Braunschweig 1978–82.
31 Die Deutsche Frage im Unterricht. Beschluß der Ständigen Konferenz der Kultusminister der Länder in der Bundesrepublik Deutschland vom 23. 11. 1978, Bonn 1978.
32 Zeitaufnahme (Anm. 30), Bd. IV, S. 40.
33 Erinnern und urteilen (Anm. 8).
34 Zeitaufnahme (Anm. 30), Bd. IV, S. 27ff., S. 49ff.
35 Wir erleben die Geschichte, 2 Bde. hrsg. von W. Glogauer/K. F. Voraus/J. Hampel/F. Seilnacht, München 1964/1966, Bd. II, S. 234–236; Wir erleben die Geschichte, 3 Bde., hrsg. von W. Glogauer/J. Hampel/M. Rieder, München 1972–74, Bd. III, S. 145, 163.
36 Geschichtliche Weltkunde, 3 Bde., hrsg. von W. Hug, Frankfurt 1974 - 1976, Bd. III, S. 193ff.
37 Die Reise in die Vergangenheit(Anm. 20), Bd. IV, S. 197.
38 Ebd., S. 199–205.
39 Erinnern und urteilen (Anm. 8), Bd. III, S. 164–168.
40 Geschichte. Lehrbuch für Klasse 10, Berlin (Ost) 1978, S. 89.
41 Ebd., S. 128.
42 Ebd., S. 162.
43 Ebd., S. 191; Unterrichtshilfen - Geschichte, Berlin (Ost) 1977, S. 189.

Karl-Ernst Jeismann/Bernd Schönemann

»Wie hast du's mit der Nation?«

Die Deutsche Frage als Thema des historischen und politischen Lernens

I.

Welche Chancen man einer Realisierung des Wiedervereinigungsgebotes aus der Präambel des Grundgesetzes von 1949 auch immer einräumt – ob man an der Erfüllung des Gebotes in der Hoffnung auf eine Veränderung der gesamten politischen Lage in Europa unbeirrt festhält, ob man es als ein durch die historische Entwicklung der letzten vier Jahrzehnte längst überholtes Postulat aus der Verfassung zu streichen fordert oder ob man, wie im anderen Teile Deutschlands, die Frage nach der Einheit der deutschen Staatsnation parteiamtlich für negativ entschieden erklärt: Im historisch-politischen Bewußtsein der Deutschen in West und Ost ist die Deutsche Frage in jedem Falle unentschieden und also offen. Eine Analyse der offiziellen Bemühungen um historisch-politische Bildung in der DDR zeigt, daß diese Frage gerade dort, wo man sie als entschieden betrachtet und am liebsten zu den Akten der Geschichte legen möchte, in noch intensiverem Maße Gegenstand historisch-politischer Bewußtseinsbildung ist als hierzulande. Die Geschichtslehrbücher der DDR räumen der Behandlung der deutschen Geschichte mit leichten Schwankungen durch die letzten Jahrzehnte hinweg fast die Hälfte ihres Platzes ein[1], und die energischen Bemühungen von Geschichtswissenschaft und Geschichtsdidaktik, die gesamte deutsche Geschichte als »Tradition«, aber auch als »Erbe« für die Deutung des Zustandes der Deutschen Frage im Sinne der SED aufzuarbeiten[2], gehören zu den großen, keineswegs widerspruchsfreien oder gar gelösten politischen Aufgabenzuweisungen an die historische Forschung und die historisch-politische Bewußtseinsbildung. Man ist mit der Deutschen Frage keineswegs fertig. Die Entscheidung, die deutsche Nation für nicht mehr existent und durch zwei »Klassennationen« abgelöst zu erklären, hat offensichtlich im eigenen Lande keine Akzeptanz gefunden, sondern die Deutsche Frage gerade diskussionsbedürftig und also weit offen gehalten. Deutsche Geschichte bildet in der DDR nach wie vor einen Bezugsrahmen, in dem Weltgeschichte betrachtet und auf den hin Weltgeschichte wiederum zurückbezogen wird.

Anders in der Bundesrepublik Deutschland. Nach dem Krieg nahm die nationale Frage in den Geschichtslehrbüchern einen erstaunlich geringen Raum ein. Die um eine Neuordnung der historischen Inhalte bemühten Herausgeber und Autoren griffen zwar europäische Themen, weltgeschichtliche Probleme und Fragen der Dritten Welt sehr früh auf, die Geschichte der eigenen Nation aber brachten sie selten, und wenn, dann nur sehr knapp, mit dem gegenwärtigen Weltzustand in Verbindung. Es schien, als ob die deutsche Geschichte bis 1933 gleichsam ein Sonderleben führte; sie wurde nicht wesentlich anders dargestellt als zur Zeit der Weimarer Republik[3]; mit der Nachkriegsgeschichte blieb sie seltsam unverbunden: Der »Sperriegel« (Martin Broszat) des Hitler-Regimes legte sich im Bewußtsein zwischen diese Geschichte und unsere eigene historische Existenz nach dem Zweiten Weltkrieg. Das blieb lange Jahre so, und die Wiedervereinigung erschien als eine einstweilen zwar noch verzögerte, in Zukunft aber gewiß realisierbare Wiederanknüpfung an die deutsche Geschichte vor 1933, so, als könne die Zeit des Nationalsozialismus gleichsam in einem historischen Bermuda-Dreieck verschwinden. Was in jenen zwölf Jahren als »tausendjährig« dem Bewußtsein eingeprägt wurde, schrumpfte nun, soweit die eigene historische Kontinuität in Frage stand, gegen Null – ein Akt der Verdrängung, der auch die DDR erfaßte: vergleichbare historische Abwege, genauerer Kenntnisnahme nicht wert.

Als dann in den siebziger Jahren die Frage der deutschen Teilung in neuer Weise, vornehmlich über politische Systemvergleiche, wieder thematisiert wurde, griff die Betrachtung nur selten auf die Geschichte vor 1945 zurück. Meist blieben die entsprechenden Unterrichtsvorgaben isoliert von der übrigen deutschen Geschichte. Die historische Abstinenz dieser Curriculum-Einheiten macht deutlich, daß die Deutsche Frage nicht ein Leitthema des gesamten Geschichtsunterrichts war, daß die Teilung der deutschen Nation weithin ohne Verbindung zum Prozeß der Bildung dieser Nation behandelt wurde. So wirkten die neuen Unterrichtsmaterialien als mit dem übrigen Unterricht unverbundene Modelle eher kontraproduktiv, weil sie den Eindruck vermittelten, als handele es sich bei der Frage der deutschen Teilung und Wiedervereinigung um ein Sonderproblem, das in einigen eigens für dieses Thema reservierten Stunden abgehandelt werden könne, legitimiert durch das Urteil des Bundesverfassungsgerichts vom 31. Juli 1973 und fixiert durch den Beschluß der Ständigen Konferenz der Kultusminister (KMK) zur Behandlung der Deutschen Frage im Unterricht vom 23. November 1978[4]. Dieser Beschluß trug schon formal dazu bei, die Entwicklung solcher Unterrichtseinheiten zu fördern. So rückte die Behandlung der deutschen Teilung gerade aufgrund der amtlichen Fürsorge, die man ihr angedeihen ließ, in eine schon organisatorisch sichtbare Randstellung und blieb ohne historische Tiefe.

Diesem Zustand sind sowohl die historische Forschung wie auch das historische Schrifttum längst entwachsen. Intensiv und kontrovers geführte Diskussionen über die Kontinuität der deutschen Geschichte, über den Zusammenhang von deutscher Teilung und deutschem »Sonderweg«, über die »Historisierung« des Nationalsozialismus haben die Deutsche Frage wieder in den Mittelpunkt der

Problematik nationaler Selbstvergewisserung gestellt. Die entgegengesetzten und im Innersten doch verbundenen Zielsetzungen historisch-politischer Bildung – »Emanzipation« und »Identität«[5] – provozieren das Bewußtsein der »langen Dauer« nationaler Geschichte und präsentieren sie entsprechend. In der für ein breiteres Publikum geschriebenen historischen Literatur sowohl der DDR wie der Bundesrepublik Deutschland erscheint die Deutsche Frage nicht mehr als das Problem der Teilung und Wiedervereinigung seit 1949, sondern als Zentrum nationalgeschichtlicher Vergewisserung, aus dem nicht heraustreten kann, wer sich mit deutscher Geschichte befaßt[6].

Auch im öffentlichen Bewußtsein hat jene Wiedervereinigungsvorstellung, die sich damit begnügt, den Horizont der künftigen Nationalgeschichte gewissermaßen in die Vergangenheit des Nationalstaates, also auf den Staat von 1871 oder 1919 zurückzubiegen, an Kraft verloren. Die alljährlich am 17. Juni in der Bundesrepublik Deutschland unübersehbar werdende Kluft zwischen den offiziellen Gedenkveranstaltungen und dem Freizeitverhalten der Bevölkerung ist dafür ein deutliches Zeichen. Diese unbewußte Demonstration gesellschaftlichen Desinteresses offenbart die Sterilität einer zum Dogma erhobenen Wiedervereinigungsthese, von der Marion Gräfin Dönhoff, gewiß weder der nationalen Indifferenz noch der historisch-politischen Unkundigkeit zu verdächtigen, unlängst festgestellt hat, daß sie »kein Weg, sondern nur Rezept zum Nicht-Handeln, zum Winterschlaf in Permanenz« sei[7].

Aus diesem Befund lassen sich zwei alternative didaktische Konsequenzen ableiten: Entweder beläßt man die Behandlung der deutschen Teilung in pflichtgemäßer Befolgung der Empfehlungen der KMK in ihrer unterrichtlichen Randposition, konzentriert sich auf vermeintlich wichtigere Themen und nimmt eine zunehmende deutschlandpolitische Verständnislosigkeit der heranwachsenden Jugend in Kauf, oder aber man rückt die Deutsche Frage in den Kernbereich des Geschichtsunterrichts und verdeutlicht die historische und politische Spannung, die ihr als Herausforderung des historisch-politischen Bewußtseins der Gegenwart eigen ist. Wir plädieren für das letztere.

II.

Wer die Forderung nach einer intensiveren und zugleich offeneren Behandlung der Deutschen Frage im Unterricht erhebt, setzt zweierlei voraus: die Bedeutung des Gegenstandes und die Unangemessenheit seiner bisherigen Vermittlung. Beide Voraussetzungen bedürfen näherer Begründung.

Es gilt fast nur noch als rhetorische Figur, wenn man nach dem Wert der Nationalgeschichte für die historisch-politische Bildung fragt. Ist es für die Zukunftsperspektive, das Gegenwartsverständnis und die Vergangenheitsdeutung der nachwachsenden Generation nicht bedeutsamer, wenn sie sich mit der Entwicklung des demokratischen Verfassungs- und Sozialstaates, mit der Entstehung der modernen Industriegesellschaft, mit historischer Ökologie befaßt? Sind nicht größere politische Zusammenschlüsse wie die Europäische Gemeinschaft oder die Dritte Welt einerseits und kleinere, erfahrbare Lebensräume wie Dorf, Stadtteil und Region andererseits die angemesseneren Bezüge geschichtlicher Orientierung und also historischen Unterrichts? Gilt die nationzentrierte Betrachtungsweise nicht als unzeitgemäß? Steht, wer ihre stärkere Betonung fordert, nicht von vornherein unter dem Verdacht, in überwunden geglaubte Phasen nationalistisch inspirierter Gesinnungsvermittlung zurückkehren zu wollen? Geht es gar – so könnte die Frage in den Parteienstreit hinübergespielt werden – um den Nachvollzug der politischen »Wende« im didaktischen Bereich? Soll etwa der aufkeimende bundesrepublikanische Verfassungspatriotismus zugunsten eines gefährlich-diffusen neuen Nationalismus, komme er nun von rechts oder von links, in Frage gestellt und damit der politische Grundkonsens der Anfangsjahrzehnte der Bundesrepublik aufgekündigt werden?[8]

Die Plausibilität solcher Einwände ist vordergründig. Sie zerteilen einen verflochtenen historisch-politischen Konnex durch grobe Alternativen und unterschätzen das Gewicht der Deutschen Frage. Zudem verkennen sie die Problematik unklarer Vorstellungen und schlecht begründeter Urteile und Wertungen. Das gilt auch und gerade für die staatsrechtliche Position der Bundesrepublik Deutschland – sie gilt zwar als Basis des politischen Urteils, aber sie bleibt unerörtert und wird daher weder verstanden noch eigentlich akzeptiert. Dieser Riß geht schon durch das Fundament der offiziellen Empfehlungen zur Behandlung der Teilung Deutschlands.

Die staatsrechtliche Position, die am Fortbestand und der Einheit des deutschen Nationalstaates festhält, welche Grenzen auch immer ein künftiger Friedensschluß ihm geben mag, ist zunächst eine rechtspolitische Realität. Sie ist ferner ein rechtspolitisches Instrument, das bei möglichen Verhandlungen über einen solchen Friedensschluß wichtig werden könnte. Und sie ist schließlich eine durch das Bundesverfassungsgerichtsurteil von 1973 fixierte, für das Handeln aller Staatsorgane verbindliche Norm. Es wäre nun ebenso falsch, das Gewicht dieser Position gering zu schätzen, wie zu verschweigen, daß sie weder von der DDR noch von den anderen Ostblockstaaten geteilt wird, daß sie mit der zeitgeschichtlich sich weiterentwickelnden Realität deutscher Staatlichkeit immer schwieriger in Einklang zu bringen ist, daß auch die westlichen Alliierten ungeachtet der in Art. 7 des Deutschlandvertrages gegebenen vorsichtigen Versicherungen keine Enthusiasten einer Wiedervereinigung sind und die Teilung Deutschlands aus einer Reihe von Gründen gar nicht so ungern hinnehmen. Zwischen dem normativ behaupteten und dem empirisch beobachtbaren Zustand der Deutschen Frage liegt also eine Kluft. Sie mag durch juristische Formeln im Rechtsdenken überbrückbar sein – für die politische Bewußtseinsbildung ist dieser Sachverhalt jedoch ein zentrales Problem, das nicht durch die Übernahme solcher Formeln verdeckt, sondern als Lernwiderstand ernst genommen werden sollte.

Noch komplizierter wird die Frage, wenn man nicht nach der staatlichen, sondern nach der nationalen Einheit der Deutschen fragt, also nach der Existenz einer deutschen Nation, auf die sich ein Selbstbestimmungsrecht des Volkes überhaupt erst gründen läßt. Wie schwer wiegt und wie wirksam ist die Aufkündigung der nationalen Einheit durch die DDR angesichts der Frage nach dem Subjekt dieses Selbstbestimmungsrechtes? Welches Gewicht muß dem trotz allem Beharren auf nationaler Einheit faktisch entstandenen bundesdeutschen Eigenbewußtsein zugemessen werden? Wie weit haben sich die politischen Systeme, die wirtschaftlichen Ordnungen, die sozialen Formationen und die mentalen Strukturen in beiden deutschen Staaten auseinanderentwickelt? Welche Rolle spielt die geteilte deutsche Nation jeweils in den blockpolitischen Ordnungen? Wie bedeutsam sind andererseits jene Faktoren, welche die Bundesrepublik Deutschland und die DDR immer noch und immer wieder aufeinander verweisen: das Netz der verwandtschaftlichen Bindungen, die im Grundvertrag und in zahlreichen Abkommen auf wirtschaftlichem, wissenschaftlichem und kulturellem Sektor formulierten offiziellen Beziehungen, die neu entstehenden Kontakte auf persönlicher und institutioneller Ebene, die Städtepartnerschaften, die Schriftstellertreffen, die grenzüberschreitende Wirkung von Medien, Literatur und Kunst und nicht zuletzt die immer stärker aufeinander bezogene Auseinandersetzung um die eigene deutsche Geschichte?

Dieser hier nur angedeutete spannungsreiche Komplex der Deutschen Frage, der so viele Widersprüche und Ambivalenzen enthält, in seiner künftigen Entwicklung nur schwer abschätzbar ist und nicht auf die Nationalität im engeren, staatlichen Sinne begrenzt werden kann – dieser Komplex bestimmt die politischen, wirtschaftlichen, sozialen und kulturellen Grundzüge unseres gegenwärtigen Daseins entweder direkt oder vermittelt. Der Erörterung der Deutschen Frage auszuweichen hieße, zentrale Probleme zu verkennen, die uns unsere historische Situation wenn schon nicht zu lösen, so doch zu begreifen aufgibt. Die nationale Frage ist kein Thema für sich, das jenseits der Verfassungsfrage, jenseits des Kraftfeldes der transnationalen Blöcke und Beziehungen, der globalen ökonomischen, ökologischen und rüstungstechnischen Probleme, der Entwicklung der politischen Kultur angesiedelt werden könnte. Vielmehr gehen alle diese Bezüge mitten durch die Nation hindurch; sie treffen in der nationalen Frage zusammen. Sie losgelöst von der besonderen Situation unserer Nation zu behandeln hieße, unsere Betroffenheit künstlich zu reduzieren, die Chance einer historisch-politischen Standortbestimmung der deutschen Nation in ihren europa- und weltpolitischen Bedingungen zu versäumen und die Orientierungs-, Urteils- und Handlungsfähigkeit der kommenden Generationen nachhaltig zu schwächen.

Die bisweilen mit Verwunderung konstatierte Lebenskraft der Nationen, die sich – allen transnationalen Einbindungen und regionalen Sonderungen zum Trotz – nicht nur behauptet haben, sondern geradezu eine Renaissance zu erleben scheinen, ist nichts anderes als die Folge der nach dem Zweiten Weltkrieg besonders in Deutschland verkannten Tatsache, daß es sich bei regionalen, nationalen, europäischen und globalen Fragenkomplexen nicht um alternative, sondern um komplementäre und einander durchdringende Phänomene handelt. Die Probleme der Weltwirtschaft, des Rüstungsexports, der Hungerkrisen, des ökonomischen Ungleichgewichts und der Friedenssicherung sind nicht an den Nationen vorbei und in Absehung von ihrer Befindlichkeit zu begreifen. Das Umgekehrte gilt gleicherweise: Man kann die Lage einer Nation nicht allein vom nationalen Blickpunkt her verstehen. Auch die Deutsche Frage ist daher nur ein Aspekt, in den die engeren und weiteren Zustände unseres gesellschaftlichen Daseins eingebunden sind und in dessen historisch geprägter Besonderheit sie für unser Denken, Urteilen, Entscheiden und Handeln zugänglich, »relevant« werden; sie kann daher nicht für sich, als bloß nationales Problem behandelt werden.

Ihre Abschiebung in eine marginale Zone des Geschichtsunterrichts, begründet mit dem Hinweis auf wichtigere Problemkomplexe, oder ihre curriculare Sonderbehandlung unter dem Aspekt der Teilung Deutschlands nach 1945 wäre nicht nur intellektuell ein Kurzschluß, sondern auch eine Kapitulation vor einem schwierigen und, wie der jüngste »Historikerstreit« gezeigt hat, ohne emotional unterlegte Kontroversen wohl nicht zu behandelnden Thema. Eine Kapitulation, welche die Nationalgeschichte jenen Denkrichtungen überließe, die sich rechts oder links des Randes befinden, der das bundesdeutsche Verfassungsverständnis abgrenzt – Denkrichtungen, die den nationalen Anspruch zugleich isolieren und verabsolutieren, ihn aus seinen tiefer- und weiterreichenden Verflechtungen lösen und ihn trotzig zum Eigenwert stilisieren, um die verführerische Vorstellung zu erwecken, die Deutsche Frage sei eine Frage der Deutschen, offen für Utopien geschlossener Systeme, verfügbar für autonome Konstruktionen nationaler »Wirklichkeiten«[9].

Wenn auf diese Weise für eine andere Behandlung der Deutschen Frage im Unterricht plädiert wird, dann ist damit bereits angedeutet, warum ihre bisherige Vermittlung als unangemessen erscheint. Dieses Urteil bezieht sich zum einen auf den engeren Ausschnitt der Unterrichtsrealität, der der eigenen Beobachtung zugänglich ist, zum anderen jedoch auf die administrativen und didaktischen Planungs- und Deutungsvorgaben, die in den Erlassen und Medien für den Unterricht vorliegen. Der in diesem Zusammenhang immer noch maßgebliche KMK-Beschluß von 1978, der nur in Nordrhein-Westfalen einer interpretierenden Umsetzung unterzogen[10], ansonsten aber von den Bundesländern ohne Interpretation übernommen worden ist, trägt das Zeichen der politischen Konstellation seiner Geburtsstunde an der Stirn. Es war eine späte Reaktion auf die Entdekkung, daß die Deutsche Frage in den Richtlinien und Medien für den Geschichts- und Politikunterricht keineswegs in der erwünschten Art und Breite berücksichtigt wurde. Dies hing wiederum mit den Auswirkungen der sozial-liberalen Ost- und Deutschlandpolitik zusammen, in deren Konsequenz die älteren Beschlüsse der Kultusministerkonferenz als nicht mehr ausreichend erschienen. Es galt, in der Bundesrepublik Deutschland der im westlichen Ausland wie in der DDR und den Ostblockstaaten vertretenen Auffassung entgegenzuarbeiten, daß nunmehr die politische Teilung Deutschlands von den Deutschen selbst akzeptiert und vertraglich besiegelt, der Friedensschluß also überflüssig und das Ende des Deutschen Reiches auch de iure aktenkundig geworden sei. Deshalb mußte die komplizierte Rechtskonstruktion der Verträge, ihre für den juristisch nicht geschulten Blick schwer erkennbare Balance von Zugeständnissen und Vorbehalten in der Weise gedeutet werden, daß das Urteil des Bundesverfassungsgerichts vom 31. Juli 1973 zur Norm der Vermittlung werden konnte.

So ist der Beschluß der KMK im Kern die Interpretation der Ostverträge und des Grundlagenvertrages vom 21. Dezember 1972 in offizieller Lesart ad usum delphini. Es wäre unbillig zu verschweigen, daß insbesondere in die ausführlichen fünfzehn »Hinweise für den Unterricht« wichtige und unverzichtbare Aspekte der Behandlung der Deutschen Frage eingegangen sind; aber alle diese Hinweise stehen sowohl formal wie inhaltlich unter der vorweg aufgeführten und alle Einzelaspekte beherrschenden rechtspolitischen Position der Bundesrepublik Deutschland. Der Hinweis, daß die Behandlung der Deutschen Frage im Unterricht »nach Lage der Dinge keine Wiedervereinigungslehre« sein könne[11], vermag den Einwand nicht zu widerlegen, daß der Beschluß die rechtspolitische Konstruktion über die Einsicht in die zeitgeschichtliche Realität der Deutschen Frage stellt, ja, daß er die staatsrechtliche Position als die eigentliche Realität erscheinen läßt. In der Hauptsache haben die sich in lauter Aussagesätzen sehr selbstgewiß gebenden »Hinweise« eher den Charakter einer juristischen Vermahnung als eines historisch abgewogenen und pädagogisch offenen Konzepts.

Die an das gesamte deutsche Volk gerichtete Aufforderung, »in freier Selbstbestimmung die Einheit und Freiheit Deutschlands zu vollenden«, konnte zur Zeit der Entstehung des Grundgesetzes kaum anders verstanden werden als eine Aufforderung zur Wiederherstellung des deutschen Nationalstaates in der Kontinuität der Weimarer Republik. Die höchstrichterliche Auslegung der Formulierung von 1949 im Jahre 1973 und ihre pädagogische Umsetzung im Jahre 1978 legen eine Generation später das deutsche Volk auf diese Vorstellung von »Einheit und Freiheit« fest und setzen damit den Prozeß der »freien Selbstbestimmung« bereits als entschieden voraus. Eine solche Position ist zweifellos diskutierbar – als Norm der Behandlung der Deutschen Frage stellt sie jedoch eine Denkbarriere dar. Die Empfehlungen der KMK präsentieren erstarrte, der Diskussion enthobene Positionen, die zu vermitteln für die Lehrer schwierig, die aufzunehmen für viele Schüler unmöglich ist. Die Unlust an der Behandlung der Deutschen Frage rührt nicht so sehr daher, daß sie kompliziert ist, die Erinnerung an eine problematische Geschichte erzwingt und die Auseinandersetzung mit einer verhüllten Zukunftsperspektive erfordert; sie stammt vielmehr daher, daß der Denkanreiz, der in diesen Schwierigkeiten liegt, durch die Verpflichtung des Denkens auf vorgegebene Normen abgeschnitten wird – Normen, die der täglichen Erfahrung der Schüler fremd sind und darüber hinaus diejenigen Ansätze zur Behandlung der Deutschen Frage ausschließen, die diese in den Zusammenhang der erfahrbaren und erlebten politischen Probleme bringen. Schließlich stehen sie quer zu den wissenschaftlichen und didaktischen Standards, nach denen der

Unterricht sonst, ausweislich der Richtlinien der Länder, verfahren soll. Als oberste, der Diskussion enthobene Lernziele sollen juristische Normen Unterrichtsziele konkret und stringent bestimmen – obwohl die Unmöglichkeit solcher Deduktion längst als erwiesen gilt.

»Es kann nicht als selbstverständlich angesehen werden«, so heißt es im KMK-Beschluß, »daß der Jugend die mit der deutschen Teilung verbundenen Probleme in gleicher Weise bewußt bleiben wie der älteren Generation, die diese Teilung erlebt und ihre Folgen persönlich erlitten hat.«[12] So sehr diese Beurteilung zutrifft, so wenig sind die von der KMK vorgelegten »Hinweise« dazu geeignet, die generationenspezifisch sich verstärkende Desensibilisierung für die Problematik der Deutschen Frage aufzuhalten oder gar zu revidieren. Daß dieses Problem bei Lehrern und Schülern inzwischen eher Unlust erzeugt, kann daher kaum verwundern. Eine überwiegend rechtsfixierte Behandlung der Deutschen Frage verstellt die historische Erkenntnis und vermag bestenfalls politische Rhetorik hervorzubrigen. Wer die Deutsche Frage für ein wichtiges Thema der historisch-politischen Bildung hält, muß andere Wege der Vermittlung beschreiten. Er muß versuchen, der heranwachsenden Generation die Faszination, die der Deutschen Frage in tiefer historischer Perspektive innewohnt, verständlich zu machen. Rechtspolitische Positionen zur Teilung und Wiedervereinigung sind bei einem solchen Versuch nur ein Element der Wirklichkeit, nicht aber deren zeitgeschichtlich adäquate und didaktisch normierende Beschreibung.

III.

Es bedarf eines neuen didaktischen »Paradigmas«, das die Deutsche Frage aus der Statik einer zunehmend als unrealistisch empfundenen Betrachtung löst. Der historische Augenblick des Jahres 1949, der in den Normvorgaben gleichsam erstarrt ist, muß als Moment in einer geschichtlichen Entwicklung begriffen werden, die sich seitdem fast ein halbes Jahrhundert weiterbewegt hat und die, wenn nur die staatlich-politische Dimension des Problems hinreichend erkennbar werden soll, zumindest bis in das beginnende 19. Jahrhundert zurückzuverfolgen ist. Wenn man die tiefer liegenden historischen Bezüge ins Auge faßt – Kultur und Religion, soziale Formationen, regionale Unterschiede, gemeinsame und differierende prägende geschichtliche Erfahrungen, Muster des Selbstverständnisses und Mentalitäten –, dann erscheint die deutsche Geschichte bis weit ins Mittelalter zurück als ein Potential von Faktoren, deren Ensemble die Deutsche Frage in Gegenwart und Zukunft mitbestimmt. Die Deutsche Frage sollte daher nicht auf eine – in absehbarer Zeit nicht vorstellbare – Lösung nach dem vorgegebenen Modell des unvollkommenen Nationalstaats von 1871 oder 1919 eingegrenzt, sondern im Rückblick auf einen langen, spannungsreichen historischen Prozeß betrachtet werden, der keineswegs als abgeschlossen gelten kann. Wenn dieser Prozeß ins Bewußtsein gehoben werden soll, dann muß die Problematik der politischen Einheit des deutschen Volkes unter den vielfältigen Bedingungen, Möglichkeiten und Grenzen der vergangenen Geschichte begreifbar gemacht und zugleich gezeigt werden, daß die Offenheit der zukünftigen Geschichte unterschiedliche und konkurrierende Antworten auf die Deutsche Frage provoziert und zuläßt. Angesichts der gegenwärtigen Lage der Nation empfiehlt es sich zudem, mehr als nur die faktische Entwicklung der nationalen Geschichte zu rekonstruieren. Gerade aus heutiger Perspektive erscheint es angezeigt, der Geschichte des alternativen Nachdenkens über die politische Verfassung der Deutschen große Aufmerksamkeit zu widmen und die zu unterschiedlichen Zeitpunkten entwickelten Optionen und Konzepte als Manifestationen vergangenen Geschichtsbewußtseins zu vermitteln, das sich seinerseits aus Vergangenheitsdeutungen, Gegenwartserfahrungen und Zukunftserwartungen zusammengesetzt hat.

Mithin zielt der neue didaktische Zugriff auf eine konsequente »Historisierung« der Deutschen Frage. Darunter ist mehr als die historiographisch motivierte Wiedereinsetzung der Deutschen Frage in ihre eigene Historizität zu verstehen[13]. Historisierung im didaktischen Verstande bedeutet Freilegung verschütteten Lernpotentials durch Rekonstruktion verlorengegangener, aber verständnisnotwendiger Zeit- und Sinnbezüge, bedeutet, in einem allgemeineren Sinne auf das Thema bezogen, Wiedereinführung intellektueller und moralisch-politischer Energie in die Debatte über die Deutsche Frage durch Öffnung des Horizonts der kommenden Geschichte, deren Verlauf nicht nur von vielen uns unbekannten Faktoren, sondern auch von unserem eigenen Selbstverständnis, unseren Urteilen und Zukunftserwartungen, von der Richtung unseres politischen Willens abhängt, der sich in der historischen Auseinandersetzung mit diesem Problem bildet.

Historisierung, bezogen auf die besondere Situation des gegenwärtigen Unterrichts zur Deutschen Frage, bedeutet also zunächst Verzicht auf die normative Dogmatik eines einzigen, rückwärts gewandten Wiedervereinigungskonzeptes, bedeutet die Befreiung schulischen Lernens von den Zwängen staats- und völkerrechtlicher Positionsbehauptung, die die Deutsche Frage im Bewußtsein gerade nicht offenhalten. An die Stelle einer legalistischen Wiedervereinigungsnorm muß eine begründete, auch kontrovers diskutierbare Rekonstruktion der historisch-politischen Zusammenhänge der Deutschen Frage im Bewußtsein der Schüler sowie die offene Abwägung der denkbaren und wünschbaren Möglichkeiten treten, die Einheit Deutschlands in Frieden, Freiheit und Selbstbestimmung zu »vollenden«.

IV.

Ein derartiger Paradigmawechsel könnte dem bisher üblichen Geschichtsunterricht neue Akzente verleihen. Die durch ihre Historisierung in einen weiteren Horizont gestellte Deutsche Frage würde als eines der Leitmotive der Behandlung der deutschen Geschichte fungieren und zugleich einen neuen thematischen

Schwerpunkt des Geschichtsunterrichts bilden. Voraussetzung dafür wäre eine zusammenhängende Vermittlung der Thematik. Ein Unterricht, der sich damit begnügt, wichtige Aspekte der Deutschen Frage »an den geeigneten Stellen« zu behandeln, wie dies beispielsweise der KMK-Beschluß empfiehlt[14], greift zu kurz.

Ein sachangemessener Unterricht zur Deutschen Frage erfordert eine einschneidende Neuperspektivierung der Unterrichtsinhalte, und zwar in dreifacher Hinsicht.

Erstens muß der Unterricht zeitlich weit hinter das Kriegsende von 1945 zurückgreifen. Als Problem der nationalstaatlichen Form des politischen Zusammenlebens der Deutschen steht die Deutsche Frage spätestens seit dem Ende des Heiligen Römischen Reiches deutscher Nation und dem Zusammenbruch der napoleonischen Herrschaft auf der politischen Tagesordnung, und die wichtigsten Phasen ihrer seitherigen Entwicklung, also die Neuordnung Deutschlands auf dem Wiener Kongreß 1814/15, die Revolution von 1848/49, die Gründung des Norddeutschen Bundes und des Deutschen Reiches 1866 bzw. 1871, die Regelung der Deutschen Frage auf der Pariser Friedenskonferenz und in den Vorortverträgen von Versailles, St.-Germain und Trianon 1919/20 sowie schließlich die nationalsozialistische Annexions- und Eroberungspolitik im Vorfeld und im Verlauf des Zweiten Weltkrieges müssen auch in diesem Zusammenhang ausführlich behandelt werden[15]. Darüber hinaus empfiehlt sich ein kursorisches Eingehen auf die politische Vorgeschichte des Problems: auf die Dezentralisierung des Reiches und die Festschreibung einer nur unwesentlich beschränkten territorialstaatlichen Souveränität in den reichsverfassungsrechtlichen Bestimmungen des Westfälischen Friedens von 1648, auf den Dualismus der beiden deutschen Großmächte und ihr Herauswachsen aus dem Reich, auf die Reichsreformbestrebungen insbesondere des Dritten Deutschlands und seine vergeblichen Versuche, ein effektiveres Schutzsystem gegen die bedrohlichen Auswirkungen der Großmachtpolitik zu entwickeln[16].

Der Anachronismus einer Bewertung der Forderung nach deutscher Einheit entweder als Erfüllung oder als Irrweg der Geschichte muß ebenso verständlich gemacht werden wie die Konsequenz solcher Konstruktionen für das politische Bewußtsein und das historische Verständnis. Sie verengen die Wahrnehmung vergangener Vielfalt und künftiger Möglichkeiten zu einer Schneise. Dies gilt für die in verschiedenen Varianten auftretenden groß- und kleindeutschen Geschichtsdeutungen des 19. Jahrhunderts ebenso wie für die neuere These, daß sich das alte Reich seit Jahrhunderten in einem Prozeß des Zerfalls, der Zerstükkelung befunden habe und die Geschichte des 19. und 20. Jahrhunderts mit dem Ausscheiden Österreichs, dem Verlust der Ostgebiete und der Teilung der Nation nur eine Fortsetzung dieser Linie sei, also in der Konsequenz der historischen Entwicklung liege[17] und der Nationalstaat nicht die Antwort auf die Deutsche Frage sei. Dem ist entgegenzuhalten, daß die Verselbständigung ehemaliger Teile des alten Reiches – der Niederlande, der Schweiz – oder die Abtretung von Teilen des Reichsverbandes im Südwesten – der Franche-Comté, Elsaß-Lothringens und schließlich Luxemburgs – nicht als Auseinanderfallen eines Nationalstaates moderner Prägung gedeutet werden kann, sondern als Folge der Selbstbestimmung von Teilen eines lockeren Reichsverbandes und als Ergebnis alteuropäischer Mächtekonflikte. Davon zu unterscheiden sind die Trennungen im Prozeß der Bildung des modernen Nationalstaates, dem insbesondere die Habsburger Monarchie aus inneren Strukturproblemen heraus zu folgen nicht in der Lage war. Schließlich ist die Teilung des Nationalstaates im 20. Jahrhundert mit den vorausgegangenen Trennungen nicht vergleichbar. Es muß als außerordentlich problematisch gelten, wenn historische Analogien über die großen Epochengrenzen unterschiedlicher Gesellschafts- und Staatsverfassungen, politischer Wertvorstellungen und sozialer Mentalitäten hinweg gezogen werden.

Durch zweifelhafte Kontinuitätsbehauptungen kann also die bestehende politische Teilung eines nationalen Staates nicht zur historischen »Norm«[18] erklärt werden. Die Übertragung dieser Denkfigur auf andere Nationalgeschichten offenbart die Absurdität solcher Argumentation, die man im vermeintlichen Rückgriff auf Geschichte hören kann. Andererseits läßt sich auch der »kleindeutsche« Weg der politischen Lösung der »Deutschen Frage« nicht einfach in die Zukunft verlängern; er war ein Weg, den die Macht des Faktischen unter ganz besonderen deutschen und europäischen Bedingungen zu eröffnen vermochte – kein Telos der deutschen Nationalgeschichte, wie nachträglich behauptet.

Die politischen Formen, in denen sich die Kommunikation der Deutschen nach innen und ihre Darstellung nach außen vollzog, waren außerordentlich vielfältig. Die deutsche Geschichte lief nicht aus einer einzigen Kraft und auf ein einziges Zentrum zu, sondern zeigt ein Bündel vielfältiger Kraftlinien, die sich ebenso hemmten wie anregten. In ihr gab es unterschiedliche Möglichkeiten, nationale Zusammenhänge aufzubauen und ihnen politische Form zu verleihen.

Zweitens darf die Deutsche Frage nicht auf die politische Einheit im staatlichen Sinne begrenzt werden. Sie ist zugleich zu verstehen als die Frage nach Einheit und Vielheit auf allen Ebenen der Gesellschaft, Wirtschaft und Kultur, als Frage nach der Konsistenz der »deutschen« Gesellschaft mit ihren sie als »deutsch« konstituierenden Merkmalen und Besonderheiten der Sprache, der Kunst und Literatur, der Geselligkeit, der Mentalitäten und Verhaltensweisen im Alltag.

In diese Linie historischer Betrachtung der Deutschen Frage gehört auch die Ausbildung einer im weiteren Sinne sozialen Kultur im Zeitalter der Nationalstaatsbildung, deren Wurzeln weit in die sozialen Verhältnisse der deutschen Geschichte zurückreichen. Die kleineren sozialen Einheiten auf dem Lande und in der Stadt, die Zünfte, Genossenschaften, Assoziationen, Vereine und Verbände auf privater oder rechtlicher Ebene haben ein so dichtes Netz unterhalb der politischen Strukturen geschaffen, daß sich »deutsche Einheit« im Begreifen der sozialen Verbindungen und Mentalitäten fast unmittelbar wieder einstellt, sobald die politische Situation Kontakte auf dieser Ebene erlaubt – ungeachtet des auch diese Strukturen bedeckenden Firnisses globaler politischer Ausrichtung. Er blättert ab, wenn die lokalen, regionalen oder privat-persönlichen Lebensbedürfnisse ins Spiel kommen. Die Art, wie man mit ihnen umgeht, ist bis heute eine Dokumentation historisch gewachsener deutscher Zusammengehörigkeit. Das heißt nicht, daß hier Einheit oder Gleichheit herrsche, wohl aber, daß in aller Unterschiedlichkeit solcher tieferen Verhältnisse gesellschaftlicher Daseinsregelung Gemeinsamkeiten herrschen, die ein unmittelbares wechselseitiges Verstehen, ein ohne Umweg begreifbares Verhalten in der Lebenswelt ermöglichen.

Drittens ist die Deutsche Frage als eine europäische und weltpolitische Frage zu behandeln. Das bedeutet, daß die Veränderungen des historisch-politischen Kräftefeldes, auf dem die Entscheidungen fielen und auch künftig fallen werden – die Entstehung der europäischen Nationen und der frühmodernen Staatsorganisation, die Entwicklung des europäischen Gleichgewichtssystems im 18. und 19. Jahrhundert, die Herausbildung des bipolaren Systems der Weltmächte und der Prozeß der europäischen Integration im 20. Jahrhundert –, in den Unterricht einbezogen werden müssen. Gleiches gilt für die weltwirtschaftliche Verflechtung und die zunehmende zivilisatorische Angleichung. Schließlich ist die Deutsche Frage aus der Perspektive der anderen, insbesondere der benachbarten Staaten zu betrachten. In dieser Sicht nimmt sie sich anders aus, kommen andere, fremde Werturteile in den Blick, erschließt sich das politische Interessenfeld, auf dem die »Selbstbestimmung« erfolgen muß[19]. In der konsequenten Einbeziehung des historischen europäischen und weltpolitischen Kontextes liegt ein Gegengewicht gegen nationale Nabelschau und nationalistische Blickverengung. Die Deutsche Frage, so betrachtet, ist der Blickpunkt, aus dem deutschen Schülern die europäischen und universalen Prozesse und Spannungsfelder unter der Anforderung des *tua res agitur* entgegentreten: »Wie hast du's mit der Nation?«. Diese Behandlung relativiert die Nation und stellt sie sowohl in ihrer individuellen Besonderheit wie in ihrer Abhängigkeit von den anderen Nationen dar. Sie zeigt sie eher als die besondere Ausbildung einer allgemeinen Zivilisationsentwicklung, unverwechselbar in der historischen Ausprägung, aber eben doch eine historische und keine ewige Größe, wandelbar in ihren Erscheinungsformen und keineswegs letzter Wert und oberste Norm des politischen Denkens.

Zeitliche Vertiefung, Vergesellschaftung sowie Europäisierung und Universalisierung als perspektivische Erweiterungen des Unterrichts zur Deutschen Frage schaffen die inhaltlichen Voraussetzungen dafür, daß der deutschlandpolitische Status quo als ein Transitorium in einem langen historischen Prozeß, als ein das soziale, ökonomische und kulturelle ebenso wie das staatlich-politische Leben des deutschen Volkes betreffendes Problem in seinen europäischen und weltpolitischen Dimensionen begriffen und beurteilt werden kann.

V.

Da sich das Lernpotential eines Unterrichtsgegenstandes immer erst in der wechselseitigen Bestimmung der Inhalte und Ziele erschließt, ist zusätzlich zur Neuperspektivierung der Unterrichtsinhalte eine Neubestimmung der von den Schülern zu erbringenden Lernleistungen erforderlich. Die an einen gleichermaßen sachangemessenen wie lernzielorientierten Unterricht zur Deutschen Frage zu stellenden Forderungen lassen sich auf den drei didaktischen Ebenen der Analyse, des Sachurteils und des Werturteils formulieren.

Auf der *Ebene der Analyse* sind Kenntnisse zu vermitteln, die die Schüler in die Lage versetzen, die zeitliche Tiefendimension, die staatlich-politischen, gesellschaftlichen, ökonomischen und kulturellen Bezüge sowie die europa- und weltpolitischen Zusammenhänge der Deutschen Frage in ihrer historischen Faktizität zu erfassen.

Auf der *Ebene des Sachurteils* sollen die Schüler lernen, die Geschichte der deutschen Nation als Geschichte einer historischen »Individualität« multiperspektivisch zu betrachten. Sie sollen erkennen, daß die deutsche »Einheit« sich in unterschiedlichen Formen zeigte und sich in Abhängigkeit von Kommunikations- und Integrationsprozessen auf den verschiedenen Gebieten von Staat, Gesellschaft, Wirtschaft und Kultur dargestellt hat. Es geht um die Einsicht in die zentrifugalen und zentripetalen Kräfte, in die Spannung zwischen unitarischen, föderalistischen und partikularistischen Tendenzen. Die Schüler sollen begreifen, daß die Prozesse der Nationbildung Phasen der Beschleunigung und Verdichtung, aber auch der Verlangsamung, Stagnation und Rezession durchlaufen haben, die zumeist multikausal aus den Spannungen und Gegensätzen innerhalb der Nation sowie aus ihrer Verflechtung in nationübergreifende Zusammenhänge zu verstehen sind. Schließlich sollen sie erklären können, worin sich die deutsche Einheit von anderen nationalen Einheiten unterscheidet, inwiefern sie von diesen beeinflußt wurde oder auf sie zurückgewirkt hat. Gegen diese Lernziele könnte der Einwand vorgebracht werden, daß sie, sofern überhaupt realisierbar, der Auflösung der Geschichte in eine verwirrende Fülle von Phänomenen und Interdependenzen Vorschub leisteten und die Schüler, denen statt eines klar konturierten nur ein proteushaft sich verwandelndes Gebilde namens Nation präsentiert werde, am Ende überfordert seien. Das ist jedoch kaum zu befürchten, da die Elemente deutscher Geschichte – Raum, Volk, politische, soziale und ökonomische Organisationsformen, Sprache, Kultur und internationale Verflechtungen – trotz aller Veränderungen identifizierbar bleiben und die historische Komplexität strukturieren helfen. Eine radikale Reduktion dieser Komplexität auf eine geschlossene Nationalgeschichte, begründet mit dem Argument leichterer Faßbarkeit, kann angesichts des Gegenstandes keine Alternative sein.

Auf der *Werturteilsebene* hat das neue Paradigma die weitreichendsten Konsequenzen – aber diese Konsequenzen laufen in ihrer Summe lediglich auf die

Herstellung dessen hinaus, was bei der Behandlung anderer Themen ohnehin längst als normale Stufenfolge historischen Lernens gilt: Von den gängigen, in der Alltagswelt vorfindlichen Urteils- und Wertungsmustern ausgehend und sie problematisierend, führt der Weg des Lernens über die vertieften historischen Kenntnisse, Einsichten und Urteilsbildungen zu der Schwelle, die der Schüler selbst oder im Gespräch mit anderen überschreiten muß, um eine eigene Stellung zur Deutschen Frage einnehmen zu können – eine Stellungnahme, die er diskursiv in der Auseinandersetzung mit anderen begründen, verteidigen, reflektieren und also absichern oder wiederum modifizieren muß. Erst auf dieser letzten Stufe erweist sich, ob ein historisch-politischer Lernprozeß, die Bildung von Geschichtsbewußtsein, erfolgreich verlaufen ist. Eine auf der Werturteilsebene festgelegte und vorgeschriebene Behandlung der Deutschen Frage im Unterricht verkürzt und deformiert diesen Lernprozeß. Es gibt nichts mehr, was durch das eigene Engagement des Denkens zu entscheiden, im strengen Sinne des Wortes zu »lernen« sich lohnte, weil die Normvorgaben die selbständige Bewertung des Problems nicht zulassen und die oberste Lernzielebene gleichsam abkappen.

Ein kleiner, engagierter Teil der Schüler läßt sich freilich durch unterrichtliche Normvorgaben nicht abhalten, nach Problemlösungen und deren Begründungen zu suchen. Aber er gerät dabei in Opposition zur als verbindlich deklarierten Deutung und wird häufig in Denkbahnen und Verhaltensweisen gedrängt, die in die einseitige Radikalität eines neuen Nationalismus, sei er nun mit einem linken oder rechten Vorzeichen versehen, führen können. Die Schule bleibt demgegenüber machtlos, weil sie keine glaubwürdige und das Engagement des einzelnen fordernde Lernmöglichkeit mehr bietet.

Das neue Paradigma will diese Fehlentwicklung korrigieren. Es verpflichtet die Antworten auf die Deutsche Frage nicht mehr auf eine einzige, die Wiederherstellung einer vergangenen nationalstaatlichen Ordnung anstrebende Norm, sondern auf die weltweit anerkannten Grundsätze gegenwärtig gültigen internationalen Rechts: auf Gewaltverzicht, Einhaltung der Menschenrechte und Anerkennung des Selbstbestimmungsrechts der Völker. Zudem haben Antworten auf die Deutsche Frage den methodischen Maßstäben historischen Urteilens zu genügen. Bevor Schüler sich entscheiden und Stellung beziehen, muß ihnen die Skala – historischer wie gegenwärtiger – politischer Optionen bewußt geworden sein[20], muß der Unterricht ihnen ausreichend Gelegenheit gegeben haben, die diesen Optionen zugrundeliegenden Prämissen und Präferenzen zu erkennen, die Vorzüge und Probleme unterschiedlicher Konzepte künftiger deutscher Entwicklung zu erörtern, denkbare nationale Formen des Zusammenlebens im europäischen Kontext antizipatorisch zu erwägen und die gegenwärtigen Möglichkeiten einer Intensivierung der deutschen Kommunikation auf den unterschiedlichsten Ebenen zu diskutieren. Schließlich müssen die Schüler auch und gerade im Hinblick auf ihr eigenes Urteil begründungspflichtig bleiben und in der Lage sein, die Grundlagen und Voraussetzungen ihrer Entscheidung zu reflektieren und argumentativ zu vertreten.

Wenn man unter der vom Grundgesetz geforderten freien Selbstbestimmung des deutschen Volkes eine bewußte Entscheidung seiner Bürger versteht, dann kann der Geschichtsunterricht diese »freie Selbstbestimmung« am wirkungsvollsten dadurch fördern, daß er die nachwachsende Generation in die Lage versetzt, die künftige Entwicklung selbständig zu beurteilen. Damit gewönne die politisch offene Deutsche Frage auch die notwendige didaktische Offenheit. Auf diese Weise würde im Unterricht zweifellos mehr an »deutscher Einheit« bewahrt und aktiviert, als dies gegenwärtig der Fall ist.

Anmerkungen

Die Anmerkungen dienen in der Hauptsache dem Nachweis wörtlicher Zitate oder gedanklicher Entlehnungen aus der neuesten Literatur zur Deutschen Frage. Zur weiteren Information sei auf die folgenden geschichts- und politikdidaktischen Bibliographien verwiesen: Horst Gies/Stefan Spanik, Bibliographie zur Didaktik des Geschichtsunterrichts, Weinheim–Basel 1983; Ulrich Kröll, Bibliographie zur neueren Geschichtsdidaktik (Forum Geschichtsdidaktik, Bd. 1), Münster 1983; Robert u. Gabriele Graeff/Alfred Kurz, Bibliographie zu Unterrichtseinheiten der politischen Bildung. Veröffentlichungen in der Buchliteratur 1960–1983 (Schriftenreihe der Bundeszentrale für politische Bildung, Bd. 219), Bonn 1984; Hans-Helmuth Knütter (Hrsg.), Bibliographie zur Politischen Bildung. Theorie – Methodik – Didaktik (Schriftenreihe der Bundeszentrale für politische Bildung, Bd. 234), Bonn 1985; Berichte über den derzeitigen Forschungsstand in: Wolfgang Michalka (Hrsg.), Die Deutsche Frage in der Weltpolitik (Neue politische Literatur, Beiheft 3), Stuttgart 1986. Siehe dort besonders die eingehende Auseinandersetzung mit den verschiedenen Positionen von Jürgen C. Heß, Westdeutsche Suche nach nationaler Identität, S. 9–50.

1 Vgl. Karl-Ernst Jeismann/Erich Kosthorst, Deutschlandbild und Deutsche Frage in den geschichtlichen Unterrichtswerken der Deutschen Demokratischen Republik, in: Wolfgang Jacobmeyer (Hrsg.), Deutschlandbild und Deutsche Frage in den historischen, geographischen und sozialwissenschaftlichen Unterrichtswerken der Bundesrepublik Deutschland und der Deutschen Demokratischen Republik von 1949 bis in die 80er Jahre (Studien zur internationalen Schulbuchforschung, Bd. 43), Braunschweig 1986, S. 119–241. – Vgl. auch den Beitrag von Wolfgang Marienfeld in diesem Bande.

2 Die Diskussion um »Tradition« und »Erbe« wird seit 1981 besonders in der Zeitschrift für Geschichtswissenschaft geführt. Vgl. Horst Bartel, Erbe und Tradition in Geschichtsbild und Geschichtsforschung der DDR, 29 (1981). 5, S. 387–394; Gerhard Lozek, Die Traditionsproblematik in der geschichtsideologischen Auseinandersetzung, ebd., S. 395–398; Walter Schmidt, Nationalgeschichte der DDR und das territorialstaatliche historische Erbe, ebd., S. 399–404; Horst Bartel/Walter Schmidt, Historisches Erbe und Traditionen – Bilanz, Probleme, Konsequenzen, 30 (1982). 9, S. 816–829; Günter Benser, Wortmeldungen zur Diskussion um die DDR-Geschichte, 31 (1983) 3, S. 243–247; Helmut Heinz, Historisches Erbe und Tradition [Bericht über eine Tagung des Rates für Geschichtswissenschaft der DDR am 27. April 1982], ebd., S. 248f.; Walter Schmidt, Zur Entwicklung des Erbe- und Traditionsverständnisses in der Geschichtsschreibung der DDR, 33 (1985)3, S. 195–212.

3 Vgl. Wolfgang Marienfeld/Manfred Overesch, Deutschlandbild und Deutsche Frage in den Geschichtsbüchern der Bundesrepublik Deutschland und den Richtlinien der Länder, in: W. Jacobmeyer, Deutschlandbild und Deutsche Frage (Anm. 1), S. 1–118.

4 Die deutsche Frage im Unterricht (Beschluß der Kultusministerkonferenz vom 23. November 1978), Darmstadt 1979.

5 Vgl. Karl-Ernst Jeismann, »Identität« statt »Emanzipation«? Zum Geschichtsbewußtsein in der Bundesrepublik, in: Aus Politik und Zeitgeschichte, B 20–21/86, S. 3–16. Zur breiten »Identitäts-Diskussion« in politisch-pädagogischer Hinsicht vgl. Werner Weidenfeld (Hrsg.), Die Identität der Deutschen, Bonn 1983; ders. (Hrsg.), Die Frage nach der deutschen Identität, Bonn 1985 (Bd. 200 und 221 der Schriftenreihe der Bundeszentrale für politische Bildung).

6 Das wird in Synthesen der deutschen Geschichte, die sowohl in der DDR wie in der Bundesrepublik Deutschland erschienen sind und auf ein breiteres Publikum zielen, augenfällig. Als Beispiele siehe in der DDR den »Grundriß der deutschen Geschichte. Von den Anfängen der Geschichte des deutschen Volkes bis zur Gestaltung der entwickelten sozialistischen Gesellschaft in der Deutschen Demokratischen Republik. Klassenkampf – Tradition – Sozialismus«, hrsg. von einem Herausgeberkollektiv unter Leitung von Ernst Diehl, Berlin 1979; für die Bundesrepublik Deutschland die mehrbändigen Reihen »Deutsche Geschichte« (München 1980–1983), »Propyläen Geschichte Deutschlands« (Berlin 1983ff.), »Die Deutschen und ihre Nation« (Berlin 1982ff.) und die ältere, in einer dreibändigen Sonderausgabe zusammengefaßte »Deutsche Geschichte« (Göttingen 1985). Die Schwierigkeit und Problematik solcher Synthesen, in denen der Autor dem Zwang zu Urteil und Deutung stärker unterliegt als in der Spezialforschung, trat insbesondere in der von Helmuth Diwald verfaßten »Geschichte der Deutschen« nicht nur im regressiven Zugriff der Darstellung, sondern insbesondere in der Bewertung der jüngeren deutschen Geschichte zutage (Berlin 1978).

7 Marion Gräfin Dönhoff, Mauer und Einheit: Zeit zum Umdenken. Das Berliner Jubiläum und die deutsche Frage, in: Die Zeit vom 24. April 1987, S. 1.

8 Dies ist die dem »Historikerstreit« zugrundeliegende Frage, die geeignet ist, eine Polarisierung der Geschichtsdeutungen und des politischen Selbstverständnisses der Bundesrepublik zu provozieren. Vgl. dazu folgende Dokumentationen der Auseinandersetzungen: Susanne Miller (Hrsg.), Geschichte in der demokratischen Gesellschaft. Eine Dokumentation, Düsseldorf 1985; Hilmar Hoffmann (Hrsg.), Gegen den Versuch, Vergangenheit zu verbiegen. Frankfurt a. M. 1987; Ernst Reinhard Piper (Hrsg.), Der »Historikerstreit« 1987. Die Dokumentation der Kontroverse um die Einzigartigkeit der nationalsozialistischen Judenvernichtung, München–Zürich 1987.

9 Stellvertretend für solche neuerdings vor allen Dingen in den Veröffentlichungen des Hohenheim-Verlags erscheinenden Publikationen siehe Bernard Willms, Die deutsche Nation. Theorie, Lage, Zukunft, Köln-Lövenich 1982.

10 Erlaß des Kultusministers des Landes Nordrhein-Westfalen vom 30. Januar 1981 (AZ IA 5.36–24/0 Nr. 4070/81).

11 Die deutsche Frage im Unterricht (Anm. 4), S. 20.

12 Ebd., S. 9.

13 Vgl. dazu den auf eine andere historische Thematik bezogenen, methodologisch jedoch generell bedeutsamen und richtungsweisenden Essay von Martin Broszat, Plädoyer für eine Historisierung des Nationalsozialismus, in: Merkur, 39 (1985), S. 373– 385.

14 Vgl. Die deutsche Frage im Unterricht (Anm. 4), S. 22.

15 Zur Erweiterung der Betrachtung der Deutschen Frage vgl. u. a. Josef Becker/Andreas Hillgruber (Hrsg.), Die deutsche Frage im 19. und 20. Jahrhundert. Referate und Diskussionsbeiträge eines Augsburger Symposiums 23.–25. September 1981, München 1983; Wolf D. Gruner, Die deutsche Frage. Ein Problem der europäischen Geschichte

seit 1800, München 1985; Helga Grebing, Der »deutsche Sonderweg« in Europa 1806–1945. Eine Kritik, Stuttgart u. a. 1986.

16 Vgl. Karl Otmar von Aretin, Das Reich. Friedensgarantie und europäisches Gleichgewicht 1648–1806, Stuttgart 1986.

17 Vgl. Walther Hofer, Die Frage der deutschen Einheit in ausländischer Sicht, in: Die Rolle der Nation in der deutschen Geschichte und Gegenwart. Beiträge zu einer internationalen Konferenz in Berlin (West) vom 16. bis 18. Juni 1983, hrsg. v. Otto Büsch/James J. Sheehan (Einzelveröffentlichungen der Historischen Kommission zu Berlin, Bd. 50), Berlin 1985, S. 54–70.

18 Ebd., S. 68.

19 Vgl. dazu beispielsweise die unlängst erschienene Darstellung der französischen Perspektive durch Ernst Weisenfeld, Welches Deutschland soll es sein? Frankreich und die deutsche Einheit seit 1945, München 1986.

20 Vgl. dazu insbesondere die Beiträge von Jochen Frowein, Andreas Hillgruber und Erich Kosthorst in diesem Band.

Teil II

Nationale Begrifflichkeit, Mentalität und Programmatik

Günter C. Behrmann

Volk, Verfassung, Staat, Kultur, Geschichte und Nation

Das nationalpolitische Orientierungsfeld der Deutschen im Wandel

I.

Wie die vor und nach dem Zweiten Weltkrieg aufgewachsenen Generationen trennen die Deutschen in der Bundesrepublik und in der DDR unterschiedliche politische Erfahrungen. Wer fünfzig Jahre alt war, als diese beiden Staaten Gestalt annahmen, hatte das wilhelminische Kaiserreich in Frieden und Krieg, die Nachkriegswirren, die Weimarer Republik und deren Niedergang, das »Dritte Reich«, seine Expansion und seine totale Kapitulation erlebt. Nach alldem war eine dauerhafte Teilung des deutschen Nationalstaats, der zwei Kriege und radikale Systemwechsel überstanden hatte, nur schwer, eine neuerliche Veränderung seiner inneren Verfassung aber leicht vorstellbar. Wer sich heute dem fünfzigsten Lebensjahr nähert, kennt aus eigener alltäglicher Anschauung hingegen in der Regel nur die Verfassungswirklichkeit der Bundesrepublik Deutschland oder der DDR. In diesem Erfahrungszusammenhang hat sich das Verhältnis von Staat, Nation und Verfassung umgekehrt. Der Nationalstaat erscheint als eine ferne, historisch relativierte Bezugsgröße. Nicht er, sondern die beiden »post-nationalen« Staaten mit ihren höchst verschiedenen, aber gleichermaßen stabilen Ordnungen haben in der zweiten Hälfte des 20. Jahrhunderts deutsche Geschichte gemacht. Dies spiegelt sich auch in der wachsenden Zahl historischer Werke zur Geschichte der Bundesrepublik und der DDR.

Die in der Nachkriegszeit zumeist nur als Frage nach dem Modus einer Wiedervereinigung gestellte »Deutsche Frage« hat sich damit in die prinzipiellere Frage nach dem Verhältnis von Staat und Nation verwandelt. Spätestens seit dem Grundlagenvertrag (1972) und der dadurch geregelten Herstellung staatlicher Beziehungen läßt sich der Widerspruch zwischen dem in der Nachkriegszeit noch von beiden Staaten proklamierten gesamtdeutschen Anspruch und deren partikularer Staatlichkeit, zwischen ihrem ordnungspolitisch-ideologischen Antagonismus und der Idee der unteilbaren Nation nicht mehr durch die Annahme auflösen, die Teilung Deutschlands könne als Ergebnis eines welt- und nationalpolitischen Ausnahmezustands nicht von Dauer sein. Von dieser Annahme waren ja in der

Nachkriegszeit nicht nur die meisten Deutschen, sondern auch die Alliierten ausgegangen. Dabei verband sich bei Amerikanern und Engländern, aber auch auf der sowjetischen Seite die Befürchtung, die Teilstaaten würden instabil bleiben und unkalkulierbare irredentistische Kräfte erzeugen, mit der Hoffnung, durch die Wiedervereinigung könne der von der Gegenseite kontrollierte Teil Mitteleuropas geschmälert und die eigene Einflußzone erweitert werden. Freilich zeigte sich spätestens 1948, daß weder der Westen noch die Sowjetunion bereit waren, sich zu riskanten Bedingungen auf eine Wiedervereinigung einzulassen. Daß dann auch die Deutschlandinitiativen und -verhandlungen der fünfziger Jahre erfolglos blieben, konnte kaum mehr überraschen.

Überraschen mußte hingegen, daß sich die Bundesrepublik Deutschland schon in den fünfziger Jahren und die DDR dann in den sechziger Jahren politisch stabilisieren konnten. Angesichts des in der DDR am 17. Juni 1953 und wenige Jahre später auch in Polen und Ungarn manifest gewordenen Widerstands gegen den stalinistischen Sozialismus sprach zunächst nicht wenig für die Erwartung, dieses System werde, wenn es sich nicht in Richtung auf westlich-demokratische Verfassungsprinzipien wandle, zusammenbrechen. Umgekehrt konnten die mit sowjetischer Hilfe zur Macht gelangten Kommunisten nach den Erfahrungen der jüngsten Vergangenheit, nach der Weltwirtschaftskrise, dem Scheitern liberaler Demokratien in Mitteleuropa, dem Aufstieg und der Niederlage des »Faschismus«, noch den Glauben hegen, die marxistischen Krisenprognosen hätten sich bestätigt, der Kapitalismus zerbreche an seinen inneren Widersprüchen und der Sieg des Sozialismus sei nicht mehr fern. Indes entwickelten sich die Bundesrepublik Deutschland und die DDR zu Staaten mit einer in der modernen Staatenwelt durchaus ungewöhnlichen inneren Stabilität. Dies zeigt schon ein Blick auf ihre Nachbarstaaten. Weder wurde die DDR von ähnlichen Regime- und Systemkrisen erschüttert wie Polen, noch mußte die Bundesrepublik ähnliche Regierungs- und Verfassungskrisen meistern wie das Frankreich der Vierten und Fünften Republik. Auch die Konvergenzthese, daß es zu einer wechselseitigen Annäherung der Systeme komme, blieb eine Spekulation. Zwar hat sich der in Mittel- und Südosteuropa etablierte sowjetische Sozialismus mehr und mehr vom stalinistischen Terrorsystem entfernt, dabei wurde aber keines der den westlichen Verfassungsprinzipien diametral entgegengesetzten Systemelemente aufgegeben.

Die Annahme, die Teilung der Nation könne schon deshalb nicht fortdauern, weil die Bundesrepublik Deutschland und die DDR – oder zumindest die DDR – künstliche und deshalb höchst krisenanfällige Gebilde bleiben müßten, hat sich also nicht bewahrheitet. Freilich beruht die Stabilität der beiden Staaten auf sehr unterschiedlichen Voraussetzungen und Mitteln der politischen Stabilisierung. In der Bundesrepublik wurde sie durch die wirtschaftlichen Erfolge und die fast einhellige Ablehnung des sowjetischen Kommunismus gefördert. Die rasche Steigerung des Lebensstandards und die – angesichts der Folgen der nationalsozialistischen Politik und der Lebensbedingungen im realen Sozialismus – nur noch geringe Attraktivität der mit der freiheitlichen Demokratie konkurrierenden

Ordnungsvorstellungen ermöglichten und begünstigten eine zunehmende Identifikation mit den Ordnungsprinzipien des Grundgesetzes.

Die DDR konnte sich dagegen nur mit Mitteln politischer Repression festigen. Mit der raschen und nicht selten gewaltsamen Veränderung überkommener wirtschaftlich-sozialer und politischer Strukturen hat die SED viele ihrer Gegner in die Flucht getrieben. Als 1961 die vollkommene Sperrung der Grenzen zum Westen mit dem Bau der Berliner Mauer vollendet wurde, waren die Basen der politischen Opposition längst zerstört. Durch das dichte Geflecht der politischen Massenorganisationen und die Allzuständigkeit des Staates wurden schließlich auch all jene, die nicht aus politischer Überzeugung in der DDR geblieben waren, gedrängt, sich politisch zu integrieren oder zumindest anzupassen. Das Drohpotential der sowjetischen Streitkräfte und der immer stärker ausgebaute staatliche Kontroll- und Überwachungsapparat boten für all dies die notwendige Rückendeckung.

Allein durch Repression läßt sich die Stabilisierung der DDR aber nicht erklären. Zum einen ist nicht zu verkennen, daß der von der SED propagierte Aufbau des Sozialismus nach allem, was zuvor geschehen war, nicht nur Altkommunisten als plausibles und attraktives Ziel erschien; zum anderen wird in den auf Ideen, Überzeugungen und das politische »Bewußtsein« abstellenden Betrachtungen des Verhältnisses von Bürger und Staat häufig der Betriebscharakter des modernen Staates übersehen oder unterschätzt. Die Betriebsangehörigen – die DDR hat ja nahezu alle arbeitenden Bürger zu Angehörigen des Staatsbetriebs gemacht – bestimmen ihr Verhältnis zu ihrem Betrieb auch und nicht zuletzt nach Nutzen-Kosten-Erwägungen. Die DDR hat nicht wenigen ihrer Bürger aus der städtischen und ländlichen Unterschicht Aufstiegschancen eröffnet, wie sie zuvor nicht bestanden. Ihre ökonomischen Fortschritte und ihre sozialpolitischen Leistungen sind, mißt man sie an der eigenen Entwicklung und an der der sozialistischen Nachbarstaaten, beachtlich. Und die Deutschen eigene Betriebsdisziplin fördert die Identifikation mit dem Betrieb und seinen Erfolgen.

Durch die frühe und dauerhafte Einbindung der Bürger in wechselnde Kollektive, durch die enge Verflechtung von Partei, Staat und Gesellschaft, Politik, Arbeits- und Privatsphäre werden Einstellungen und Verhalten schließlich selbst dort auf den Staat ausgerichtet, wo der zum propagandistischen Tages- und Dauergebrauch kleingemahlene Marxismus-Leninismus nur in Floskeln eines konventionellen Codes ohne höheren oder tieferen Sinn aufgenommen wird. So hat sich auch außerhalb des Staats- und Parteiapparats ein Staatsbewußtsein, eine zwar mit mancherlei Vorbehalten gespickte, aber doch verbreitete Bereitschaft zur Anerkennung des Systems, kurz: eine Staat und Regime mittragende Massenloyalität ausgebildet. Die repressive Verfassung des Staates und seine Allzuständigkeit erlauben freilich keine Differenzierung zwischen Motiven einer freiwilligen Unterstützung des Systems und einer mehr oder minder bewußten Anpassung an die Gegebenheiten und an politische Zwänge. Wie tragfähig die vorhandene Massenloyalität ist, würde sich deshalb erst zeigen, wenn der staatliche Kontroll- und Überwachungsapparat stark reduziert würde und Möglichkeiten einer risikolosen freien Meinungsäußerung eröffnet würden.

Im Hinblick auf das Verhältnis von Staat und Nation ist deshalb zunächst festzustellen, daß sich dieses Verhältnis verändert hat, und zwar infolge

- der Verfestigung des ideologie-, ordnungs- und machtpolitischen Ost-West-Gegensatzes,
- der inneren Stabilisierung der Bundesrepublik Deutschland und der DDR,
- des auch unabhängig von ihrem ideologischen Überbau verhaltens- und einstellungsprägenden Eigengewichts ihrer höchst unterschiedlichen wirtschaftlich-sozialen und politischen Systemstrukturen,
- der Ablösung der im Nationalstaat aufgewachsenen Generationen durch diejenigen, die in den beiden »post-nationalen« Staaten groß geworden sind.

Um diese Veränderung kreist die in den letzten zehn Jahren an vielen Orten geführte und in einer mittlerweile umfangreichen Literatur dokumentierte nationalpolitische und -pädagogische Diskussion. Deren andernorts schon beschriebenes Spektrum[1] ist breit. Wie mir scheint, werden die Voraussetzungen und der Stand dieser Diskussion jedenfalls dort, wo nationalpolitische und -pädagogische Erörterungen ineinandergreifen, jedoch vor allem durch den Versuch, das »Wiedervereinigungsgebot« mit der Anerkennung der DDR zu vereinbaren und durch den Diskurs über die »nationale Identität« gekennzeichnet. Einige Anmerkungen dazu sollen zu einer systematischeren Betrachtung des Verhältnisses von Staat und Nation überleiten.

II.

Die Empfehlungen zur Behandlung der Deutschen Frage im Unterricht, die die Kultusministerkonferenz 1978 beschlossen hat[2], sind nicht nur deshalb immer noch bemerkenswert, weil sie weiterhin gelten. In ihnen spiegeln sich auch die Schwierigkeiten einer Politik und politischen Pädagogik, die sich einerseits am Ziel der nationalstaatlichen Wiedervereinigung, andererseits an der »Verpflichtung der beiden Staaten in Deutschland« orientieren soll, »die Selbständigkeit des anderen zu achten, die zwischen ihnen bestehende Grenze zu respektieren und normale gutnachbarliche Beziehungen zueinander auf der Grundlage der Gleichberechtigung zu entwickeln« (S. 8). Diese Ziele sind vereinbar, wenn man unterstellt, daß die Mehrheit der Deutschen in Ost und West eine mit friedlichen Mitteln wiederherzustellende nationalstaatliche Einheit wünscht und auch deshalb bis zur Aufhebung der Teilung ein friedliches, »gutnachbarliches« Verhältnis zwischen den beiden Staaten anstrebt. Die Rede von den gleichberechtigten selbständigen Staaten verträgt sich aber schlecht mit dem Hinweis, das Deutsche Reich habe »rechtlich den Zusammenbruch von 1945 überdauert« und das Grundgesetz gehe »vom prinzipiellen Fortbestand der gesamtdeutschen Staatlichkeit«

aus (S. 7). Vollends verwirren muß die mit völker-, staats- und staatsbürgerrechtlichen Fragen nicht vertrauten Lehrer und Schüler, wenn es zudem heißt, die deutsche Nation existiere »auch als Staatsvolk weiter, das keinen gemeinsamen Staat hat, dessen Angehörige aber – unbeschadet separater Regelungen in der DDR – die einheitliche deutsche Staatsbürgerschaft besitzen« (S. 14). Daß es zugleich eine prinzipiell fortbestehende gesamtdeutsche Staatlichkeit, ein Staatsvolk ohne gemeinsamen Staat und zwei gleichberechtigte selbständige deutsche Staaten gibt, ist auf dem Wege einer legalistischen Argumentation, wie sie in den Empfehlungen gepflegt wird, nicht nur Schülern kaum verständlich zu machen.

Man kommt dem Verständnis der nationalen Probleme auch nicht näher, wenn man den Verweisen der Empfehlungen auf die Gemeinsamkeit von Geschichte, Sprache und Kultur folgt. Denn diese Gemeinsamkeit der »Kulturnation« wird so konkretisiert: »Die deutsche Siedlungsgeschichte des Mittelalters, die Entwicklung der Reformation in Deutschland, die territoriale Neugestaltung Deutschlands und die Reformbewegung nach 1806, die Revolution von 1848, der Lebenslauf und die Wirkungsstätten der Dichter der deutschen Klassik und die kulturelle Stellung Berlins seit dem 18. Jahrhundert sind besonders geeignet, die Entwicklung der deutschen Nation und den geschichtlichen Zusammenhang der Deutschen in Ost und West aufzuzeigen« (S. 14). Die geschichtlich-kulturelle Einheit der Deutschen scheinen also Luther, Schiller und Goethe, die Bauern der an anderer Stelle erwähnten Bauernkriege, die preußischen Reformer und die 48er-Revolutionäre gestiftet zu haben. Sie gehören gewiß zu den großen Figuren, zu wichtigen Bewegungen und zu bedeutenden Ereignissen der deutschen Geschichte. Auch ist nicht zu unterschätzen, daß ihnen in Ost und West ein hoher Symbolwert beigemessen wird.

In eine unmittelbare Beziehung zur Geschichte des Nationalstaats, der 1871 gegründet wurde und 1945 zusammenbrach, läßt sich indes nur die Revolution von 1848 setzen. Von diesem Nationalstaat, der alles Folgende – das Beharren auf seinem rechtlichen Fortbestehen, das Wiedervereinigungspostulat, den Versuch der Kommunisten, mit sowjetischer Hilfe die Novemberrevolution als Revolution von oben gleichsam nachzuholen, den Versuch der liberal-demokratischen Kräfte, den in Weimar eingeschlagenen Weg mit besserer Wegsicherung wieder zu beschreiten – erst verständlich macht, ist in den Empfehlungen kaum die Rede[3]. So kann auch schlicht behauptet werden: »Der deutsche Wiedervereinigungsanspruch belastet ... die westeuropäische Einigung nicht, er ist vielmehr in einer langfristigen Perspektive als Beitrag zur Lösung des größeren europäischen Problems zu sehen« (S. 11). Daß der deutsche Nationalstaat zwei europäische Kriege mit weltpolitischen Weiterungen ausgelöst hat, weil die nationalstaatlich organisierte Nation zu stark war, um in Europa zu wohnen, und zu schwach, um über Europa zu herrschen[4], wird außer acht gelassen. Die Einheit in Frieden und Freiheit kann so nicht nur als ein hohes, sondern auch als ein unproblematisches Ziel dargestellt werden; folgt man den Empfehlungen, so müßte ihm eigentlich jeder, der guten Willens ist, beipflichten.

Sicherlich werden in Unterrichtsprogrammen für den zeitgeschichtlichen und sozialkundlichen Unterricht vornehmlich Ideale und hehre Absichten beschworen. Sie sollen eine Bereitschaft zur Behandlung bestimmter Themen wecken, Inhalte und Ziele des Unterrichts gegenüber der interessierten Öffentlichkeit rechtfertigen und nicht selten auch politische Differenzen zwischen bildungspolitisch einflußreichen Kräften überbrücken. Von den Ungereimtheiten der Empfehlungen zur Deutschen Frage im Unterricht könnte man deshalb absehen, wenn all das, was in den Empfehlungen widersprüchlich und unklar bleibt, nicht auch andernorts häufig unklar und widersprüchlich bliebe. Zumal in den alljährlichen Berichten zur Lage der Nation wird immer wieder mit ähnlichen Formeln wie in den Empfehlungen operiert. Auch die politische Wiedervereinigungsrhetorik bedient sich häufig einer legalistischen Deutung und Rechtfertigung des Wiedervereinigungspostulats, die sich mehr und mehr verselbständigt hat. Wie in den Empfehlungen werden in der Politik Widersprüche verschleiert oder schlicht hingenommen. Wenn etwa das Staatsvolk wirklich weiter Bestand hätte, so müßten alle Deutschen aus der DDR, die als Flüchtlinge, als Vertreter der DDR oder beispielsweise als Angehörige von Bauarbeiterkolonnen in die Bundesrepublik Deutschland kommen, die gleichen Rechte genießen und die gleichen staatsbürgerlichen Pflichten erfüllen. Das gilt – zu deren Vorteil – aber nicht für offizielle Vertreter der DDR und – zu deren Nachteil – auch nicht für Bauarbeiter[5].

Den Inkonsequenzen in kleinen Fragen entsprechen Unstimmigkeiten in großen Fragen. Der Zielkonflikt zwischen Einheit, Frieden und Freiheit ist zumindest so alt wie der deutsche Nationalstaat. Die Einheit wurde im Kriege errungen. Und sie war nach Bismarcks Überzeugung nur durch die Unterdrückung von politischen Freiheiten und Freiheitsforderungen zu wahren. Nach 1945 hätte die Sowjetunion nichts leichter gewährt als die Einheit in einem Frieden ohne Freiheit. Alle politisch mitentscheidenden Kräfte in den westlichen Besatzungszonen haben sich jedoch für die Freiheit in einem prekären Frieden und gegen das Angebot einer Einheit zu sowjetischen Bedingungen entschieden. Strittig waren im Hinblick auf Chancen einer Wiedervereinigung nur der Grad der Integration in den freien Westen und der Beitrag zu dessen militärischer Verteidigung. Weil der Frieden nicht sicher schien, hatte die 1969 gebildete sozial-liberale Koalition gehofft, sie könne durch die Ostverträge zu einer weiterreichenden, die Westintegration der Bundesrepublik ergänzenden Friedenssicherung beitragen. Aus dem Zielkonflikt zwischen Frieden, Freiheit und nationalstaatlicher Einheit konnte auch diese Politik nicht hinausführen. Praktisch mußte mit der Anerkennung der Nachkriegsgrenzen und der DDR das Ziel der Wiedervereinigung zugunsten des Versuchs einer auch kooperativen Friedenssicherung und der Bemühungen um eine größere Bewegungsfreiheit der Deutschen innerhalb des geteilten Landes weiter relativiert werden.

Dieser Relativierung sollen die Empfehlungen der Kultusminister und andere Bekräftigungen des »Wiedervereinigungsgebots« entgegenwirken. Das verlangt, daß die Zieltrias Frieden, Freiheit, Einheit geschlossen bleibt. Sie kann nur geschlossen bleiben, wenn von der deutschen Nationalstaatsgeschichte und der gegenwärtigen Lage Deutschlands im geteilten Europa abstrahiert wird, denn wenn die drei Ziele auf die deutsche Nationalstaatsgeschichte und diese Lage bezogen werden, stellt sich immer wieder die Frage nach ihrer Rangordnung. An einer solchen Rangordnung kommen auch die Empfehlungen nicht vorbei; wo sie die politische Lage der geteilten Nation und die Politik der Bundesrepublik beschreiben, folgen sie der Rangordnung Friedenssicherung, mehr Freiheit für die Deutschen in der DDR, nationale Einheit. Eine systematische Verdeutlichung dieser Präferenzen müßte nun aber die Relativierung des Ziels nationalstaatliche Einheit bestätigen, der doch entgegengewirkt werden soll. So wird dieses auch nach den Empfehlungen unter den gegebenen Bedingungen nicht zu verwirklichende Ziel noch abstrakter, als es ohnehin schon ist. Auch deshalb drängt sich die juristische Rechtfertigung des Wiedervereinigungsgebots auf, denn sie entspricht dem der Behauptung des Wiedervereinigungsideals heute immanenten Zwang zur Abstraktion von Geschichte und Gegenwart.

III.

In der Nachkriegszeit hätte eine Wiedervereinigung wahrscheinlich zu der in der Konvergenztheorie erwarteten wechselseitigen Annäherung der Systeme geführt. Die Wirtschaftsverfassung einer zweiten gesamtdeutschen Republik hätte wohl mehr sozialistische Elemente enthalten als das Wirtschaftssystem der Bundesrepublik Deutschland. Die politische Verfassung hätte dagegen mehr der westeuropäischen pluralistischen Parteiendemokratie als der »volksdemokratischen« Diktatur einer Partei entsprochen. Von einer solchen Republik kann man auch heute noch träumen[6], aber wohl nur noch träumen. Denn die in der DDR mehr erzwungene, in der Bundesrepublik mehr »naturwüchsige« Entwicklung unterschiedlicher sozialer Strukturen war nur bis zu einem Zeitpunkt, der irgendwo in den fünfziger Jahren liegt, noch leicht revidierbar. Heute wäre eine nationalstaatliche Wiedervereinigung dagegen gleichbedeutend mit einer Revolution der Gesellschaftsstruktur in der DDR und/oder der Bundesrepublik Deutschland. Da der orthodoxe marxistisch-leninistische Sozialismus in Europa seine revolutionäre Kraft ebenso verloren hat[7] wie der Liberalismus, sind solche Revolutionen schwer vorstellbar. Vor die deshalb auch zwangsläufig abstrakter werdenden Begriffe »Wiedervereinigung« und »nationale Einheit« hat sich deshalb nicht zufällig der Begriff »nationale Identität« geschoben. Er verdankt seine wachsende Beliebtheit wohl nicht zuletzt seiner Unbestimmtheit und Vieldeutigkeit.

Von Identität einer Person oder einer Gruppe von Personen kann dann gesprochen werden, wenn sie sich bestimmte Eigenschaften zurechnen und sich so von Personen oder Gruppen mit anderen Eigenschaften abgrenzen. Mit der Rede von der nationalen Identität kann also vieles gemeint sein: unpolitische oder jedenfalls politisch nicht notwendig bedeutsame Eigenschaften, welche den Deutschen ganz unabhängig von ihrer Staatsangehörigkeit oder anderen für politische Zurechnungen relevanten Merkmalen gemeinsam sind; politisch bedeutsame Gemeinsamkeiten, die sich mit dem Willen zu nationalstaatlicher Einheit verbinden; besondere Eigenschaften der Deutschen in der Bundesrepublik, die sie von den Deutschen in der DDR trennen und/oder Gemeinsamkeiten der Deutschen in der DDR, die eine Unterscheidung von »West«- und »Ostdeutschen« erlauben. Statt auf vorhandene Gemeinsamkeiten kann die Rede von der nationalen Identität jedoch auch – mit den gleichen Möglichkeiten – auf einen Verlust oder Mangel von verbindenden Eigenschaften, auf eine »gestörte Identität«, eine »deutsche Neurose«, bezogen werden. Dies geschieht in den meisten Beiträgen zum gegenwärtigen deutschen »Identitätsdiskurs«. Zwei hierfür typische Beispiele mögen dies illustrieren.

Ein im Westen Berlins lehrender Zeitgeschichtler, der zu den kundigsten Beobachtern unserer Politik und der politisch-kulturellen Strömungen in der Bundesrepublik gezählt werden kann, berichtete dieser Tage von einer Fahrt auf Luthers Spuren, die er mit seinen Studenten unternommen hat. Sie führte auch auf die Mansfelder Burg. Von dort, so schreibt er, »hat man einen herzbewegenden Blick auf das Städtchen mit seinen 5 000 Einwohnern in der Tiefe: Die kleinen Häuser drängen sich dicht um die mächtige Kirche, und hinter dem geschlossenen Ortskern beginnen wie eh und je gelbe Kornfelder, dunkle Laubwälder, in denen sandige Feldwege sich verlieren. Wir alle malen uns aus, wie Mansfeld wohl aussähe, wenn es im Westen läge. Wo sich jetzt die Wälder und Felder zum Horizont dehnen, wäre dann sicher alles voller Reihenhäuser, alles bedeckt mit Bungalowsiedlungen, monoton, flach, öde. Unser Wohlstand ist bemerkenswert, sagt einer, unser Sozialsystem vorbildlich. Aber wie steht es eigentlich um unseren Geschmack, wie mit unserer Fähigkeit, Städte zu gestalten, Ortsbilder zu erhalten? ... Alle werden nachdenklich ... versunkene Zeiten stehen auf. Volkslieder kommen in den Sinn: ›Am Brunnen vor dem Tore‹. ›In einem kühlen Grunde‹. Hier kann man das noch fühlen, noch nachempfinden. Einige summen.«

Sollte der Anblick Mansfelds bei den aus dem Westen kommenden Studenten tatsächlich die hier geschilderten Empfindungen ausgelöst haben, so wird hier ein Identitätserleben beschrieben. Mansfeld entspricht dem im Selbstbild der Deutschen, die noch vor einem Jahrhundert ein Volk von Kleinstädtern und Dörflern waren, gespeicherten Idealtyp der deutschen Kleinstadt. Auch wer niemals in Mansfeld war, kann sich schon nach wenigen Strichen das Stadtpanorama zwischen Wäldern und Feldern vorstellen. Das Staunen der Studenten angesichts der ganz unversehrten Kleinstadtidylle läßt sich deshalb auch nachempfinden. Aber was wird durch den »herzbewegenden Blick« bewegt? »Wir Westdeutschen«, so der Bericht Arnulf Barings über seine auch in nationalpädagogischer Absicht unternommene sentimentale Reise, »sind ein Volk ohne Geschichte, ohne Wurzeln«. Und: »Beim Gang durch Wittenberg diskutieren wir miteinander, was wir Heutigen von Luther lernen könnten« ... »Es komme darauf an, sagt einer,

Wurzeln, Überzeugungen zu finden, die so tief seien, daß sie standhielten gegen allen Druck – oder auch gegen die anflutende Seichtigkeit – von außen.«[8]

Geschichtslosigkeit, Wurzellosigkeit, Kulturzerstörung und Verödung durch die Wohlstandszivilisation hier, das romantische Kleinstadtidyll, das Bekenntnis zu protestantischer Innerlichkeit dort – so bemerkenswert wie diese anscheinend ganz unreflektierte Aufnahme alter Topoi ist Barings Überzeugung, er spreche von deutschen, genauer: von westdeutschen Problemen. Damit teilt er eine verbreitete Meinung. Viele der Annahmen, mit denen sie sich verbindet, hat unlängst Thomas Nipperdey in einem Vortrag über »Die deutsche Einheit in historischer Perspektive« zusammengefaßt: »Das Verhältnis der Deutschen zur Geschichte ist seit Hitler nachhaltig gestört. Die Geschichte kam auf die Anklagebank, nach 1945 zuerst und dann nach 1968; jetzt gab es für die jüngere Generation kein Erbe und keine Tradition mehr, die wie für die Älteren zustimmungsfähig waren. Die Deutschen stehen seit dem 8. Mai 1945 unter dem langen Schatten eines Hypermoralismus: Der gefährdet durch seine Polarisierung pragmatische Politik und zerstört ein mögliches relativ ausgeglichenes Verhältnis zur Geschichte... Die zustimmungsfähigen Traditionen der deutschen Geschichte sind nicht als gemeinsames Erbe anerkannt; darunter leidet die Identität. Und dann: Auch die Nach-Hitler-Tradition, die nun schon existierende Tradition Bundesrepublik steht unter dem Verdacht des Hypermoralismus. Sie habe, so heißt es – den Nationalsozialismus, den Faschismus nicht vollständig überwunden oder stehe in Traditionen, die ihn ermöglicht hätten. Die Deutschen identifizieren sich wenig mit der Bundesrepublik, sie ist kein Vaterland im emphatischen Sinn, zumal wir in den letzten 40 Jahren, geschreckt von den Übersteigerungen zuvor, keinen Sinn für Staat und Institutionen entwickelt haben... Die fehlende nationale Identität hat ihren Preis. Sie ist der Grund für die politische Labilität unserer politischen Kultur und unseres seelischen und intellektuellen Gleichgewichts, für die Krisen-, Moden- und Hysterieanfälligkeit, für die seltsame Mischung von Unbehagen, Weltangst, Welttrauer einerseits und realem Wohlergehen, relativem Glück andererseits, für die fast einmalige Verschärfung des Generationskonflikts und die Radikalität des Wertewandels (im Vergleich zu anderen Gesellschaften des Westens), für die moralistischen Absolutheitsansprüche, für die Erosion des demokratischen Grundkonsens: Es gibt keine Tradition und keine Gründungsväter, auf die alle – wie auf 1776, 1789, 1830 – zurückgreifen, über Konflikte und Generationen hinweg.«[9]

Baring und seine Studenten widmen sich einer in westlichen Gesellschaften seit den siebziger Jahren beliebten Beschäftigung: der Spurensuche. Sie folgen Luthers Wegen. Daß sie sich dabei in der DDR bewegen, scheinen sie kaum wahrzunehmen. Sie bleiben als Westdeutsche ganz unter und bei sich. So gemahnt sie der Anblick von Mansfeld an die monotone Öde der Reihen- und Bungalowsiedlungen, in denen die studierenden Kinder der westdeutschen Mittelschicht aufgewachsen sind. Fragen nach den Wohnverhältnissen unter den alten Kleinstadtdächern kommen ihnen nicht in den Sinn. Auch die Betonwüsten des DDR-Städtebaus, in denen sich noch die gestaltlosesten westdeutschen Reihenhaussiedlungen wie Oasen ausnehmen würden, scheinen sie nicht zu kennen, obwohl der Weg dorthin von West-Berlin nicht weit ist. Aber welchen Grund sollten dort weilende Westdeutsche auch haben, statt zum Alexanderplatz nach Marzahn zu fahren? Die Suche nach historischen Spuren und Wurzeln ist allemal reizvoller als das Studium der Lebensverhältnisse in der DDR, und das Räsonieren über die Geschichts- und Geschmacklosigkeit der Westdeutschen ist zeitgemäßer als ein nüchterner Blick auf die Moderne à la DDR, etwa auf die Landschaftszerstörung durch die Landwirtschaftlichen Produktionsgenossenschaften. Denn Wurzeln lassen sich dort nicht finden. Das Mittelalter jedoch, so der derzeit viel gelesene französische Mediävist Jacques Le Goff, lasse uns »am besten unsere Wurzeln und unsere Entwurzelung, unsere verschreckte Modernität und unsere Bedürfnisse fassen«. Es ist die »Hauptvergangenheit, in der unsere kollektive Identität, nach der die gegenwärtigen Gesellschaften so angsterfüllt auf der Suche sind, gewisse wesentliche Charakterzüge angenommen hat«[10]. Baring hätte dies als Motto über seinen Reisebericht setzen können. Allerdings hält Le Goff, was Baring als ein besonderes westdeutsches Problem beschreibt, für ein Problem moderner Gesellschaften.

Wie Baring und viele andere beklagt auch Nipperdey den »Verlust der Geschichte« und den Mangel an nationaler Identität. Und obwohl er von *den* Deutschen spricht, meint auch er die Deutschen in der Bundesrepublik. Für sorgenvolle Betrachtungen ihrer »politischen Kultur« gibt es sicher manchen Anlaß. Aber wird in der so häufigen Rede von der Geschichts- und Traditionslosigkeit, von der gestörten Identität und vom fehlenden Patriotismus, vom Moralismus und der Krisenanfälligkeit nicht jenes innere Unbehagen gepflegt, das zugleich beklagt wird? Und sind all diese so häufig geäußerten Sorgen als Sorgen um eine besondere psychische Verfassung der Westdeutschen und um spezifische Defizite ihrer politischen Kultur denn durchweg gut begründet? Gewiß: Wir kennen kein Datum, das mit 1776 oder 1789 vergleichbar wäre, und auch keine Gründungsväter. Dies ist jedoch nicht ungewöhnlich. Nur wenige Nationen haben mit Revolutionen Weltgeschichte gemacht. Die Nachfolger der 1776 entstandenen *first new nation* und Frankreichs, der Modellnation der modernen revolutionären oder quasi-revolutionären Nationalstaatsbildung, konnten nur Nachahmer sein. Nachahmungen werden in der Moderne aber geringer geschätzt als Originale. Vielleicht ist weniger das Fehlen eines Datums wie 1776 oder 1789 als das Bedürfnis nach einem solchen Datum ein deutsches Problem. Man mißt sich an Frankreich, an den Vereinigten Staaten, in anderer Hinsicht auch an England und übersieht, daß Deutschland in den zwei Jahrhunderten, in denen die moderne Welt ihre Gestalt gewann, kein sie bestimmendes politisches Datum setzen und kein Imperium, kein Reich, keine kontinentale Vormachtstellung begründen konnte. Als dies alles dann doch versucht wurde, war die Katastrophe unvermeidlich.

Ohne Zweifel hat die selbstzerstörerische pseudorevolutionäre Hegemonialpolitik der Nationalsozialisten Traditionsstränge zerrissen. Zu ihren Folgen zählt auch eine Stigmatisierung von Traditionen, die, hätten sie die Nationalsozialisten nicht für ihre Ziele manipuliert, »zustimmungsfähig« oder zumindest tolerierbar wären. Von der Frage, ob eher solche Traditionen, also auch nationale Eigenschaften, oder eher eine einzigartige historische Konstellation die nationalsozialistische Politik ermöglicht haben, werden wir noch lange nicht loskommen. Der »Historikerstreit« hat dies unlängst wieder gezeigt. Man gerät aber in ein gefährliches Fahrwasser, wenn man die dadurch bedingten Schwierigkeiten im Umgang mit Traditionen und mit nationalen oder antinationalen Identifikationen mit Problemen vieler fortgeschrittener Gesellschaften vermengt, also die Daten 1945 und 1968 auf eine Linie bringt. Ebenso fragwürdig wie die Verbindung dieser beiden Daten sind Problemstellungen, die suggerieren, das Problem der nationalen Identität sei nur ein Folgeproblem der nationalsozialistischen Politik oder gar der »Politik der Sieger«[11] und nicht auch eine der Bedingungen des Nationalsozialismus.

Das Datum 1968 steht für Studentenrevolte, Renaissance eines antiliberalen Marxismus, Reideologisierung und radikale Gesellschaftskritik, kurz: Gefährdungen der liberalen Demokratie. All dies ist mittlerweile aber schon Geschichte. Bei einer nicht auf die Denk- und Verhaltensweisen der Studentenbewegung fixierten Betrachtung der sechziger Jahre zeigt sich, daß sie nur eine unter anderen Erscheinungsformen eines sich ungemein beschleunigenden soziokulturellen Wandels war. Er läßt sich dadurch kennzeichnen, daß überkommene vormoderne Autoritätsstrukturen und Statusungleichheiten samt der sie stützenden Institutionen unter einen Modernisierungsdruck gerieten. Dies zeigte sich schon zu Beginn der sechziger Jahre in Veränderungen des Bildungsverhaltens, der Erziehungsnormen und Autoritätsbeziehungen in der Familie, in Emanzipationsbestrebungen von Jugendlichen und Frauen sowie einer sich beschleunigenden Säkularisierung. Viele dieser Wandlungen ließen sich in allen westlichen Gesellschaften beobachten. Auch die Studentenbewegung, die alle diese Wandlungstendenzen aufgenommen, radikalisiert und politisiert hat, war bekanntlich eine Bewegung, die sich zunächst in den USA und dann in nahezu allen anderen westlichen Gesellschaften formiert hat. Beim Rückblick auf »1968« muß deshalb zwischen dem ohnehin fortschreitenden soziokulturellen Wandel und Manifestationen des Jugend- und Studentenprotestes unterschieden werden. Der durch Demokratisierungs-, Liberalisierungs-, Egalisierungs- und Säkularisierungsprozesse charakterisierte soziokulturelle Wandel setzte vor dem Entstehen der Studentenbewegung ein, und er hat sie überdauert. Er wurde durch sie nur beschleunigt. Dagegen blieben die Studentenbewegung, ihre Radikalismen und Marxismen zeitgebundene Erscheinungen.

Richtet man das Augenmerk deshalb weniger auf die Studentenbewegung als auf den soziokulturellen Wandel, so ist festzustellen, daß er zu einer »Verwestlichung« sozialer Beziehungsformen und der politischen Kultur der westdeutschen

Gesellschaft geführt hat. Die zunächst eher strukturelle als kulturelle Westintegration ist damit so weit fortgeschritten, daß eine Entgegensetzung von deutscher »Kultur« und westlicher »Zivilisation« nur noch schwer vorstellbar ist. Das kann man zwar im Interesse an einem sich gegen den liberalen Westen abgrenzenden nationalen Selbstverständnis, aber nicht in dem von Nipperdey geteilten Interesse an einer politischen und kulturellen Einbindung der Bundesrepublik Deutschland in den Westen beklagen.

Modernisierungsprozesse sind notwendig mit der Negation ihnen entgegenstehender Traditionen und der Hochschätzung des angestrebten Fortschritts verbunden. Die politischen Orientierungen richten sich auf die Zukunft und gegen die in Traditionen gegenwärtige Vergangenheit. Von den drei der Identitätsbestimmung dienenden Fragen: Wer sind wir? Woher kommen wir? Wohin gehen wir? verlieren die beiden ersten an Bedeutung, wenn die dritte in der Erwartung weitreichender Fortschritte beantwortet wird. Nach Phasen eines raschen Wandels von sozialen Beziehungsgefügen, Lebensbedingungen und -formen, Denk-, Gefühls- und Verhaltensweisen drängen sich die beiden anderen Fragen aber schon deshalb wieder auf, weil Personen und Gruppen, die durch Wandlungen hindurchgegangen sind, ihr Selbstbild und -verständnis neu bestimmen müssen. Dies kann nur im Hinblick auf Gegenwart *und* Vergangenheit gelingen. Dem Modernisierungsschub der sechziger Jahre ist deshalb in vielen westlichen Gesellschaften nicht zufällig eine Rückbesinnung auf die Geschichte gefolgt.

Von einem »Verlust der Geschichte« kann jedenfalls heute nicht mehr die Rede sein. Kommunen, Schulen, Vereine, Verbände, Parteien, Firmen lassen kein Jahresdatum, das Anlaß zur Rückschau gibt, ohne Publikation eines Werks über ihre Geschichte verstreichen. In Geschichtswerkstätten werden allerorten Zeugnisse der Vergangenheit gesammelt und noch lebende Zeugen befragt. Landauf, landab werden historische Bauten restauriert und herausgeputzt. Verleger müssen die Investitionen für aufwendige Werke zur Geschichte nicht scheuen, und Politiker suchen zu demonstrieren, daß sie über ein Geschichtsbewußtsein verfügen und dessen Verbreitung für eine bedeutsame Aufgabe halten. Es mutet deshalb seltsam an, wenn Historiker immer noch von einem gestörten Verhältnis zur Geschichte und vom Verlust eines gemeinsamen Erbes und zustimmungsfähiger Traditionen sprechen. Auf Ebenen unterhalb der Nationalgeschichte mangelt es daran offenkundig nicht oder jedenfalls nicht mehr. Schon die Studentenbewegung hat die Geschichte ja nicht schlicht auf die Anklagebank gesetzt und sich dann von ihr abgewandt. Die Theoriegeschichte des Marxismus sowie die Geschichte der sozialistischen Parteien und Bewegungen sowie der Weimarer Linken wurden nicht selten gründlich studiert.

Freilich gilt, daß die Nationalstaatsgeschichte weniger denn je als ein positives gemeinsames Erbe anerkannt wird. Die Gründe hierfür sind aber nicht so sehr bei den Nachgeborenen als in dieser Geschichte selbst, zumal in ihren letzten dreißig Jahren, zu suchen. Ein ausgeglichenes Verhältnis zur Geschichte, zustimmungsfähige Traditionen, eine pragmatische Politik sind wohl wünschenswert. Der

Wunsch danach verbindet sich indes häufig mit der Überzeugung, im Unterschied zu anderen Ländern und zum deutschen Nationalstaat mangele es der Bundesrepublik an alledem. Obwohl nicht zu verkennen ist, daß das Verhältnis zur Nationalgeschichte und ihren Traditionen problemgeladen ist, werden bei einer auf die »unbewältigte« oder einseitig - weil »hypermoralisch« - bewältigten Vergangenheit und auf die Bundesrepublik verengten Betrachtungsweise doch die Proportionen verzerrt. Das Kaiserreich hat sich durch höchst künstliche Projektionen in ein Verhältnis zur Geschichte gesetzt[12]; sein Bestand an trag- und zustimmungsfähigen Traditionen war, wie sich in der Kulturkrise um die Jahrhundertwende gezeigt hat, dürftig. Als die Weimarer Republik gegründet wurde, befand sich die deutsche Gesellschaft in einem Zustand politisch-kultureller Anomie; ihn zu überwinden, ist den republikanischen Kräften nicht gelungen. Daß die Nationalsozialisten sich bedenkenlos manipulierter und von Wahnvorstellungen durchzogener Geschichtsdeutungen bedienten, muß nicht erläutert werden.

Starken Kräften in der Gesellschaft des Nationalstaats und seinen politischen Eliten war jedenfalls in unserem Jahrhundert nicht an einer pragmatischen, sondern an einer die Grenzen des Möglichen sprengenden Politik gelegen. Aber auch den anderen großen Nationen auf dem europäischen Festland kann im Rückblick auf die erste Hälfte unseres Jahrhunderts schwerlich politischer Pragmatismus attestiert werden. Moderat und konsensstiftend war das Verhältnis zur Geschichte weder in dem innerlich gespaltenen und politisch instabilen Frankreich noch in Spanien und Italien oder Polen und Rußland. Der Wunsch nach einer solchen Beziehung zur Geschichte verweist auf ein Ideal, nicht auf einen Normalzustand. Selbst in den USA, die trotz ihrer einzigartigen Lage und politisch-kulturellen Tradition oft zum Maßstab genommen werden, ist das Verhältnis zur Geschichte und den nationalen Traditionen nicht ungestört. Die Wunden des Bürgerkriegs im vergangenen Jahrhundert sind lange nicht verheilt. Und die Klagen, welche in der neokonservativen Literatur seit den siebziger Jahren in den USA angestimmt werden, gleichen in vielem jenen Klagen, die hierzulande zu hören sind, wenn die Rede auf die Traditionen und das Geschichtsverständnis kommt[13].

Die Rede von der Geschichtslosigkeit und dem Fehlen nationaler Identität bleibt so den Denk- und Argumentationsmustern einer Kulturkritik verhaftet, die ein zeitlich, sozial und inhaltlich unbestimmtes Ideal zur Norm erklärt und suggeriert, daß es an all dem, was hiernach schon normalerweise zu erwarten sei, mangele. Für solche Defizitbehauptungen eignet sich der Begriff der nationalen Identität besonders gut, denn er ist inhaltsleer. Er verweist nur auf ein Bezugsfeld mentaler Orientierungen. Wie das Bezugsfeld Nation abzugrenzen ist und wie die Identifikationen mit der Nation beschaffen sein sollten, bleibt offen. In einem Handbuch der deutschen Nation wird eine großdeutsche nationale Identität beschworen, die die Österreicher und die noch in Osteuropa lebenden Deutschen einschließt[14]. Der Herausgeber dieses Handbuchs meint hingegen, die Deutschen in der Bundesrepublik und der DDR müßten sich ihre nationale Identität und den »nationalen Imperativ« bewußt machen, unter dem sie stehen. Nicht wenige Beiträge zur Diskussion über die nationale Identität sind dagegen nur auf die Bundesrepublik Deutschland bezogen. Sieht man von vereinzelten Versuchen einer nicht von Krisen-, Verfalls- oder gar Untergangsstimmungen beherrschten Erörterung der Identitätsfrage ab[15], so verbindet das viele Reden von der nationalen Identität nur die kulturkritische, gegen die Entwicklung der Bundesrepublik seit den sechziger Jahren gerichtete Tendenz. Durch identitätsstiftende Geschichten sollen Folgen von Modernisierungsschüben kompensiert werden, bevor sie zu einer Gefahr für »pragmatische« Politik werden[16]. Ein voluntaristischer Neonationalismus soll »die massenhaft demonstrierten Ängste der ›Friedensbewegung‹, die Verwilderung der politischen Kultur, die wütenden Angriffe auf den Rechtsstaat, den Legitimitätsschwund der bürgerlichen Politik bei den Aussteigern, Verweigerern und Gleichgültigen, die Schwierigkeiten, Verteidigungsbereitschaft aufrechtzuerhalten« überwinden[17]. Ein bundesrepublikanischer Patriotismus soll jugendlichen Emanzipationsbewegungen entgegenwirken und die Integration der Heranwachsenden in Staat und Gesellschaft fördern. Daß die nationale Identität sich als Kampf- oder Kompensationsmittel eigne, scheint dabei außer Frage zu stehen[18].

IV.

Chancen einer nationalstaatlichen Wiedervereinigung sind nicht zu erkennen. Wie die in der Bundesrepublik Deutschland gelegentlich geäußerte Befürchtung, die DDR könne zu einem »Piemont« einer sozialistisch-nationalen Einigungsbewegung werden, ist die dort aus ideologischen Gründen gehegte Hoffnung auf eine sozialistische Umgestaltung der Bundesrepublik Deutschland durch deren »Werktätige«[19] wirklichkeitsfremd. Für die Mehrheit der Deutschen in Ost und West wäre ein gemeinsamer Staat nur attraktiv, wenn er die bürgerlichen Freiheiten garantieren würde und wenn sie zusammen am Wohlstand des »kapitalistischen« Westeuropa teilhaben könnten. Eine westorientierte Wiedervereinigung würde nun aber voraussetzen, daß sich die Sowjetunion aus Mitteleuropa zurückzieht. Zusammen mit den kommunistischen Parteien, die in Mitteleuropa ihre Macht über Staat und Gesellschaft der sowjetischen Hegemonie verdanken, müßte sie bereit sein, deren Machtverlust hinzunehmen. Wer glaubt, damit könne man rechnen, weil sich das deutsche Interesse an einer Wiedervereinigung mit »objektiven« Interessen der Sowjetunion decke[20], verwechselt Wunsch und Wirklichkeit.

Eine große Mehrheit in der Bundesrepublik Deutschland – und wohl auch in der DDR – denkt realistischer. Wie Meinungsumfragen immer wieder ergeben, ist der Wunsch nach einer Wiedervereinigung ebensoweit verbreitet wie die Überzeugung, daß sie in absehbarer Zeit nicht zu verwirklichen ist[21]. Die Diskrepanz zwischen der Einsicht, daß sich die politische Teilung immer mehr verfestigt hat, und dem gleichwohl aufrechterhaltenen Wunsch nach Wiedervereinigung zeitigt allerdings Probleme, die im politischen Alltag[22] kaum, in der nationalpolitisch-nationalpädagogischen Diskussion aber um so deutlicher hervortreten. Wie die

Unterrichtsempfehlungen zur Behandlung der Deutschen Frage zeigen, läßt sich die Begründung des Wiedervereinigungspostulats zwar durch eine vornehmlich legalistische Rechtfertigung und durch eine ahistorische Idealisierung der nationalsaatlichen Einheit gegen deren historische und realpolitische Relativierung immunisieren. Es wird damit jedoch politisch steril; man kann es interessen- und folgenlos beschwören. Weil sich keine Möglichkeiten einer auf die nationalstaatliche Wiedervereinigung in Frieden und Freiheit ausgerichteten praktischen Politik abzeichnen, wird in der nationalpolitischen und -pädagogischen Diskussion der letzten Jahre lieber von nationaler Identität als von Wiedervereinigung und von nationaler Einheit gesprochen[23]. Da der Begriff der Nation mehrdeutig und der Begriff der kollektiven Identität inhaltsleer ist, können die Vorstellungen von wünschenswerten »nationalen« Identifikationen zeitlich, sozial und sachlich beträchtlich variiert werden. Im Wunsch nach nationaler Identität können sich viele einig sein, obwohl sie nicht dasselbe meinen. Wie die angeführten Beispiele belegen, geht es in der Diskussion um die nationale Identität häufig gar nicht um die Nation, sondern um Probleme der Bundesrepublik Deutschland und anderer westlicher Gesellschaften. Der Begriff erlaubt zudem die Umdeutung eines Problems der Staats- und Staatenordnung in ein sozialpsychologisches und kulturpolitisches Problem.

Dies wäre nicht bedenklich, wenn damit nicht verbreitete Mißverständnisse und Orientierungsprobleme vermehrt würden. In der Diskussion über die nationale Identität werden normative Erwartungen und deskriptive Aussagen noch stärker vermengt als in den traditionellen Begründungen des Wiedervereinigungspostulats; zumal die verschiedenen Begriffe der Nation werden ineinandergeschoben oder jedenfalls nicht getrennt. So lautet ein für die nationalpolitische Identitätsdiskussion typisches Argument: »Nationen als solche sind im heutigen Europa über alle Systemgrenzen hinweg offensichtlich existentiell notwendig, weil individuelle Identität noch nicht ohne nationale Identität möglich ist. Die politische Idee einer Gesellschaft ist nach wie vor die Idee der Nation.«[24] Träfe dies zu, wäre die Nation die Bedingung der Möglichkeit individueller Identität und die reale wie ideale Norm politischer Vergesellschaftung; so verstanden wäre die Forderung nach international-staatlicher Wiedervereinigung zwingend. Trifft dies aber wirklich zu?

Daß die individuelle Identität nicht ohne nationale Identität möglich ist, läßt sich kaum bestreiten. Die Menschheit gliedert sich in eine Vielzahl soziokultureller Einheiten. In ihnen entwickeln sich die Menschen zu Personen, werden sie »sozialisiert«. Was seit Herder als Kulturnation begriffen wird, ist freilich nur eine unter anderen soziokulturellen Formationen. Sie hat sich in Europa in den letzten Jahrhunderten ausgebildet und wurde dort im 19. Jahrhundert dominant. Gekennzeichnet ist die Kulturnation durch eine Gemeinsamkeit von Lebensformen, Denk-, Gefühls- und Verhaltensweisen, die sich volkskulturell beispielsweise in Mythen, Riten, Erzählungen und Liedern, hochkulturell in individuellen Werken der Dichtung, der bildenden Künste, der Geschichtsschreibung oder der

Philosophie symbolisch repräsentieren, wobei Volks- und Hochkultur sich zumindest teilweise wechselseitig durchdringen. Von vormodernen soziokulturellen Einheiten unterscheiden sich Kulturnationen vor allem durch die Ausdifferenzierung zahlreicher kulturbildender Institutionen (Schule, Universitäten, Verlage, Theater, »autonome« Künstler und Intellektuelle, Gesangs- und andere Kulturvereine), eine zunehmende Durchlässigkeit der kulturellen Schichtung und die Verbreitung der Schriftsprache als Kommunikationsmedium. So entsteht eine nationalkulturelle Öffentlichkeit, ein Kommunikationssystem mit einer sich verdichtenden Binnenkommunikation. Obwohl Nationalkulturen Kulturelemente höchst unterschiedlicher Herkunft enthalten und synthetisieren, kann unter diesen Bedingungen ein nationales Sonder- und Einheitsbewußtsein entstehen, das auch politische Einigungs- und/oder Verselbständigungsbewegungen stimuliert und trägt.

Wo dies geschehen ist, also zumal in Mittel- und Südosteuropa, mag es scheinen, als seien Nationalkulturen und Nationalstaaten Schöpfungen der Völker und ihres »Volksgeistes«. Zwischen der kulturellen und der staatlich-politischen Einheit Nation, zwischen Kulturvolk und Staatsvolk, kultureller und politischer Identität muß aber scharf unterschieden werden[25], denn der Staat wird durch die Monopolisierung der Gewalt über ein Territorium und über die darauf lebenden Menschen konstituiert. Deren kulturelle Gemeinsamkeiten können zur politischen Integration und zur Legitimation des Staates beitragen. Dieser beruht indes nicht darauf, sondern auf einer Verwaltungs- und Rechtsordnung und auf deren Absicherung durch die ihm eigene Sanktionsgewalt. So können staatliche Regelungen des Verhaltens zwar kulturellen Regelungen entsprechen, aber wie die Form von Normen der Sitte und des Rechts differieren auch die Bedingungen ihrer Geltung. Zu den staatlichen Regelungen zählt auch die der Staatsangehörigkeit; sie verlangt nach einer sozialen *und* territorialen Abgrenzung des Staatsvolks. Die kulturellen Einheiten hingegen sind oft nur sozial abgrenzbar, weil auf dem gleichen Siedlungsgebiet Angehörige kulturell unterschiedlicher Gruppen wohnen. Der von einer Nation getragene Staat mit einer kulturell homogenen Bevölkerung ist deshalb in der modernen Staatenwelt eine Ausnahmeerscheinung. Hinzu kommt, daß die Staatsgrenzen primär durch machtpolitische Interessen und Auseinandersetzungen bestimmt sind. Nicht wenige Staaten sind sehr viel kleiner oder ungleich größer als die soziokulturellen Einheiten; einige Staaten umfassen mehrere Kulturnationen, andere Teile von verschiedenen Kulturnationen, und schließlich leben auf dem Gebiet der meisten Staaten kulturelle Minderheiten.

Obwohl schon fast jede Tageszeitung Anschauungsmaterial zu den Divergenzen von Staaten und soziokulturellen Einheiten bietet, wird das Problem der deutschen Einheit immer wieder so behandelt, als sei die Deckung von kultureller und politischer Einheit selbstverständlich. Weil der Personalausweis als Ausweis der Staatsangehörigkeit in Frankreich als *carte d'identité* in den angelsächsischen Ländern als *identity card* bezeichnet wird, werden anhand der Daten von Personalausweisen tiefsinnige Überlegungen zur individuellen und nationalen Identität angestellt[26]. Die Staatsangehörigkeit hat mit dem, was dabei unter Identität verstanden wird, aber nicht selten wenig zu tun. Man kann nach der in der Bundesrepublik geltenden Regelung der deutschen Staatsbürgerschaft Deutscher sein, ohne je ein Wort Deutsch gesprochen zu haben[27]. Wer unter der Territorialhoheit der Vereinigten Staaten geboren ist, kann die amerikanische *identity card* erlangen, Amerikaner mit einer amerikanischen »Identität« wird man damit noch nicht. Daß sich die individuelle Identität in der nationalen Identität bildet, gilt also nur oder primär für die Kultureinheit Nation. Andernfalls fehlten allen Angehörigen von kulturellen Minderheiten und multikulturellen Staaten die Identität. Daß Kinder in der Bundesrepublik und in der DDR gleiche Vornamen tragen und gleiche Spiele spielen[28], ist mithin für die nationalstaatliche Einheit ebenso belanglos wie die Antwort von Westdeutschen auf die Frage eines Meinungsforschungsinstituts, ob sie sich gerne mit Deutschen aus der DDR unterhalten würden, wenn sie diesen an einem Urlaubsort begegneten[29]. Politisch relevant werden kulturelle Gemeinsamkeiten erst dort, wo ihnen auch eine politische Bedeutung zugemessen wird. Dies geschieht, wenn auch ziemlich unbedacht, in den Unterrichtsempfehlungen zur Behandlung der deutschen Frage. Die »Einheit der deutschen Kultur«, von der dort gesprochen wird, ist allem Anschein nach durch die Grenzen des deutschen Reiches im Jahre 1937 definiert. *Sigmund* Freud und *Max* Frisch wären demnach dieser Einheit nicht zuzurechnen. Und Schillers Wilhelm Tell wäre kein deutsches, sondern ein österreich-schweizerisches Schauspiel.

Ein solcher Unsinn kann dort gedeihen, wo die politische »Idee der Nation« ihrer Problematik entkleidet und so verstanden wird, als sei die Nation eine durch kulturelle Eigenschaften klar abgrenzbare Einheit. In der Gestalt, welche die politische Idee der Nation als Legitimationsidee des modernen Staates[30] in der französischen Revolution angenommen hat, ist sie sehr viel abstrakter durch kollektive Identität, Souveränität und Willenseinheit bestimmt:

1. Die Nation ist ein kollektives Ganzes. Die Individuen sind Teile dieses Ganzen. Sie können ihre Identität nur in ihm und durch es gewinnen. Die individuelle Freiheit verwirklicht sich »als Pflicht und Dienst am Allgemeinen«, sprich: der Nation.

2. Die Nation ist politisch souverän. Es gibt kein sie bindendes Legitimationsprinzip des Staates und seiner Ordnung.

3. Die Nation ist unteilbar, ihr Wille allgemein: Andere soziale und politische Bindungen verlieren ihr gegenüber ihr Recht und ihre Legitimation ebenso wie »partikulare« politische Willensbestrebungen.

Die Idee der Nation zielt also auf eine Identität von Bürgern, Volk und Staat, Gemeinwille und Gesetzgebung. Dieser religiös und politisch-theologisch[31] fundierten Identitätsvorstellung verdankt sie ihre Attraktivität und Durchschlagskraft. Alle aus dem »Volk« gekommenen und zur Macht gelangten Träger staatlicher Herrschaft können sich durch sie ebenso legitimieren wie gegen bestehende Herrschaftsverhältnisse gerichtete Bewegungen. Weil der Gemeinwille, die *volonté générale,* eine Fiktion ist, kann jede »Volksherrschaft« vorgeben, sie handle im Namen des Volkes und vollstrecke dessen Willen. Andererseits läßt sich jede bestehende politisch-staatliche Ordnung durch das Identitätsprinzip in Frage stellen, weil es unter modernen politisch-gesellschaftlichen Bedingungen gar nicht eingelöst werden kann. Die Idee der Nation wird mithin sowohl etatistisch-autoritär als auch demokratisch-plebiszitär eingekleidet und eingesetzt.

Sie kann zudem mit den verschiedensten Interessen verbunden, von ganz unterschiedlichen Trägergruppen forciert und mit nahezu jeder Konkretisierung der Vorstellung von einer kollektiven Identität gefüllt werden, die eine Massenmobilisierung und Massensolidarisierung ermöglicht. Der Nationalismus manifestiert sich in nationalreligiösen, nationalkulturellen, völkischen, rassischen, klassennationalen, antiimperialistischen und anderen Ausformungen. Im deutschen Nationalismus der zwanziger Jahre waren beispielsweise nahezu alle dieser Varianten vertreten. Daher müssen Versuche, den politischen Begriff der Nation durch bestimmte kollektive Eigenschaften und den Nationalismus durch eine materiale Idee der Nation zu definieren, mißlingen oder oberflächlich und vieldeutig bleiben[32].

Dennoch läßt sich zumindest soviel feststellen:

Erstens: Die Idee der Nation ist als Legitimationsidee des modernen Staates zwar da und dort und zeitweise mit der Idee vorstaatlicher Bürger- und Menschenrechte und mit Vorstellungen von einer politischen Ordnung verknüpft worden, die einer Sicherung dieser Rechte dienen soll. Zwischen der Idee der Nation und der Idee der »negativen« Freiheit des Individuums von totalitären kollektiv-staatlichen Ansprüchen besteht indes kein systematischer Zusammenhang. Die Unterscheidung zwischen einem gemäßigten, demokratisch-liberalen Risorgimento-Nationalismus und einem radikal-antiliberalen, »integralen« Nationalismus ist nur als historische, nicht als systematische Unterscheidung sinnvoll. Das Jahrhundert des Nationalismus hat denn auch fast nur autoritäre und totalitäre Staaten hervorgebracht, in denen die Menschen- und Bürgerrechte wenig gelten. So lassen sich mit der Idee der Nation sowohl die Eigenstaatlichkeit der DDR als einer Klassennation des »vierten Standes« – sprich: der Arbeiter und Bauern – als auch die Wiederherstellung der nationalstaatlichen Einheit legitimieren. Die Forderung nach einer freiheitlich-demokratischen Verfassung des Nationalstaats findet in ihr hingegen keinen festen Halt.

Zweitens: Die Mehrdeutigkeit des Nationbegriffs zeigt sich beispielsweise in den Vereinten Nationen, wo politisch und gesellschaftlich höchst verschiedene Einheiten vertreten sind und gleich behandelt werden wollen. Gemeinsam haben sie nur ihre Staatlichkeit, die zumeist durch die nationale Idee legitimiert wird. Praktisch hat sich seit dem 19. Jahrhundert nicht das Prinzip der Selbstbestimmung von Nationen, sondern der moderne Territorialstaat mit seinem nach Innen und Außen gerichteten Souveränitätsanspruch durchgesetzt. In erster Linie wird die

Nationalität durch ihn, also durch die Staatsgewalt definiert. Die Meinung, es verhalte sich umgekehrt, die modernen Territorialstaaten seien Schöpfungen politisch-kulturell geeinter Völker und würden von ihnen getragen, ist einer spezifischen Ausprägung der nationalen Ideologie und der für die moderne Staatsbildung keineswegs typischen Geschichte einiger europäischer Nationalstaaten verhaftet. Das zur Rechtfertigung des Wiedervereinigungspostulats häufig angeführte Argument, in einer Welt, in der sich das »nationale Prinzip« durchgesetzt habe, dürfe man den Deutschen die nationale Selbstbestimmung nicht verweigern, geht an diesen Gegebenheiten vorbei. Auch das Deutsche Reich war ja weniger ein Ergebnis der deutschen Nationalbewegung als der preußischen Staatspolitik. An nationaler Selbstbestimmung können nur wenige der heute bestehenden Staaten wirklich interessiert sein. Ihr Hauptinteresse muß vielmehr dem Erhalt der bestehenden Grenzen und der Anerkennung ihrer Souveränität gelten. Darauf kann auch die DDR bauen.

Drittens: Die nationalstaatliche Ordnung Europas ist mißlungen. Sie konnte auch kaum gelingen. Denn zum einen war die Idee der nationalen Selbstbestimmung mit der territorial-staatlichen Ordnung unvereinbar. Und zum anderen ließen sich die Ungleichgewichte und Spannungen zwischen den Nationalstaaten nicht aufheben. Nachdem die Versuche, Deutschland in eine mitteleuropäische Hegemonialstellung zu bringen, in zwei Weltkriege geführt haben, kann zumindest außerhalb Deutschlands nirgendwo mit einem Interesse an der Wiederherstellung eines starken und souveränen Nationalstaats, auch nicht eines freiheitlich-demokratisch verfaßten Nationalstaats traditionellen Zuschnitts, gerechnet werden[33].

Daraus folgt nun nicht, daß die deutsche Teilung, das heißt auch: die DDR, ganz und gar anerkannt werden müßten. Wie die Bemühungen um die Wiederbelebung eines starken nationalpolitischen, wenn nicht gar dezidiert nationalistischen Einheitsbewußtseins gehen in jüngster Zeit häufig geäußerte Vorstellungen, die auf eine Österreich-Lösung der Deutschen Frage hinauslaufen, von macht- und kulturpolitisch wirklichkeitsfremden Voraussetzungen aus. Die Neutralität wäre für die DDR systemgefährdend. Daß sie ihren Bürgern nur einen geringen politischen Freiheitsspielraum gewährt, ist in hohem Maße systembedingt und allenfalls in einem ganz geringen Maße eine Folge des Ost-West-Konflikts und der Deutschlandpolitik der Bundesrepublik. Schließlich können die Bundesrepublik und die DDR im Gegensatz zu Österreich auch nicht an eine eigene, weit hinter die Nachkriegszeit zurückreichende Geschichte und eigene kulturelle Traditionen anknüpfen. Sie sind auf die 74 Jahre gemeinsamer deutscher Nationalgeschichte verwiesen, weil sich in diesen 74 Jahren noch stark agrarisch-handwerklich wirtschaftende Gesellschaften mit einem kleinstädtischen Bürgertum in eine der modernsten Industriegesellschaften und ein Bund von Fürstentümern in einen modernen Staat verwandelt haben, in dem alle kulturellen und politisch-ideologischen Strömungen der Moderne virulent wurden. Beide Staaten setzen je auf ihre Weise die moderne deutsche Staats-, Wirtschafts-, Sozial- und Kulturgeschichte fort und bleiben dadurch geprägt. Versuche, ein wirklich eigenständiges Nationalbewußtsein der Bundesdeutschen zu schaffen, müßten aus diesem Grunde ebenso künstlich bleiben[34] wie die Kreation der Klassennation in der DDR.

Zur Klärung des Verhältnisses von Staat und Nation besteht kulturpolitisch und pädagogisch also mehr Anlaß als zur vieldeutigen Rede über den Mangel an nationaler Identität. Durch nationalpädagogische Identifikationsangebote lassen sich die Brüche in der deutschen Geschichte nicht heilen und Kulturkrisen moderner Gesellschaften nur zum Schein bewältigen. Wie in der Vergangenheit wird die Bundesrepublik auch in der Zukunft historische Bürden tragen müssen – und wahrscheinlich auch können –, also nicht zu einem unproblematischen nationalen oder quasi-nationalen Selbstverständnis finden. Um so wichtiger sind[35]

- Bemühungen um ein nicht nationalpädagogisch und ideologisch verkürztes und verengtes Veständnis der Geschichte, zumal der Geschichte des deutschen Nationalstaats,
- die ideengeschichtliche und -politische Differenzierung zwischen der nationalen Idee und den Verfassungsprinzipien der konstitutionellen parlamentarischen Demokratie,
- eine real- und ideenpolitisch durchdachte Abwägung der Werte, Frieden, Freiheit und nationale Einheit und die Einsicht, daß die Legitimation des Staates heute mehr denn je von einer gerechten und weitsichtigen Sozialpolitik abhängt,
- alle Überlegungen zu der Frage, wie Europa seine nationalkulturelle Vielfalt wahren und ohne Aufgabe staatlicher Autonomien zu einer supra-nationalen Ordnung finden kann.

Anmerkungen

1 Vor allem: Jürgen C. Heß, Westdeutsche Suche nach nationaler Identität, in: Neue Politische Literatur, Beiheft 3, Die Deutsche Frage in der Weltpolitik, Stuttgart 1986, S. 9–50.

2 Sekretariat der Ständigen Konferenz der Kultusminister, Die deutsche Frage im Unterricht, Neuwied 1979; vgl. dazu auch meinen Beitrag: Politische Sozialisation und nationale Identität, in: Verfassung und Geschichte der Bundesrepublik Deutschland im Unterricht (Schriftenreihe der Bundeszentrale für politische Bildung, Bd. 161), Bonn 1980, S. 243–265.

3 Die Empfehlungen verweisen ganz kurz auf die Reichsgründung und betonen, die Nachkriegsgeschichte müsse auch vor dem Hintergrund der nationalsozialistischen Politik verstanden werden. Die Vermutung, daß die Nationalstaatsgeschichte zwischen 1871 und 1933 ausgeblendet wird, weil so eine historische Problematisierung des Nationalstaats- und Wiedervereinigungsideals vermieden werden kann, liegt nahe.

4 So Ernst Nolte, Deutschland und der kalte Krieg, Stuttgart 1985, S. 24. Der Satz steht bei Nolte im Präsens, wofür einiges spricht, wenn man das militärische Potential der DDR zur Bundeswehr hinzurechnet, die als derzeit stärkste, schlagkräftigste und modernste Armee unter den Streitkräften der europäischen Staaten gilt. Weshalb Wolfgang Seiffert, Das ganze Deutschland, München 1986, S. 144f., glaubt, ein wiedervereinigtes westlich orientiertes Deutschland mit einer starken Armee wäre denkbar und für Ost und West akzeptierbar, ist schwer nachzuvollziehen.

5 Vgl. Erich Röper, Deutsche und andere Deutsche? Zur Frage der Staatsbürgerschaft, in: Der Staat, 26 (1987) 1, S. 31–56.

6 Beispielhaft hierfür: Günter Gaus, Wo Deutschland liegt. Eine Ortsbestimmung, Köln 1983; ders., Die Welt der Westdeutschen, Köln 1986.

7 Vgl. Peter Bender, Das Ende des ideologischen Zeitalters. Die Europäisierung Europas, Berlin 1981.

8 Arnulf Baring, Auf Luthers Spuren. Mit westdeutschen Studenten drüben unterwegs, in: Die politische Meinung, 31 (1986) 228, S. 79–82.

9 Thomas Nipperdey, Die deutsche Einheit in historischer Perspektive, in: ders., Nachdenken über die deutsche Geschichte, München 1986[2], S. 216f. Die folgenden Anmerkungen beziehen sich nicht auf Nipperdeys historische Arbeiten zur Geschichte und Problemen des deutschen Nationalstaats, sondern auf die hier zitierte Zusammenfassung gängiger Meinungen, die mit Nipperdeys historischen Analysen nur schwer, mit den Stimmungen in der westdeutschen »neokonservativen« Intelligenz aber leicht in Einklang zu bringen sind.

10 Jacques Le Goff, Für ein anderes Mittelalter, Frankfurt a. M. 1984, S. 22f.

11 So Bernhard Willms, Die deutsche Nation, Köln 1982, S. 204ff., 240ff., und Caspar von Schrenck-Notzing, Die Umerziehung der Deutschen, in: Bernhard Willms (Hrsg.), Handbuch der Deutschen Nation, Bd. 1, Tübingen 1986, S. 361–382. Durch die aus historisch und kultursoziologischer Sicht reichlich fragwürdige These, die Deutschen seien durch die Sieger einer »Charakterwäsche« unterzogen und so umerzogen worden, sollen offenkundig nationale Emotionen mobilisiert werden, deren politische Richtung auch in Willms angestrengtem Denken über den »nationalen Imperativ« unklar bleibt.

12 Sehr aufschlußreiches Material hierzu bietet die Studie von Arno Borst, Barbarossas Erwachen. Zur Geschichte der deutschen Identität, in: Odo Marquard/Karlheinz Stierle (Hrsg.), Identität, München 1979, S. 17–60.

13 Beispielhaft hierfür sind u. a. Robert Bellah, The broken Covenant. American Civil Religion in Time of Trial, New York 1975, und die Diskussionsbeiträge in Hans Rühle u. a. (Hrsg.), Der Neo-Konservatismus in den Vereinigten Staaten und seine Auswirkungen auf die Atlantische Allianz, Melle 1982.

14 Vgl. Andreas Mölzer, Österreich – eine deutsche Frage, in: B. Willms (Anm. 11), S. 383–408.

15 Dazu sind u. a. die Beiträge in Werner Weidenfeld (Hrsg.), Die Identität der Deutschen, München 1983 und Wilfried von Bredow, Die deutsch-deutschen Beziehungen als Bedingung und Grenze kollektiver Identität in den beiden deutschen Staaten, in: Edition Deutschland Archiv: Die beiden deutschen Staaten im Ost-West-Verhältnis, Köln 1982, S. 3–21, zu zählen.

16 So Hermann Lübbe, Zur Identitätspräsentationsfunktion der Historie, in: Marquard/Stierle (Anm. 12), S. 227–293. Man vergleiche dazu auch die Diskussionsbeiträge im gleichen Band, S. 659–684, insbesondere die Einwände von Dieter Henrich.

17 So B. Willms (Anm. 11), S. 15.

18 Vgl. Hermann Rudolph, Die deutsche Frage – neu gestellt? Zur Kritik des neuen Patriotismus vor dem Hintergrund von Jakob Kaisers Brücke-Konzept, in: Mut zur Einheit. Festschrift für Johann Baptist Gradl, Köln 1984, S. 147–164.

19 So Erich Honecker, in Neues Deutschland vom 16. Februar 1981, S. 1. Die Bedeutung, die Honeckers Argument, bei einer sozialistischen Umgestaltung der Bundesrepublik Deutschland werde sich die Frage nach der nationalen Einheit neu stellen, immer wieder beigemessen wird, muß überraschen, denn die Partei für die er und vor der er gesprochen hat, heißt doch Sozialistische Einheitspartei Deutschlands.

20 So allen Ernstes Wolfgang Seiffert (Anm. 4) S. 132. Er unterstreicht seine Deutung der objektiven sowjetischen Interessenlage mit dem Nachsatz: »Die Sowjetunion sollte von der Geschichte nicht mehr verlangen, als diese für sie bereithält.« Allerdings räumt er ein, daß es deren Führern noch an »adäquaten« Einsichten mangelt.

21 Vgl. zu den älteren Umfragedaten: Gebhard Schweigler, Nationalbewußtsein in der Bundesrepublik und der DDR, Düsseldorf 1973; zu neueren Daten: Werner Weidenfeld (Hrsg.), Nachdenken über Deutschland, Köln 1985, S. 133–163.

22 Vgl. Helmut Klages, Nations- und Staatsbezug in der Bundesrepublik Deutschland. Einige aktuelle Fragen, in: W. Weidenfeld (Anm. 21), S. 164–172.

23 Ein gutes Indiz hierfür ist, daß sich nun auch der Bundespräsident dieses Begriffs bedient. Vgl. Richard von Weizsäcker, Die Deutschen und ihre Identität, in: Ders. u. a., Es geht um Deutschland in Europa, München 1986, S. 7–24. Da es sich um eine Rede vor dem evangelischen Kirchentag 1985 handelt, darf im Hinblick auf die These, der Bundesrepublik Deutschland fehle die nationale Identität, an die Eröffnungsrede des Kirchentags 1927 erinnert werden, wo, wenn auch in einem heute nicht mehr geläufigen Sinne, viel von deutschen Identitätsproblemen gesprochen wurde; vgl. Paul Althaus, Kirche und Volkstum. Der völkische Wille im Licht des Evangeliums, Gütersloh 1928, S. 5–12.

24 W. Seiffert (Anm. 4), S. 23.

25 Vgl. dazu vor allem: Max Weber, Wirtschaft und Gesellschaft, Tübingen 1925^2, Erster Teil, Kap. I, § 16, § 17, Zweiter Teil Kap. III.

26 Vgl. dazu die Diskussion in Marquard/Stierle (Anm. 12).

27 Vgl. Politische Bildung mit Spätaussiedlern (Schriftenreihe der Bundeszentrale für politische Bildung, Bd. 184), Bonn 1982, dort u. a. meinen Beitrag: Orientierungsprobleme bei der Integration, S. 77–93.

28 Vgl. zu einer gängigen Überschätzung solcher Gemeinsamkeiten Joachim Kuropka, Zur Didaktik der deutschen Frage, in: Die Frage nach der deutschen Identität (Schriftenreihe der Bundeszentrale für politische Bildung, Bd. 221), Bonn 1985, S. 69–87.

29 So Elisabeth Noelle-Neumann, Im Wartesaal der Geschichte. Bleibt das Bewußtsein der deutschen Einheit lebendig?, in: W. Weidenfeld (Anm. 21), S. 133–146, hier S. 139ff. Zur Nachfrage, ob man das Gefühl habe, daß der Deutsche aus der DDR ein Landsmann ist, oder ob man mit ihm nicht mehr verbinde als mit einem Österreicher, der die gleiche Sprache spricht, erklärten 1983 68 Prozent der Befragten im Alter von 60 und mehr Jahren und 37 Prozent in der Altersgruppe der 16–29jährigen: Landsmann (»Nicht mehr als ein Österreicher« 18 Prozent zu 43 Prozent). Die Antworten in der jüngsten Altersgruppe hält Elisabeth Noelle-Neumann für bemerkenswert, daß die über 60jährigen in der Mehrheit zu meinen scheinen, sie hätten mit den Österreichern nur die Sprache gemeinsam, hingegen nicht.

30 Vgl. dazu vor allem die gelegentlich noch zitierte, aber offensichtlich nur noch selten gelesene Arbeit von Heinz O. Ziegler, Die moderne Nation, Tübingen 1931, deren ideengeschichtliche und ideologiekritische Analyse des Nationalismus immer noch aufschlußreicher ist als vieles, was in neuerer Zeit dazu geschrieben wurde.

31 Die religiösen Züge des Nationalismus hat unlängst Jürgen Gebhardt, Nationale Identität und nationale Ideologie. Anmerkungen zum Problem des Nationalismus, in: Zeitschrift für Politik, 22 (1985), S. 237–249, gut herausgearbeitet. Der Anteil der Religionen – in Deutschland vor allem des Protestantismus – an der Sakralisierung und »Metaphysi-

zierung« (Ziegler) der nationalen Idee müßte allerdings wohl noch stärker hervorgehoen werden, als dies bei Gebhardt geschieht.

32 Beispielhaft hierfür ist Tilman Mayer, Prinzip Nation, Opladen 1986. Mayer bemüht sich um eine Synthetisierung der umfangreichen Literatur und der verschiedenen Begriffe der Nation, was schwerlich gelingen kann. So läßt sich sein Begriff der Nation (S. 23) in seinem Sinne so verwenden, daß damit auch der Fortbestand der deutschen Einheit begründet werden kann. Anhand des gleichen Begriffs kann man aber auch zwischen einer Nation DDR und einer Nation Bundesrepublik Deutschland trennen.

33 Vgl. u. a. Helmut Wagner, »Die deutsche Frage«, in: Neue Deutsche Hefte, 34 (1987), S. 227–251.

34 Dies gilt jedenfalls dann, wenn man an einen »Verfassungspatriotismus« und dergleichen ähnliche Erwartungen richtet, wie sie an nationalistische Integrationsidelogien gestellt wurden. Deshalb ist auch der von Rainer Maria Lepsius geprägte Begriff der »Staatsbürgernation« (M. Rainer Lepsius, Nation und Nationalismus in Deutschland, in: Heinrich August Winkler [Hrsg.], Nationalismus in der Welt von heute, Göttingen 1982, S. 12–28) problematisch. Lepsius arbeitet sehr klar Unterschiede zwischen Nationalismen heraus, versteht sie aber nicht als Legitimationsideen, sondern als Ordnungsvorstellungen. So bringt er dann doch wieder Ungleiches auf die gleiche Ebene.

35 In beispielhafter Weise widmet sich diesen Themen Eberhard Schulz, Die deutsche Nation in Europa, Bonn 1982.

KARL ROHE

Die deutsche Einheit als Problem der politischen Kultur in der Bundesrepublik Deutschland

Vor einigen Jahren hat Rainer Lepsius zum kulturellen Aspekt der deutschen Teilung angemerkt, daß auf der Ebene der Hochkultur eine Teilung wenig wahrscheinlich sei, auf der Ebene der Trivialkultur heute ohnehin nur noch geringe nationale Einfärbungen eines internationalen Modetrends erkennbar seien, daß dagegen auf der Ebene der politischen Kultur sich immer deutlicher eine Trennungslinie auspräge. Als Folge der politischen Teilung seien Prozesse in Gang gekommen, in deren Verlauf sich die beiden deutschen Staaten auf Grund verschiedener Systembedingungen in unterschiedlichem Maße von den gemeinsamen politischen Traditionen entfernt hätten. Während in der Bundesrepublik Deutschland eine politische Kultur mit individuell einklagbaren Grundrechten, mit pluralistischer Interessenorganisation und mit öffentlichen Medien entstanden sei, zu denen auch Minderheitsmeinungen Zugang besäßen, werde die politische Kultur in der DDR nach wie vor durch eine scharfe Trennung von Privatheit und Öffentlichkeit gekennzeichnet, wie sie für die überlieferte deutsche politische Kultur charakteristisch gewesen sei. Da in der Öffentlichkeit nur eine normative Konformität gezeigt werden könne, sei die politische Kultur in der DDR entweder ritualistisch oder heroisch[1].

Diese Überlegungen machen auf einige Probleme aufmerksam, die zumeist zugedeckt werden, wenn man sich allzu unreflektiert und unbekümmert auf die deutsche Kultur als gemeinsames Band zwischen der Bundesrepublik Deutschland und der DDR beruft. Gemeinsamkeiten auf der Ebene der Hochkultur sind gewiß auch für die Politik wichtig; aber sie sind kaum ausreichend, um darauf eine gemeinsame politische Existenz zu gründen. Politische Gesellschaften können zwar grundsätzlich auch ohne eine verbindende politische Kultur existieren; sie sind dann jedoch mit einer schweren Hypothek belastet. Ohne politisch-kulturelle Gemeinsamkeiten könnte sich ein altes Problem deutscher Geschichte in anderer Form neu stellen, das eine der entscheidenden Ursachen für die Verspätung des demokratischen Verfassungsstaates in Deutschland gewesen sein dürfte, nämlich das Problem der politisch-kulturellen Fragmentierung. Bei extremer politisch-kultureller Inhomogenität stellt sich mithin für eine politische Gesellschaft die Demokratiefrage.

Diese historischen Spuren und Erinnerungen schrecken. Eine politisch verantwortbare Deutschlandpolitik kann deshalb nicht davon absehen, die Frage nach dem politischen Kulturzusammenhang zwischen den beiden deutschen Staaten zu stellen. Konkret stellt sich die Frage, ob und inwieweit die Bürger beider deutscher Staaten in ihren grundlegenden Annahmen über die Welt des Politischen und die damit verknüpften operativen Normen noch übereinstimmen, ob sie noch über ein gleiches oder ähnliches politisches »Design«, eine gleiche oder ähnliche politische Programmsprache verfügen, die das politische Denken, Handeln und Fühlen zwar nicht determiniert, aber doch konditioniert, weil sie Akzente setzt und den Horizont der Möglichkeiten absteckt. Eben dies ist das hier zugrundegelegte Verständnis von politischer Kultur: Es geht nicht um Einstellungen gegenüber politischen Regimen, also nicht um die Frage, ob und in welchem Ausmaß politische Regime bejaht oder abgelehnt werden, sondern um Vorstellungen von der Politik, um Maßstäbe und Prinzipien, an Hand derer politische Systeme und politische Akteure wahrgenommen und beurteilt werden[2].

Es geht des weiteren nicht direkt um die Frage, ob die Deutschen in Ost und West noch eine Nation sein wollen und ob und inwieweit sich separate nationale Identitäten in den beiden Teilen Deutschlands ausgebildet haben. (Nationale) Identität ist nur ein möglicher, nicht ein notwendiger Aspekt von politischer Kultur. Es ist sehr wohl denkbar, daß eine gesellschaftliche Gruppe in ihrem kulturellen So-und-nicht-anders-Sein deutlich identifizierbar und gegenüber anderen abgrenzbar ist, ohne ein entsprechendes kollektives Identitätsbewußtsein zu entwickeln. Prozesse der Identitätsbildung und Prozesse der Auskristallisation einer gemeinsamen politischen Kultur müssen nicht parallel verlaufen. Theoretisch ist zumindest vorstellbar, daß eine noch vorhandene oder gar wachsende politisch-kulturelle Konvergenz zwischen den beiden deutschen Staaten mit dem Schwinden eines gesamtdeutschen Nationalbewußtseins einhergeht; oder auch umgekehrt: daß die »politischen Selbstverständlichkeiten« zwischen den beiden Gesellschaften schwinden, während gleichzeitig ein gesamtdeutsches Nationalbewußtsein aufrechterhalten oder gar forciert wird. Nach politisch-kulturellen Gemeinsamkeiten zwischen den beiden deutschen Staaten zu fragen, heißt deshalb, nach Voraussetzungen für ein kalkulierbares und verantwortbares gesamtdeutsches Nationalbewußtsein zu fragen[3].

Der Diagnose von Lepsius liegt die theoretische Prämisse zugrunde, daß politische Kulturen sich nicht zuletzt im Umgang mit politischen Institutionen herausbilden. Damit ist ohne Zweifel *ein* wichtiger Bestimmungsfaktor von politischer Kultur genannt. Grundsätzlich ist jedoch daran festzuhalten, daß politische Kulturen stets das komplexe Resultat von historischen Traditionen, in dem sich nicht zuletzt die historischen Politikerfahrungen der »Großväter« spiegeln, von eigenen politischen Erfahrungen der jeweils lebenden Generationen und deren kognitiver und emotionaler Verarbeitung sowie von Sinn- und Deutungsangeboten darstellen, die heute zumeist medial vermittelt werden. Das in der Überschrift gegebene Problem umfassend aufzugreifen, hieße demnach, nicht nur die Politikerfahrungen der beiden deutschen Gesellschaften nach dem Zweiten Weltkrieg, sondern auch die deutschen Politiktraditionen und darüber hinaus die politische Deutungskultur der beiden deutschen Staaten – vom Schulunterricht über die Literatur bis hin zum symbolischen Handeln der Politiker – auf ihre potentielle Relevanz für die deutsche Einheit zu befragen. Daß das hier nur fragmentarisch geschehen kann, versteht sich von selbst. Es handelt sich mithin bei den folgenden Überlegungen um eine provisorische Problemskizze mit historischem und empirischem Informationshintergrund, nicht um eine empirische Analyse. Es werden mehr Fragen gestellt als beantwortet. Die Überlegungen beschränken sich auf die Bundesrepublik Deutschland und gehen vor allem der Frage nach, was nach 1945 in Westdeutschland aus den deutschen Politiktraditionen geworden ist.

Eine solche Perspektive bedeutet die Umkehr einer gewohnten Fragehaltung. Die politische Kultur der Bundesrepublik ist bislang zumeist unter dem Aspekt ihrer »Verwestlichung« analysiert und untersucht worden. Die Beurteilungsmaßstäbe wurden dabei, bewußt oder unbewußt, einem synthetisierten westlichen Entwicklungsmodell entnommen, hinter dem als reale Bezugsgröße die angelsächsischen Demokratien standen. Die spezifische Sichtweise, die der Civic Culture-Studie von Almond und Verba[4] zugrundelag, bestimmte insgeheim auch die meisten nachfolgenden Analysen, auch wenn man sich teilweise kritisch absetzte oder Positionen radikaldemokratisch zuspitzte[5]. Unabhängig von der Frage, ob man die politisch-kulturellen Entwicklungen in der Bundesrepublik Deutschland als gelungene oder immer noch defiziente »Verwestlichung« interpretierte: »Demokratisierung« der bundesrepublikanischen Kultur war mehr oder minder gleichbedeutend mit ihrer »Verwestlichung«. Stets wurde ausgesprochen oder unausgesprochen danach geschaut, ob und inwieweit die Deutschen den Engländern und Amerikaner ähnlicher geworden seien oder nicht.

Damit kein Mißverständnis entsteht: Diese Perspektive ist und bleibt wichtig; ganz abgesehen von eigenen Vorlieben dürfte ein gewisses Maß an *civic culture* in der Tat eine Ermöglichungsvoraussetzung von liberaler Demokratie darstellen. Die Perspektive ist jedoch auch einseitig und mit spezifischen Wahrnehmungsmängeln behaftet, weil sie weder die Stärken noch die Schwächen der deutschen Politiktraditionen hinreichend erfaßt und den Blick für mögliche kulturelle Gemeinsamkeiten zwischen beiden deutschen Staaten verstellt. Um ein differenzierteres Bild der politisch-kulturellen Entwicklungen nach 1945 zu gewinnen, ist es erforderlich, analytisch stärker zu differenzieren. Hier soll deshalb unterschieden werden zwischen *kultureller Verwestlichung* auf der einen und *Demokratisierung der überlieferten deutschen Staatskultur* auf der anderen Seite[6].

Hinter dieser Unterscheidung steht die theoretische Grundannahme, daß Staatskulturen nicht notwendig vordemokratisch oder undemokratisch sein müssen, so wenig zu bestreiten ist, daß die überlieferte deutsche Staatskultur historisch-konkret vorwiegend als Obrigkeitsstaatskultur in Erscheinung getreten ist. Grundsätzlich jedoch gilt, daß Staatskulturen demokratisiert werden können, ohne ihren

Charakter als Staatskulturen zu verlieren. Das ist nicht gleichbedeutend mit der passiven Hinnahme eines parlamentarisch-demokratischen Regierungssystems als neue Obrigkeit. Solche kulturellen Dispositionen hat es nach 1945 in der Bundesrepublik Deutschland ohne Zweifel gegeben, ebenso wie es einen autoritätsbeflissenen Amerikanismus[7], der nicht mit kultureller Verwestlichung gleichgesetzt werden darf, gegeben hat. Von demokratischer Staatskultur kann nur dann gesprochen werden, wenn das Demokratieprinzip, also das Recht aller auf Teilnahme am politischen Prozeß, als politisch-kulturelle Selbstverständlichkeit voll akzeptiert wird, gleichzeitig jedoch die für eine Staatskultur charakteristische Konstruktion der politischen Wirklichkeit in wesentlichen Zügen beibehalten wird.

Als solche für eine Staatskultur typische Grundannahmen über die politische Welt können gelten: die Annahme, daß Gesellschaften primär über rechtliche Regeln, hinter denen als Sanktionsmacht eine autoritäre Staatsgewalt steht, nicht über gesellschaftliche Konventionen und informelle Regelungen gesteuert werden und gesteuert werden müssen; die Annahme, daß der Staat, auch wenn er demokratischer Bestimmung und Kontrolle unterliegt, nicht einfach in eine gesellschaftliche Selbstorganisation zurückverwandelt wird, daß es deshalb nicht nur einer Theorie des politischen Gemeinwesens, sondern einer Staatstheorie bedarf, wenn man die politische Wirklichkeit angemessen erfassen will; die Annahme, daß die Gesellschaft um ihrer Erhaltung und Entwicklung willen nicht nur einer »Regierung«, sondern einer dauerhaft für sie tätigen Organisation bedarf, deren primäre Aufgabe die Produktion, Allokation und Distribution von öffentlichen Gütern ist; die weitere Annahme, daß es in der Politik in erster Linie darauf ankommt, »sachlich« vernünftige Lösungen zu finden, wenn man das politische Grundproblem sozialer Verbände, die Gewährleistung des gesellschaftlichen Friedens lösen will; und schließlich die Annahme, daß es in der Politik in erster Linie auf Systeme und Organisationen und deren richtige Konstruktion ankommt, nicht in erster Linie auf Charakter und »politisches« Talent der einzelnen Akteure.

So wie Staatskulturen nicht notwendig undemokratisch sein müssen, so *civic cultures* nicht unbedingt demokratisch. »Bürgerkulturen« können als vordemokratische politische Kulturen existieren und haben historisch so existiert. Was bei Almond und Verba als *civic culture* beschrieben wird, läßt sich am besten als demokratische Variante einer ursprünglich vordemokratischen politischen Kultur begreifen, die historisch als komplexes Amalgam von verinnerlichter Marktgesellschaft, verinnerlichtem Kapitalismus, Liberalismus und christlich-humanistischer Tradition entstanden ist und die sich namentlich in der angelsächsischen Welt zu einer bürgerlich-zivilen Lebensweise verdichtet und verallgemeinert hat. Die *civic culture* selbst wiederum ist nichts anderes als eine Art Edelausgabe von »westlicher« Gesellschaftskultur, die in sehr unterschiedlicher Gestalt auftreten und durch sehr unterschiedliche Prinzipien gesteuert werden kann, durch republikanisches Ethos, durch amoralische Märkte – gegebenenfalls auch durch Korruption (government by corruption).

»Bürgerkultur« teilt somit auch die Grundannahmen über die poltische Welt, wie sie für alle politischen Gesellschaftskulturen kennzeichnend sind und die sich spiegelbildlich zu den Grundannahmen einer Staatskultur lesen lassen: daß die »bürgerliche Gesellschaft« zwar einer »Regierung« bedarf, im übrigen aber ganz wesentlich über Konventionen und »ungeschriebene Verfassungen« gesteuert werden kann, da sie bereits ein hinreichendes Maß an Verläßlichkeit und Kalkulierbarkeit in den politisch-gesellschaftlichen Verkehr bringen; daß eben deshalb die Grenzen zwischen privatem und öffentlichem Bereich, zwischen Politik und Gesellschaft nicht schroff, sondern fließend sein müssen, daß eine »Interpenetration« der gesellschaftlichen Teilsysteme[8] gegeben sein muß; daß es in der Politik letztlich auf das Handeln der Akteure ankommt, die freilich als Voraussetzung vernünftige politische Institutionen benötigen; daß Politik sich vorrangig an »sozialer Rationalität«, nicht an »sachlicher Rationalität« zu orientieren hat, wenn das politische Grundproblem sozialer Verbände, die Herstellung des gesellschaftlichen Friedens, zufriedenstellend gelöst werden soll.

»Westliche« Gesellschaftskultur, auch »Bürgerkultur«, hat es als Traditionsbestand durchaus auch in Deutschland gegeben, auf dem heutigen Territorium der Bundesrepublik Deutschland, so will es scheinen, stärker als auf dem heutigen Territorium der DDR. So gesehen ist »kulturelle Verwestlichung« nicht erst ein Ergebnis »westlicher« Einflüsse in der Bundesrepublik nach dem Zweiten Weltkrieg, sondern schon Folge einer älteren »Westverlagerung« der deutschen politischen Kultur, die sich als Konsequenz der deutschen Teilung verstärkt hat. Die Bundesrepublik Deutschland lag, mit anderen Worten, bereits vor ihrer Gründung »westlicher« als ihre Vorgängersysteme und die DDR. Richard Löwenthals nachdenkliche Bemerkung, daß die Bundesrepublik kulturell gesehen eine Mischung aus »westlich-abendländischen, zugleich überwiegend katholischen und nicht-westeuropäischen, zugleich weitgehend protestantischen Elementen« darstelle[9], deutet mit dem Verweis auf den konfessionspolitischen Hintergrund eine der historisch angelegten Ursachen für die »Westverlagerung« deutscher politischer Kultur in der Bundesrepublik an.

Zwar besitzen die veränderten konfessionsstatistischen Gegebenheiten an sich keinen unmittelbaren politisch-kulturellen Aussagewert. Theoretisch wäre sehr wohl denkbar, daß das, was der Katholizismus in der Bundesrepublik Deutschland politisch an Boden gewann, gerade die Preisgabe seiner teilkulturellen/subkulturellen Traditionen zur Voraussetzung hatte. Wenn man jedoch bedenkt, daß es die Katholiken waren, die als erste die Bundesrepublik entdeckt haben[10], und zwar zu einem Zeitpunkt, zu dem viele Protestanten in ihr noch kaum etwas anderes als eine Neuauflage des Rheinbundes erblickten, dann weist einiges darauf hin, daß zumindest anfänglich die politische Kultur der Bundesrepublik in stärkerem Maße durch politische Traditionen geprägt worden ist, die vornehmlich in Bereichen der katholischen Teilkultur gespeichert waren. Eben sie fielen als Prägefaktor für die politische Kultur der DDR faktisch aus.

Drei Anmerkungen sind indes zu machen, wenn nicht Mißverständnisse entstehen sollen. Die katholische Teilkultur/Subkultur war keine *civic culture,* obwohl sie, regional freilich sehr unterschiedlich, durchaus auch demokratische und zivilkulturelle Traditionen entwickelt hatte; aber sie war in hohem Maße eine politische Gesellschaftskultur, und das vor allem aus zwei Gründen: Der deutsche Katholizismus hatte, weil er sich seit dem späten 18. Jahrhundert aus der protestantisch bestimmten deutschen Nationalkultur weitgehend ausgeklinkt hatte, in nicht geringerem Maße ältere, nichtstaatliche Politiktraditionen bewahrt; und er war auf Grund seines historischen Schicksals im 19. Jahrhundert in weitaus stärkerem Maße als der deutsche Protestantismus gezwungen gewesen, Traditionen politischer Selbstorganisation zu entwickeln.

Die zweite Anmerkung, die es zu machen gilt, ist die, daß der konfessionelle Faktor nur ein Moment neben anderen ist, das historisch angelegte kulturelle Unterschiede zwischen der Bundesrepublik Deutschland und der DDR zu erklären vermag. Mit einiger Berechtigung ist unlängst gefragt worden, ob bundesrepublikanische Historiker bewußt oder unbewußt nicht allzu selbstverständlich die deutsche Geschichte als Vorgeschichte der Bundesrepublik begriffen und dabei übersähen, daß Regionen wie beispielsweise Württemberg, Baden, Bayern, die linksrheinischen Gebiete und die Hansestädte im Norden aus unterschiedlichen Gründen in ihrer Entwicklung Westeuropa näher waren als Deutschland insgesamt[11]. Freilich ist sofort zu ergänzen – und das wäre die dritte Anmerkung –, daß geographische Lage und politisch-kulturelle Lage nicht unbedingt identisch sein müssen. Manche Region auf dem heutigen Territorium der DDR lag politisch-kulturell gesehen vermutlich »westlicher« als einige bundesrepublikanische Regionen. Die konkrete Grenze zwischen den beiden deutschen Staaten besitzt in der Tat kein politisch-kulturelles Fundament in der deutschen Geschichte[12].

Es gibt also sehr wohl historisch angelegte politisch-kulturelle Affinitäten und Abstoßungen in Deutschland, die quer zur Grenze zwischen der Bundesrepublik Deutschland und der DDR liegen, und damit potentielle Anknüpfungspunkte und Verbindungslinien zwischen den beiden deutschen Staaten. Insgesamt gesehen kann jedoch kaum bezweifelt werden, daß das Gewicht »westlich« orientierter Regionalkulturen in der Bundesrepublik schwerer wiegt als auf dem heutigen Territorium der DDR. Das heißt zugleich, daß politisch-kulturelle Unterschiede zwischen der Bundesrepublik Deutschland und der DDR nicht allein auf Einflüsse der jeweiligen Besatzungsmächte und auf die Erfahrung mit unterschiedlichen politischen Institutionen und Wirklichkeiten nach 1945 zurückführbar sind, sondern wohl auch auf das unterschiedliche Gewicht unterschiedlicher Milieus in den beiden deutschen Teilstaaten, wenngleich wir bislang, wie offen eingeräumt werden muß, noch viel zu wenig darüber wissen, ob und inwieweit die regional, sozial und konfessionell fundierten Teilkulturen als Ferment in die jeweilige politische Kultur der beiden deutschen Staaten eingegangen sind.

Für die politisch-kulturelle Entwicklung in beiden deutschen Teilstaaten nach 1945 wichtiger als die positive Prägekraft, die von unterschiedlichen regionalen

Traditionen ausging, war jedoch möglicherweise ein negativer Sachverhalt, nämlich die von unterschiedlichen Beobachtern im Inland und Ausland immer wieder thematisierte Tatsache, daß es in Deutschland kein übergreifendes nationales Milieu gegeben hat[13]. Es fehlte also in Deutschland, mit anderen Worten, nicht nur eine übergreifende »Bürgerkultur«, sondern überhaupt eine durch welche Merkmale auch immer gekennzeichnete übergreifende politische Gesellschaftskultur. Dieser Mangel eines unmittelbar verhaltenswirksamen *way of life* auf nationaler Ebene, der beispielsweise den Stahlhelm-Führer Franz Seldte zu dem etwas grotesken Versuch stimulierte, ein am soldatischen Modell orientiertes »Richtmann-Ideal« als deutschen politischen Stil zu propagieren, war für die Entwicklung nach 1945 deshalb relevant, weil dadurch ein politisches Auseinanderleben der beiden deutschen Teilstaaten zumindest erheblich erleichtert wurde. Gewiß ist es spekulativ, wenn man vermutet, daß das in Frankreich und Großbritannien nicht in gleicher Weise der Fall gewesen wäre. Sicher ist nur, daß in Deutschland von vornherein keine Aussicht bestand, eine zu eingeschliffenen Gewohnheiten, Konventionen und zu einer übergreifenden und verbindlichen Lebensweise auskristallisierte politische Kultur könne sich als stärker erweisen als der Unterschied der Systeme und Ideologien.

Gab es auch keine milieuübergreifende politisch-gesellschaftliche Lebensweise, die als emotional verwurzeltes gemeinsames Band zwischen der Bundesrepublik Deutschland und der DDR hätte fungieren können, so doch eine milieuübergreifende Staatskultur, deren Grundannahmen weitgehend auch von der systemoppositionellen Sozialdemokratie, in eingeschränkterem Maße auch von der katholischen Subkultur geteilt wurden. Jedenfalls deutet vieles darauf hin, daß sich über alle milieuhaften und ideologischen Zerklüftungen der historischen deutschen Gesellschaft hinweg ein großer Bestand von auf den Staat zentrierten politischen Selbstverständlichkeiten, vom Grundverständnis politischer Realität über Ziel und Aufgabe des Staates bis hin zu Gewohnheiten des Umgangs mit Staatsorganen, herausgebildet hatte, der in seiner verbindenden Gemeinsamkeit vor allem bewußt wird, wenn man die deutsche Staatskultur mit angelsächsischen Gesellschaftskulturen vergleicht. Konstitutiver Bestandteil dieser Staatskulturtradition war nicht nur eine Machtstaat, sondern auch eine Rechtsstaats- und Sozialstaatstradition, vielleicht auch eine Kulturstaatstradition. Insofern bedarf die These, der deutsche Nationalismus sei im Unterschied zu anderen westeuropäischen Nationalismen inhaltsleer gewesen, wohl doch einer gewissen Korrektur. Allerdings war diese nationale politische Kultur, eben weil sie sich nicht zu Praxen und Konventionen auskristallisiert hatte, die den politischen und gesellschaftlichen Verkehr zwischen Akteuren regulieren, keine direkt *handlungsleitende* politische Kultur. Sie blieb in erster Linie eine *handlungslegitimierende* politische Kultur, die einen Satz von politischen Bedeutungen und Maximen zur Wahrnehmung und Beurteilung des Staates, oder allgemeiner: von politischen Organisationen bereitstelle. Indirekt war sie damit freilich sehr wohl auch verhaltensrelevant, weil die Unterstützung, die konkrete politische Systeme in Deutschland erhielten oder auch nicht erhielten, nicht zuletzt davon abhing, ob und inwieweit sie in der Lage waren, vor den in der übergreifenden Staatskultur gespeicherten Wertmaßstäben zu bestehen.

Eben das gelang der neuen parlamentarischen Demokratie in der Bundesrepublik Deutschland in hohem Maße, und darauf vor allem beruhte ihr Erfolg. Es ist eine völlig unhistorische Vorstellung, die westdeutsche Gesellschaft habe nach dem Zweiten Weltkrieg ihre bisherigen Grundannahmen über die Welt des Politischen sukzessive einfach aufgegeben, und erst in der Folge habe sich dann die politische Demokratie in der Bundesrepublik kulturell durchgesetzt[14]. Ein solcher Austausch der politischen Kultur wäre allenfalls vorstellbar, wenn es sich bei der tradierten deutschen politischen Kultur um eine Eingeborenenkultur gehandelt hätte, die mit den Überlebensimperativen einer modernen Industriegesellschaft unvereinbar gewesen wäre. Das Gegenteil war jedoch eher der Fall. Diese politische Kultur besaß zwar nicht nur Demokratiedefizite, sondern auch spezifische Modernitätsdefizite. Insgesamt gesehen entsprach sie jedoch mit ihrem organisationsbezogenen und zweckrationalen Politikverständnis in mancher Weise bestimmten Erfordernissen einer modernen Industriegesellschaft besser, als das bei angelsächsischen Zivilkulturen der Fall war.

Daß die Annahme, zwischen der tradierten deutschen politischen Kultur und den westlichen politischen Kulturen habe ein eindeutiges Modernitätsgefälle bestanden, in dieser Form kaum haltbar ist, wird ja schon daran ersichtlich, daß der erste große Theoretiker der modernen Organisationsgesellschaft des 20. Jahrhunderts, nämlich Max Weber, nicht zufällig aus deutschen Kontexten und deutschen Erfahrungswelten heraus theoretisch gedacht hat. Die deutsche politische Kultur war nicht zuletzt deshalb in ihrem Kern eine so moderne politische Kultur – ihre große Stärke und Schwäche zugleich –, weil sich Deutschland wegen seiner geopolitischen Lage und seiner gesellschaftlichen Modernitätsrückstände niemals ein so vergleichsweise altmodisches politisches System wie die angelsächsischen Gesellschaften hatte leisten können. Manche Züge deutscher politischer Kultur sind, genauer betrachtet, weitaus moderner – deshalb freilich nicht unbedingt attraktiver –, als es auf den ersten Blick den Anschein haben mag. Selbst oder gerade die häufig kritisierte Tradition des Legalismus und Formalismus in Deutschland ist nicht einfach ein atavistischer Überhang, der aus fernen Zeiten in die moderne Gegenwart hineinragt, sondern ein politisch-kulturelles Orientierungsmuster, das durch Erfahrungen in modernen Großgesellschaften in hohem Maße gestützt und begünstigt wird[15].

Die Überlegungen und Beispiele zeigen, daß die Annahme, in einer organisierten und bürokratisierten wohlfahrtsstaatlichen Demokratie des 20. Jahrhunderts, die kontinuierlich in das Leben der Menschen eingreift, sei eine entfaltete Staatskultur einfach durch eine *civic culture* ersetzt worden, die im Grunde ältere Formen politischer Vergesellschaftung spiegelt, schon theoretisch unwahrscheinlich ist, wenn man eigene Realitätserfahrungen der jeweils lebenden Generationen als

Bestimmungsfaktor von politischer Kultur ernst nimmt. Hinter dem Zögern, den Begriff Staat einfach durch den Begriff demokratisches Gemeinwesen zu ersetzen und schlicht zu sagen: Der Staat sind wir, verbirgt sich ja nicht nur reaktionärer Unverstand. Plausibler ist deshalb ein Interpretationsansatz, der mit der Hypothese arbeitet, daß die überlieferte deutsche Staatskultur zwar demokratisiert und angereichert wurde, in ihrem Kern jedoch erhalten blieb.

Dafür sprechen nicht nur theoretische Überlegungen, sondern auch empirische Gründe. Der politisch-kulturelle Lernprozeß, den die überkommene deutsche »Staatsgesellschaft« nach 1945 in der Bundesrepublik Deutschland durchmachte, bestand zunächst einmal im Kern, so will es scheinen, in der erfahrungsgesättigten historischen Einsicht, der sich auch die einst antidemokratischen Konservativen nicht länger entzogen[16], daß es zur politischen Demokratie keine vernünftige Alternative mehr gebe und daß der überlieferte Rechtsstaatsgedanke, aber auch der Wohlfahrtsstaatsgedanke, auf Dauer ohne Verbindung mit dem Demokratieprinzip nicht sichergestellt werden könne. In gewisser Weise hat sich die *Teilnahmenorm* in der Bundesrepublik auf dem Rücken der kulturell bereits verankerten *Teilhabenorm* durchgesetzt. Kulturell abgestützt wurde damit zwar keine »Partizipationsdemokratie«, aber auch keine bloße »Untertanendemokratie«, sondern die »Stellvertreterpolitik« einer hochgradig institutionalisierten und organisierten politischen Demokratie.

So jedenalls lassen sich unschwer viele empirische Befunde lesen, auch die Befunde der Civic-Culture-Studie. Es ist zumindest arg verkürzend, wenn man die vorherrschende Output-Orientierung in der politischen Kultur der Bundesrepublik in den fünfziger Jahren einfach als Orientierungsmuster von »kompetenten Untertanen« interpretiert. Es handelt sich vielmehr, von gar nicht zu bestreitenden obrigkeitsstaatlichen Überhängen einmal abgesehen, im Kern um eine *Policy*-Kultur, die die demokratische Teilnahmenorm, also das grundsätzliche Recht aller Bürger auf Teilhabe an der politischen Macht, überhaupt nicht in Frage stellt, die aber aus dem für sie typischen zweckrationalen Politikverständnis heraus daran festhält, daß Teilnahme am politischen Prozeß nicht Selbstzweck ist, sondern ihren eigentlichen Sinn von den öffentlichen Gütern materieller und immaterieller Art erhält, die über das politische System erzeugt werden, von der Rechtssicherheit über die Religionsfreiheit bis hin zu Wohlfahrtsmaßnahmen.

Das Funktionieren dieses Politik- und Demokratiemodells, das kulturell der Grundmaxime folgte: Politische Teilnahme soweit wie nötig, nicht: soweit wie möglich und das deshalb in Normalzeiten wenig Veranlassung gab, über die mehr formalen Beteiligungsmuster hinauszugreifen, war freilich an eine Voraussetzung gebunden, die in der deutschen politischen Tradition nur wenig verankert war. Erforderlich war zwar keine »Bürgerkultur«, wohl aber eine »Elitenkultur«, oder richtiger – weil die Abstützung dieses kulturellen Musters über den Elitenbereich weit hinaus reichte – eine Kultur der kollektiven Akteure, von den Parteien bis hin zu den Tarifpartnern, die sich nicht nur wechselseitig Legitimität zubilligen, sondern darüber hinaus einen Satz von verhaltenswirksamen operativen Normen entwickeln mußten. Eben das ist schon in den Anfangsjahren der Republik auch tatsächlich geschehen.

Was nach 1945 in der Bundesrepublik Deutschland neu entstand, war ohne Zweifel ein Stück politischer Gesellschaftskultur, das es in dieser Form vordem in Deutschland kaum gegeben hat. Es handelt sich freilich, blickt man auf die korporatistischen Züge dieses kulturellen Musters, um eine Gesellschaftskultur, die sich durchaus auch als zeitgemäße Fortführung und Modernisierung der etablierten Staatskultur begreifen läßt. Der alte Staat hatte sich gleichsam einen politisch-gesellschaftlich Vorbau zugelegt und zu einem modernen politisch-administrativen System erweitert, weil er begriffen hatte, daß unter den Bedingungen moderner politischer Vergesellschaftung ohne einen solchen »politisch-gesellschaftlichen Vorbau« politisch nicht mehr gewirtschaftet werden kann. Eben diese neuen Sachverhalte und Notwendigkeiten wurden politisch-kulturell in der frühen Bundesrepublik ratifiziert.

Das ist eingestandenermaßen zugespitzt formuliert. Es soll jedoch auf die häufig übersehene Tatsache aufmerksam machen, daß mancher »westliche Import« bei näherer Betrachtung deutsche Züge entweder besitzt oder alsbald angenommen hat. Bezogen auf unser Thema muß deshalb ernsthaft gefragt werden, ob nicht trotz der von Lepsius skizzierten Entwicklungen, trotz aller Systemunterschiede und trotz Fehlens einer in der Tradition angelegten übergreifenden politischen Gesellschaftskultur auf Grund der gemeinsamen und im Kern auch nach 1945 nicht veränderten Staatskulturtraditionen die Maßstäbe, nach denen politische Regime wahrgenommen und beurteilt werden, in beiden Teilen Deutschlands weithin gleich oder doch ähnlich geblieben sind, und des weiteren, ob die unterschiedliche Legitimität, die beide Regime besitzen, nicht vor allem darin begründet liegt, daß sie gleichen Beurteilungsmaßstäben in unterschiedlicher Weise gerecht werden. Das galt zumindest für die ersten Jahrzehnte.

Eine ganz andere Frage ist, ob diese hypothetisch unterstellten politisch-kulturellen Gemeinsamkeiten den Wertewandel[17] und die »partizipative Revolution«[18] in der Bundesrepublik Deutschland seit Mitte der sechziger Jahre überdauert haben. Die Antwort auf diese Frage hängt, einmal ganz abgesehen von den Entwicklungen in der DDR, die hier nicht explizit thematisiert werden können, entscheidend davon ab, ob man die Entwicklungen seit den sechziger Jahren, die die politische Kultur der Bundesrepublik ohne Zweifel verändert haben, in erster Linie als »Verwestlichung« oder als »Reteutonisierung« der bundesrepublikanischen Kultur interpretiert.

Für beide Interpretationsrichtungen gibt es Hinweise und Abstützungen. Es hat in Deutschland nicht nur die herrschende Tradition einer Staatskultur, sondern als Unterströmung, unter wechselnder Gestalt und mit wechselnden politischen Anbindungen, stets auch die Tradition einer alternativen Gemeinschaftskultur gegeben, in der die politische Gesellschaft nach dem Modell einer *face to face community* interpretiert wurde. Beide Traditionen hängen nicht zufällig miteinander zusammen. Es sind gerade die extrem »technischen« und »sachlichen« Orientierungsmuster einer »Staatskultur«, ihre nur gering entwickelte Fähigkeit, über Politik auch Gemeinschaftsgefühle zu stiften und affektive Bindungen zu erzeugen, die sie nicht nur anfällig macht für Integrationsideologien, sondern die auch den Umschlag in ihr radikales Gegenteil, in utopische Gemeinschaftsvorstellungen hervorrufen. Charakteristisch für die deutschen Politiktraditionen insgesamt war also gerade das vergleichsweise unverbundene Nebeneinander von hochgradig zweckrationaler Staatskultur auf der einen und affektiver Gemeinschaftskultur auf der anderen Seite.

Blickt man durch eine solche historische Brille auf die politisch-kulturellen Entwicklungen der beiden letzten Jahrzehnte in der Bundesrepublik Deutschland, dann muß ernsthaft gefragt werden, ob nicht neben und teilweise untrennbar vermischt mit »Verwestlichungsprozessen«, die auf Stärkung und Ausbau einer partizipativ aufgeladenen »westlichen« Bürger- und Gesellschaftskultur hinauslaufen, auch ein Wiederaufleben spezifisch deutscher Gemeinschaftskulturtraditionen zu konstatieren ist. Diese Traditionen sind zwar ebenso wie die Staastskulturtraditionen demokratisiert worden; aus bündischen Führerprinzipien sind radikaldemokratische Maximen geworden. Gleichgeblieben ist jedoch die Schwierigkeit, die Annahmen und Normen dieser Kultur mit den Realitäten moderner Politik zu vermitteln. Es verschärft sich somit das schon in einer partizipatorischen »Bürgerkultur« angelegte Problem, daß politische Wirklichkeiten und politische Kultur in wachsendem Maße auseinander driften. Die politisch-kulturellen Maßstäbe »greifen« nicht mehr und ermöglichen gerade dadurch eine politische Praxis, die sich aller politisch-kulturellen Fesseln entledigt. Die Folge wäre dann eine unvermittelte Ko-Existenz von radikaler Gemeinschaftskultur und technokratisch-bürokratischer Wirklichkeit.

Diesen Traditionsstrang hat es in Deutschland nicht nur im innenpolitischen, sondern auch im außenpolitischen Bereich gegeben[19]. Neben dem dominierenden Strang der Staatskulturtradition, die ihre Maximen vom europäischen Staatsräsondenken her bezog, existierte als Unterströmung eine alternative Variante, die von der Möglichkeit eines kriegs- und konfliktfreien Zustands der internationalen Staatenwelt ausging. »Machtvergessenheit« an Stelle von »Machtbesessenheit«[20] war mithin als politisch-kulturelle Möglichkeit in der deutschen politischen Tradition grundsätzlich seit jeher vorhanden.

Bündelt man diese Überlegungen und reflektiert man sie vor dem Hintergrund von politisch-kulturellen Entwicklungen in der DDR, von den Tendenzen der Verrechtlichung und Verstaatlichung der Parteiherrschaft über die »Erbe«- Diskussion bis hin zur Entstehung alternativer Kulturen, dann besagen sie, daß die Frage, ob sich die politisch-kulturellen Unterschiede zwischen der Bundesrepublik Deutschland und der DDR in den beiden letzten Jahrzehnten vergrößert haben, wohl doch offener ist, als ursprünglich angenommen wurde, und daß die Antwort deshalb differenziert ausfallen muß. Es gibt Anzeichen, die auf eine bewußt/

unbewußte politisch-kulturelle Wiederannäherung der beiden deutschen Teilstaaten hindeuten, nicht zuletzt im Bereich der internationalen Politik. Dieses Feld ist unter politisch-kulturellen Aspekten nicht zuletzt deshalb interessant, weil die politische Kultur der Bundesrepublik Deutschland – ähnliches dürfte für die DDR gelten – nach 1945 zunächst weitgehend in einem außenpolitischen Schonraum entstanden ist. Sie hat auf diesem Felde ihre definitive Form noch nicht gefunden; um so offener ist deshalb die Frage, welche kulturellen Grundannahmen und Maßstäbe sich als dominant erweisen werden. Kommt es zu einer Verstärkung einer pazifistischen Alternativkultur, zur Renaissance eines von allen Systemunterschieden bewußt abstrahierenden Staatsräsondenkens oder setzt sich eine außenpolitische Kultur als maßgebend durch, die nicht nur »staatlich«, sondern auch »gesellschaftlich« denkt und politisch-gesellschaftliche Lebensweisen als integrale Bestandteile der bundesrepublikanischen Staatsräson begreift.

Spätestens an dieser Stelle muß freilich gefragt werden, wie das, was an kulturellen Entwicklungen und Möglichkeiten skizziert wurde, überhaupt bewertet werden soll. Läuft eine Renaissance deutscher Politiktraditionen und eine politisch-kulturelle Wiederannäherung der beiden deutschen Staaten nicht einigermaßen zwangsläufig auf eine Gefährdung der Grundlagen hinaus, auf denen die politische Demokratie in der Bundesrepublik Deutschland beruht? Bricht man nicht, wie Sontheimer meint[21], dem »deutschen politischen Bewußtsein nach 1945 das Rückgrat«, wenn man nicht auf radikaler Diskontinuität zwischen der politischen Kultur der Bundesrepublik und deutschen Politiktraditionen besteht? Muß man nicht zwischen politisch-kultureller Westintegration der Bundesrepublik und Wahrung bzw. Neustiftung eines gesamtdeutschen politischen Kulturzusammenhanges wählen? Das sind Fragen, die zu Recht beunruhigen und auf die eine einfache Antwort nicht möglich ist.

Demokratisierung der politischen Kultur in der Bundesrepublik war, wie gezeigt wurde, nicht ohne weiteres identisch mit kultureller »Verwestlichung«. Der »Westen« ist überdies, politisch-kulturell gesehen, stets eine komplexe Größe gewesen, zu der ja nicht nur liberale angelsächsische Zivilkulturen, sondern auch demokratische Staatskulturen und republikanisch-kommunalistische politische Kulturen gehören. Konkret ist es immer und überall zu – gegebenenfalls auch widersprüchlichen – kulturellen Synthesen von vordemokratischen national-kulturellen Traditionen und den universalen Prinzipien einer »westlichen« liberalen und sozialen Demokratie gekommen. Genau diese Entwicklung hat nach 1945 auch in der Bundesrepublik stattgefunden, auch wenn die herrschende politische Deutungskultur diese real abgelaufenen kulturellen Prozesse nicht immer hinreichend wahrgenommen und interpretiert hat.

Einer der dafür entscheidenden Gründe war, daß die Frage nach Wert und Stellenwert der deutschen politisch-kulturellen Traditionen fast ausschließlich vom Jahre 1933 her aufgerollt wurde. Diese Fragestellung hatte ihre Berechtigung. Sie ist nach wie vor unverzichtbar, wenn man sich den realistischen Blick für die Gefährdungen der überkommenen deutschen politischen Kultur bewahren will, Gefährdungen, die freilich weitaus weniger in ihrem vorgeblichen »Atavismus«, sondern gerade in ihrem Modernismus begründet liegen. Wer Nationalsozialismus und Holocaust von dieser kulturellen Tradition als äußerlich abzukoppeln sucht, entproblematisiert sie und verhindert historische Lernprozesse[22]. Eine pauschale ideologische Verwerfung deutscher Politiktraditionen führt jedoch nicht nur zu trügerischen Realitätsannahmen, sondern verschüttet auch leichtfertig Lebens- und Überlebensbedingungen, die in einer organisierten wohlfahrtsstaatlichen Demokratie des 20. Jahrhundert unverzichtbar sind.

Politische Traditionen sind, ähnlich wie Hochverrat, stets auch eine Frage des historischen Datums. Was gestern ein Nachteil war und den Durchbruch des freiheitlichen Verfassungsstaates in Deutschland erschwert hat, kann heute, nachdem das Demokratieprinzip in der politischen Kultur der Bundesrepublik fest verankert ist, auch ein Vorteil sein und eine wichtige politisch-kulturelle Ressource darstellen. Bei der Bewertung deutscher Politiktraditionen darf ja nicht übersehen werden, daß mit dem Heraufkommen der modernen Organisationsgesellschaft des 20. Jahrhunderts auch einige Elemente angelsächsischer Zivilkultur marginalisiert und folklorisiert worden, also gleichsam aus der politischen Wirklichkeit gefallen sind.

Daraus folgt zwar kein »Modell Deutschland«, wohl aber der Anstoß, die eigene Politiktradition, die ein verbindendes Element zwischen der Bundesrepublik Deutschland und der DDR darstellt, auch in ihren möglichen Stärken und Vorzügen zu sehen und als eine politisch-kulturelle Grundausstattung zu begreifen, die zu einer Bereicherung der »westlichen« politischen Kultur beitragen kann. Das differenzierte Einlassen auf diese Tradition bricht, um es mit Sontheimer und gegen Sontheimer zu sagen, dem politischen Bewußtsein in der Bundesrepublik nicht das Rückgrat, sondern stabilisiert es durch Einbettung in eine nationale Tradition, die als Sedativum unverzichtbar ist, um hektische politisch-kulturelle Ausschläge abzumildern. Die Furcht vor »deutschen Ungewißheiten« resultiert ja weniger aus der Angst vor einem über die Jahrhunderte hinweg unveränderlichen deutschen Nationalcharakter, sondern aus der Sorge, daß sich die Deutschen der Welt in kurzen Abständen immer wieder in einem völlig neuen politisch-kulturellen Gewande präsentieren.

Die im internationalen Vergleichsmaßstab extrem schwach ausgebildete Fähigkeit der bundesrepublikanischen Gesellschaft, Konzepte, Werte und Maßstäbe an die nächstfolgende Generation zu vermitteln, die zwar einerseits kulturelle Innovationen begünstigt, andererseits aber zu einer bedenklichen Fragmentierung der politischen Kultur in der Zeit führt, hat eine ihrer entscheidenden Ursachen zwar nicht in der Teilung Deutschlands, wohl aber in der fehlenden Einbettung der bundesrepublikanischen politischen Kultur in eine übergreifende nationale Tradition, die dieser erst Halt, Selbstachtung und Verankerung zu geben vermag. »Verfassungspatriotismus« in einer »post-nationalen Demokratie« ist wohl doch nur so etwas wie ein Schönwetterkonzept.

Der komplexe Dialog mit deutschen Politiktraditionen schließt von der Sache her, ob man das nun mag oder nicht, einigermaßen zwangsläufig auch den anderen deutschen Teilstaat mit ein, zumal es ja durchaus so etwas wie ein Stück gemeinsamer politisch-kultureller Interessenlage gibt. Um es an anhand eines wahllos herausgegriffenen Beispiels zu demonstrieren: Die Ersetzung des grausamen SS-Offiziers durch einen ebenso grausamen DDR-Offizier in amerikanischen Fernsehserien kann kein bundesrepublikanisches Interesse sein. Es muß ein politischer Diskurs sein, der mit größter Unbefangenheit die historisch überkommenen politisch-kulturellen Gemeinsamkeiten *und* Unterschiede, die Stärken *und* Schwächen der deutschen Politiktraditionen thematisiert sowie das, was nach 1945 daraus im Westen und im Osten gemacht worden ist. Und es muß ein *kultureller* Dialog sein. Das heißt einmal, daß grundlegende Muster, daß die politischen Designs und die politischen Partituren thematisiert werden, die sich hinter den einzelnen sozialen und politischen Aufführungen verbergen; es heißt zum anderen, daß das Ziel des Dialogs, so kontrovers er auch immer geführt werden mag, die Schaffung neuer politisch-kultureller Selbstverständlichkeiten sein muß. Es geht um den Versuch, auf dem Wege über Selbstverständigungen zu neuen Selbstverständlichkeiten, zu einer »ungeschriebenen Verfassung« zwischen den beiden deutschen Gesellschaften zu gelangen. Dazu ist es erforderlich, daß die häufig getrennt geführten Diskurse über deutsche Frage, nationale Identität und politische Kultur in Deutschland verknüpft und vernetzt werden.

Politische Kultur und politische Identität sind zwar stets das komplexe Resultat von geschichtlicher Überlieferung, eigener Realitätserfahrung und von Sinn- und Deutungsangeboten, die in Wort, Bild und Handeln vermittelt werden. Politische Kultur und politische Identität können also nicht beliebig »gemacht«, wohl aber auf dem Wege über politisch-kulturelle Diskurse gestaltet und geformt werden. Reichtum, Entwicklungsstand und »Kultiviertheit« einer politischen Kultur hängen immer auch davon ab, ob und in welcher Weise politische Traditionen und politische Erfahrungen gedeutet werden, ob kritisch oder affirmativ, ob sinnfällig oder abstrakt, ob neue Denk- und Handlungsmöglichkeiten erschlossen, in Vergessenheit geratene Lebensweisen neu in Erinnerung gerufen und vorhandene Sinnbezüge wieder sinnfällig gemacht werden.

Der Ausgang des Dialogs ist offen, zumal das politisch-kulturelle Ergebnis ja stets auch im hohen Maße abhängig ist von den politischen Realitätserfahrungen, die von den Menschen in beiden Teilen Deutschlands in Zukunft gemacht werden können. Sicher ist nur, daß ein Wiedervereinigungskonzept ohne politisch-kulturelle Selbstverständigungen die Gefahr eines inhaltsleeren und beliebig füllbaren Nationalismus hervorruft, der angesichts der Symbolarmut und affektiven Dürftigkeit, die das politische Leben in der Bundesrepublik umgibt, ohne Zweifel eine politische Versuchung darstellt. Er hätte gleichsam die Tatsache zu verbergen, daß der Kaiser vielleicht in Wirklichkeit nackt ist.

Anmerkungen

1 M. Rainer Lepsius, Die Teilung Deutschlands und die deutsche Nation, in: Lothar Albertin/Werner Link (Hrsg.), Politische Parteien auf dem Weg zur parlamentarischen Demokratie in Deutschland. Entwicklungslinien bis zur Gegenwart, Düsseldorf 1981, S. 417 ff.

2 Zusammenfassend zu diesem Verständnis von politischer Kultur: Karl Rohe, Politische Kultur und der kulturelle Aspekt von politischer Wirklichkeit. Konzeptionelle und typologische Überlegungen zu Gegenstand und Fragestellung politischer Kulturforschung, in: Dirk Berg-Schlosser/Jakob Schissler (Hrsg.), Politische Kultur in Deutschland. Facetten einer dramatischen Entwicklung (PVS-Sonderheft 18), Opladen 1987.

3 Als Hintergrund zu den folgenden Überlegungen wichtig: Werner Weidenfeld (Hrsg.), Die Identität der Deutschen (Schriftenreihe der Bundeszentrale für politische Bildung, Bd. 200), Bonn 1983; Werner Weidenfeld (Hrsg.), Nachdenken über Deutschland. Materialien zur Politischen Kultur der Deutschen Frage, Köln 1985; Geteiltes Land – halbes Land? Essays über Deutschland eingeleitet von Richard Löwenthal, hrsg. von David P. Calleo/Roger Morgan/Raymond Poidevin/Michael Voslensky, Frankfurt a. M. u. a. 1986; Klaus Weigelt, Deutsche Frage und Westbindung, Melle u. a. 1986; Wilfried von Bredow, Deutschland, ein Provisorium?, Berlin 1985; Karl-Ernst Jeismann, »Identität« statt »Emanzipation«? Zum Geschichtsbewußtsein in der Bundesrepublik, in: Aus Politik und Zeitgeschichte, B 20–21/86, S. 3–16; Bernard Willms, Idealismus und Nation. Zur Rekonstruktion des politischen Selbstbewußtseins der Deutschen, Paderborn u. a. 1986; Elisabeth Noelle-Neumann/Renate Köcher, Die verletzte Nation. Über den Versuch der Deutschen, ihren Charakter zu ändern, Stuttgart 1987; Die Rolle der Nation in der deutschen Geschichte und Gegenwart. Beiträge zu einer internationalen Konferenz in Berlin (West) vom 16. bis 18. Juni 1983, hrsg. von Otto Büsch/James J. Sheehan, Berlin 1985.

4 Gabriel A. Almond/Sidney Verba, The Civic Culture. Political Attitudes and Democracy in five Nations, Princeton 1963, sowie dies., (Hrsg.), The Civic Culture revisited, Boston u. a. 1980.

5 Vgl. z. B. Peter Reichel, Politische Kultur in der Bundesrepublik, Opladen 1981, sowie Martin und Sylvia Greiffenhagen. Ein schwieriges Vaterland. Zur Politischen Kultur Deutschlands, München 1979.

6 Zu dieser Unterscheidung und zum folgenden vgl. vor allem: Karl Rohe, Zur Typologie politischer Kulturen in westlichen Demokratien. Überlegungen am Beispiel Großbritanniens und Deutschlands, in: Weltpolitik Europagedanke Regionalismus. Festschrift für Heinz Gollwitzer zum 65. Geburtstag am 30. Januar 1982, hrsg. von Heinz Dollinger/Horst Gründer/Alwin Hanschmidt,Münster 1982, S. 581 ff. sowie ders., Staatskulturen und Krise der Industriegesellschaft. Überlegungen zum Bedeutungszuwachs kommunaler Politik in der Bundesrepublik Deutschland, in: Sociologia Internationalis, 20 (1982), S. 31 ff. Vgl. auch Kenneth H. F. Dyson, The State Tradition in Western Europe. A Study of an Idea and Institution, Oxford 1980, und ders., Die Idee des Staates und der Demokratie. Ein Vergleich »staatlich verfaßter« und »nicht-staatlich verfaßter« Gesellschaften, in: Der Staat, 19 (1980), S. 485 ff.

7 Vgl. Horst-Eberhard Richter, Amerikanismus, Antiamerikanismus – oder was sonst?, in: Psyche – Zeitschrift für Psychoanalyse und ihre Anwendungen, 40 (1986), S. 583 ff.

8 Vgl. Richard Münch, Über Parsons zu Weber. Von der Theorie der Rationalisierung zur Theorie der Interpenetration, in: Zeitschrift für Soziologie, 9 (1980), S. 18 ff., sowie ders., Die Struktur der Moderne. Grundmuster und differentielle Gestaltung des institutionellen Aufbaus der modernen Gesellschaften, Frankfurt a. M. 1984.

9 Richard Löwenthal, Stabilität ohne Sicherheit. Vom Selbstverständnis der Bundesrepublik Deutschland, in: Der Monat, 1/1978, S. 75 ff. Vgl. auch François Bondy, Das Phantom Mitteleuropa und die politische Wirklichkeit. Nachdenken über eine gemeinsame Kultur zwischen Ost und West, in: Frankfurter Allgemeine Zeitung vom 21. Dezember 1985.

10 Vgl. Gerhard Schmidtchen, Ist Legitimität meßbar?, in: Zeitschrift für Parlamentsfragen, 1977/8.

11 So Hartmut Kaelble, Das aristokratische Modell im deutschen Bürgertum des 19. Jahrhunderts. Ein europäischer Vergleich. Vortrag gehalten im Rahmen der ZIF-Gruppe »Bürgertum« am 5. November 1986 am Zentrum für interdisziplinäre Forschung in Bielefeld, Bielefeld 1987.

12 So R. Lepsius (Anm. 1), S. 417.

13 Vgl. u. a. Christian Graf von Krockow, Probleme kollektiver Identität in der modernen Industriegesellschaft, in: W. Weidenfeld (Hrsg.), Nachdenken über Deutschland (Anm. 3), S. 83 ff., hier S. 84.

14 Interessant in diesem Zusammenhang auch Everhard Holtmann, Politik und Nichtpolitik. Lokale Erscheinungsformen politischer Kultur im frühen Nachkriegsdeutschland, Opladen 1987 (i. E.). Vgl. auch David P. Conradt, Changing Political Culture, in: Almond/Verba, Civic Culture revisited (Anm. 4), S. 212 ff.

15 Dazu ausführlich Karl Rohe, Politisches System und politische Kultur in der Bundesrepublik Deutschland: Befunde, Probleme, Perspektiven, in: Die Bundesrepublik Deutschland und die Vereinigten Staaten von Amerika. Aspekte der politischen Kultur, der Wirtschaftsbeziehungen und der Sicherheitspolitik (Studien zur internationalen Schulbuchforschung, hrsg. von Karl-Ernst Jeismann, Bd. 36), Braunschweig 1983, S. 25 ff.

16 Vgl. Richard Löwenthal, Vom Weg der Deutschen – vorgestern, gestern und heute, in: Geteiltes Land (Anm. 3), S. 7 ff., hier S. 20.

17 Vgl. u. a. Oskar W. Gabriel, Politische Kultur, Parlamentarismus und Nationalismus in der Bundesrepublik Deutschland, Opladen 1986, sowie Helmut Klages, Wertorientierungen im Wandel. Rückblick, Gegenwartsanalyse, Prognosen, Frankfurt a. M. u. a. 1984.

18 Max Kaase, Partizipatorische Revolution – Ende der Parteien?, in: Joachim Raschke (Hrsg.), Bürger und Parteien. Ansichten und Analysen einer schwierigen Beziehung, Opladen 1982, S. 173 ff.

19 Vgl. dazu Karl Rohe, Die Westmächte und das Dritte Reich, 1933–1939. Zusammenfassungen – Fragen – Perspektiven, in: ders. (Hrsg.), Die Westmächte und das Dritte Reich 1933–1939. Klassische Großmachtrivalität oder Kampf zwischen Demokratie und Diktatur?, Paderborn 1982, S. 181 ff.

20 Hans-Peter Schwarz, Die gezähmten Deutschen. Von der Machtbesessenheit zur Machtvergessenheit, Stuttgart 1985.

21 So Kurt Sontheimer, in: Deutscher Sonderweg – Mythos oder Realität, hrsg. vom Institut für Zeitgeschichte. München 1982, S. 32. Vgl. auch ders., Ein deutscher Sonderweg?, in: W. Weidenfeld (Hrsg.), Die Identität der Deutschen (Anm.3), S. 324 ff.

22 Vgl. dazu auch Rainer C. Baum, The Holocaust and the German Elite, London 1981.

Gert-Joachim Glaessner

Politische Kultur und nationales Erbe in der DDR

»Begreifen, daß wir ein Entwurf sind – vielleicht, um verworfen, vielleicht, um wieder aufgegriffen zu werden, darauf haben wir keinen Einfluß. Das zu belachen ist menschenwürdig. Gezeichnet zeichnend. Auf ein Werk verwiesen, das offen bleibt, offen wie eine Wunde.«[1]

Am 28. August 1949, wenige Wochen vor Gründung der DDR, jährte sich zum zweihundertsten Male der Geburtstag Johann Wolfgang von Goethes. Zwei deutsche Dichter, Thomas Mann, aus dem Exil in den westlichen Teil Deutschlands zurückgekehrt, und Johannes R. Becher, Präsident des »Kulturbundes zur demokratischen Erneuerung Deutschlands« und späterer Kulturminister der DDR, würdigten Goethe und fragten nach seiner Wirkung im Nachkriegsdeutschland, nach den Lehren, die aus dem Werk Goethes gezogen werden könnten. Thomas Mann überschrieb seine Rede, die er, trotz Widerständen in Frankfurt a. M. und Weimar gehalten hat: »Goethe und die Demokratie«. Für Johannes R. Becher war Goethe »Der Befreier«[2].

Goethe: Die Versöhnung von Geist und Macht

Für Thomas Mann wie für Johannes R. Becher ging es um das Verhältnis von Geist und Macht. Daß es der »europäische Demokratismus« in Deutschland nie zu viel politischer Macht gebracht habe, ist für Thomas Mann einer der Gründe für die deutsche Katastrophe, für jenes »deutsche Europa«, diese »Schreckensaspiration des deutschen Nationalismus«, die ihn aus dem Lande vertrieben hatte. Das europäische Deutschland, das sei im weitesten Sinne das demokratische Deutschland, »dasjenige, mit dem sich leben läßt, das der Welt nicht Furcht, sondern Sympathie erregt, weil es teilhat an der demokratischen Menschheitsreligion, von der das moralische Leben des Abendlandes letztlich bestimmt ist und die gemeint ist, wenn wir das Wort ›Zivilisation‹ sprechen. – Das Unglück wollte, daß dieser europäische Demokratismus es in Deutschland nie zu viel politischer Macht brachte, daß Macht sich niemals mit ihm verbinden wollte, sondern, anders als bei anderen Völkern, diese Idee historisch fast gleichbedeutend mit deutscher Ohnmacht wurde. ›Tatenarm und gedankenreich‹ nannte Hölderlin das alte, fromme, geistige und machtlose Deutschland, und das klingt liebevoll, klingt nach Einwilligung und Bejahung. Aber es ist an der deutschen Diskrepanz zwischen Geist und Macht, Gedanke und Tat, dem Widerspruch zwischen kulturellem Rang und politischer Misere auch gelitten worden.«[3]

Es war das »Europäische auf deutsch«, das Thomas Mann ersehnte, das für ihn die Hoffnung auf eine Versöhnung von Geist und Macht zuließ. Dazu bedürfe es jenes »demokratischen Pragmatismus«, der den Deutschen bisher abgegangen sei, der allein aber die Rechte der Gesellschaft gegenüber der Macht behaupten helfe.

Die Versöhnung von Geist und Macht ist auch das Leitmotiv der Rede von Johannes R. Becher. Gegen den »unseligen Geist Friedrichs II.«, gegen seine »dilettantischen wie gefährlichen Nachahmer«, gegen das »verpreußte Deutschland«, das »im Zeichen der Wehrlosigkeit deutschen Geistes und des Triumphs des Kasernenhofdrills und des Stechschritts« gestanden habe, gegen Professor Unrat, der sich Goethes oberlehrerhaft bemächtigte und ihm erst einmal richtiges Deutsch beibrachte, stellt Becher emphatisch »das Reich, das Goethe heißt«: Eine Haltung freier Menschlichkeit, die »Achtung vor den Millionen namenloser Menschen . . . deren rastlose Tätigkeit ihm unabtrennbar schien von den höchsten Leistungen des Menschengeschlechts«[4]. Die Einheit von Geist und Macht ist für Becher, und hier stellt er sich in die Tradition der deutschen Arbeiterbewegung, ein Wechselverhältnis. Einen Satz Wilhelm Liebknechts paraphrasierend[5], schreibt er Goethe die Erkenntnis zu, daß »der Geist der Macht bedarf, um als Geist lebendig zu bleiben und als unsterblich sich fortzusetzen«. Goethe habe gewußt, »was wir vergessen haben: daß Wissen *nicht* Macht ist, sondern daß Wissen nur Macht ist, wenn es zur Macht wird. Er wußte es, daß der Geist, der auf Macht verzichtet, Verrat übt am Geist und seinen Geist selbst aufgibt.«[6] Was Becher einforderte, war nicht mehr und nicht weniger als die Verwirklichung einer »klassischen deutschen Politik«, die mit der Niederlage der Demokraten von 1848 zu Grabe getragen worden war. Jetzt, in der entstehenden Deutschen *Demokratischen* Republik ging sie, nach Meinung Bechers, ihrer Verwirklichung entgegen.

Das »Reich, das Goethe heißt«, das »andere Deutschland«, war in den unmittelbaren Nachkriegsjahren für viele Intellektuelle östlich der Elbe gelegen. Trotz erkennbarer und sich verschärfender Verfolgungen des freien Geistes sahen sie hier den grundlegenden gesellschaftlichen, politischen und kulturellen Wandel sich vollziehen, der ihnen nach der deutschen Katastrophe als einziger Ausweg erschien. Für viele war unbestritten, daß grundlegende soziale und politische Umwälzungen der einzige Ausweg aus der Niederlage waren. Und viele meinten wie Becher, daß die Ideologie des krassen Individualismus wirklicher Freiheit des einzelnen im Wege stehe, einer Freiheit, die sich nur entfalten könne, wenn »sie sich in Übereinstimmung bringe mit den geschichtlichen Notwendigkeiten ihres

Zeitalters. Freiheit ist Übereinstimmung.«[7] Was bei Becher noch als Abwehr eines individualistischen Freiheitsbegriffs zugunsten gesellschaftlicher Freiheiten erscheinen mag, war in der SBZ/DDR jener Jahre die Freiheit des Staates und der Sozialistischen Einheitspartei (die sich immer deutlicher ihrer sozialdemokratischen Traditionen entledigte) als über der Gesellschaft stehender Ordnungsmacht und als selbsternannter Sachwalterin der historischen Gesetzmäßigkeiten.

An die Stelle konservativer, romantischer, nationalistischer und schließlich völkischer Aversionen gegen einen freien Bürger, gegen eine plurale Gesellschaft, war der Führungsanspruch einer Partei getreten, die sich teleologisch legitimierte. Die Einheit von Geist und Macht war vermeintlich hergestellt, weil die Machthaber sich in Einklang wußten mit den historischen Gesetzmäßigkeiten: Herrscher und Beherrschte unterliegen den gleichen Gesetzen, deren Erkenntnis freilich einer kleinen Elite, der Avantgarde, vorbehalten ist. Mit Hilfe der Propaganda wird die Diskrepanz zwischen sozialer Wirklichkeit und ideologisch behauptetem Entwicklungsniveau der Gesellschaft geschlossen; es tritt das ein, was Hannah Arendt als »Emanzipation des Denkens von erfahrener und erfahrbarer Wirklichkeit« bezeichnet hat[8].

Gegen die »formale« bürgerliche Demokratie wurde eine dynamische Vorstellung von »Volksdemokratie« gesetzt, die auf die Umwandlung der Eigentumsverhältnisse, d. h. die Zerschlagung der ökonomischen Basis vormaliger Klassenherrschaft zielte, die Ausbeutung und Unterdrückung zu beseitigen versprach und den Gedanken der Gleichheit vor den der Freiheit setzte. Individuelle Freiheit könne sich nur im Gesamt sozialer und kultureller Freiheiten des Volkes entfalten. Die »Haltung freier Menschlichkeit«, die Becher bei Goethe bewundert, bedeute unter den veränderten historischen Bedingungen zu begreifen, daß das bürgerliche Zeitalter sich seinem Ende zuneige und nach dem Licht im Westen, dem Licht der französischen Revolution, ein neues Licht im Osten aufgegangen sei, das Licht der Oktoberrevolution. Eine »neue Klasse ist hinter dem Bürgertum aufgestiegen, diese Klasse hat sich zur Nation konstituiert in der Sowjetmacht, und es braucht uns nicht bange zu sein, die wir den Triumph der freien Menschen und der freien Völker auf freiem Grunde herbeisehnen«[9].

Diese Erwartungen und Hoffnungen werden in einer Zeit formuliert, in der offenkundig wurde, daß die SED auf einen revolutionären Umgestaltungsprozeß eingeschworen war, der auf die Wünsche und Interessen der Bürger kaum Rücksicht nahm – trotz der immer wieder, nicht zuletzt in der Verfassung der DDR von 1949 beschworenen bürgerlichen Rechte und Freiheiten. Mit der Verschärfung des kalten Krieges zwischen Ost und West schwand auch der letzte Spielraum einer eigenständigen Entwicklung des gesellschaftlichen und politischen Systems der DDR. Die stalinistische Sowjetunion wurde zum Vorbild; die soziale und politische Transformation der neuen Gesellschaft beschleunigte sich. Hatte es anfangs noch Zustimmung in weiten Kreisen der Bevölkerung gegeben, wenn es um soziale und kulturelle Reformen ging, so verbreiterte sich jetzt der Graben zwischen Bevölkerung und SED; die breite »Volksrevolution« geriet zur

»Revolution von oben«. Von einem besonderen deutschen Weg zum Sozialismus, der in der unmittelbaren Nachkriegszeit vielen Zeitgenossen als Weg in eine bessere Zukunft erschienen war, war wenig übriggeblieben. Die immer engere Anlehnung an sowjetische Vorstellungen mußte viel eher als Liquidierung der von der KPD/SED in den Jahren 1945/46 vertretenen Auffassungen und als Akt endgültiger Unterwerfung unter den Willen der Besatzungsmacht erscheinen.

Der Geist wurde erneut, wenngleich unter gewandelten ideologischen Vorzeichen, der Macht unterworfen. Die Partei rief zur organisatorischen Festigung der eigenen Reihen und zur »Säuberung von feindlichen und entarteten Elementen«[10] auf. Als Lehre aus der gescheiterten Revolution vom November 1919 wurde die führende Rolle der kommunistischen Partei der Sowjetunion für alle Kräfte des Friedens und des Fortschritts propagiert[11], und in Losungen zum 70. Geburtstag Stalins im Dezember 1949 unter dem Titel »Das deutsche Volk grüßt Stalin« wird Stalin als der »Lenin unserer Tage« verehrt und die deutsche Jugend aufgefordert, Stalins Lehre und Beispiel zu folgen, da er den Weg in eine bessere Zukunft weise. »Unter dem Banner Lenins, unter der Führung Stalins, vorwärts für Frieden, Demokratie und Sozialismus!«[12] Und Johannes R. Becher, der noch 1949 die Freiheit des Geistes im neuen Deutschland beschworen hatte, wenngleich bei ihm das Einfallstor für einen neuen Autoritarismus bereits einen kleinen Spalt geöffnet war, dichtet 1953, zum Tode des weisen Führers und Vaters der Völker:

»Den Namen Stalin trägt die neue Zeit.
Lenin – Stalin sind Glücksunendlichkeit.
Begleitet Stalin vor die rote Mauer!
Erhebt euch in der Größe eurer Trauer!

Seht! Über Stalins Grab die Taube kreist,
Denn Stalin: Freiheit – Stalin: Frieden heißt!
Und aller Ruhm der Welt wird Stalin heißen!
Laßt uns den Ewig-Lebenden lobpreisen!«

Die Frage stellt sich, ob vor dem Hintergrund dieser historischen Reminiszenzen von einer eigenen politischen Kultur und von einem Weiterwirken des nationalen Erbes in der DDR gesprochen werden kann oder ob man nicht doch der lange Jahre in der Bundesrepublik Deutschland vorherrschenden Auffassung zuneigen muß, daß die DDR mit einem Geburtsfehler zur Welt gekommen sei, der nicht heilbar ist: ein Kind der Siegermacht Sowjetunion, eines totalitären Systems, das sich zwar ändern, aber in seinem Wesen nicht wandeln kann.

Politisches System, politische Kultur und Lebensweise

Kultur ist in der deutschen Tradition das Wahre, Gute, Schöne, nicht die Niederung des Alltags. Lange war es in der Bundesrepublik Deutschland gängige Auffassung, daß die SBZ (wie die DDR bis weit in die sechziger Jahre hinein genannt wurde), das kommunistische System im anderen Teil Deutschlands, sich von den humanistischen Traditionen abgewandt habe. Sie wurde als das ganz andere, Fremde, als säkulare Herausforderung einer Kultur gesehen, die in den Traditionen des Abendlandes und des Christentums wurzelt. Daß die kommunistischen Bewegungen und Systeme wie die demokratischen Gesellschaften des Westens auch Kinder der Aufklärung sind, daß der Kommunismus ein säkulares Versprechen war, das nicht eingelöst worden ist[13], das wurde lange Zeit übersehen.

Die Rede von der politischen Kultur hat in der Bundesrepublik Deutschland und in der DDR Gemeinsamkeiten und Besonderheiten: Gemeinsamkeit besteht in der Verwendung eines weiten Kulturbegriffs, der Kultur als umfassenden Ausdruck menschlicher Lebensverhältnisse und Verhaltensweisen begreift. Kultur, das sind nicht nur die Ergebnisse eines singulären schöpferischen Prozesses des Künstlers, Kultur ist vielmehr ein gesellschaftlich vermittelter Prozeß. Wie Kultur zum sozialen System einer Gesellschaft, so verhält sich politische Kultur zum politischen System. Von politischer Kultur zu reden, ohne das soziale System zu berücksichtigen und ohne den allgemeinen kulturellen Rahmen, den das soziale System bereitstellt, mitzureflektieren, macht diesen Begriff zur Leerformel. Der Bereich des Politischen ist im Konzept politischer Kultur mehr als das Funktionieren bestimmter Strukturen, er umfaßt auch einen in jedem politischen System und in den einzelnen Ländern unterschiedlich geordneten subjektiven Bereich, der die Haltungen und das individuelle und kollektive Handeln der Bürger gegenüber der Politik bestimmt[14]. Politische Kultur bezeichnet die Summe der Einstellungen, Gefühle und Einsichten, die das politische Verhalten beeinflussen und lenken, sie stellt einen Orientierungsrahmen für Aktionen, Reaktionen und Interaktionen in einer Gesellschaft zur Verfügung. Für den einzelnen wie für soziale Gruppen und die ganze Gesellschaft stellt sie verbindliche informelle Verhaltensweisen, formale Regeln und Institutionen zur Verfügung, in denen und mit deren Hilfe soziales und politisches Handeln möglich wird[15]. Sie beinhaltet also sowohl subjektive Faktoren (Einstellungen, Haltungen, Verhaltensweisen) als auch objektive Faktoren (Institutionen, formale Regeln, Recht).

In seiner Rede über »die Deutschen und ihre Identität« hat Bundespräsident Richard von Weizsäcker 1985 vor dem evangelischen Kirchentag daran erinnert, daß uns Deutschen das Verhältnis von Kultur und Politik, von Geist und Macht häufig besonders zu schaffen gemacht hat: »Immer wenn wir Deutschen Kultur ernst nahmen und unseren eigenen Weg der Kultur suchten, waren wir nicht nur anderen willkommen, sondern wir erwiesen uns auch selbst den besten Dienst. So noch heute. Das ist keine Frontstellung gegen das technische Zeitalter, und erst recht kein Weg ins Unpolitische. *Kultur ist Lebensweise. Kultur ist daher auch Politik.* Kultur, verstanden als Lebensweise, ist vielleicht die glaubwürdigste Politik. Sie ist es, die unsere Identität stärkt, und zwar gerade auch dort, wo uns staatliche und gesellschaftliche Grenzen in unserem Selbstverständnis belasten oder trennen.«[16]

Kultur als Lebensweise – diese Vorstellung hat sich nicht nur in der Bundesrepublik Deutschland erst in den letzten Jahren durchgesetzt. Auch in der DDR hing man lange Zeit dem tradierten deutschen Kulturbegriff an. Die SED befand sich dabei durchaus in der Tradition der deutschen Arbeiterbewegung, die der westlichen Zivilisation und der kulturellen Moderne gegenüber stets erhebliche Vorbehalte gehabt hatte[17]. Die SED versuchte bis Anfang der siebziger Jahre, diesen tradierten Kulturbegriff mit neuem, sozialistischem Inhalt zu füllen und zu erweitern. Erst seit der politischen Wende des VIII. Parteitages der SED 1971 setzte sich ein weiterer Kulturbegriff allmählich durch. Auf der 6. Tagung des Zentralkomitees der SED im Juli 1972, die kulturpolitischen Fragen gewidmet war, verkündete der für ideologische Fragen zuständige Kurt Hager das neue Kulturverständnis der Partei: »Die sozialistische Kultur schließt das gesamte intellektuelle, sittliche, ästhetische und emotionale Entwicklungsniveau des Menschen ein, die Gesamtheit seines Wissens, seiner Fähigkeiten, Talente, Verhaltensweisen, Einstellungen und Überzeugungen, seiner sozialen Gewohnheiten und seiner Genüsse. Alle diese Momente werden in kulturellen Bedürfnissen zum Ausdruck gebracht ... Die Bedürfnisse sind abhängig von den materiellen und kulturellen Lebensbedingungen, von Bildungsstand, Kulturgewohnheiten, Traditionen und dem Stand der sozialistischen Beziehungen zwischen den Menschen.«[18]

Diese Erweiterung des Kulturbegriffs ermöglichte es, in bezug sowohl auf die Kulturpolitik im engeren Sinne als auch auf die kulturellen Traditionen der DDR eine Neubewertung bisheriger festgefügter Vorstellungen vorzunehmen. Das Leben in der DDR-Gesellschaft und das »kulturelle Erbe in seiner Gesamtheit« geriet in den Blick. Erbe bedeutet jetzt »geschichtliches, wissenschaftliches, technisches, künstlerisches und räumlich-gegenständliches Erbe einschließlich der humanistischen Traditionen in den Lebensgewohnheiten und Verhaltensweisen *aller* Gesellschaftsformationen«[19]. Stärker als zuvor kommt damit die Politik unmittelbar ins Spiel. War schon die tradierte Kulturpolitik der SED eine politische in dem Sinne, daß sie darauf abzielte, ihre ideologischen Vorstellungen in der Gesellschaft durchzusetzen und zugleich Bündnisangebote an alle »fortschrittlichen Menschen« zu machen, war also die Kulturpolitik stets auch Bündnispolitik, so gewinnt sie jetzt eine neue Dimension: Es geht um die allseitige Gestaltung sozialistischer Lebensverhältnisse – um das kulturelle Erbe einschließlich der Traditionen der proletarisch-revolutionären Kunst und Literatur, die angesichts der bisherigen Klassikrezeption eher vernachlässigt worden war, um die spezifischen Traditionen der Arbeiterbewegung, um Arbeitstraditionen, um ein neues Wissenschaftsverständnis, kurz, um die Gestaltung der »sozialistischen Lebensweise«[20].

In diesem Kontext wird politische Kultur in der DDR als »Teil der allgemeinen Kultur« verstanden, als »das verarbeitete, anwendungsbereite Wissen über das Wesen, den Charakter und das Funktionieren von Politik und politischer Macht und eine dementsprechende gesellschaftliche Aktivität von Klassen, Schichten und Individuen«[21]. Die politische Kultur ist im Selbstverständnis der DDR ein

»wesentliches Element der sozialistischen Demokratie« und der *»sozialistischen Lebensweise«*. Mit sozialistischer Lebensweise ist die Gesamtheit der Einstellungen, Verhaltensweisen und Handlungen der Menschen in allen Lebensbereichen der Gesellschaft, im Arbeitsleben und in der Freizeit, in der Öffentlichkeit und in der Familie, in der Politik und im privaten Freundeskreis gemeint[22]. In diesen Begriff gehen zentrale Axiome des Gesellschafts- und Politikverständnisses der SED ein, die die offizielle politische Kultur bestimmen:

- die beanspruchte führende Rolle der Arbeiterklasse und ihrer »marxistisch-leninistischen Partei« in Staat und Gesellschaft;
- der Anspruch, die Gesellschaft als Gesamtheit nach ihrem Willen zu lenken und planmäßig zu entwickeln;
- die Vorstellung, daß die sozialistische Gesellschaft eine allmähliche Angleichung der Lebenschancen aller Menschen zu verwirklichen vermag und daß sich dieser »Annäherungsprozeß der Klassen und Schichten auch im individuellen und kollektiven Verhalten niederschlagen müsse, einem Verhalten, das durch eine wachsende »politisch-moralische Einheit des Volkes«, zugleich aber durch eine zunehmende Vielfalt »konkreter Ausdrucksformen der Lebenstätigkeit« gekennzeichnet sei;
- die Betonung der Arbeit als Zentrum aller menschlichen Lebensäußerungen;
- die planmäßige Steigerung des »materiellen und geistig-kulturellen Lebensniveaus« als Ziel der Politik von marxistisch-leninistischer Partei und sozialistischem Staat;
- die politische Beteiligung und Aktivierung der Bürger im Rahmen des bestehenden Institutionen- und Organisationengefüges und unter den Bedingungen des »demokratischen Zentralismus« und der »sozialistischen Demokratie«;
- die Verkoppelung von sozialistischer Lebensweise mit der Militärpolitik der SED und dem »Schutz der sozialistischen Heimat«[23].

Traditionslinien der politischen Kultur in der DDR

Karl Marx hat in seinem Werk »Der 18. Brumaire des Louis Bonaparte« in einem poetischen Bild das Fortwirken tradierter Vorstellungen in einer Gesellschaft umschrieben, die sich auf den Weg gemacht hat, etwas ganz Neues, historisch Einzigartiges zu schaffen: »Die Tradition aller toten Geschlechter lastet wie ein Alp auf dem Gehirne der Lebenden. Und wenn sie eben damit beschäftigt scheinen, sich und die Dinge umzuwälzen, noch nicht Dagewesenes zu schaffen, gerade in solchen Epochen revolutionärer Krise beschwören sie ängstlich die Geister der Vergangenheit zu ihrem Dienste herauf, entlehnen ihnen Namen, Schlachtparole, Kostüm, um in dieser altehrwürdigen Verkleidung und mit dieser erborgten Sprache die neue Weltgeschichtsszene aufzuführen.«[24]

Wenn man nach den Traditionslinien der politischen Kultur in der DDR fragt, wird man mit einem manifesten Widerspruch konfrontiert: Ein autoritäres politisches System beruft sich vor allem und in erster Linie auf die Traditionsstränge politischer Kultur, die sich in der deutschen Geschichte nie wirklich durchsetzen konnten. Die SED bemüht seit 1945/46 die Traditionen derjenigen politischen und sozialen Bewegungen, die sich das Ziel auf ihre Fahnen geheftet hatten, Ausbeutung und Unterdrückung, soziale Not und politische Bevormundung zu beseitigen. Es sind die sozialen und politischen Kämpfe der kleinen Leute, der armen Bauern seit den Bauernkriegen des frühen 16. Jahrhunderts, der deutschen Jakobiner, des demokratischen Bürgertums in der Revolution von 1848, der deutschen Arbeiterbewegung, auf die die SED sich beruft und als deren Testamentsvollstrecker sie sich begreift und darstellt. In den wenigen Jahren ihrer Existenz habe die DDR mehr für ein besseres und sinnerfülltes Dasein der Bürger, für ein hohes materielles und kulturelles Lebensniveau getan, als in Jahrhunderten zuvor geleistet worden sei[25].

Als 1949 zwei deutsche Staaten mit unterschiedlichen sozial-ökonomischen und politischen Ordnungsvorstellungen entstanden, sahen sich beide vor der Aufgabe, eine neue politische Kultur zu schaffen. In der DDR war nach 1945 der Weg der »antifaschistisch-demokratischen Umwälzung« eingeschlagen und ein radikaler Bruch mit der deutschen politischen Vergangenheit vollzogen worden. Tiefgreifende soziale und ökonomische Veränderungen wie die Bodenreform, die Enteignung der Großindustrie und die Umgestaltung des Bildungswesens, um nur einige besonders wichtige zu nennen, hatten die Voraussetzungen geschaffen, um im Jahre 1948 eine neue Entwicklungsetappe auf dem Weg zu einer sozialistischen Gesellschaft einzuschlagen, einer Gesellschaft, die sich am Vorbild der Sowjetunion orientieren sollte – »von der Sowjetunion lernen, heißt siegen lernen« lautete eine einschlägige Losung. Der radikale Bruch mit der Vergangenheit verdeckte, daß es trotz der eingeleiteten »Revolution von oben« vielfältige Bezüge zur traditionellen politischen Kultur in Deutschland gab, Traditionen, die sich bis heute erhalten haben und die, wenn nicht alles täuscht, in Zukunft eher an Bedeutung gewinnen werden.

Es sind im wesentlichen drei Traditionslinien, auf denen die politische Kultur der DDR basiert:

1. Es gibt eine spezifische Umformung traditioneller *obrigkeitsstaatlicher Elemente*, die in Deutschland eine besondere Ausprägung erfahren haben, in einem Land, das über keine gefestigte demokratische Tradition verfügt.

2. Das politische System der DDR hat Elemente der alten *Arbeiterkultur* aufgenommen und in die herrschende politische Kultur eingebaut.

3. Die SED erhebt den Anspruch, eine *kulturrevolutionäre Bewegung* an der Macht zu sein, die sich das Ziel gestellt hat, die kommunistische Gesellschaft zu verwirklichen.

Zwei weitere Elemente kommen hinzu: Die DDR ist erstens mit den kulturellen und politischen Vorstellungen konfrontiert, die im Westen von den »neuen« sozialen Bewegungen formuliert werden, die in der Tradition höchst unterschiedlicher historischer Protestbewegungen stehen, welche von der SED wahlweise als fortschrittsfeindlich, kleinbürgerlich, romantisch oder linksradikal bezeichnet worden sind; und sie befindet sich, ob sie dies will oder nicht, zweitens in einem ständigen Konkurrenzverhältnis zur Bundesrepublik Deutschland.

Obrigkeitsstaatliche Elemente in der politischen Kultur der DDR

In der deutschen politischen Kultur hatten obrigkeitsstaatliche Elemente eine starke Prägekraft: Die prinzipielle Trennung von Staat und Gesellschaft; die Vorstellung von der Neutralität des Staates, der nicht das Ergebnis eines Gesellschaftvertrages, sondern höchster Ausdruck der Autorität, selbständige Instanz mit einer eigenen, nicht abgeleiteten Macht ist; das Bild des Beamten, der gegenüber parteiischen Interessen neutral bleibt; die politischen Tugenden des Untertanen wie Folgebereitschaft, Gehorsam und politischer Absentismus[26]. Der radikale Bruch mit vielen dieser Vorstellungen ist in der DDR unverkennbar vollzogen worden. Staat und Gesellschaft werden als Einheit betrachtet, die Gesellschaft wird vom Staat und durch den Staat organisiert und ihre Zukunft mit Hilfe zentraler staatlicher Planung geformt. Der Staat ist nicht neutral, sondern »Hauptinstrument« der Arbeiterklasse und ihrer Partei zur Durchsetzung ihrer gesellschaftspolitischen Zielvorstellungen. Seine Macht ist abgeleitet vom historischen Auftrag der Partei, den Sozialismus/Kommunismus aufzubauen, seine »Beamten« sind nicht neutral, sondern Kader der Partei, die deren Interessen in der staatlichen Verwaltung wahrnehmen. Die Bürger schließlich sollen sich mit allen Kräften am Aufbau der sozialistischen Gesellschaft beteiligen.

Gleichwohl bleiben drei zentrale Aspekte des Obrigkeitsstaates erhalten und werden für die politischen Zwecke der marxistisch-leninistischen Partei umgeformt: Der Staat entsteht und rechtfertigt sich nicht auf Grund eines Übereinkommens der Bürger. Staat und Gesellschaft bilden zwar eine Einheit, an der Bestimmung der Ziele und der Aufgaben von Staat und Gesellschaft sind die Bürger aber nicht beteiligt. Ihnen gegenüber tritt der Staat nach wie vor als höchste Autorität auf. Daß seine Macht abgeleitet ist, daß er nur als Instrument der Partei fungiert, bleibt für das Verhältnis Staat-Bürger von nachgeordneter Bedeutung. Politischer Absentismus wird nicht mehr als Tugend, sondern als Verstoß gegen den Moralkodex der sozialistischen Gesellschaft begriffen. An seine Stelle ist aber nicht die Partizipation der Bürger in gesellschaftlichen und politischen Angelegenheiten getreten, sondern ihre Mobilisierung für die Ziele von Partei und Staat, die zu kritisieren allemal zu Problemen führt.

An der Wiege des politischen und gesellschaftlichen Systems der DDR hat die Vorstellung gestanden, bewaffnet mit der wissenschaftlichen Ideologie der Arbeiterklasse, dem Marxismus-Leninismus, seien die Gesetze von Natur und Gesellschaft erkennbar und beherrschbar. Der Sozialismus erschien als die Gesellschaftsordnung, die soziale Gerechtigkeit und soziale Gleichheit für alle Bürger verwirklichen könne. Er gestatte es der Arbeiterklasse als der führenden gesellschaftlichen Klasse, ihre historische Mission zu erfüllen. Hannah Arendt hat auf den Widerspruch hingewiesen, der seit jeher zwischen diesen Zielen und der Wirklichkeit geklafft hat. Er erwachse aus der Tatsache, daß sich eine Gruppe von Menschen eines Endziels sicher sei und unter Berufung auf dieses Endziel, nämlich die Exekution der Gesetze von Natur oder Gesellschaft, Freiheit und Menschenwürde mit Füßen trete[27].

Die politisch-gesellschaftlichen Strukturen in der DDR und (bei allen nationalen Unterschieden) in den anderen sozialistischen Ländern sind Ausdruck der Vorstellung, daß eine Gesellschaft rational, wissenschaftlich planbar sei und daß es eine privilegierte Gruppe gebe, die Avantgarde und ihre marxistisch-leninistische Partei, die im Wissen um die gesellschaftlichen Gesetzmäßigkeiten befugt und in der Lage sei, als Vollstrecker der historischen und gesellschaftlichen Gesetze aufzutreten. Diese Vorstellungen boten, da sie vermeintliche Gewißheiten verkündeten, Identifikationsangebote und stießen auch in pluralistischen Demokratien, deren Wesen sie stets fremd gewesen sind, auf Aufnahmebereitschaft. Heute haben sie angesichts der historischen Erfahrungen und der offenkundigen Probleme der sozialistischen Länder, ihre eigene Zukunft zu meistern, allenthalben ihre Prägekraft verloren.

Die DDR ist, wie die anderen sozialistischen Länder auch, eine politische Zielkultur, die ihrer Ziele weitgehend verlustig gegangen ist. Nach Jahren einer einzigartigen Dynamik der gesellschaftlichen und politischen Entwicklung steht sie heute vor dem Problem, Erreichtes zu sichern und zu bewahren. Neue soziale Verhaltensweisen und politische Einstellungen bestimmen inzwischen mehrere Generationen, Verhaltensweisen und Einstellungen, die geprägt sind vom »realen«, nicht vom utopischen Sozialismus und der ideologisch noch immer behaupteten Zielvorstellung »Kommunismus«. Sie sind verbraucht und werden nur noch als Requisiten im Arsenal politischer Rituale aufbewahrt. Beide, die politische Führung und die Bürger, haben sich dem Hier und Jetzt zugewandt.

Gleichwohl aber sind, von wenigen Modifikationen abgesehen, die gesellschaftlichen und politischen Planungs- und Leitungsstrukturen und die ideologischen Legitimationsmuster einer politischen Bewegung erhalten geblieben, die ihre Ziele autoritativ, von oben, mit Hilfe des sozialistischen Staates und seiner Zwangsmittel (und das hieß in der ersten Zeit ihrer Herrschaft auch mit Hilfe des Terrors) durchzusetzen versteht. Das Institutionensystem und das offiziell verkündete Normen- und Wertesystem haben den Verlust utopischer Ziele überdauert. Institutionell soll der Ausbau der »sozialistischen Demokratie« die entstandene Lücke füllen. Es soll ein »gesellschaftliches Klima« geschaffen werden, »in dem alle Fragen kultiviert diskutiert, behandelt und gelöst« werden. Dazu gehören nach Auffassung der SED eine bessere »Kultur der Arbeit des Verwaltungsapparates« und eine verantwortungsvolle Tätigkeit aller »Kommunisten«, von deren feinfühliger und mobilisierender Arbeit mit den Massen es abhänge, ob die gesellschaftlichen und politischen Aufgaben, die die Partei gestellt hat, erfüllt werden können[28]. Die Beteiligung der Bürger aber ist noch immer gedacht als eine gelenkte, organisierte, für die Ziele der Partei mobilisierte, nicht als eigenständige, selbstverantwortliche, für Alternativen und neue Ideen offene. Insofern ist das alte Dilemma dieser Gesellschaft nur fortgeschrieben: Der Abschied vom angepaßten, dem Willen der Obrigkeit Folge leistenden Bürger ist nicht vollzogen.

Der *citoyen* ist der SED als gesellschaftlich prägender Typus der »entwickelten sozialistischen Gesellschaft« nicht genehm. Es prägt weiterhin die politische Kultur der DDR, daß auch dort, wo Bürger in gesellschaftlichen Organisationen und verschiedenen Institutionen mitarbeiten, die häufig beschworene »Einheit von Wissen und Emotionen«[29] fehlt. Die offizielle politische Kultur steht einer solchen Haltung im Wege, verlangt sie doch, die eigenen Lebenserfahrungen nach vorgegebenen Interpretationsmustern zu verarbeiten. Gegenüber diesen ist das Alltagsbewußtsein, sind die Einstellungen und Gefühle, die Einsichten und das politische Verhalten der Bürger von vielfältigen Einflüssen geprägt, die der offiziellen politischen Kultur, den formalen Regeln, Verfahrensweisen und Institutionen, mit deren Hilfe und in denen soziales und politisches Handeln möglich wird, häufig entgegenstehen. Die offizielle politische Kultur basiert auf hierarchischen, obrigkeitlichen Gesellschaftsvorstellungen, die der Selbstentfaltung und der Eigenorganisation der gesellschaftlichen Gruppen und Individuen enge Grenzen setzen.

Die Arbeiterkultur und ihre Erben

Ein zweites Traditionselement der politischen Kultur der DDR ist die Kultur der Arbeiterbewegung, die Art und Weise, wie die klassenspezifischen Erfahrungen verarbeitet, angeeignet und in soziales und politisches Handeln umgesetzt wurden. Die Arbeiterkultur hat ihre Wurzeln in vorindustriellen, bäuerlichen, handwerklichen und städtisch-plebejischen Volkskulturen. Sie ist geprägt worden von den vielfältigen Organisationsbemühungen der Arbeiterbewegung, die nicht nur die politische und soziale Organisation der Arbeiter in Partei und Gewerkschaft, sondern auch ihre Freizeitorganisationen, die Sängerbünde, Sportvereine, Radfahrerbünde, Kulturorganisationen, Genossenschaften und eine Vielzahl von Selbsthilfeeinrichtungen umfaßte. Erst in jüngster Zeit ist die Bedeutung regionaler, parochialer und religiöser Traditionen der Arbeiterschaft für die Herausbildung und Festigung einer eigenständigen Arbeiterkultur erkannt worden[30]. Arbeiterkultur stellt sich aus diesem Blickwinkel als eine Subkultur mit gegenkulturellen Elementen dar. Als Subkultur ist sie eine Antwort auf die proletarische

Lebensweise, der Versuch, in einer als feindlich begriffenen Umwelt durch Selbsthilfe und Selbstorganisation die eigenen Lebensbedingungen zu verbessern. Als Gegenkultur ist sie die Kultur einer politischen und sozialen Bewegung, die gewiß ist, daß die gegenwärtige Gesellschaft historisch überlebt ist und dem Sozialismus die Zukunft gehört.

Die SED hat jedoch nur bestimmte Aspekte dieser Traditionslinie positiv aufgegriffen und verarbeitet. Während sich im sozialdemokratischen Zweig der Arbeiterbewegung diese Gewißheit zunehmend verflüchtigte, hielt die KPD, und in ihrer Nachfolge die SED, daran fest, der Garant und Vollstrecker dieses gesetzmäßigen historischen Prozesses zu sein. In dieser Gewißheit wurden die demokratischen Traditionsstränge der Arbeiterbewegung gekappt. Die Arbeiterklasse, in deren Namen und Auftrag die SED zu handeln meinte und meint, ist darauf verwiesen, die von der Partei vorgegebenen Ziele zu realisieren, an ihrer Formulierung ist sie nicht beteiligt.

Andererseits ist nicht zu verkennen, daß auch unter den veränderten gesellschaftlichen und politischen Bedingungen in der DDR alte Solidarformen, die die Arbeiterschaft im Kampf um ihre sozialen und politischen Rechte entwickelt hat, weiterleben. Besonders deutlich wird dies in der Arbeitswelt. Viele der arbeitsrechtlichen Regelungen, der Wert, der der betrieblichen Mitwirkung zuerkannt wird, die Hervorhebung des Arbeitsethos und der Bedeutung der Arbeitstraditionen sind sowohl Ausdruck einer bewußten Pflege wesentlicher Elemente der Kultur der Arbeiterbewegung als auch des Versuchs, diese Traditionen weiterzuentwickeln und an die veränderten gesellschaftlichen Bedingungen anzupassen. »Arbeiterehre« war in den vierziger und fünfziger Jahren ein politisch eingeengter und instrumentalisierter Begriff. Heute meint er: Entwicklung eines neuen Selbstverständnisses der führenden Klasse in einer technisierten, verwissenschaftlichten sozialistischen Gesellschaft.

Nachdem über mehr als zwei Jahrzehnte die bedeutende Rolle der wissenschaftlich-technischen Intelligenz betont und die Vorstellung verbreitet worden war, die Arbeiterklasse würde sich immer mehr der Intelligenz annähern und immer mehr Arbeiter würden im Zuge der Rationalisierung und Automatisierung von körperlich schwerer und monotoner Arbeit befreit, zeigt sich heute, daß diese Zukunftsvision nicht realisierbar ist. Die Soziologen betonen, daß die gegenwärtige soziale Struktur sich im wesentlichen erhalten werde – das heißt, daß eine weitere »Höherentwicklung der Arbeiterklasse« nicht stattfinden wird[31]. Dies bedeutet, daß die Arbeiterschaft in der DDR weitgehend einer kollektiven und individuellen Hoffnung beraubt ist, nämlich über Bildung und berufliche Qualifizierung (weiteren) sozialen Aufstieg erreichen zu können. Vor diesem Hintergrund erweisen sich die Bemühungen, die Bedeutung der Arbeitstraditionen und des Selbstverständnisses des Arbeiters neu zu formulieren, als Antwort auf eine veränderte soziale Konstellation und zugleich als Versuch, lange Zeit vernachlässigte, weil der kapitalistischen Gesellschaft negativ angelastete Werte als Bestandteil des eigenen kulturellen Erbes zu verankern.

»Hier wird . . . erkennbar, daß es nicht nur um progressive politische Traditionen, sondern auch um die Arbeit selbst geht. Bei fortschrittlichen Proletariern war der Kampf gegen die Ausbeutung der Unternehmer stets mit dem Bewußtsein verknüpft, der eigentliche Beweger des Arbeitsprozesses zu sein, der um seine wahre Leistung betrogene Schöpfer der Werte, der demzufolge an seine Tätigkeit hohe Anforderungen stellt . . . Hervorragende Fachkenntnisse und praktische Fertigkeiten zeichneten deshalb häufig gerade den politisch bewußten Arbeiter aus. Kollegialität und Ehrlichkeit im Umgang miteinander entwickelten sich, um dem Druck gegenseitiger Konkurrenz unter den Arbeitern, wie sie die kapitalistische Produktionsweise mit sich bringt, erfolgreich entgegenzuwirken. Darüber hinaus sorgten der Zwang der industriellen Arbeit, die feste Einbindung in den produzierenden Mechanismus dafür, daß sich über Generationen hinweg Disziplin, Ordnung, Verantwortungsbewußtsein, Kollektivität und Solidarität als feste Gewohnheiten und ›Tugenden‹ der Arbeitenden ausprägten. Pünktlichkeit und Genauigkeit waren Bedingungen des Ineinanderspiels industrieller Produktion.«[32]

Es sind widerstreitende Aspekte, die hier genannt werden und die miteinander in Konflikt geraten, wenn sie sich in einer Gesellschaft äußern, in der die Arbeiter sowohl Produzenten als auch Besitzer der Produktionsmittel sind – so zumindest lautet die offizielle Lesart. Die soziologische Literatur der DDR zeigt deutlich, daß vor allem die Elemente des alten proletarischen Arbeitsethos überdauert haben, die auf Bewahrung der Solidarformen und auf die Abwehr von als unzumutbar angesehener Leistungen zielten. Um so bedeutsamer sind in der DDR-Diskussion über die Zukunft der Arbeit die Aspekte der Leistung, der Mobilität und Flexibilität »als individuelle Verhaltensqualität und Persönlichkeitseigenschaft«[33], der Innovation und der individuellen Verantwortungsbereitschaft. Die Vermutung ist nicht von der Hand zu weisen, daß die tradierten Solidarformen, die zu »subindustriellen Standards der Arbeit«[34] geführt haben, durch die Innovationsnotwendigkeiten und die technisch erforderlichen Umstrukturierungen der Arbeitswelt in Frage gestellt werden. Da sie zugleich so etwas wie der täglich erlebbare »Beweis« dafür waren, daß sich im Sozialismus besser arbeiten, wenn schon nicht besser leben lasse als im Kapitalismus, berühren diese Veränderungen die Legitimationsgrundlage des politischen und sozialen Systems.

Der Abschied von der Vorstellung, die wissenschaftlich-technische Revolution werde die Mühen der Arbeit beseitigen und dem Leben, auch dem Arbeitsleben, einen neuen Sinn geben, stellt die Frage nach dem Sinn der Arbeit neu. Es bleibt ein Widerspruch »zwischen der objektiven Bedeutung der Arbeit des einzelnen oder eines Kollektivs für die Gesellschaft und ihrem subjektiven Sinn für den einzelnen«[35]. Dieser Widerspruch wird aber nicht, wie dies in der Frühzeit der DDR geschah, auf überholte Anschauungen, wenn nicht gar feindliche Haltungen gegenüber der sozialistischen Gesellschaft zurückgeführt, und er wird auch nicht mehr als Hemmnis der weiteren ökonomischen und sozialen Entwicklung betrachtet, sondern aus ihm erwachsen »wichtige Triebkräfte des sozialen Verhaltens«[36].

Gleichwohl bleibt das Problem, wie sich der einzelne mental in einer Gesellschaft einrichtet, die ihm nicht mehr »Helden« als Vorbilder präsentiert, wie dies die Stachanows und Henneckes der Stalin-Ära waren, die von ihm nicht mehr etwas Spektakuläres, sondern tägliche Pflichterfüllung am Arbeitsplatz verlangt, wie von jenem »gewissen Robel« im Roman von Joachim Nowotny, der tagtäglich Kies fährt und sich fragt, was von ihm nach hundert Jahren noch da sein wird. »Aber du, Robel, als was wirst du [in die Geschichte] eingehen? Wer wird später mal nach dir fragen ... Wer wird wissen wollen, was ihr mochtet oder verabscheut habt, wen ihr geliebt, gehaßt oder einfach links liegengelassen habt? Wer würde auch begreifen, daß ihr, während andere zur Revolution schritten, euch anschicktet, Kies zu fahren, Rostbratwürste zu verzehren oder zum Schweineschlachten zu gehen?«[37]

Der Frage, welcher Sinn dem Alltagsleben in einer sozialistischen Gesellschaft eignet, die ihre revolutionäre Phase hinter sich hat, hat die theoretische Zeitschrift der SED, »Einheit«, ein ganzes Heft gewidmet. Die Antwort auf die Frage »Vom Sinn des Lebens und der Arbeit« lautet: »Weil mit dem Aufbau des Sozialismus alle gesellschaftlichen Verhältnisse beseitigt wurden, die den Menschen ökonomisch, politisch, und geistig knechten und unterwerfen und damit Bedingungen entstanden sind, in denen der einzelne sich eins wissen kann mit den Zielsetzungen, Werten, Idealen und Normen der Gesellschaft, der er angehört, eröffnet unsere Gesellschaft für alle die Chance, ihrem Leben, ihrem Tun – geleitet von diesen Zielsetzungen und Werten – einen reichen Sinn zu geben.«[38]

Das leninistische Erbe

Damit ist der dritte Aspekt politischer Kultur angesprochen. Die DDR sieht sich in der Tradition der kommunistischen Weltbewegung, die als kulturrevolutionäre Bewegung angetreten ist. Revolution, das bedeutete nicht nur die Umwälzung eines sozio-ökonomischen Systems, sondern auch die der bestehenden Kultur. Kommunistische Revolutionen, soweit sie realisiert worden sind, sind Revolutionen einer Minderheit, einer revolutionären Elite, deren Vorstellungen über die zukünftige Gesellschaft nur in Ausnahmefällen und dann meist vorübergehend von der Mehrheit der Bürger geteilt worden sind. Um sie gleichwohl durchzusetzen, bedurfte es einer Erziehungsdiktatur, die den Traditionalismus der »Massen« überwinden sollte. Durch Erziehung, nicht durch soziale Erfahrung sollte der neue, der sozialistische Mensch geschaffen werden. Über 70 Jahre nach der Oktoberrevolution in Rußland und über 40 Jahre nach der sozialistischen Umgestaltung in der SBZ/DDR hat sich der Zeithorizont der revolutionären Elite dem der Bürger angenähert. Über die zukünftige kommunistische Gesellschaft wird als fernes Ziel zwar noch gesprochen, im Alltag aber geht es um die Bewältigung der vielfältigen ökonomischen, sozialen und kulturellen Aufgaben, für deren Realisierung man die aktive Beteiligung der Bürger benötigt.

Gleichwohl bestehen nach wie vor erkennbare Unterschiede zwischen der offiziellen politischen Zielkultur und dem alltäglichen Bewußtsein großer Teile der Bevölkerung. Der Verzicht auf Zwang bei der Durchsetzung kultureller Muster des Marxismus-Leninismus bedeutet nicht, daß das Ziel aufgegeben worden wäre, sozialistisches Bewußtsein bei allen Bürgern mental zu verankern. Die SED hält an ihrem gesellschaftlichen Erziehungsauftrag fest. Durch das Bildungssystem, die Massenmedien, die Kulturpolitik trägt sie Sorge dafür, daß ihr die Darstellung, Interpretation und Sinnbestimmung der politischen und sozialen Wirklichkeit nicht aus der Hand genommen wird. Als Avantgarde fühlt sie sich noch immer aufgefordert, die tradierte leninistische Hierarchie wachsender Bewußtheit: Masse – Klasse – Partei zu bewahren. »Partei und Volk im vertrauensvollen Dialog«, lautet die Devise.

»In unserem Verständnis von Partei – Klasse – Masse meint der Begriff Masse oder Massen von jeher das Volk, genauer das werktätige Volk. Alle Besitzlosen, alle Ausgebeuteten, die Mehrheit des Volkes waren damit bezeichnet in der Zeit vor der Erringung der Macht der Arbeiterklasse. Heute bei uns angewendet, umschließt der Begriff alle Bürger, das ganze Volk, weil im Sozialismus der Grundwiderspruch beseitigt ist, der die Menschen in Ausgebeutete und Ausbeuter spaltet. Die Massenverbundenheit der Kommunisten entspringt ihrem Wesen als Partei der Arbeiterklasse. Sie beruht darauf, daß die Partei in ihrer Politik den Interessen der Massen *gültigen Ausdruck* verleiht. Als wichtigste Voraussetzung dafür *besitzt die Partei die wissenschaftliche Einsicht in die Gesetzmäßigkeiten der gesellschaftlichen Entwicklung,* den Marxismus-Leninismus ... Es gibt nichts Höheres für einen Kommunisten, als für das Glück der Massen zu arbeiten.«[39]

Dieses Selbstverständnis der marxistisch-leninistischen Partei gerät jedoch in Konflikt mit den gewandelten gesellschaftlichen Rahmenbedingungen, in denen es seine institutionelle Ausformung erhält: Durch den Zielverlust der dominanten politischen Kultur ist die Notwendigkeit gewachsen, auch Einstellungen und Verhaltensweisen zu tolerieren, die »der reinen Lehre« widersprechen. Wenn das System seinen Bürgern nicht mehr vermitteln kann, daß es bestimmte Leistungen – sei es Konsum, sei es vermehrte Freizeit, seien es soziale Gratifikationen – verweigert und verweigern muß, weil sonst das Ziel aller gesellschaftlicher Anstrengungen, die Gesellschaft der Gleichen und Freien, gefährdet ist, muß es einen Ausgleich suchen. Die auf dem VIII. Parteitag der SED 1971 propagierte und bis heute mit bemerkenswertem Erfolg durchgehaltene gesellschaftspolitische Strategie der »Einheit von Wirtschafts- und Sozialpolitik« war und ist eine Antwort auf den gesellschaftlichen Zielverlust und zugleich der Versuch, durch eine mittelfristige Zielvorgabe die Legitimationsgrundlage der Parteiherrschaft zu erweitern. Das Organisationen- und Institutionensystem der DDR und die dominanten Verfahrensregeln und Kodifikationen haben aber bislang auf diese veränderten Rahmenbedingungen nur zögerlich reagiert: durch die Ausweitung der »sozialistischen Demokratie«, den partiellen Umbau der Entscheidungsapparaturen, durch die Ergänzung und Erweiterung des Institutionengefüges.

Kein Ort nirgends? – Auf der Suche nach einem nationalen Selbstverständnis der DDR

In Christa Wolfs Roman »Kindheitsmuster« fragt ein vierzehnjähriges, in der DDR aufgewachsenes Mädchen: »Nun sag mir bloß mal, wer war denn eigentlich dieser Chruschtschow!« Der Erzählerin fährt ein Schrecken in die Glieder, und es wird ihr klar, »daß gewisse Pflichten keinen Aufschub mehr dulden, unter ihnen die Pflicht, anzudeuten, was mit uns geschehen ist. Es wird uns nicht gelingen«, so fährt Christa Wolf fort, »zu erklären, warum es so und nicht anders gekommen ist, doch sollten wir nicht davor zurückscheuen, wenigstens die Vorarbeiten für künftige Erklärungen zu leisten.«[40] Wenn in einem sowjetischen Fernsehfilm (»Meine Zeitgenossen«) nicht zu sehen ist, wem Juri Gagarin, der erste Mensch im All, nach seiner Rückkehr zur Erde die Hand schüttelt, dann fragt sich Jurij Afanassjew mit Recht: »Wie lange wollen wir noch so tun, als habe es ihn [Chruschtschow] nicht gegeben? Wie lange wollen wir Gagarin noch zwingen, irgendwo in die Ferne, aus der Leere in die Leere zu schreiten? Nichts darf vergessen werden.«[41] Worauf Christa Wolf und Jurij Afanassjew hinweisen, ist die unbewältigte und bislang erst in Ansätzen erkennbare Aufarbeitung der stalinistischen Vergangenheit.

Dieses Erschrecken angesichts der eigenen Geschichtslosigkeit steht nur auf den ersten Blick in einem Gegensatz zur Aufarbeitung der Geschichte der Arbeiterbewegung, wie sie in den sechziger Jahren betrieben wurde. Bei näherem Hinsehen zeigt sich, daß es eine von den aktuellen politisch-sozialen Problemen und den Legitimationsnotwendigkeiten geprägte Geschichtsinterpretation war, derer sich die SED befleißigte, einer Interpretation, die, eben jenen Bedürfnissen entsprechend, auch verändert und modifiziert werden konnte[42]. Selbstkritik, kritischer Rückblick auf die eigene (Partei-)Geschichte war da nicht gefragt und ist bis heute eher die Ausnahme[43].

Was als gesellschaftspolitische »Suchbewegung« in Ansätzen erkennbar ist, der Abschied von utopischen Zielvorstellungen und der Versuch einer »geläuterten« Reformulierung ökonomischer, sozial- und gesellschaftspolitischer Zielsetzungen, hat bislang vor dem politischen System und seiner Geschichte halt gemacht, dessen gewachsene Struktur sich teleologisch rechtfertigt. Was aber bleibt von einer solchen Rechtfertigung, wenn eine politische Zielkultur ihrer Ziele verlustig geht? Verliert sie ihren Ort und ihre Aufgabe in der Geschichte? Die Antwort scheint zu sein: Sie besinnt sich auf nationale Traditionen und versucht, sich *auch* in der nationalen Geschichte zu verankern. Das bedeutet keine Abkehr von tradierten politisch-ideologischen Legitimationsmustern, sondern ihre Ergänzung. Bewahrung und Verwirklichung des sozialen und nationalen Erbes: Dies und nicht mehr die revolutionäre Umwälzung aller bisherigen Kultur ist das erklärte Ziel der SED wie auch anderer regierender kommunistischer Parteien. »Wir müssen, wie Lenin formulierte, mit dem Erbe arbeiten. Das schließt Bewegungsspielräume und Experimente ein; das gute alte Gold der Vorväter wird bisweilen zu ganz neuen Münzen geprägt, die als ›gültige Währung‹ angenommen und eingelöst werden, weil sie heutigen veränderten Bedingungen ... entsprechen.«[44] Diese Bemerkung Kurt Hagers, auf Literatur und Kunst gemünzt, kann als Leitlinie auch für die Art und Weise dienen, in der, vorerst noch vereinzelt, versucht wird, nationale Mentalitäten und Besonderheiten, denen man über Jahrzehnte hinweg skeptisch bis ablehnend gegenüberstand, zu bewahren und als festen Bestand des nationalen Erbes der DDR zu begreifen, wenn nicht gar zu den eigenen Traditionsbeständen zu zählen.

»Erbe« ist im aktuellen Verständnis der DDR das, was eine Gesellschaft vorfindet, dem sie sich »in seiner Gesamtheit stellen [muß], um einen klaren Standpunkt dazu zu gewinnen«. Traditionen werden als »Wertung des Erbes« begriffen, als Wertung, die stets »vom Standpunkt einer bestimmten Klasse und einer bestimmten Weltanschauung« erfolgt. Traditionen werden in dem Umfang beurteilt und übernommen, »wie sie zur Lösung von Gegenwartsproblemen beitragen und den Blick in die Zukunft ermöglichen«[45]. Diese Unterscheidung von Tradition und Erbe ermöglicht es der SED, nationale und soziale Legitimationsmuster neu zu bestimmen und beide miteinander zu verquicken; sie bietet zugleich die Chance, sich in der nationalen Sondersituation zu behaupten.

Die politische Kultur in der DDR ist, anders als in den übrigen sozialistischen Ländern, immer von der nationalen Sondersituation geprägt und beeinflußt gewesen. Indem die SED das andere so stark betonte, indem sie sich und den von ihr geschaffenen Staat ideologisch und politisch durch Abgrenzung von der Bundesrepublik Deutschland zu definieren versuchte, unterstützte sie – ungewollt – zugleich die Bewertungsmaßstäbe, die in der DDR-Gesellschaft üblich waren und sind: Was sind wir im Verhältnis zur Bundesrepublik? Das politische Leben und der Alltag der DDR-Bürger ist durch den permanenten Vergleich mit der Bundesrepublik geprägt, oft auch deformiert. Die politische Führung wird nicht müde herauszustellen, in welch sozial gesicherten Verhältnissen DDR-Bürger leben können, daß sie Arbeitslosigkeit und materielles Elend nicht kennen[46] und ihnen viele der Gebrechen der kapitalistischen Gesellschaft wie Kriminalität oder Drogensucht erspart bleiben. Viele, wenn nicht die meisten DDR-Bürger vergleichen ihre Situation mit der in der Bundesrepublik (weniger mit anderen westlichen Ländern, was eine problematische Verkürzung der Sichtweise darstellt), nur haben sie meist keine Chance, einen wirklichen Vergleich anzustellen. Als Maßstab des Vergleichs dient die vermutete, durch die westlichen Massenmedien vermittelte, selten genug die unmittelbar erfahrene Wirklichkeit in der anderen deutschen Gesellschaft.

Trotz allen eigenen ökonomischen, sozialen und kulturellen Erfolgen der DDR sind das politische Denken und die Wahrnehmung des Alltags in einer fatalen Weise von der Bundesrepublik Deutschland bestimmt – fatal deswegen, weil die deutsch-deutsche Systemkonkurrenz das eigene Selbstbewußtsein überlagert. Da der Vergleich mit dem anderen Deutschland allzuoft das Verhältnis zur eigenen

Gesellschaft bestimmt, entsteht eine problematische Konstellation: Die Maßstäbe für die Beurteilung der eigenen Gesellschaft werden von außen importiert, nicht aber aus den Gegebenheiten der DDR entwickelt. Der entscheidende Strukturdefekt der DDR-Gesellschaft ist, daß sie nie ganz bei sich ist, nie ganz in sich ruht, sondern sich immer im Verhältnis zur Bundesrepublik definiert.

Die SED vermochte es solange nicht, diesen Zirkel zu durchbrechen, wie sie die DDR-Gesellschaft ausschließlich in der Tradition der kommunistischen Zielkultur definierte. In dem Maße, wie sie die DDR als eine »deutsche Möglichkeit« beschreibt, sie nicht nur als historisch neues politisches und soziales System, sondern auch als ein Produkt der *ganzen* deutschen Geschichte begreift, bietet sie neue Identifikationsangebote. Dabei sind selbst auf der Ebene parteioffizieller Veröffentlichungen unterschiedliche Positionen und Akzentsetzungen erkennbar. Traditionell betont werden die prägende Kraft sozialistischer Arbeitsbeziehungen, die neuen, »vorwärtsführenden moralischen Eigenschaften und Verhaltensweisen« und die Komponente der »aktiven Verbreitung sozialistischer Wertorientierungen«[47]. In jüngerer Zeit treten aber immer stärker Aspekte eines neuen, »typisch deutsche« Eigenschaften betonenden Traditionsverständnisses in den Vordergrund. Das Traditionsbild der DDR ist, da kann man dem Kulturminister Hans-Joachim Hoffmann zustimmen, »differenzierter, farbiger« geworden. »Wir wissen heute auch genauer, daß das Kulturerbe ... sich aus der gesamten Lebensweise [ergibt], den mit den Arbeitstraditionen und den sozialen Umständen verbundenen Festen und Bräuchen, aus der Musik- und Sprachkultur, den Tänzen und der Mode, aus der technischen und wissenschaftlichen Kultur. Dazu gehört das historische Antlitz unserer Städte und Gemeinden — nicht nur deren Architektur, auch die Menschen, die hier wohnten und arbeiteten, und die Ereignisse, die hier stattfanden.«[48]

Werte wie »Patriotismus«[49] und Tugenden wie »Pflichtbewußtsein, Disziplin, Willensstärke, Gewissenhaftigkeit, Gründlichkeit, Achtung vor anderen Menschen und ihrer Arbeit«[50] werden gepriesen und als spezifischer Ausdruck sozialistischer Gesellschaftsverhältnisse dargestellt. Während hier noch der viel beschworene »radikale Bruch mit der reaktionären Vergangenheit« und die Spezifik der »dem Sozialismus eigenen Traditionen, die bei der revolutionären Umwälzung und der Gestaltung der neuen Ordnung auf dem Boden der DDR entstanden sind«, im Mittelpunkt stehen, werden zunehmend auch die Kontinuitätslinien besonderer deutscher Wesenszüge und Eigenheiten betont: »Unser historischer Boden ist die gesamte deutsche Geschichte«[51], und auf diesem Boden sind spezifisch deutsche Tugenden gewachsen, die unter den neuen sozialistischen Gesellschaftsverhältnissen zum Wohle aller genutzt werden können.

Am deutlichsten hat sich der Kulturtheoretiker Helmut Hanke zum Problem »nationaler Traditionen« geäußert[52]. Er fragt nach »typisch deutschen« Eigenschaften, nach besonderen Traditionen in der Lebensweise, die sich von denen anderer Völker unterscheiden. Als solche besonderen deutschen Eigenschaften erscheinen ihm: »die Arbeitsamkeit und der Fleiß, die Gründlichkeit, Genauigkeit und Pünktlichkeit, die Ordnungsliebe und Sparsamkeit«. Er erwähnt auch »Kritik und Selbstkritik an lokaler Borniertheit und provinzieller Enge, Pedanterie und Penibilität, Spießbürgerlichkeit und Untertanengeist, an den in der deutschen Geistesgeschichte weit verbreiteten romantischen Schwärmereien und mystischen Spekulationen ... Auch die bäuerliche Erwerbsarbeit, der handwerkliche Fleiß und die industriellen Tugenden haben eine lange Tradition.«[53] Alle diese Eigenschaften haben, so Hanke, ihren Platz in der sozialistischen Gesellschaft. Sie seien ein wertvolles Element sozialistischer Lebensweise, wenn sie gereinigt würden von jener unsäglichen »kleinbürgerlichen Mentalität«, die, obwohl ihre sozialen Wurzeln aufgehoben seien, weiterwirke und »in bestimmten sozialen und kulturellen Milieus sozial vererbt« werde[54]. Durch Bildung und Erziehung, mit Hilfe der Ideologie und der Kunst, und – wo es nötig ist – »auch mit den Mitteln des Rechts und der staatlichen Gewalt« sollen überlebte Einstellungen, Gewohnheiten und Wertorientierungen überwunden werden[55]. Als Maßstab aber dienen nicht mehr ausschließlich die kulturellen Traditionen der Arbeiterbewegung und die Werte und Normen der kommunistischen Zielkultur, sondern auch regionale und lokale Vorbilder.

Seit jeher war in der sozialistischen und kommunistischen Bewegung unbestritten, daß eines der großen sozialen Ziele die Annäherung der Lebensverhältnisse des Landes an die der Stadt sei. Wenn heute die Bedeutung gerade ländlicher Traditionen und der ländlichen »Kultur der gegenseitigen Beziehungen« hervorgehoben wird, wenn »das Dorf« mit seiner »Konkretheit und Überschaubarkeit seiner sozialen Beziehungen« der Stadt als »Norm und Muster« entgegengehalten wird[56], so zeigt dies einen bemerkenswerten Wandel an: Die Prägekraft der sozialen und kulturellen Umwälzungen der sozialistischen Gesellschaft wird geringer veranschlagt; überlieferten Werten, Einstellungen, Verhaltensweisen und Bräuchen, wie sie sich eher auf dem Lande als in den Städten gehalten haben, wird neben den industriellen Arbeitstraditionen und dem kulturellen Erbe der Arbeiterbewegung eine größere Bedeutung beigemessen; schließlich besinnt man sich auf spezifische nationale Traditionselemente, die man angesichts der Spaltung der Nation in zwei Staaten und Gesellschaftssysteme über Jahrzehnte geleugnet hat oder als Restbestände der bürgerlichen Nation zurückzudrängen versuchte. »Die Entwicklung der DDR, ihre Errungenschaften und die wachsende politisch-moralische Einheit der Bevölkerung waren die Voraussetzung für die Ausbildung von Heimatliebe und von Stolz auf das an jedem Ort, in jeder Gegend des Landes Geschaffene. Liebe zur Heimat als einem engeren Umkreis menschlicher Existenz, Geborgenheit in der Umwelt eines Dorfes, einer Stadt, einer landschaftlichen Region wurden als wichtiger Bestandteil des sozialistischen Patriotismus und des proletarischen Internationalismus erfaßt, als ein Ausgangspunkt für die feste Einbindung in die sozialistische Gesellschaft.«[57]

Der Rekurs auf diese Traditionen bedeutet auch, daß sie erhalten und gefestigt werden müssen. Sie gehen verloren, wenn sie nicht Bestandteil des täglichen

Lebens sind. Der Versuch der SED geht dahin, die alltagsweltlichen Einstellungen und Verhaltensweisen, landsmannschaftlichen Besonderheiten, das Heimatgefühl der DDR-Bürger und ihren Lokalpatriotismus in ihren ideologisch-politischen Kanon positiv einzubinden und so jene Versöhnung zwischen politischem System und Alltagsleben zu erreichen, die sie bisher vergeblich angestrebt hat.

Seit ihrer Gründung hat die DDR unter einem Legitimationsdefizit gelitten. Obwohl sie angetreten war, das neue, das bessere Deutschland zu werden und mit den Fehlern der Vergangenheit endgültig zu brechen, hatten sich viele negative Elemente deutscher obrigkeitsstaatlicher Tradition erhalten, versehen mit neuen politisch-ideologischen Rechtfertigungen. Der Entwurf einer deutschen, einer demokratischen Republik war gezeichnet von ihrer Gründungsgeschichte und ihrem diktatorischen Wesen. Was viele nach 1945 erhofft hatten, scheiterte, die Versöhnung von Geist und Macht fand nicht statt; alle Erwartungen auf ein neues demokratisches Gesamtdeutschland, wenn sie denn je eine realistische Chance hatten, wurden durch den Kalten Krieg und die sich immer weiter vertiefende Spaltung zerstört. Beide Teile Deutschlands, die sich staatliche Formen gaben, bleiben gezeichnet. Über nahezu drei Jahrzehnte hinweg glaubten sie, sich ihrer Geschichte entledigen oder sie ausschnittweise für je aktuelle Zwecke nutzen zu können.

Der Glaube an wirtschaftliches Wachstum und sozialen Fortschritt überdeckte einen Mangel, der in Deutschland seit jeher bestand: Der politische Fortschrittsglaube im Geiste der Aufklärung war durch den Fortschrittsglauben des wissenschaftlichen und industriellen Fortschritts ersetzt worden. Solange es in beiden deutschen Gesellschaften (wenngleich in unterschiedlichem Tempo) aufwärts ging, ließ sich dies Defizit übersehen. Die erkennbaren Grenzen des modernen Industrialismus haben beide deutsche Gesellschaften genötigt, sich ihrer Herkunft und ihrer Aufgabe in der Geschichte neu zu vergewissern. Die über mehr als drei Jahrzehnte gepflegte »Unentschiedenheit zwischen Gestern und Morgen, in der sich das politische Interim spiegelt, ohne den Mut, sich seine Vorläufigkeit einzugestehen und sich über sich selbst klar zu werden«[58], ist in beiden deutschen Staaten einer Suche nach den eigenen historischen Wurzeln gewichen. Und bei dieser Suche entdecken beide, daß das Werk, das sie begonnen haben »offen bleibt, offen wie eine Wunde«[59].

Anmerkungen

1 Christa Wolf, Kein Ort. Nirgends, Neuwied 1979, S. 150.

2 Thomas Mann, Goethe und die Demokratie, in: ders., Politische Schriften und Reden, Bd. 3, Frankfurt a. M. 1968, S. 212 ff.; Johannes R. Becher, Der Befreier, in: ders., Von der Größe unserer Literatur. Reden und Aufsätze, Leipzig 1971, S. 302 ff.

3 Th. Mann, Goethe (Anm. 2), S. 214.

4 J. R. Becher, Der Befreier (Anm. 2), S. 320; 308.

5 »›Durch Bildung zur Freiheit‹, das ist die falsche Losung, die Losung der falschen Freunde. Wir antworten: Durch Freiheit zur Bildung! Nur im freien Volksstaat kann das Volk Bildung erlangen. Nur wenn das Volk sich politische Macht erkämpft, öffnen sich ihm die Pforten des Wissens. Für die Feinde ist das Wissen Macht, für uns ist die Macht Wissen! Ohne Macht kein Wissen!« Wilhelm Liebknecht, Wissen ist Macht – Macht ist Wissen. Vortrag, gehalten zum Stiftungsfest des Dresdener Arbeiterbildungsvereins am 5. Februar 1872 und zum Stiftungsfest des Leipziger Arbeiterbildungsvereins am 24. Februar 1872, in: ders.: Kleine politische Schriften, Frankfurt a. M. 1976, S. 173.

6 J. R. Becher, Der Befreier (Anm. 2), S. 312.

7 Ebd., S. 333.

8 Hannah Arendt: Elemente und Ursprünge totaler Herrschaft, Frankfurt a. M. 1955, S. 741.

9 J. R. Becher, Der Befreier (Anm. 2), S. 337.

10 Für die organisatorische Festigung der Partei und für ihre Säuberung von feindlichen und entarteten Elementen, Beschluß des Parteivorstandes der SED vom 29. Juni 1948, in: Dokumente der sozialistischen Einheitspartei Deutschlands, Bd. II, Berlin (Ost) 1950, S. 78 ff.

11 Die Novemberrevolution und ihre Lehren für die deutsche Arbeiterbewegung, Entschließung des Parteivorstandes der SED vom 16. September 1948, in: Dokumente (Anm. 10), S. 100 ff.

12 Das deutsche Volk grüßt Stalin, in: Dokumente (Anm. 10), S. 374 f.

13 Vgl. Richard Löwenthal, World Communism: The Desintegration of a Secular Faith, New York 1964.

14 Vgl. Sidney Verba, Germany: The Remaking of Political Culture, in: Lucian W. Pye/Sidney Verba (Eds.), Political Culture and Political Development, Princeton, 1965.

15 Vgl. Alfred G. Meyer, Cultural Revolutions: The Uses of the Concept of Culture in the Comparative Study of Communist Systems, in: Studies in Comparative Communism, 16 (1983) 1/2, S. 5 ff.

16 Richard v. Weizsäcker, Von Deutschland aus. Reden des Bundespräsidenten, München 1987, S. 47. Hervorhebung vom Verfasser.

17 Vgl. dazu die sogenannte Naturalismusdebatte, die ihren Höhepunkt auf dem Gothaer Parteitag der SPD 1896 fand. Einer der wesentlichen Protagonisten und führender Kulturtheoretiker der deutschen Sozialdemokratie, Franz Mehring, bezeichnete dort den Naturalismus als Kultur der Absteigenden. »... die moderne Kunst [hat] einen tief pessimistischen, das moderne Proletariat aber einen tief optimistischen Grundzug ... Jede revolutionäre Kunst ist optimistisch ... Wie wenig [die] Abneigung [des modernen Proletariats] gegen die moderne Kunst mit einer unkünstlerischen Tendenz zu tun hat, beweist seine Begeisterung für die Klassiker, in denen es keine Spur eines Klassenbewußtseins, aber wohl jenes freudige Kampfelement findet, das es an der modernen Kunst vermißt.« Franz Mehring, Kunst und Proletariat, in: Die Neue Zeit, 15 Jg. (1896/97), Bd. 1, S. 129 f.

18 Kurt Hager, Zu Fragen der Kulturpolitik der SED. 6. Tagung des ZK der SED 6./7. Juli 1972, Berlin (Ost) 1972, S. 13. Hervorhebung vom Verfasser.

19 Helmut Hanke, Kulturelle Entwicklungsgesetze, in: Weimarer Beiträge, 17 (1971) 4, S. 32.

20 Die SED und das kulturelle Erbe. Orientierungen, Errungenschaften, Probleme, Berlin (Ost) 1986, S. 364 ff.

21 Wörterbuch des wissenschaftlichen Kommunismus, Berlin (Ost) 1982, S. 298; Henry Krisch, Changing Political Culture and Political Stability in the German Democratic Republic, in: Studies in Comparative Communism, 19 (1986) 1, S. 46.

22 Vgl. Lebensweise und Lebensniveau im Sozialismus, Berlin (Ost) 1977.

23 Wörterbuch des wissenschaftlichen Kommunismus (Anm. 21), S. 352.

24 Karl Marx: Der 18. Brumaire des Louis Bonaparte, in: Marx-Engels Werke, Bd. 8, Berlin (Ost) 1960, S. 115.
25 Erich Honecker, Würdiges Jubiläum Berlins, das heute den Namen »Stadt des Friedens« trägt, in: Konstituierung des Komitees der Deutschen Demokratischen Republik zum 750jährigen Bestehen von Berlin am 7. Februar 1985, Berlin (Ost) 1985, S. 8.
26 Vgl.: Martin Greiffenhagen, Vom Obrigkeitsstaat zur Demokratie. Die politische Kultur in der Bundesrepublik Deutschland, in: Peter Reichel (Hrsg.), Politische Kultur in Westeuropa. Bürger und Staaten in der Europäischen Gemeinschaft, Frankfurt a. M.–New York 1984, S. 52.
27 Vgl. H. Arendt, Elemente und Ursprünge totaler Herrschaft (Anm. 8).
28 Die geistige Kultur der sozialistischen Gesellschaft, Berlin (Ost) 1986, S. 15.
29 Die geistige Kultur (Anm. 28), S. 14.
30 Vgl. Gerhard A. Ritter (Hrsg.), Arbeiterkultur, Königstein/Ts. 1979; Albrecht Lehmann, Studien zur Arbeiterkultur. Beiträge der 2. Arbeitstagung der Kommission »Arbeiterkultur« in der Deutschen Gesellschaft für Volkskunde in Hamburg vom 8. bis 12. Mai 1983, Münster 1984.
31 Vgl. Manfred Lötsch, Arbeiterklasse und Intelligenz in der Dialektik von wissenschaftlich-technischem, ökonomischem und sozialem Fortschritt, in: Deutsche Zeitschrift für Philosophie, 33 (1985) 1, S. 31 ff.
32 Die SED und das kulturelle Erbe (Anm. 20), S. 455.
33 Albrecht Kretzschmar, Wissenschaftlich-technische Revolution und Persönlichkeit, in: Einheit, 42 (1987) 2, S. 139.
34 Fred Klinger, Soziale Auswirkungen und lebensweltliche Zusammenhänge der sozialistischen Rationalisierung, in: Evangelische Akademie Berlin (West) – Informationsabende DDR, Dokumentation 41/84, Berlin 1984, S. 93 ff.
35 Reinold Miller, Sinn des Lebens und Anspruch an sich selbst, in: Einheit, 38 (1983), 10, S. 919.
36 Ebd., S. 914.
37 Joachim Nowotny, Ein gewisser Robel, Halle (Saale) 1976, S. 112.
38 R. Miller, Sinn des Lebens (Anm. 35), S. 918.
39 Werner Lamberz, Partei und Volk im vertrauensvollen Dialog, in: Die weiteren Aufgaben der politischen Massenarbeit der Partei. Konferenz des Zentralkomitees der SED am 25./26. Mai 1977, Berlin (Ost), 1977, S. 20 f. Hervorhebung vom Verfasser.
40 Christa Wolf, Kindheitsmuster, Neuwied 1979, S. 138.
41 Wir wollen an das Schlimme zurückdenken. Interview mit Jurij Afanassjew, Rektor des Instituts für historische Archive, in: Die Zeit vom 22. Mai 1987, S. 19.
42 Vgl. Geschichte der Sozialistischen Einheitspartei Deutschlands. Abriß, Marxistische Blätter, Frankfurt a. M. 1978.
43 Eine dieser bemerkenswerten Ausnahmen, die vielleicht auf einen Wandel hindeuten, ist das Buch »Die SED und das kulturelle Erbe« (Anm. 20).
44 Kurt Hager, Tradition und Fortschritt, in: Sinn und Form, 37 (1985) 3, S. 451.
45 K. Hager, Tradition und Fortschritt (Anm. 44), S. 447; Hans-Dietrich Dahnke, Erbe und Tradition in der Literatur, Leipzig 1981, S. 55 ff.
46 Daß sie dabei in abstruse Situationen geraten kann, zeigt folgende mündlich verbürgte Anekdote: Das DDR-Fernsehen hatte in New York Szenen von einer Armenspeisung einer Wohlfahrtseinrichtung aufgenommen, die aber nicht gezeigt wurden, weil als Nachtisch Bananen, in der DDR nach wie vor Mangelware, ausgeteilt wurden.
47 Hans Koch, Kultur menschlicher Beziehungen, in: Einheit, 39 (1984) 9/10, S. 917.
48 Hans-Joachim Hoffmann, Kultur und Kunst – Mitgestalter unserer Gesellschaft, in: Einheit, 39 (1984) 9/10, S. 911.
49 H.-J. Hoffmann, Kultur (Anm. 48), S. 912.
50 H. Koch, Kultur (Anm. 47), S. 916.

51 Horst Bartel/Walter Schmidt, Sozialismus und historisches Erbe in der DDR, in: Einheit, 39 (1984) 2, S. 115 f.
52 Helmut Hanke, Kulturelle Traditionen des Sozialismus, in: Zeitschrift für Geschichtswissenschaft, 33 (1985) 7, S. 589 ff.
53 Ebd., S. 598.
54 Ebd.
55 Ebd.
56 Ebd.
57 Die SED und das kulturelle Erbe (Anm. 20), S. 483.
58 Helmuth Plessner, Die verspätete Nation. Über die politische Verführbarkeit bürgerlichen Geistes, Frankfurt a. M. 1974, S. 18 (Einführung der Nachkriegsauflage).
59 Chr. Wolf, Kein Ort (Anm. 1), S. 150.

Teil III

Zur historischen Dimension der Deutschen Frage

RUDOLF VIERHAUS

Die »Deutsche Einheit« als Problem der deutschen und europäischen Geschichte seit der Französischen Revolution

I.

Am Anfang der großen Französischen Revolution stellte Emmanuel Sieyès die Frage: »Was ist der dritte Stand?« und beantwortete sie mit dem berühmt gewordenen Diktum, dieser Stand sei alles, habe jedoch bisher im Staate nichts bedeutet und verlange nun, etwas zu werden. Alles sei er deshalb, weil er alles umfasse, was zu einer Nation gehöre – zu einem »Körper, dessen Mitglieder unter einem gemeinsamen Gesetz leben und durch ein und dieselbe gesetzgebende Versammlung vertreten sind«. Am 17. Juni 1789 erklärten sich die Vertreter des Dritten Standes in Paris zur Nationalversammlung.

Am Anfang des deutschen Befreiungskrieges gegen Napoleon warf Ernst Moritz Arndt 1813 die Frage auf: »Was ist des Deutschen Vaterland?« und antwortete: »Das ganze Deutschland soll es sein!« Der Wiener Kongreß aber stellte nach der Niederwerfung Napoleons einen Staat, »so weit die deutsche Zunge klingt«, nicht her.

Zwei politisch-rhetorische Fragen und zwei Antworten von revolutionärer Brisanz. In Frankreich, wo die staatlich zusammengefaßte, durch Sprache, Kultur und Geschichte verbundene Nation längst existierte und 1789 revolutionär als handelndes Subjekt auftrat, hieß die Aufgabe: soziale, rechtliche und politische Integration der Stände und Klassen zur souveränen *nation une et indivisible*. In Deutschland, wo Bayern, Westfalen und Pommern, Preußen, Österreicher und andere Stämme zwar durch Sprache, Kultur und Geschichte verbunden, dennoch keine politische Nation ausmachten, sollte »das ganze Deutschland« als »Vaterland« erst noch geschaffen werden. Dort wurde das nationale Bewußtsein durch die Revolution – auch bei ihren Gegnern – noch verstärkt und wandte sich missionarisch nach außen. Hier wurde ein solches Bewußtsein, das nun nicht einmal mehr Anhalt am traditionsbeladenen Reich besaß, im Kampf gegen Napoleon und Frankreich provoziert, ohne sich jedoch schon zu einem nationalen Willen zu verdichten und stark genug zu sein, um nationale politische Ziele formulieren zu können. Sieyès' Aufruf galt einer Staatsnation, die ihre politische

Zukunft selbst in die Hand nehmen sollte, Arndts lyrischer Appell einer Sprach- und Kulturnation, die über traditionales Regionalbewußtsein und dynastische Bindungen hinaus nationale Solidarität erst entwickeln sollte. Es war die Beschwörung eines »Deutschland«, das es als politisches Gebilde noch nicht gab und dessen Einheit von Arndt in der gemeinsamen Sprache, in gemeinsamen Tugenden – Treue und Liebe –, in der gemeinsamen Ablehnung »wälschen Tands« und in der Gemeinsamkeit des Gegners gefunden wurde: das Land, »wo jeder Franzmann heißet Feind, wo jeder Deutsche heißet Freund«.

Wenn solche Gegenüberstellung auch nicht überzogen werden darf, da Arndts Gedicht und Sieyès' Pamphlet in ihrer Funktion und Wirkung nur bedingt vergleichbar sind, so ist sie doch geeignet, einen tiefgehenden Unterschied der politischen Erfahrung, Selbstverständigung und Agitation in beiden Ländern schlaglichtartig zu beleuchten. Der französische Nationalismus setzte die Einheit der Nation nicht nur im Blick auf nationale Leistungen in der Vergangenheit als selbstverständlich voraus, sondern fand sich auch durch die weltgeschichtliche Bedeutung der von Frankreich ausgehenden bürgerlichen Revolution bestätigt. Mit dem deutschen nationalen Patriotismus hingegen waren Gefühle des Rückstandes und des Mangels, Unsicherheiten und Zweifel verbunden, die oft in forcierten Solidaritätsanforderungen Kompensation gesucht haben, aber auch in Frustration und zynische Absage umschlagen konnten. Gerade weil er sich lange nicht auf einen geeinten Staat beziehen konnte und die »deutsche Zunge« auch nach Schaffung des klein-deutschen Nationalstaates durch Bismarck sehr viel weiter klang, als die politischen Grenzen reichten, behielt deutscher Nationalismus ein irrationales Potential.

Wie es zu Beginn des 19. Jahrhunderts im Gegensatz zur napoleonischen Fremdherrschaft propagiert wurde und 1870/71 im Krieg gegen Frankreich mit der Kaiserproklamation in Versailles seine erste Erfüllung fand, so ist deutsches Nationalbewußtsein mit der Vorstellung verknüpft geblieben, daß die Deutschen die nationale Einheit gegen den Widerstand der Nachbarn, vor allem Frankreichs, hätten erkämpfen müssen und genötigt seien, sie wachsam zu verteidigen, wozu es einer besonders einheitlichen Identifikation mit dem deutschen Staat bedürfe. In verhängnisvoller Weise hat das herrschende nationalpolitische Denken in Deutschland seine Inhalte und Werte in betonter Abgrenzung vom »Fremden« definiert und die deutsche politische Kultur, wenn auch nicht in eine Isolation geführt, so doch in vielfach von Historikern, Juristen und Publizisten legitimierte Distanz gegenüber »Westeuropa«. Indem die unbestreitbaren Besonderheiten der nationalpolitischen Entwicklung Deutschlands zur identitätsverbürgenden deutschen Ideologie stilisiert wurden, die auch die künftige Politik bestimmen müsse, erhielt der Entwicklungsunterschied zwischen westeuropäischen Ländern und Deutschland grundsätzlichen Charakter. Das hat mit fataler Wirkung den Ersten Weltkrieg als Entscheidungskampf zwischen unterschiedlichen politischen Systemen erscheinen lassen – jedenfalls in der Perspektive nationaler Sinnstiftung.

Gewiß hat bei weitem nicht die ganze deutsche Bevölkerung solche Vorstellungen akzeptiert, die als spezifisch deutsche deklariert wurden. Beträchtliche Teile beriefen sich eher auf westeuropäische und internationalistische, beispielsweise sozialistische Ideen, oder sie blieben partikularen staatlichen Traditionen verbunden, was hier wie dort den Vorwurf der »Vaterlandslosigkeit« zur Folge haben konnte – ein Vorwurf, der in einem nicht-demokratischen und nicht-parlamentarischen System bedeutete, daß sie von aller politischen Verantwortung ausgeschlossen blieben.

Die staatliche Einheit stellt sich also in doppelter Hinsicht als Problem der deutschen Geschichte dar. Einerseits fehlten viele historische Voraussetzungen, die bei anderen europäischen Nationen gegeben waren; im 19. Jahrhundert wurde ihre Erreichung lange zurückgestaut und schließlich als »kleindeutsche« Lösung nicht von der Nation durchgesetzt, sondern durch die Machtpolitik Preußens herbeigeführt. Andererseits hat dieser schwierige Prozeß so viel Übersteigerung und so viel Resistenz in Teilen der deutschen Bevölkerung erzeugt, daß die Selbstverständlichkeit einer ihrer Existenz und ihrer Stellung unter anderen Völkern sicheren Nation im politischen Bewußtsein der Deutschen noch nicht erreicht war, als das Reich in die imperialistische Konkurrenz der Großmächte eintrat. Um diesen widersprüchlichen und krisenhaften Prozeß zu verstehen, ist es nötig, in das späte 18. Jahrhundert zurückzublicken.

II.

Das Lob, ein »eifriger Patriot« zu sein, nämlich ein solcher, der vergesse, daß er »ein Weltbürger« sein solle, sei »das allerletzte«, wonach er strebe – dieses Wort Lessings war keineswegs eine Absage an den Patriotismus überhaupt, sondern nur an einen solchen, der Absolutheitsansprüche erhebt und die Liebe zu einem bestimmten »Vaterland« zum obersten Gebot macht. Zu Lessings Zeit meinte »Vaterland« in Deutschland noch kaum die deutsche Nation, sondern den Staat, in dem der einzelne »Bürger« lebte. Je mehr er sich allgemeinen Ideen von Menschenrecht und Menschenwürde verpflichtet fühlte, um so mehr war Patriotismus für ihn eine allgemeine Bürgertugend, die auch und gerade den Weltbürger auszeichnet. Denn Patriotismus wie Kosmopolitismus wurden als Ausdruck aufgeklärter »bürgerlicher« Gesinnung begriffen, aus der heraus der Bürger am Gemeinwesen seiner Stadt, seines Landes Anteil nimmt. Zwar äußerte sich zur gleichen Zeit ein zunehmendes Nationalbewußtsein, das sich auf die große deutsche Geschichte berief und von dem aufsteigenden kulturellen Selbstgefühl der Deutschen getragen wurde; ein anderer politischer Rahmen als der des Reiches, eine andere Einheit als die des unter verschiedener Herrschaft lebenden deutschen Volkes aber lagen noch außerhalb konkreter Vorstellung.

Erst die napoleonische Herrschaft, die Deutschlands staatliche Gestalt tief veränderte, für modernisierende politische Reform den Weg ebnete, zunehmend jedoch sich zu einem System der Ausbeutung entwickelte, hat an vielen Stellen verletzten Nationalstolz und jenen verbal aggressiven, militanten Nationalismus entstehen lassen, der aus Arndts Versen spricht. Er richtete sich in erster Linie gegen den äußeren Feind; seine Protagonisten riefen zu einem Befreiungskampf auf, aus dem die siegreiche Nation selbstbewußt und politisch geeinigt hervorgehen sollte. Weil die Voraussetzungen dafür noch schwach entwickelt waren, setzten die nationalen Agitatoren große Hoffnungen auf die aufrüttelnde Wirkung des Krieges und seine pathetische Sinngebung. Außerordentliches, schicksalhaftes Geschehen sollte Außerordentliches hervorrufen: einen nationalen Willen, der ein gesamtes Reich schafft und trägt – ein Reich, in dem die Idee des Staates als sittliche Ordnung verwirklicht ist und das sich an die Spitze der kulturellen Entwicklung Europas stellt.

Am Ende des Koalitionskrieges gegen Napoleon, der kein Freiheitskrieg war und keine nationale Erhebung auslöste, stand jedoch etwas ganz anderes. Aus dem Zusammenwirken der Restabilisierungsdiplomatie der alten europäischen Großmächte, der Eigeninteressen Österreichs und Preußens und des hartnäckigen Selbsterhaltungswillens der Rheinbundstaaten ging der Deutsche Bund hervor – eine Lösung, die, so sehr sie hinter den Erwartungen nationaler und liberaler Kreise zurückblieb, doch keineswegs von vornherein als entwicklungsunfähig bezeichnet werden kann. Denn wie die Wiederherstellung des Reiches in einstiger Gestalt nicht mehr in Betracht kam, so auch noch nicht ein zentral regierter Staat.

Daß 1815 nur eine lockere bundesstaatliche Lösung möglich war, steht außer Frage. Nur eine erfolgreiche nationaldemokratische Revolution hätte einen Einheitsstaat erzwingen können; ihr aber stand nicht allein die Macht der einzelstaatlichen Regierungen gegenüber, sondern auch die multinationale Zusammensetzung der Staatsbevölkerungen im Osten und Südosten, nicht allein die Schwäche nationaler politischer Willensbildung, sondern auch die Stärke der einzelstaatlichen Patriotismen und dynastischen Loyalitäten. Daß diese sich auch in solchen Gebieten, die von 1803 bis 1815 unter andere Herrschaft gelangt waren und ihre regionale Eigenart zu behaupten versuchten, zunehmend auf die neuen Landesherren richteten, beweist die nachhaltige Kraft gewohnter Ordnungsvorstellungen. Politische Identitätsbedürfnisse orientierten sich in Deutschland auch im 19. Jahrhundert noch lange an den monarchischen Einzelstaaten. Bismarcks Feststellung im 13. Kapitel von »Erinnerung und Gedanke«, daß der »deutsche Patriotismus ... in der Regel, um tätig und wirksam zu werden, der Vermittlung dynastischer Anhänglichkeit« bedürfe, beruhte auf Erfahrungen. Nicht nur als offizielle Amtsbezeichnung und aus »von oben« erzwungener Gewöhnung sind bis 1918 im Staats- und Militärdienst die Titel eines »königlich-preußischen« oder »großherzoglich-badischen« oder »fürstlich-lippischen« Oberpostschaffners, Försters oder Hauptmannes selbstverständlich geführt worden. Sie gehörten der konkreten Geltungsordnung und Erfahrungswelt an. Selbst nach 1871, als sich wesentliche Entscheidungen auf die Reichsebene verlagerten und die Macht des Faktischen wie das Prestigebedürfnis der Deutschen das »kleindeutsche« Reich zum nationalen Staat werden ließen, haben die Einzelstaaten ein zwar begrenztes, aber noch immer selbstverständliches, in den Dynastien personal repräsentiertes Eigenleben behalten.

Sorge um die Stabilität der erreichten Einheit, zugleich Interesse an der Erhaltung der sozialen Verhältnisse machten den sogenannten »staatstragenden Schichten« die Behauptung der Einheit nach außen und ihren Ausbau im Innern zur beherrschenden Aufgabe der Politik und außerordentlichen nationalen Patriotismus zur Pflicht jedes Deutschen. Deshalb galten ihnen Äußerungen des einzelstaatlichen Partikularismus, des parteipolitischen und klassenspezifischen Interessendenkens als Bedrohung der nationalen Einheit. Und deshalb stimmten sie weithin einer deutschen »Weltmachtpolitik« zu, die große außenpolitische Ziele setzen, zur nationalen Geschlossenheit nötigen und innenpolitische Gegensätze überbrücken sollte. Als diese Erwartung sich nicht erfüllte, wurde ihnen die nationale Begeisterung beim Kriegsausbruch 1914 zur Rechtfertigung ihrer Überzeugung, daß die Deutschen in diesem Kriege mit dem Bestand des Reiches und seiner Verfassung die ihrer nationalen Geschichte und ihrem politischen Denken entsprechende Gestalt des Staates »mitten in Europa« verteidigten.

Im Bemühen um die Sinngebung des Krieges kam damals das Wort von den deutschen »Ideen von 1914« auf, die den westeuropäischen »Ideen von 1789« entgegenstünden. Der demokratischen *nation une et indivisible* wurde das geeinte Volk in Waffen unter kaiserlicher Führung entgegengestellt – ein Volk, das, durch seine geographische Lage und seine Geschichte genötigt, seine innere Entwicklung unter den Primat der äußeren Behauptung habe stellen müssen. Diese Anschauung fand eine nicht genau abschätzbare, aber doch beträchtliche Verbreitung unter Historikern, Juristen, politischen Publizisten; sie diente zur Rechtfertigung des Systems der sogenannten »konstitutionellen Monarchie« als angeblich spezifisch preußisch-deutsche Regierungsform, deren Erhaltung ein Gebot der nationalen Identität sei. Das Verlangen nach parlamentarischer, von Mehrheiten abhängiger Regierung erschien darum als verderbliche Orientierung an fremden Beispielen. Hatte nicht überdies die rapide wirtschaftliche, wissenschaftliche und technische Entfaltung des spät geeinten Reiches den Beweis geliefert, daß die Synthese von obrigkeitsstaatlichen, sozialkonservativen Traditionen und ökonomisch-technischer, rechts- und sozialstaatlicher Modernität möglich und entwicklungsfähig sei? Tatsächlich war das System der konstitutionellen Monarchie in den deutschen Einzelstaaten, seit 1871 auch auf der Reichsebene, den mit Bevölkerungsanstieg und Industrialisierung aufgetretenen wirtschaftlichen und sozialen Problemen aktiver entgegengetreten als andere Systeme. Es garantierte ein Maß rechtsstaatlicher Ordnung, mit dem die Mehrheit der deutschen Bevölkerung im großen und ganzen einverstanden war. In der Verwaltung und der öffentlichen Sicherheit trat der Staat zwar vielfach dirigistisch und mit polizeistaatlichen Mitteln in Erscheinung. Einer Bevölkerung jedoch, die auf Grund von Tradition und Erfahrung ohnehin von der Regierung umfassendes, ordnungssicherndes Handeln erwartete, erschien dies selbstverständlich. Es gab also vieles, was das durch Bismarcks preußische Machtpolitik geeinte, bundesstaatliche Reich im politischen Bewußtsein der Deutschen zu ihrem Nationalstaat machte. Dennoch blieb der deutsche Nationalismus merkwürdig unruhig, unbefriedigt, zugleich unsicher und forciert; von außen her gesehen, mußte er unberechenbar und gefährlich erscheinen.

III.

Die Beunruhigung der Nachbarn hat jedoch erst seit der Reichsgründung, verstärkt seit dem Ausgang der Bismarck-Ära größeres Ausmaß und politisches Gewicht angenommen. Der vorausgehende Deutsche Bund dagegen hatte in der Mitte des Kontinents eine politische Ordnung etabliert, die das Übergewicht verhinderte, das einem zentral regierten, national geeinten deutschen Staate notwendig hätte zufallen müssen – einem Staat, der unter den politischen Bedingungen von 1815, wenn überhaupt, unter österreichischer Führung gestanden hätte, das zur gleichen Zeit seine Stellung in Italien und Südosteuropa ausbaute. Für die europäischen Mächte wäre eine solche Konstellation unerträglich gewesen. Daß sie deshalb jede Weiterentwicklung des Bundes zu einer engeren Verbindung, 1848/49 eine kleindeutsche Lösung der deutschen Einheitsfrage auf jeden Fall verhindert hätten, ist indes eine zu weitgehende, nicht haltbare Behauptung. Wenn sie vertreten wurde, sollte sie offensichtlich der rechtfertigenden Erklärung für das Scheitern der deutschen Revolution und der historischen Legitimierung der Bismarckschen Lösung dienen. Neben unbestreitbaren außenpolitischen Risiken und Hemmnissen für die nationale Einigung haben jedoch innerdeutsche Widerstände und Hindernisse, die in der politischen Geschichte der Deutschen wurzelten, eine mindestens ebenso große Rolle gespielt.

Nur die wichtigsten Entwicklungslinien können hier nachgezeichnet werden. Als die Regierungen darangingen, nach den Pariser Friedensschlüssen eine stabile europäische Friedensordnung zu schaffen, bestand Konsens darüber, daß sie nicht im Rückgriff auf vorrevolutionäre Verhältnisse in Deutschland vor der Auflösung des Reiches hergestellt werden könne. Die staatliche Existenz der vergrößerten deutschen Mittelstaaten, schon gar diejenige der Vormächte Österreich und Preußen ließ sich nicht mehr rückgängig machen. Sie war politisch wie völkerrechtlich eine Tatsache geworden. Allein Sachsen, durch zu langes Festhalten am Bündnis mit Frankreich in schlechter politischer Situation, mußte starke Gebietsverluste an Preußen hinnehmen, das auf Vergrößerung drängte, allerdings den Erwerb ganz Sachsens nicht durchzusetzen vermochte. Daß der lockere Staatenbund, der an die Stelle des alten Reiches trat und von den anderen Großmächten völkerrechtlich garantiert wurde, keine Weiterentwicklung nehmen dürfe, war indes nirgendwo festgelegt. Im Gegenteil: Die Bundesakte enthielt durchaus Ansatzpunkte dafür – unter anderem mit dem Artikel 13, der die Einführung von »landständischen« Verfassungen in den Einzelstaaten vorsah. Dadurch war, im Prinzip, liberal-demokratischen Tendenzen eine institutionelle Basis gegeben –

Tendenzen, die sich in der geschichtlichen Situation des 19. Jahrhunderts mit der nationalen Einheitstendenz verbanden; und zwar um so enger, je weniger sie Erfüllung fanden, was wiederum die metternichsche Reaktionspolitik verstärkte, die den Bundestag in Frankfurt zunehmend zu ihrem Werkzeug zu machen strebte. Die »Demagogenverfolgung« seit 1819 verhinderte indes nicht die theoretische Diskussion über »Monarchie und Volkssouveränität«, über Funktion und Kompetenz der Volksrepräsentation, über den Charakter einer »konstitutionellen« Regierung.

Wenn die deutschen Regierungen – mit der Ausnahme vor allem Österreichs und Preußens – in oktroyierten Verfassungen nützliche Mittel erkannten, die innere Kohäsion ihrer durch Säkularisation und Mediatisierung vergrößerten Staaten zu festigen, den Staatskredit zu stärken, neue Steuern zu legitimieren, so mußten sie bald erkennen, daß die Repräsentationen, vor allem die Zweiten Kammern, zu Sprechbühnen für liberale Opposition und auch für die nationale Einheitsbewegung werden konnten. Auch nationale Turner- und Sängerfeste und Germanistentage wurden zu Demonstrationen für die nationale Einheit, das Hambacher Fest 1834 schließlich zum Anlaß verschärfter Unterdrückungsmaßnahmen seitens des Bundestages unter Führung Österreichs und Preußens. Daß die Regierungen dieser Mächte in nationalen und demokratischen Tendenzen, insbesondere in ihrem Zusammenwirken, eine Gefahr für die Existenz ihrer Staaten sahen und deshalb nicht zum Konstitutionalismus übergingen, führte zu einem weiteren binnendeutschen Gegensatz, der einer nationalstaatlichen Einheit entgegenstand. Er fand im europäischen Staatensystem eine Parallele in dem seit 1830 deutlich hervortretenden Gegensatz zwischen den »konservativen«, nationale Bewegungen bekämpfenden Ostmächten, zu denen Österreich und Preußen gehörten, und den liberalen Westmächten, die ihnen Sympathie und Unterstützung entgegenbrachten – soweit es ihren eigenen Interessen entsprach.

Es war ein kompliziertes Verhältnis, in dem in Deutschland nach 1815 Außen- und Innenpolitik, Nationalbewegung und Verfassungsbewegung standen, sich gegenseitig bedingten, antrieben und behinderten. Noch spielten auch konfessionelle Unterschiede und innerstaatliche Regionalismen eine Rolle, die zwar nationales Bewußtsein nicht ausschlossen, aber einer einheitlichen politischen Willensbildung im Wege stehen konnten. Dennoch ist auch in Deutschland die nationale Einheitsbewegung im 19. Jahrhundert zur dynamischsten politischen Kraft geworden. Der nationale Staat galt auch hier, wie in ganz Europa und seither weltweit, als erstrebenswertes, modernes, dem Selbstbestimmungswillen der Menschen entsprechendes und ihre Kräfte mobilisierendes politisches System. Im Europa der Nationen war es selbstverständlich, daß auch von vielen Deutschen ein nationaler Staat angestrebt wurde, zumal ihr nationales Bewußtsein seit dem späten 18. Jahrhundert erheblich gewachsen war. Das wurde von den nationalen Staaten Europas anerkannt – wenn auch mit Besorgnis im Hinblick auf die Folgen für den internationalen Frieden. Die Frage, die im Rückblick sich zu stellen scheint, ob der Schritt der Deutschen von der Kultur- zur Staatsnation ein verhängnisvoller Fehler gewesen sei, der besser vermieden worden wäre, stellte sich im 19. Jahrhundert nicht, und sie ist auch von heute her gesehen unhistorisch. Anders die Frage: Hat es eine andere reale Möglichkeit zur Lösung der sogenannten »deutschen Frage« gegeben als die preußische Reichsgründung von 1871 durch Bismarck? Und wenn – warum ist sie nicht gefunden worden?

IV.

Rousseaus bekanntes Wort, daß das deutsche Reich die Voraussetzung für die Aufrechterhaltung des europäischen Staatensystems und seines inneren Gleichgewichts sei, fand durch die Entwicklung im 19. Jahrhundert eine nachträgliche Bestätigung im positiven wie im negativen Sinne. Mit der Konstruktion des Deutschen Bundes konnten die europäischen Mächte durchaus leben, ebenso mit den Machtverhältnissen in Italien, wo Österreich eine starke Stellung einnahm. Deshalb bemühten sie sich, die Ordnung von 1815 in ihren Grundzügen zu erhalten, obwohl sich die Differenzen zwischen konservativen Ost- und liberalen Westmächten über die Frage der Intervention oder Nichtintervention gegen nationale und demokratische Bewegungen verschärften. Nicht die deutsche Revolution von 1848 hat das System von 1815 zur Auflösung gebracht; das geschah erst seit dem Krimkrieg und der von Frankreich im Krieg gegen Österreich unterstützten Einigung Italiens. Von ihr ging dann auch ein starker Impuls aus für das Wiederaufleben der deutschen Nationalbewegung nach ihrer Niederlage 1849. Die Bemühungen deutscher Mittel- und Kleinstaaten um Reformen der Bundesverfassung und um Triaslösungen, die Gründung des Deutschen Nationalvereins in Coburg (1859), der einen deutschen Bundesstaat unter der Hegemonie eines liberal regierten Preußens anstrebte, worauf sich seit dem Beginn der »Neuen Ära« große Erwartungen richteten, ebenso der sogenannte Sybel-Ficker-Streit der Historiker über die Interpretation der deutschen Kaiserpolitik im Mittelalter, in dem kleindeutsch-borussische und großdeutsch-österreichisch-katholische Positionen sich gegenüberstanden, zeigten an, daß die deutsche Einigungs- und Verfassungsfrage zu einer Lösung drängte.

In letzter Stunde überlagerten sich mehrere deutsche und europäische Geschehnislinien auf fatale Weise. Während sich in Preußen die liberale Bewegung neu regte, entschloß sich König Wilhelm zu einer Heeresreform, über deren Durchführung es zur Auseinandersetzung zwischen Krone und Abgeordnetenhaus und zu einem schweren Verfassungskonflikt kam. In ihm entschied sich, daß in diesem Staate selbst eine starke oppositionelle parlamentarische Mehrheit nicht in der Lage war, der Regierung zu widerstehen – eine Mehrheit, die allerdings mit der Wirtschafts- und der Außenpolitik der Regierung weitgehend einverstanden war, einer Regierung, die parlamentarisch nicht gestürzt werden konnte und, seit 1862, von Bismarck geleitet wurde, der fest entschlossen war, in Preußen das »monarchische Prinzip« aufrechtzuerhalten. Der Krieg gegen Dänemark, der preußischösterreichische Krieg, die drohende Intervention Napoleons III. in die deutsche Politik, die Zolleinigungspolitik und die nach der Auflösung des Deutschen Bundes notwendige Neuordnung der deutschen Verhältnisse: all dies traf zusammen, wirkte aufeinander und verursachte einen zunehmenden Erwartungsdruck, der die Reichsgründung von 1871 vielfach überfällig erscheinen ließ. Sie erfolgte durch die Politik und unter der Führung eines Staates, dessen Regierung sich im Verfassungskonflikt erfolgreich gegen demokratische Bestrebungen gewehrt, in drei Kriegen seine Militärstaatlichkeit gefestigt, den parteipolitischen Liberalismus zur Spaltung genötigt und seinen »nationalen« Flügel auf ihre Seite gezogen hatte. Die von den Liberalen gewünschte nationale Einigung unter preußischer Führung war erreicht, aber nicht durch sie, sondern allenfalls mit ihrer mehrheitlichen Zustimmung. Und wenn die »Nationalliberalen« in der Zusammenarbeit mit der Regierung manche ihrer politischen Ziele und Wünsche in der Phase des wirtschaftlichen Wachstums durchsetzen konnten, sahen sie sich im Zeichen ökonomischer Krise und wachsender Sozialistenfurcht, zudem unter dem Eindruck des fehlgeschlagenen »Kulturkampfes«, von Bismarck 1878/79 erneut in eine Lage gebracht, aus der sie nur nach wiederholter Spaltung tief geschwächt hervorgingen.

Das Reich als kleindeutscher Nationalstaat hat seither keine mehrheitliche liberale parlamentarische Abstützung mehr gefunden; mit der »konservativen Wendung« in der bismarckschen Innenpolitik war der Weg des allmählichen Übergangs zum parlamentarischen System in Preußen und im Reich erneut blockiert. Schlimmer noch war die Diskreditierung der Opposition – also der »linken« Liberalen, der Sozialdemokraten und der Zentrums-Katholiken – als unzuverlässige Elemente oder gar als »Reichsfeinde«. Solche Stigmatisierung angeblich unzuverlässiger Gruppen, die aus nationaler Unsicherheit resultierte, hat Teilen der deutschen Bevölkerung die Identifizierung mit dem kleindeutschen Nationalstaat erschwert, insbesondere der sozialdemokratisch orientierten Arbeiterschaft, die doch gleichzeitig für industriellen Aufstieg und Militärdienst in Anspruch genommen wurde. Eine Entspannung trat 1890 mit dem Ende der Bismarck-Ära ein, als der dominierende preußische Charakter des Reiches sich milderte, Wilhelm II. den »Kaiser« herauskehrte, das Sozialistengesetz aufgehoben wurde, das Reich in eine längere Phase wirtschaftlichen Aufschwungs eintrat und die Zustimmung zu dieser Entwicklung allgemein zunahm. Die Diskrepanz jedoch zwischen ökonomischem Fortschritt und dem Verfassungssystem des monarchischen Konstitutionalismus, das den Vorrang der traditionellen Führungsschichten von Adel, Beamtenschaft und Militär aufrechterhielt, blieb bestehen und wurde zur schweren Belastung, weil sie die politische Integration der wirtschaftlichen Klassengesellschaft mit ihrem Massenparteiensystem behinderte.

Gleichwohl: Das Reich als die äußere Gestalt des deutschen politischen und sozialen Lebens in der Vielfalt ihrer historisch-regionalen Ausprägungen wurde um 1900 zur Selbstverständlichkeit. Trotz interner Gegensätze und trotz vielfacher Weigerung, sich für den Nationalismus der sogenannten »staatstragenden Schichten« in Anspruch nehmen zu lassen, ist die äußere national-staatliche Einheit weder während des Ersten Weltkriegs noch unter den Erschütterungen des Zusammenbruchs, der Revolution und der schwierigen ersten Phase der Weimarer Republik von innen heraus ernsthaft bedroht gewesen. Der Separatismus hatte keine Chance. Hinter der Zustimmung zur äußeren Einheit blieb freilich diejenige zum politischen System der Republik auf verhängnisvolle Weise zurück.

Auch nach dem von der nationalsozialistischen Regierung angestifteten, mit der totalen deutschen Niederlage endenden Zweiten Weltkrieg wäre die staatliche Einheit des Reiches in den Grenzen von 1937 sehr wahrscheinlich nicht von innen zerbrochen, wenn die Siegermächte sich über den Erhalt dieser Einheit hätten verständigen können. Das Problem der »deutschen Identität« war seit der Reichsgründung nicht mehr das der staatlichen Einheit, sondern das der Zustimmung zur politischen Verfassung des nationalen Staates.

Anmerkung

Die Natur dieses Beitrags läßt umfangreiche Einzelnachweise überflüssig erscheinen. Ich begnüge mich damit, neben den neueren allgemeinen Darstellungen der Epoche der deutschen Geschichte von Kurt von Raumer/Manfred Botzenhart, Karl-Georg Faber, Thomas Nipperdey, Reinhard Rürup, Hans-Ulrich Wehler, Heinrich Lutz, Michael Stürmer ohne Vollständigkeit auf einige anregende neuere Problemdarstellungen hinzuweisen: Hagen Schulze, Der Weg zum Nationalstaat. Die deutsche Nationalbewegung vom 18. Jahrhundert bis zur Reichsgründung (Deutsche Geschichte der neuesten Zeit vom 19. Jahrhundert bis zur Gegenwart, hrsg. von Martin Broszat/Wolfgang Benz/Hermann Graml), München 1985 (TB); Wolfgang Hardtwig, Vormärz. Der monarchische Staat und das Bürgertum, München 1985 (TB); Otto Büsch/James J. Sheehan (Hrsg.), Die Rolle der Nation in der deutschen Geschichte und Gegenwart, Berlin 1985; Heinrich Lutz/Helmut Rumpler (Hrsg.), Österreich und die deutsche Frage im 19. und 20. Jahrhundert, München 1982; Helmut Berding/Hans-Peter Ullmann (Hrsg.), Deutschland zwischen Revolution und Restauration, Düsseldorf 1981; James J. Sheehan, Der deutsche Liberalismus 1770–1914, München 1983; Dieter Langewiesche (Hrsg.), Die deutsche Revolution von 1848/49, Darmstadt 1983; Wolfram Siemann, Die deutsche Revolution von 1848/49, Frankfurt a. M. 1985 (TB); Hans-Werner Hahn, Geschichte des deutschen Zollvereins, Göttingen 1984.

Franz-Josef Jakobi

Mittelalterliches Reich und Nationalstaatsgedanke

Zur Funktion der Mittelalterrezeption und des Mittelalterbildes im 19. und 20. Jahrhundert

Einleitung

»Das Deutsche Volk, einig in seinen Stämmen und von dem Willen beseelt, sein Reich in Freiheit und Gerechtigkeit zu erneuern und zu festigen, dem inneren und dem äußeren Frieden zu dienen und den gesellschaftlichen Fortschritt zu fördern, hat sich diese Verfassung gegeben.«[1] Neben mehreren diskutierenswerten Aspekten, die dieser Einleitungssatz der Weimarer Verfassung vom 11. August 1919 bietet, ist – aus der heutigen Perspektive gesehen – die Verwendung des Begriffes »Reich« vielleicht am meisten dazu angetan, Überraschung und Erstaunen hervorzurufen. Von welchem Reich, von welchen Vorstellungen des »deutschen Volkes« und seines Reiches, das in Freiheit und Gerechtigkeit erneuert und gefestigt werden soll, ist hier die Rede? Wie ist es zu erklären, daß man sich unmittelbar nach dem Zusammenbruch von 1918 bei den Bemühungen um einen politischen Neubeginn unter veränderten Vorzeichen an so exponierter Stelle dieses Traditionsbegriffes bediente? Mit seinen Komplementärbegriffen »König« und »Kaiser« konnte er doch – so mag uns heute scheinen – kaum geeignet sein, den Kräften, die den »gesellschaftlichen Fortschritt« fördern wollten, als politisches Leitbild und Identifikationsmuster zu dienen. Reich, Kaiserreich, Deutsches Reich: Mit dem Reichsbegriff war doch 1918/1919 – wie im übrigen auch noch heute – unmittelbar die gerade in der Kriegsniederlage und der Revolution von 1918/19 zusammengebrochene politische Ordnung des Bismarckreiches[2] verbunden, auf die sich diejenigen, die Freiheit und Gerechtigkeit propagierten, kaum berufen konnten[3].

Trotz der negativen Einstellungen zur geschichtlichen Konkretion des Reiches der Deutschen im »Wilhelminischen Kaiserreich«, die man breiten Bevölkerungsschichten und erst recht den politisch handelnden und Regierungsverantwortung tragenden Kreisen 1919 zuschreiben darf[4], scheint der Reichsbegriff nicht diskreditiert gewesen zu sein, zumindest nicht so sehr, daß er als politischer und verfassungsrechtlicher Leitbegriff nicht weiter hätte benutzt werden können. Ihm wohnten im Gegenteil trotz zum Teil kontroverser Diskussion darüber in der Nationalversammlung und trotz der von linkssozialistischer Seite erhobenen Forderung nach Eliminierung des Begriffs aus der Verfassungsurkunde[5] offenbar eine Integrationskraft und bewußtseinsbildende Potenz inne, die ihre Wirksamkeit nicht aus der jüngsten Vergangenheit, sondern aus sehr viel tiefer wurzelnden Traditionssträngen bezog. Auf diese führt die zuerst genannte Bezeichnung des Verfassungsgebers: »Das Deutsche Volk, einig in seinen Stämmen«, eine Formulierung, die – im Jahre 1919 wohl kaum zufällig – an die wichtigen Etappen auf dem Wege zur Entstehung des mittelalterlichen Deutschen Reiches[6] zu erinnern in der Lage war.

Damit ist der zweite Assoziationshorizont angesprochen, der sich ebenfalls noch heute mit der Nennung des Begriffes »Reich« auftut: das mittelalterliche Reich der Ottonen-, Salier- und Stauferkaiser, das »Heilige Römische Reich deutscher Nation«, seit der deutschen Romantik und dem Aufbruch der nationalen Bewegung zu Beginn des 19. Jahrhunderts Fluchtpunkt politischer Erwartungen, Sehnsüchte und Hoffnungen verschiedenartigster Provenienz und Zielrichtungen[7] sowie Gegenstand eines breitgefächerten publizistischen Interesses[8]. Dieses mittelalterliche Imperium oder – richtiger gesagt – das idealisierte Bild davon, das man sich im Laufe des 19. Jahrhunderts in immer neuen, höchst unterschiedlichen Akzentuierungen machte, hatte eine außerordentlich weitreichende, das Bewußtsein prägende Wirkung[9], die mit dem tiefen Einschnitt von 1918/19 keineswegs erloschen war. Abgesehen von der ja erst danach erfolgenden wirksamsten Instrumentalisierung der Reichsidee für politische Zwecke in Gestalt des Mythos vom »Dritten Reich«[10], der von den ursprünglichen historischen Inhalten weitestgehend abgehoben war, gab es während der Auflösung der Weimarer Republik und der Errichtung des »Dritten Reichs« durch die Nationalsozialisten eine höchst merkwürdig anmutende kurzlebige Nachblüte der Bemühungen, die Reichsidee unter Bezugnahme auf das Mittelalter zu erneuern. Von diesen Bemühungen aus fällt Licht auch auf die Reichsidee des 19. Jahrhunderts zurück.

Es handelt sich um jene extreme, am »sacrum imperium« der Stauferzeit orientierte Ausprägung des Reichsgedankens, die von einflußreichen und gefolgschaftsstarken Gruppierungen im deutschen und österreichischen Katholizismus zunächst theologisch und publizistisch propagiert wurde. Unter der bedeutungsträchtigen Symbolik »Kreuz und Adler« mündete die geistige Bewegung dann in die politische Aktion ein, scheiterte jedoch nach wenigen Wochen kläglich, indem sie sich der nationalsozialistischen Gleichschaltung anheimgab und alsbald selbst auflöste[11]. Im Gegensatz zur Mittelalterrezeption des 19. Jahrhunderts, die ihren bis heute sichtbaren Ausdruck in einer vielgestaltigen Landschaft historischer Denkmale gefunden hat und für die es eine ausgebreitete Forschungsdiskussion gibt[12], ist die aufschlußreiche Spätphase kaum beachtet worden. Es gibt, soweit ich sehe, sogar nur einen einzigen großangelegten Versuch, die Thematik systematisch aufzuarbeiten, nämlich die durch Heinz Gollwitzer betreute münstersche Dissertation von Klaus Breuning, die unter dem Titel »Die Vision des Reiches.

Deutscher Katholizismus zwischen Demokratie und Diktatur (1919 – 1934)« als Buchpublikation vorliegt[13].

Zweck dieses Beitrags ist es jedoch nicht nur, diese Spätphase der Rezeption und politischen Instrumentalisierung der Vorstellungen vom mittelalterlichen Deutschen Reich in den Blick zu bringen. Das Bild vom »sacrum imperium«, das die katholischen Reichsideologen und Reichstheologen der Weimarer Zeit[14] benutzten, soll zugleich auch in den entscheidenden Punkten mit der in der zeitgenössischen Überlieferung gut dokumentierten originären mittelalterlichen Reichskonzeption[15] verglichen werden, um erkennbar werden zu lassen, auf welche Weise diese Konzeption, auf die man sich berief, umgeformt und dem aktuellen Verwendungszweck angepaßt wurde. Auf diese Weise können der «öffentliche und politische Gebrauch von Geschichte« (Jeismann) und die damit verbundenen Probleme an einem seinerseits historischen Beispiel analysiert und interpretiert werden. Der öffentliche und politische Gebrauch von Geschichte unterliegt offenbar bestimmten, an diesem Beispiel deutlich zu fassenden Zwängen (Selektion und Reduzierung, Bildung fragwürdiger Analogien und Kontinuitäten, Stereotypisierung und Mythologisierung mit appellativem Charakter), die auch für die aktuelle historische und politische Diskussion über die deutsche Nationalgeschichte nicht ohne Belang sind.

Um Mißverständnissen von vornherein vorzubeugen sind vorweg zwei einschränkende Bemerkungen zu machen:

- Die komplexe geschichtliche Wirklichkeit des mittelalterlichen Imperium Romanum kann hier natürlich nur in den zentralen Aspekten angesprochen werden, die als Bezugspunkte für die ideologischen und politischen Zwecke den 19. und 20. Jahrhunderts in Frage kamen. Es ist also keineswegs beabsichtigt und in dem vorgegebenen Rahmen auch schlechterdings unmöglich, die Grundzüge des Imperium Romanum und der zeitgenössischen Vorstellungen davon in ihrer Gesamtheit zu skizzieren.
- Ebensowenig kann im Rahmen dieses Beitrags die katholische »Reichsideologie« und »Reichstheologie« der Weimarer Zeit, die hier in enger Anlehnung an die Arbeitsergebnisse Breunings vorgestellt wird, in den Gesamtkontext des politischen Katholizismus in der Zeit nach dem Ersten Weltkrieg eingeordnet werden. Es geht vielmehr darum, die Wandlungen eines Geschichtsbildes unter sich verändernden politischen und geistig-kulturellen Gegebenheiten sowie seine apologetische bzw. legitimierende Funktion an einem Beispiel sichtbar zu machen[16].

Um die neuerliche Reaktivierung der Reichsideologie in der Endphase der Weimarer Republik und ihre Indienstnahme für bestimmte politische Ziele richtig einordnen zu können, ist es erforderlich, auf die Voraussetzungen für diesen Vorgang einzugehen und die Wirkungsgeschichte der Reichsidee seit dem Beginn des 19. Jahrhunderts in groben Zügen zu skizzieren.

I. Die Vorstellungen vom mittelalterlichen Reich im 19. Jahrhundert

»Der Terminus ›Reich‹ (›imperium‹, ›regnum‹) bildet, vor allem mit seinen sprachlichen und sachlichen Nachbartermini – wie insbesondere ›imperator‹, ›rex‹, ›Kaiser(tum)‹, ›König(tum)‹, aber auch ›christianitas‹, ›universitas‹, ›ecclesia‹, ›patria‹, ›Monarchie‹, ›Nation‹, ›Krone‹ – vermutlich das komplizierteste, vielschichtigste und aspektreichste Begriffsfeld älterer Staatssprache«, so leitet Peter Moraw den Artikel »Reich« im 1984 erschienenen fünften Band der »Geschichtlichen Grundbegriffe« ein[17]. Diesen Begriff und seine inhaltliche Füllung, das theoretische und geschichtliche Bezugssystem, an dem er jeweils orientiert war, und die ihm zuzuordnende politische Realität, auf die er einwirkte, über einen bestimmten Zeitraum zu verfolgen, ist also ein nicht ganz leichtes Unterfangen[18].

Durch die Niederlegung der Kaiserkrone und die Erklärung Kaiser Franz II. vom 6. August 1806, »das reichsoberhauptliche Amt« sei erloschen[19], war das unwiderrufliche Ende des »Heiligen Römischen Reiches deutscher Nation« eingetreten, das in der damaligen Form nominell und verfassungsrechtlich seit dem Westfälischen Frieden bestanden hatte[20]. Für die Geschichte der Reichsidee war dieses durch den Druck der äußeren Ereignisse herbeigeführte unrühmliche Ende des »Alten Reiches«, durch das lediglich ein seit langem in Gang befindlicher Auszehrungsprozeß seinen formalen Abschluß fand[21], keineswegs ein abschließendes Datum. Dieser Vorgang wurde vielmehr zu einer der Ursachen für eine Umakzentuierung des Reichsgedankens, die im geistig-publizistischen Raum schon lange vorbereitet war und nun auch im politischen Entfaltungsmöglichkeiten erhielt[22].

Nach Werner Conze[23] lassen sich zwei wichtige neue Aspekte ausmachen, unter denen sich die Vorstellungen vom Reich im Zuge der geistigen Bewegungen der Zeit um 1800 und der Befreiungskriege neu konstituieren, um dann ihre nachhaltige Wirkung in der ersten Hälfte des 19. Jahrhunderts zu entfalten:

1. die Neuorientierung am mittelalterlichen deutschen Kaiserreich, in dem man die verlorengegangene ursprüngliche Form des gerade für erloschen erklärten »Alten Reiches« sah, das – um das Verdikt Pufendorfs zu benutzen – durch die Zeitläufe und die verfassungsrechtlichen Entwicklungen des Spätmittelalters und der frühen Neuzeit zu einem »irregulare aliquod corpus et monstro simile« geworden war[24];
2. die bewußtseinsmäßige Etablierung eines »geistigen Reiches«, sozusagen die Spiritualisierung des Reichsbegriffs, seine Translation aus der Welt der Politik und des Verfassungsrechts in die des Geistes und der Kultur, durch die vor allem das Selbstverständnis der Eliteschichten des Bildungsbürgertums sehr stark geprägt wurde[25].

Der Rückbezug der politischen Erwartungen und Hoffnungen der Gegenwart auf die vermeintliche mittelalterliche Reichs- und Kaiserherrlichkeit verband sich in den Jahren nach 1803/06 mit dem Aufbruch der nationalen Bewegung. Man sah die Ziele der eigenen Zeit, die nationale Einigung des »ganzen Deutschland«[26] in einem mächtigen, die Mitte Europas beherrschenden Staat – im Imperium der Stauferzeit – vorgegeben, das man sich als alle Deutschen einigende, in sich geschlossene Größe mit unbestrittener Vorrangstellung vorstellte. Die dichterische Verklärung der mittelalterlichen Welt als einer von territorialen Spaltungen und konfessionellen Gegensätzen nicht gestörten universalen Ordnung durch die Romantik sowie die politische Lyrik der Befreiungskriege taten ein übriges, um die am Mittelalterbild sich entzündende Kaiser- und Reichsbegeisterung[27] emotional aufzuladen. Für die zahlreichen Lieder und Texte, die als Beleg dafür dienen können, seien als Beispiel nur Max von Schenkendorfs »Schwur von wegen des Heiligen Deutschen Reichs«[28] und Friedrich von Hardenbergs (Novalis) Fragment »Die Christenheit oder Europa«[29] zitiert. »Wenn alle untreu werden, so bleiben wir doch treu«, beginnt der seinem Freunde Friedrich Ludwig Jahn gewidmete Schwur Schenkendorfs, und er endet mit dem Vers: »Ich will mein Wort nicht brechen und Buben werden gleich, will predigen und sprechen von Kaiser und von Reich«[30]. Novalis leitet sein 1799 verfaßtes Traktat mit folgenden Worten ein: »Es waren schöne glänzende Zeiten, wo Europa ein christliches Land war, wo eine Christenheit diesen menschlich gestalteten Weltteil bewohnte; ein großes gemeinschaftliches Interesse verband die entlegensten Provinzen dieses weiten geistlichen Reichs. Ohne große weltliche Besitztümer lenkte und vereinigte ein Oberhaupt die großen politischen Kräfte ...«[31]

Das »geistliche Reich« wird hier bei Hardenberg in der verklärenden Beschreibung des Mittelalters als europäische Christenheit in Deckung gesehen mit dem »Imperium Romanum« in seiner Blütezeit im 11. und 12. Jahrhundert[32]. In seiner Zeit und von seinen Zeitgenossen, von Goethe und Schiller bis zu Fichte und Görres, wurde die Diskrepanz zwischen dem geistigen Anspruchsniveau und der politischen Realität schmerzhaft empfunden. »Deutschland aber, wo liegt es? Ich weiß das Land nicht zu finden. Wo das gelehrte beginnt, hört das politische auf« dichteten Goethe und Schiller in den »Xenien«[33]. Immerhin konnte man sich mit dem Gedanken an die Existenz eines geistigen Reichs und die Zugehörigkeit zu ihm trösten. In seiner fragmentarischen Abhandlung »Deutsche Größe« stellte Schiller fest: »Indem das politische Reich wankt, hat sich das geistige immer vollkommener gebildet.«[34] Ein spätes Echo dieser Vorstellung vom geistigen Reich, in deren Fortschreibung und politischer Instrumentalisierung während des späten 19. Jahrhunderts die Deutschen schlicht zum »Volk der Dichter und Denker« wurden, darf man wohl in der bis heute aktuellen Denkfigur der »Kulturnation« sehen[35].

Nachdem die Begeisterung der Aufbruchszeit durch die Restaurationsphase nach 1815 gedämpft war und die auf die baldige Erringung der nationalen staatlichen Einigung Deutschlands gerichteten Erwartungen sich nicht erfüllten, bildeten sich in den Auseinandersetzungen um die verfassungsmäßige Ordnung des neu zu errichtenden Reiches zwei bis in die Debatten der Paulskirche zu verfolgende, unterschiedlich argumentierende Lager heraus[36]. Während für die in der Tradition der Aufklärung und der französischen Revolution stehenden Zeitgenossen durch das neue im nationalstaatlichen Rahmen zu verwirklichende Reich die großen Menschheitsideen von Freiheit, Gleichheit und Gerechtigkeit garantiert werden sollten[37], hielt eine konservativ-katholische Gruppe gegenüber solchen säkularisierten und demokratisierten Vorstellungen an der alten universalen Weltordnung des Mittelalters als Leitbild fest. Einer der Wortführer dieser Gruppe war Josef Görres, der in seinen Schriften die Wiederherstellung von »Kaiser und Reich« forderte[38], wobei für ihn der deutsche Kaiser wie einst als Schirmherr der Christenheit eine religiös überhöhte christliche Lebens- und Staatsordnung garantieren sollte[39].

Unbeschadet solcher Gegensätze, konnten sich die verschiedenen Lager zur Darstellung der ihnen nach wie vor gemeinsamen Zielvorstellung – der Restitution der im Mittelalter erreichten Einheit und Größe Deutschlands – derselben Symbole bedienen. Wohl das bedeutendste dieser Symbole war der unvollendete Kölner Dom, dessen Weiterbau 1842 mit der festlichen Grundsteinlegung im Beisein des preußischen Königs Friedrich Wilhelm IV. in Gang gesetzt wurde[40]. Über den Dom hatte Görres schon 1814 im Zusammenhang der Diskussion über ein Denkmal zur Erinnerung an den Sieg über Napoleon im »Rheinischen Merkur« geschrieben: »In seiner trümmerhaften Unvollendung, in seiner Verlassenheit ist es [das Bauwerk] ein Bild gewesen von Teutschland seit der Sprach- und Gedankenverwirrung; so werde es denn auch ein Symbol des neuen Reiches, das wir bauen wollen.«[41]

Nach 1848/50 wurde im Zuge der fortschreitenden Festigung der Vormachtstellung Preußens in Deutschland die publizistische und politische Relevanz der konservativ-katholischen Reichsidee zunehmend geringer. Mit der Realität gewordenen »kleindeutschen Lösung«[42] von 1870/71 und mit der Etablierung eines protestantischen Kaisers war dann schließlich eine völlig neue Situation gegeben. Das Haus Habsburg als Verkörperung der bisher ungeteilten Kaisertradition und Habsburg-Österreich als Repräsentant der katholischen Bevölkerungsmehrheit des »Alten Reiches« gehörten dem neuen nicht mehr an. Das protestantisch-hohenzollernsche Kaisertum bedurfte dementsprechend einer neuen historischen Legitimation, wollte es im Zeitalter des »Historismus« möglichst große Teile der historisch gebildeten Schichten für sich gewinnen[43].

Wie Elisabeth Fehrenbach gezeigt hat[44], erfolgte die historische Legitimation des neuen Kaisertums auf zweierlei Weise:

- Unter Benutzung des dialektischen Entwicklungsbegriffs wurde die Fortsetzung bzw. besser Aufhebung der alten Reichstradition im neuen Reich propagiert. Auf einen knappen Nenner gebracht hat dies z. B. Otto Gierke in einer 1873 verfaßten Betrachtung über »Das alte und das neue deutsche Reich«: »Nicht ›Kaiser und Reich‹, wie sie um die Wende des Jahrhunderts noch ein klägliches Schattenleben fristeten, wollten wir verstanden wissen, wenn wir von der Wiedergeburt von ›Kaiser und Reich‹ träumten und sangen und endlich Gut und Blut dafür einsetzten! Auch nicht das Reich der Hohenstaufen oder des Habsburgers Rudolf, noch überhaupt das Reich irgendeines konkreten Jahrhunderts. Sondern ›Kaiser und Reich‹ schwebten uns vor in Gestalt einer unsterblichen Idee, wie sie aus der Gesamtbetrachtung unserer ruhmvollen Vergangenheit sich als das Bleibende im Wechsel ergab.«[45]

- War auf diese Weise das Bedürfnis nach historischer Legitimation durch die Konstruktion einer Art »ideeller Kontinuität«[46] befriedigt, so gab es daneben noch einen zweiten, weit weniger philosophisch-hegelianischen Ansatz, der sich wieder unmittelbar konkreter historischer Argumentationen bediente: Diese zweite Denkfigur fand – unter anderem durch die historiographischen und publizistischen Schriften Heinrich von Treitschkes[47] – weite Verbreitung unter dem Leitbegriff eines »preußischen Reiches deutscher Nation«[48]. Mit ihr wurde der katholischen – ja unlösbar mit Rom und der Papstkirche verbundenen – Tradition eine germanisch-protestantische entgegengesetzt. Den Kampf gegen die römischen Weltherrschaftsansprüche und die »antiultramontane Sendung des neuen Kaisertums«[49] sah man nunmehr nicht nur in Luther verkörpert, sondern auch in Friedrich Barbarossa und sogar im Sachsenherzog Widukind und dem Cheruskerfürsten Arminius[50].

Gerade durch diese letztere Wendung war es nunmehr möglich, das evangelische Kaisertum nicht nur als Schutzherren der Glaubensfreiheit, sondern als Hüter der germanisch-deutschen Freiheit schlechthin darzustellen. In einer akutalisierten und popularisierten Version der schon in den Freiheitskriegen wiederbelebten »Kyffhäuser-Sage«[51] konnte Kaiser Wilhelm I. denn auch »als wiedergekehrter Barbarossa, als Barbablanca, als Erbe der Staufer« gefeiert werden[52]. Diese protestantisch-ghibellinisch-germanische Reichsideologie ließ sich dann später, in der imperialistischen Phase des Kaiserreichs unter Wilhelm II., ohne große Widerstände überführen in die pangermanischen Weltreichsvorstellungen der extremen Nationalisten[53].

Damit war eine Entwicklungslinie eröffnet, die nach dem Zusammenbruch des als Weltreich verstandenen Kaiserreichs, das dann nur noch als Zwischenstufe angesehen wurde, in den Mythos vom »Dritten Reich« einmündete. In Moeller van den Brucks 1923 erschienenem Buch[54] fand dieser Mythos eine Formulierung, mit der sich die unversöhnlichen Gegner der Republik auf der Rechten identifizieren konnten[55]. Ihre geschichtliche Substanz hatte die Reichsidee dabei endgültig verloren, auch wenn der Begriff des »Dritten Reiches« selbst dem eschatologisch/chiliastischen Denken des Mittelalters entstammt[56]. Im Hinblick auf die letzte Stufe der Bemühungen um die Legitimation des Reiches durch den deutenden Umgang mit der Geschichte in der zweiten Phase des Wilhelminischen Kaiserreichs gilt jedenfalls die Kennzeichnung Elisabeth Fehrenbachs: »In der vagen Unbestimmtheit der Weltreichsutopie spiegelt sich noch einmal die Problematik des national beladenen alten Reichsbegriffs, der in keiner echten Tradition verwurzelt war. Die geschichtliche Begründung verblaßte immer mehr zugunsten einer Legende; an ihre Stelle trat schließlich der Mythos von Volkstum und Rasse.«[57]

Wie eindeutig sich hier eine Kontinuitätslinie bis in das nationalsozialistische »Dritte Reich« tatsächlich verfolgen läßt, ist an einer von Arthur Seyß-Inquart in den frühen vierziger Jahren verfaßten Schrift »Idee und Gestalt des Reiches«[58] abzulesen. Seyß-Inquart, der ehemalige österreichische Minister von Hitlers Gnaden im Kabinett Schuschnigg und spätere nationalsozialistische Reichskommissar in den Niederlanden, entstammte der konservativen katholischen Jugend- und Studentenbewegung Österreichs[59]. Klaus Breuning veröffentlicht in seinem Buch einen Auszug aus dieser Schrift. In ihr findet sich der folgende, für die Einordnung der katholischen Reichstheologie in Österreich kennzeichnende Passus über Reich und Rasse:

»Näher und lebendiger denn je sind uns heute der Mythos und die Geschichte des Reiches, und wir erleben sie nicht als deutsche oder niederländische oder skandinavische oder normannische Geschichte und Sage, sondern als Lied und Kunde vom ewigen nordischen Reich. Gewiß ist uns dabei die Gestalt, die diese Idee im mittelalterlichen Kaiserreich fand, die nächste, weil ihre Spuren und Zeugnisse uns unmittelbar vor Augen stehen und weil es in demselben Raum bestand, in dem wir heute die neue Ordnung errichten. Aber alle die Reiche, die nordische Führerkraft schuf, sind uns heute wieder nahe, indem wir fühlen, daß all das unsere gemeinsame Geschichte ist: Der Cherusker Armin, der Bataver Civilis, Marbod, die Burgunder, die Vandalen, Theoderich, Karl der Große, der das germanische Abendland gründete, die Waräger mit ihrem Reich von der Ostsee bis zum Schwarzen Meer, die Wickinger und Normannen. So empfinden wir die Geschichte der germanischen Völker als ganzes und als unsere eigene Geschichte... Es ist ein gefährliches Mißverständnis, hinter dem sich oft eine absichtliche Verfälschung verbirgt, wenn man die Idee des Reiches als etwas Übernatürliches begreifen will, wenn man das Reich als ein übervölkisches universales Prinzip in dem Sinne auffaßt, daß es den Völkern gleichsam von oben verliehen wird. Das Reich wächst als Idee und Gestalt aus der Erkenntnis des Wertes und der Verantwortung der durch das Blut miteinander verbundenen germanistischen Stämme, also aus der Rasse.«[60]

Mit der Wendung gegen die Auffassung vom Reich als eines universalen und übernatürlichen Prinzips wandte sich Seyß-Inquart gegen seine eigene katholische Vergangenheit und gegen die in Deutschland wie in Österreich verbreitete katholische Reichsideologie und -theologie der späten zwanziger und frühen dreißiger Jahre, von der er ursprünglich geprägt war. Auf sie soll unter Zugrundelegung der Forschungen Klaus Breunings jetzt ausführlicher eingegangen werden.

II. Reichsbegriff und Mittelalterbild beim Rechts-Katholizismus der Übergangszeit von der Weimarer Republik zum »Dritten Reich«

Die Bezeichnung »Reichsideologie« ist von Breuning als Sammelbegriff gemeint für ein ganzes Bündel von religiösen und politischen Vorstellungen, die im politisch und publizistisch dominierenden Teil der deutschen Katholiken zwischen der Endphase der Weimarer Republik (seit 1929) und dem Frühstadium des »Dritten Reichs« (bis 1934) weit verbreitet waren[61]. Elemente, aus denen die daraus resultierende geistige Bewegung gespeist wurde, die dann zum Teil in den am 3. April 1933 unter der Schirmherrschaft Franz von Papens gegründeten Bund katholischer Deutscher »Kreuz und Adler«[62] einmündete, waren die Jugendbewegung, Teile der in den politischen Parteien formierten katholischen Rechten, der Katholische Akademikerverband, Teile des katholischen Klerus sowie eine Reihe von Theologen, Schriftstellern und Publizisten. Zu den Wortführern der sich auf Kongressen, in Zeitschriften und Büchern sowie in der Tagespublizistik artikulierenden Reichsideologie, deren Schriften Breuning neben zahlreichen anderen analysiert[63], gehörten schon während der zwanziger und frühen dreißiger Jahre:

- der frühere Zentrumsabgeordnete und 1921 zu DNVP übergetretene Straßburger Historiker Martin Spahn und sein Schülerkreis;
- der Jesuitenpater Friedrich Muckermann, Herausgeber der Literaturzeitschrift »Der Gral« und Verfasser zahlreicher Zeitungs- und Zeitschriftenaufsätze;
- der Historiker Albert Mirgeler, Verfasser von Aufsätzen mit Titeln wie »Das Reich als deutsche Aufgabe«, »Der Nationalsozialismus als Ausdruck der politischen Landschaften des Reiches« und – schon 1930 »Kreuz und Adler«;
- der Wiener Philosophieprofessor Hans Eibel, der vor allem ab 1930 eine umfangreiche und weitverbreitete publizistische Tätigkeit entfaltete; Titel wie »Österreich und die deutsche Sendung«, »Die Idee des Reiches«, »Vom Sinn der Gegenwart. Ein Buch von deutscher Sendung« sprechen für sich.

Später hervorgetreten sind als Vertreter einer radikalen, theologisch überhöhten Position, der von Breuning sogenannten »Reichstheologie«, besonders der Abt Ildefons Herwegen und Pater Damasus Winzen von der Benediktinerabtei Maria Laach sowie der Kölner Stadtdechant Robert Grosche[64].

Es ist in diesem Zusammenhang nicht möglich, die reichsideologische Diskussion, die bei Breuning in all ihren Verästelungen, in der persönlichen Entwicklung ihrer Protagonisten, ihrer geistigen Väter und Bezugspunkte, ihrer Nähe und – wie etwa bei Muckermann – kritischen Distanz zum Nationalsozialismus, dargestellt ist, auch nur in Umrissen nachzuzeichnen. Breuning selbst spricht resümierend von einer »re-aktionären und konter-revolutionären Ideologie«, die »sich den von der französischen Revolution proklamierten Prinzipien der gesamten neuzeitlichen Freiheits- und Demokratiegeschichte entgegenstellt«[65]. Seine Analyseergebnisse sieht er in der Zusammenfassung eines Rezensenten richtig wiedergegeben; der Reichsideologie und Reichstheologie liegt demnach folgende Vorstellungswelt zugrunde: »... das Reich als Symbolbegriff für eine christlichem Weltverständnis entsprechende Ordnung des staatlich-politischen Lebens, in der demokratische und liberale Verfassungsformen durch gegliederte und stufenweise – zum Beispiel ständestaatliche – Herrschaft abgelöst sind; das Reich zugleich als politische Zusammenfassung des ganzen Abendlandes, in der die schematisch-egalitäre Verfassungsform des Völkerbundes durch die Herrschaft oder doch durch die Führung der deutschen Nation ersetzt ist, der als Reichsvolk eine besondere Berufung zur Verwirklichung und Behauptung der Vision [des Reiches] zuerkannt wird.«[66]

Das mittelalterliche Reich erscheint dabei nur noch als Folie, nicht mehr als historische Realität, mit der man sich auseinandersetzt. Es ist zu einem Mythos verflüchtigt, mit dem man allenfalls eine aktuelle politische Idee befördern kann, wobei der Begriff selbst im Extremfalle noch vor historisch bedingten Mißverständnissen geschützt werden muß. Schon einer der vielen von Breuning vorgestellten Texte vermag das zu belegen. Er ist einer Rede des Reichspräses der Kolpingfamilie, Johannes Nattermann, vom 18. Februar 1934 entnommen: »Manche sind ... durch das Reden vom Sacrum Imperium, von einem heiligen Reich, mißtrauisch geworden. Insofern darunter etwas anderes als das Dritte Reich verstanden wird, mag dieses Imperium eine geistvolle Theorie sein. Für uns ist ... das Heilige Reich das Reich von heute.«[67]

Sacrum Imperium und Heiliges Reich können losgelöst von ihrem historischen Begriffsinhalt als positive Wertbegriffe in der politischen Diskussion benutzt werden. Die Voraussetzungen dazu schuf die Reichstheologie, die – in der Zeit nach 1933 unter anderem vom Zentrum Maria Laach aus verbreitet[68] – das Reich als eine heilsnotwendige, gottgewollte Gegebenheit der Erlösungsgeschichte hinstellte, und die Deutschen als die berufenen Träger. So führte – um nur ein Beispiel für viele gleichartige Texte zu geben – Robert Grosche im Juli 1933 in einem Vortrag vor katholischen Akademikern aus: »Das Reich steht nicht lediglich im Bereich der Schöpfung, es gehört in den Bereich der Erlösung. Es ist die politische Lebensform der christlichen Völker, die wesentliche Verwirklichung des Christentums im politischen Bereich ... Der Staat gehört dem Bereich der Natur an, aber das Reich dem Bereich der Geschichte, die Heilsgeschichte ist. Durch das Reich wird der Staat getauft und erlöst, wird befreit von seiner gefährlichen Absolutheit ... Träger des so verstandenen Reiches ist das deutsche Volk. Deutschland besitzt eine ursprüngliche Bestimmung zum Reich ... Die Übertragung des Reiches auf die Deutschen muß als Berufung und Begnadung angesehen werden, als Vollendung der Natur durch Gnade.«[69] Mit solchen Denkmustern war man in gefährlicher Nähe zu nationalsozialistischem Gedankengut angelangt[70].

Es erscheint angesichts solcher geistigen Wegbereitung nur konsequent, daß unmittelbar nach der Errichtung des »Dritten Reiches« Anfang April 1933 mit der

Gründung des »Bundes katholischer Deutscher« unter der Schirmherrschaft Franz von Papens der Versuch unternommen wurde, »die in der römisch-katholischen Kirche und durch die große politische Tradition des Deutschen Reiches gegebenen politischen Formkräfte auch für die gegenwärtige nationale Erneuerung im Sinne der dem deutschen Volk gegebenen historischen Sendung und Aufgabe [zu] machen«[71]. Mit den Symbolen Kreuz und Adler waren »die Symbole des Erlösers und des Reiches« gemeint, die Zeichen des heiligen Reiches der Deutschen – so von Papen in einer Rede vom 15. Juni 1933[72]. Um die Arbeit auf der Ebene der Bundesführung in Gang zu bringen hatte Ende April 1933 in Maria Laach, »dank der gütigen Gastfreundschaft des hochwürdigsten Herrn Abtes Ildefons Herwegen und der Initiative des Herrn Pfarrers Dr. Robert Grosche«, wie es im ersten der »Führerbriefe« des Bundes heißt[73], eine Führertagung stattgefunden, auf der nach Referaten von Pater Damasus Winzen, Dr. Albert Mirgeler und Prof. Dr. Aloys Dempf S. J. – dem Autor des bedeutenden, 1929 erschienenen Werks »Sacrum Imperium. Geschichts- und Staatsphilosophie des Mittelalters und der politischen Renaissance«[74] – »die geschichtlichen Voraussetzungen und der Aufbau des Reiches der Deutschen«[75] erörtert wurden.

Der Bund Kreuz und Adler kam über die organisatorischen Anfänge nicht hinaus. Nach Abschluß des Reichskonkordats vom 20. Juli 1933[76] hatte sich sein Zweck faktisch erfüllt. Von Papen löste den Bund im Oktober 1933 auf, und die Bundesleitung versuchte in der Auflösungsmitteilung[77], die Mitglieder unmittelbar in die »Arbeitsgemeinschaft katholischer Deutscher« (AKD) zu überführen, der wiederum von Papen, nunmehr als »Oberster Reichsleiter«, vorstand. Es handelte sich um eine Organisation, die sich offen zum Nationalsozialismus bekannte und zu deren erklärten Zielen es laut Gründungsaufruf gehörte, »in dem katholischen Volksteil das deutsche Nationalbewußtsein zu stärken, eine ehrliche, rückhaltlose Mitarbeit am Nationalsozialismus zu vertiefen und zu vermehren« und »die Reihen der aktiven Kämpfer zur vergrößern«[78]. Im September 1934 löste sich die AKD selbst auf mit der Begründung, daß die Reichsparteileitung der NSDAP »durch ihre Abteilung für den kulturellen Frieden sämtliche kulturellen und das Verhältnis von Staat und Kirche betreffenden Fragen in zunehmendem Maße unmittelbar bearbeiten läßt ...«[79] Vom heiligen Reich der Reichstheologen war in der AKD schon längst nicht mehr die Rede gewesen. Lediglich Franz von Papen verkündete – wie Breuning feststellt[80] – auch 1934 in Reden und Vorträgen noch immer die Idee vom »Sacrum Imperium Teutonicum«.

III. Die geschichtliche Bezugsgröße: Das mittelalterliche Imperium Romanum

Das, was in den angesprochenen politischen Situationen durch die Bezugnahme auf mittelalterliche Gegebenheiten als Vor- oder Gegenbilder bewirkt wurde bzw. bewirkt werden sollte, tritt in aller Deutlichkeit erst zutage, wenn man die historische Wirklichkeit selbst, wie sie uns als Ergebnis der geschichtswissenschaftlichen Forschung greifbar ist, in Betracht zieht[81]. Die mittelalterliche Reichskonzeption, wie sie von der Karolingerzeit bis zum Ende der Stauferzeit trotz aller Wandlungen der politischen Konkretionsformen und selbst über die tiefgreifenden Veränderungen des Investiturstreits hinweg im Kern Bestand gehabt hatte[82], beruhte auf zwei Grundideen, die bereits in der Zeit des Übergangs von der römischen Spätantike zum christlichen Frühmittelalter formuliert worden sind. Es sind dies die bei den Kirchenvätern vorgegebene und später von Otto von Freising vertiefte Theorie von der »Translatio Imperii«[83] sowie die in einem Brief des Papstes Gelasius an den byzantinischen Kaiser Anastasios I. zuerst faßbare »Zwei-Gewalten-Lehre«[84].

Die Theorie der »Translatio Imperii« knüpft an an die Exegese einer Vision im alttestamentarischen Buch Daniel, nach der die Weltgeschichte sich in die Abfolge von vier Weltreichen gliedert[85]. Das letzte, in der Gegenwart erreichte Weltreich, ist das römische, an dessen Ende das Weltgericht stattfindet. Das römische Imperium dauert nach der bei Hieronymus schon vorformulierten Theorie von der »Translatio Imperii« fort und wurde nach Otto von Freising mit der Kaiserkrönung Karls des Großen auf die Franken übertragen[86]. »Was die menschliche Macht betrifft, so glaube ich hinlänglich geschildert zu haben, wie sie von den Babyloniern auf die Meder und Perser, dann auf die Makedonier, nachher auf die Römer und dann unter dem Namen des Römischen Reichs auf die Griechen [gemeint ist das Oströmische Reich in Byzanz] gekommen ist. Wie sie aber von diesen auf die Franken übertragen worden ist, die im Abendland wohnen, das bleibt nun in diesem Buch zu berichten«, so heißt es im Prolog zum fünften Buch der Weltchronik Ottos[87]. Es hat die Schicksale des oströmischen Imperiums während der Völkerwanderungszeit sowie die Gründung des Frankenreichs und seine Geschichte bis zur Teilung im Vertrag von Verdun zum Gegenstand[88].

Die Übertragung des Imperium Romanum auf die Franken in Gestalt ihres Königs Karl erfolgte durch den Papst in Rom. An dieser Stelle müssen zum Verständnis der heilsgeschichtlichen Basis christlich-abendländischer Reichsauffassungen die sogenannte Konstantinische Schenkung und die Silvesterlegende[89] in die Betrachtung einbezogen werden. Nach dieser während des ganzen Mittelalters unangefochten gültigen Tradition hatte Kaiser Konstantin, als er Rom verließ und seinen Herrschersitz nach Konstantinopel verlegte, im Vollzug des göttlichen Heilsplans Papst Silvester, der ihn vorher vom Aussatz geheilt und ihn heimlich getauft hatte, die Sorge für den Westen des Reiches, »Romae urbis et ommes Italiae seu occidentalium regionum provincias«[90] übertragen.

Die »Zwei-Gewalten-Lehre«, durch die zusammen mit der Translationstheorie die mittelalterliche Reichskonzeption begründet wird, lautet in der kanonisch gewordenen Formulierung des Gelasius-Briefes: »Zwei sind es nämlich, erhabener Kaiser, von denen diese Welt zuoberst regiert wird: Die geheiligte Amtsgewalt der Bischöfe und die königliche Herrschermacht. Dabei fällt die priesterliche Amtsgewalt umso stärker ins Gewicht, als sie [die Priester] auch für die Könige der Menschen selbst im jüngsten Gericht Rechenschaft ablegen müssen.«[91] In der frühen Karolingerzeit wird dieses Grundverhältnis von »regnum« und »sacerdotium« durch ein wichtiges Element erweitert: durch den »theokratischen Amtsgedanken«, das späterhin sogenannte »Gottes-Gnadentum«, mit dem unter anderem der Dynastiewechsel von den Merowingern zu den Karolingern legitimiert wurde[92]. Das Königtum erhielt nunmehr statt der magischen Qualitäten der germanischen Frühzeit[93] eine eigenständige sakrale Funktion nach der biblischen Leitfigur des »David rex et propheta«[94], die in der Herrscherweihe mit dem Salböl ihren Ausdruck fand.

In einem komplementären Miteinander sind also vom Anfang der mittelalterlichen Reichsgeschichte an »regnum und sacerdotium«, die Inhaber der geistlichen und der weltlichen Gewalt, für die Aufrechterhaltung der christlichen Weltordnung (»ordo christianus«) verantwortlich, die sich im Imperium Romanum verwirklicht[95]. Diese Vorstellung eines universal verstandenen Reiches bleibt auch dann im Grunde unverändert, als im Investiturstreit das einvernehmliche Zusammenwirken der beiden Gewalten an zentralen Punkten in Frage gestellt wird[96]. Es geht bei der Auseinandersetzung nicht um die Idee des Imperium Romanum als der von Gott gewollten weltlichen Organisationsform des »ordo christianus« selbst, sondern um die Klärung des Binnenverhältnisses zwischen »regnum« und »sacerdotium«, um die rechte Ausübung des heilsgeschichtlichen Auftrags durch die Inhaber der beiden obersten Ämter der Christenheit[97]. Papst Gregor VII. und Kaiser Heinrich IV. erklären sich deshalb gegenseitig für abgesetzt, weil sie beide der Überzeugung sind, der andere verstoße gegen seinen von Gott gegebenen Amtsauftrag, sei für die Ausübung eines Amtes ungeeignet und deshalb eine Gefahr für den Bestand des »ordo christianus«[98].

Auch Friedrich Barbarossa zweifelt keineswegs den Auftrag des Papstes als Inhaber der »auctoritas sacrata pontificum« an, wie aus seiner Wahlanzeige an Papst Eugen III. deutlich hervorgeht, in der er sich ausdrücklich der christlichen Gehorsamspflicht gegenüber der priesterlichen Amtsgewalt unterwirft[99]. Erst als er den »honor imperii« durch Kompetenzüberschreitungen des Papstes in Form von Einmischung in die weltlichen Reichsangelegenheiten gefährdet sieht, kommt es zum offenen Konflikt, vor allem um die Durchsetzung der Reichsrechte in Italien[100]. Auch der in der Stauferzeit neuformulierte Anspruch eines »sacrum imperium«[101] war keineswegs gegen das bisherige Verständnis des Kaisertums gerichtet. Es war vielmehr der Versuch, den eigenständigen sakralen Charakter auch der »potestas imperialis« gegenüber dem im Zuge der Verrechtlichung der Papstkirche aufkommenden Anspruch des Papsttums auf Überordnung über alle irdische Gewalt zu behaupten[102].

Mit den damit angesprochenen, sozusagen verfassungstheoretisch-theologischen Grundprinzipien des Imperium Romanum ist natürlich nicht das mittelalterliche Verständnis von Herrschaft und Reich insgesamt beschrieben. In den Blick gebracht ist damit lediglich die Idee der Kaiserherrschaft, die für den »ordo christianus« und damit für die Welt als Schöpfung Gottes im ganzen gilt. Unterhalb dieser Ebene bestanden – auch im Verständnis der Zeit – andere Formen von Herrschaft, die Königsherrschaft und die Adelsherrschaft, die ihren Ursprung nicht in der römisch-christlichen Spätantike hatten, sondern in der germanischen Frühzeit[103]. Sie waren geprägt vom Prinzip der Gefolgschaft und der Führerwahl, das die Etablierung eigenständiger Herrschaft aus dem kriegerischen oder organisatorischen Erfolg erlaubte[104]. Je mehr vom 12. Jahrhundert an die eigenständige Adels- und Königsherrschaft in Konkurrenz zum Kaisertum dominant wurde und sich in territorial geschlossenen Gebieten Geltung verschaffte[105], desto stärker wurde das Prinzip der Kaiserherrschaft über die ganze Christenheit eingeschränkt und die Substanz des Imperium Christianum ausgehöhlt[106].

Für die Zeit seiner im Grundsatz nicht in Frage gestellten Geltung aber – nämlich bis zum Wandel des mittelalterlichen Weltbildes im Zeitalter der Entdeckungen und der Reformation[107] – kann man als Fazit für unsere Überlegungen festhalten: Die mittelalterliche Konzeption des Kaiserreiches, des Imperium Romanum, konnte weder von ihrer ursprünglichen Formulierung her noch von ihren unterschiedlichen Realisierungsformen in der Karolinger-, Ottonen-, Salier- und Stauferzeit als Vorbild für nationale Staatsgebilde dienen. Mittelalterliches Kaisertum und Kaiserreich blieben – so lange sie Bestand hatten – in die heilsgeschichtliche Verwirklichung des göttlichen Schöpfungsplans eingebettete universale Herrschaftsformen.

IV. Zusammenfassung

Die Beobachtungen zur Funktion und Verwendung bestimmter Vorstellungen und Bilder vom mittelalterlichen Reich und Kaisertum im Ringen um die staatliche Ordnung Deutschlands im 19. und 20. Jahrhundert lassen sich thesenartig wie folgt zusammenfassen:

- Es gibt von den Anfängen der Bemühungen um die Bildung eines deutschen Nationalstaates zu Beginn des 19. Jahrhunderts an eine Reihe deutlich unterscheidbarer Phasen, in denen der Rückgriff auf das Mittelalter in unterschiedlicher Weise erfolgte:
  - Im Zeitalter der Romantik und der Befreiungskriege gegen das napoleonische Frankreich wurde das Mittelalter verherrlicht und verklärt als die Zeit des einigen, starken, von Glaubensgegensätzen und politischer Zersplitterung nicht geschwächten Heiligen Römischen Reiches deutscher Nation; man sah das mittelalterliche Reich als in der Geschichte realisiertes Idealbild der eigenen Erwartungen.
  - Im Vormärz und während der Verfassungsdebatten um 1848 benutzten die katholisch-konservativen Gruppierungen ein an Kaiser und Reich orientiertes Mittelalterbild zur Propagierung ihrer auf die Errichtung einer verbes-

serten Neuauflage des »alten Reiches« unter einem habsburgischen Kaiser gerichteten Bestrebungen.

- In der Reichsgründungszeit wurde neben der Darstellung des protestantisch-borussischen Kaisertums als neues Entwicklungsstadium einer allgemeinen Reichskontinuität auch die Denkfigur des »Preußischen Reiches deutscher Nation« mit Rückgriff auf eine vermeintlich über Luther, Barbarossa und Widukind bis zu Arminius zurückzuschreibende antirömische Traditionslinie verwendet.
- Im Zeitalter des Imperialismus wurde die Vorstellung vom »Preußischen Reich deutscher Nation« und von seinem evangelischen Kaiser der historisierenden Züge weitgehend entkleidet; an seine Stelle trat die Idee des Weltreichs und des Weltkaisertums.
- In dieser Ausprägung konnte sich damit die pangermanische Idee von der deutschen Sendung und – nach der Niederlage von 1918 – der Mythos vom »Dritten Reich« sowie der Berufung der nordischen Rasse zur Herrschaft verbinden.
- In der Phase des Niedergangs der Weimarer Republik und zu Beginn des »Dritten Reiches« gab es einen bemerkenswerten Versuch katholisch-konservativer Kreise, unter Bündelung verschiedener Elemente bisheriger Reichsvorstellungen durch die Mythisierung der mittelalterlich universalen Tradition des »Sacrum Imperium« zur Verwirklichung des »heiligen Reiches der Deutschen« beizutragen.

– Allen beobachteten Verwendungsformen ist gemeinsam, daß dabei immer nur einzelne Traditionselemente benutzt werden – und zwar zur positiven wie negativen Identifikation –, andere dagegen jeweils ausgeblendet bleiben. Häufig sind es verselbständigte, durch Stichworte aufrufbare Bilder, bei denen sich der historische Gehalt bis hin zur Legenden- und Mythenform verflüchtigt hat[108].

Obwohl die Weiterverwendung des Reichsbegriffs in den Auseinandersetzungen um die politische Ordnung unseres staatlichen Lebens durch die geschichtliche Existenz eines nationalsozialistischen »Dritten Reichs« und die damit einhergehenden Perversionen für immer unmöglich gemacht ist, erscheint die Aufklärung mythisierter Geschichtsbilder wie dem vom mittelalterlichen deutschen Reich während des 19. und frühen 20. Jahrhunderts keineswegs belanglos. Vergleichbaren Zwängen des Verwendungszusammenhangs scheint nämlich in den gegenwärtigen Diskussionen und Auseinandersetzungen um die deutsche Geschichte der Begriff bzw. das historische Phänomen der »Nation« unterworfen zu sein[109]. Die Analyse solcher Mythen und Legendenbildungen kann, ganz gleich, ob sie an einem negativ oder positiv zu wertenden Beispiel durchgeführt wird, dazu beitragen, für die Identitätsdiskussion der Gegenwart den geschichtlichen Horizont zu öffnen über den Zeitrahmen hinaus, der von der Frage nach der deutschen Nation konstituiert zu sein scheint, nämlich über die »Schwellenzeit« um 1800 zurück bis in die karolingischen und spätantiken Ursprünge der europäisch-abendländischen Staatenwelt.

Anmerkungen

Die Vortragsform wurde fast unverändert beibehalten. Die Anmerkungen wurden auf Fundstellenbelege und Hinweise auf neuere und weiterführende Publikationen zum Thema beschränkt.

1 Die Verfassung des Deutschen Reichs (Dokumente zur Deutschen Verfassungsgeschichte, hrsg. von Ernst Rudolf Huber, Bd. 3), Stuttgart 1966, Nr. 154, S. 127.

2 Zur Würdigung der Situation von 1918/19 unter diesem Aspekt siehe neuerdings die einschlägigen Kapitel in Band 4 der Reihe »Die Deutschen und ihre Nation«: Hagen Schulze, Weimar. Deutschland 1917–1933, Berlin 1982, bes. Abschnitt 1,2, Parlament und Parteien, S. 67ff.

3 Einen zusammenfassenden Überblick über die Vorstellungen in den politischen Parteien sowie reichhaltige Literaturhinweise bietet Jürgen C. Hess, „Das ganze Deutschland soll es sein«. Die republikanischen Parteien und die Deutsche Frage in der Weimarer Republik, in: Josef Becker/Andreas Hillgruber (Hrsg.), Die deutsche Frage im 19. und 20. Jahrhundert, München 1983, S. 277–317.

4 Die Einstellungen zu dieser Frage gehen z. B. aus der Reichstagsdebatte vom 2. Juli 1919 über die Bezeichnung des neuen Staates als »Deutsches Reich« hervor; siehe das Protokoll der 44. Sitzung, in: Die Deutsche Nationalversammlung im Jahre 1919 in ihrer Arbeit für den Aufbau des neuen deutschen Volksstaates, hrsg. von Eduard Heilfron, Bd. 5, Berlin o. J., S. 2927–3020; zur zeitgenössischen Würdigung vgl. Gerhard Anschütz, Die Verfassung des Deutschen Reiches vom 11. August 1919, Berlin 1926^3, bes. S. 33f.

5 Protokoll der 44. Sitzung (Anm. 4), S. 2954; der Abgeordnete Dr. Cohn schlug namens der USPD vor, ihn durch »Deutsche Republik« zu ersetzen.

6 Die ältere Forschungsdiskussion zu dieser Problematik ist leicht nachlesbar in dem Sammelband: Hellmuth Kämpf (Hrsg.), Die Entstehung des Deutschen Reiches, Darmstadt 1963; einen guten Überblick über die Daten und Fakten und ihre Wertung bietet Eduard Hlawitschka, Zum Werden der Unteilbarkeit des mittelalterlichen deutschen Reiches (Jahrbuch der Universität Düsseldorf 1969/70), S. 43–55; neuerdings hat sich die Diskussion verlagert zur Frage nach der Entstehung der »Nationen« in Europa; siehe dazu und zu dem entsprechenden Forschungsprojekt zuletzt Helmut Beumann, Zur Nationenbildung im Mittelalter, in: Otto Dann (Hrsg.), Nationalismus in vorindustrieller Zeit, München 1986, S. 21–36.

7 Siehe dazu etwa den Einführungsbeitrag von Andreas Hillgruber zu dem in Anm. 3 genannten Sammelband sowie – die ältere Forschungsdiskussion zusammenfassend – die Abschnitte V und VI des Artikels »Reich« (Werner Conze, Erlöschen und Wiedererwekkung; Elisabeth Fehrenbach, Vom Ende des »Heiligen Römischen Reiches« bis zum Kaiserreich), in: Otto Brunner/Werner Conze/Reinhart Kosellek (Hrsg.), Geschichtliche Grundbegriffe, Historisches Lexikon zur politisch-sozialen Sprache in Deutschland, Bd. 5, Stuttgart 1984, S. 487–505.

8 Siehe dazu E. Fehrenbach (Anm. 7), S. 489ff.

9 Siehe dazu etwa außer den schon genannten Arbeiten den grundlegenden Beitrag Thomas Nipperdey, Nationalidee und Nationaldenkmal in Deutschland, in: Historische Zeitschrift, 206 (1968), S. 529–585, und neuerdings – unter Verweis auf den von ihm verfaßten entsprechenden Abschnitt im Handbuch der Europäischen Geschichte – Walter Bussmann, Das deutsche Nationalbewußtsein im 19. Jahrhundert, in: Werner Weidenfeld (Hrsg.), Die Identität der Deutschen (Schriftenreihe der Bundeszentrale für politische Bildung, Bd. 200), Bonn 1983, S. 64–82.

10 Siehe dazu neuerdings die einschlägigen Abschnitte im 5. Band des in Anm. 2 genannten historiographischen Unternehmens: Hans Ulrich Thamer, Verführung und Gewalt. Deutschland 1933 – 1945, Berlin 1986, bes. den Abschnitt III.3, »Antidemokratisches Denken und nationalsozialistische Propaganda«, S. 148ff.

11 Mit ihr beschäftigt sich die im II. Abschnitt ausführlicher vorgestellte Arbeit von Klaus Breuning, Die Vision des Reiches. Deutscher Katholizismus zwischen Demokratie und Diktatur (1919–1934), München 1969, vgl. auch Gabriele Clemens, Rechtskatholizismus zwischen den Weltkriegen, in: Albrecht Langer (Hrsg.), Katholizismus, nationaler Gedanke und Europa seit 1800, Paderborn 1985, S. 111–130.

12 Siehe dazu außer dem in Anm. 9 genannten Aufsatz von Thomas Nipperdey vor allem – mit reichhaltigem Literaturverzeichnis – Ludger Kerssen, Das Interesse am Mittelalter im deutschen Nationaldenkmal (Arbeiten zur Frühmittelalterforschung, Bd. 8), Berlin–New York 1975.

13 Siehe Anm. 11.

14 Siehe dazu K. Breuning (Anm. 11), S. 67ff., und unten nach Anm. 66.

15 Als wichtige Arbeiten, in denen sie summarisch vorgestellt wird, können hier genannt werden: Heinrich Appelt, Die Kaiseridee Friedrich Barbarossas, Wien 1967; Peter Rassow, Honor imperii. Die neue Politik Friedrich Barbarossas (durch den Text des Konstanzer Vertrages ergänzte Neuausgabe), Darmstadt 1961; Gottfried Koch, Sacrum Imperium. Bemerkungen zur Herausbildung der staufischen Herrschaftsideologie, in: Zeitschrift für Geschichtswissenschaft, 16 (1968), S. 569–614.

16 Diese Akzentuierung des Themas geht – das sei an dieser Stelle eigens hervorgehoben – auf eine Anregung meines langjährigen münsterschen Kollegen Erich Kosthorst zurück, der mich auf die lohnende Beschäftigung mit dem Phänomen und seine Aufarbeitung in dem zuwenig beachteten Buch von Klaus Breuning aufmerksam gemacht hat. Es ist mir eine besondere Freude, ihm auf diese Weise meinen Dank für vielfältige Förderung abstatten zu können.

17 Geschichtliche Grundbegriffe (Anm. 7), S. 423.

18 Das folgende will deshalb nicht mehr sein als eine Problemskizze, die sich auf die breit gefächerte Forschungsliteratur stützt; eigene Forschungsergebnisse zur Rezeption und Verwendung von Geschichtsbildern hoffe ich demnächst vorlegen zu können.

19 In der »Erklärung über die Niederlegung der deutschen Kaiserkrone«; vgl. Quellensammlung zur Geschichte der deutschen Reichsverfassung in Mittelalter und Neuzeit, hrsg. von Karl Zeumer, Tübingen 1913², S. 538.

20 Dazu zuletzt – mit Nachweis der älteren Forschungsdiskussion – Karl Otmar von Aretin, Das Reich. Friedensgarantie und europäisches Gleichgewicht 1648–1806, Stuttgart 1986.

21 Ebd., besonders der einleitende Abschnitt »Das Reich in seiner letzten Phase 1648–1806. Das Problem der Regierbarkeit im Heiligen Römischen Reich«, S. 19ff.

22 Dazu noch immer informativ die älteren Arbeiten Arnold Berney, Reichstradition und Nationalstaatsgedanke (1789–1815), in: Historische Zeitschrift, 140 (1929), S. 57–86, und Wilhelm Mommsen, Zur Bedeutung des Reichsgedankens, in: Historische Zeitschrift, 174 (1952), S. 385–415.

23 W. Conze (Anm. 7), S. 487f.

24 Der vielzitierte Satz findet sich in der ersten Fassung seines Traktats »De Statu imperii Germanici« von 1667, hier zitiert nach dem Abschnitt IV »Frühe Neuzeit« von Notker Hammerstein im in Anm. 7 genannten Artikel »Reich« der »Geschichtlichen Grundbegriffe«, ebd., S. 472.

25 Zum Gedanken der Etablierung eines kulturellen, geistigen Reiches neuerdings Wolfgang Frühwald, Die Idee kultureller Nationbildung und die Entstehung der Literatursprache in Deutschland, in: Nationalismus in vorindustrieller Zeit (Anm. 6), S. 129–141; zur Bedeutung für die bürgerlichen Eliteschichten, die er vor allem in den Lesegesellschaften und Geschichtsvereinen entfaltete, siehe Thomas Nipperdey, Vereine als soziale Struktur in Deutschland im späten 18. und frühen 19. Jahrhundert, in: ders., Gesellschaft, Kultur und Theorie, Göttingen 1976, S. 174–205; Lesegesellschaften und bürgerliche Emanzipation. Ein europäischer Vergleich, hrsg. von Otto Dann, München 1981, vor allem der Einleitungsbeitrag des Herausgebers »Die Lesegesellschaften und die Herausbildung einer modernen bürgerlichen Gesellschaft in Europa«, S. 9–28.

26 Nach der vielzitierten Schlußzeile des Gedichtes »Des Deutschen Vaterland« von Ernst Moritz Arndt, in: Deutsche National-Literatur, 135/3, Stuttgart o. J., S. 310.

27 Sie hatte so unterschiedliche Protagonisten wie etwa den Freiherrn vom Stein (z. B. in der »Denkschrift für Alexander I.« vom 17. September 1812, in: ders., Briefe und Schriften, hrsg. von Walter Hubatsch, Bd. 3, 1961, S. 742 ff.) und Josef Görres (z. B. in »Der Kaiser und das Reich. Ein Gespräch«, in: ders., Politische Schriften, hrsg. von Marie Görres, München 1854, S. 319 ff.).

28 Deutsche National-Literatur (Anm. 26), S. 380 f.

29 Novalis Schriften, Bd. 3, hrsg. von Richard Gammel, Darmstadt 1968, S. 507–524.

30 Deutsche National-Literatur (Anm. 26), S. 381.

31 Novalis Schriften (Anm. 29), S. 507.

32 Zur heutigen wissenschaftlichen Sicht des hochmittelalterlichen Imperiums siehe die neueren Gesamtdarstellungen im Rahmen der verschiedenen aktuellen historiographischen Unternehmungen zur Deutschen Geschichte; z. B. Horst Fuhrmann, Deutsche Geschichte im hohen Mittelalter. Von der Mitte des 11. bis zum Ende des 12. Jahrhunderts, Göttingen 1978; Hermann Jakobs, Kirchenreform und Hochmittelalter 1046–1215, München 1984; Alfred Haverkamp, Aufbruch und Gestaltung. Deutschland 1056–1273, München 1984.

33 Xenium 95, »Das deutsche Reich«, in: Schillers sämtliche Schriften, Hist. krit. Ausgabe, Bd. 11, hrsg. von Karl Goedecke, Stuttgart 1871, S. 110.

34 Schillers sämtliche Schriften (Anm. 33), Bd. 1, S. 473 ff; vgl. auch das Hardenberg-Zitat bei Anm. 31.

35 Siehe dazu den in Anm. 25 zitierten Beitrag von W. Frühwald (bes. S. 131 ff.); eine noch heute wirksame Ausformulierung fand die Idee der Kulturnation in Friedrich Meineckes epochalem Werk »Weltbürgertum und Nationalstaat«, hrsg. und eingeleitet von Hans Herzfeld, München 1969; zur gegenwärtigen Wirksamkeit der Idee siehe neuerdings auch Sven Papcke, Gibt es eine kulturelle Identität der Deutschen?, in: Die Identität der Deutschen (Anm. 9), S. 248–273.

36 Zum folgenden vgl. außer den in den Anm. 7 und 9 bereits genannten Arbeiten auch die in diese Zeit zurückgreifenden Darstellungen Elisabeth Fehrenbach, Wandlungen des deutschen Kaisergedankens 1871–1918 (Studien zur Geschichte des 19. Jahrhunderts 1), München–Wien 1969; Theodor Schieder, Das Deutsche Reich in seinen nationalen und universalen Beziehungen 1871 bis 1945, in: ders./Ernst Deuerlein (Hrsg.) Reichsgründung 1870/71. Tatsachen Kontroversen Interpretationen, Stuttgart 1970, S. 422–454.

37 Dazu vor allem den in Anm. 9 genannte Aufsatz von W. Bussmann.

38 Mit diesen beiden Leitbegriffen etwa auf dem Titelblatt des »Rheinischen Merkur«; argumentativ in dem Anm. 27 genannten »Gespräch«.

39 Ebd., passim, bes. S. 338f.
40 Dazu ausführlich L. Kerssen (Anm. 12), S. 16ff.
41 »Rheinischer Merkur« vom 20. November 1814, hier zitiert nach E. Fehrenbach (Anm. 7), S. 493.
42 Siehe dazu die im Sammelband »Reichsgründung 1870/71« (Anm. 36) zusammengefaßte Forschungsdiskussion; etwas andere Akzente setzt – um nur noch diesen Beitrag von vielen möglichen zu nennen – der Sammelband: Probleme der Reichsgründerzeit 1848–1879, hrsg. von Helmut Böhme, Köln 1972[2].
43 Siehe die in Anm. 25 und 35 genannte Literatur.
44 E. Fehrenbach (Anm. 7), S. 498ff.
45 Otto Gierke, Das alte und das neue deutsche Reich, in: Deutsche Zeit- und Streitfragen. Flugschriften zur Kenntnis der Gegenwart, 3 (1874) 35, S. 109f.
46 E. Fehrenbach (Anm. 7), S. 499.
47 Über Treitschke ausführlich Walter Bussmann, Treitschke. Sein Welt- und Geschichtsbild (Göttinger Bausteine zur Geschichtswissenschaft, 3/4), Göttingen–Zürich 1981[2].
48 Der Begriff wurde nach E. Fehrenbach (Anm. 7, S. 501) besonders von Heinrich von Treitschke popularisiert und fand etwa in der Einleitung zu seiner «Deutschen Geschichte im 19. Jahrhundert« (Leipzig 1879) weite Verbreitung.
49 Das ist einer der Leitgedanken in Heinz Gollwitzers grundlegendem Aufsatz »Die Auffassung der mittelalterlichen Kaiserpolitik im 19. Jahrhundert. Eine ideologie- und wissenschaftsgeschichtliche Nachlese«, in: Dauer und Wandel der Geschichte. Aspekte europäischer Vergangenheit, Festgabe für Kurt von Raumer, Münster 1966, S. 483–512; der von der Sybel-Ficker-Kontroverse ausgehende Ansatz ist neuerdings wieder aufgenommen bei Thomas Kleinknecht, Mittelalterauffasung in Forschung und politischer Kontroverse. Zu den Beiträgen von James Bryce und Georg Waitz, in: Weltpolitik, Europagedanke, Regionalismus, Festschrift für Heinz Gollwitzer, Münster 1982, S. 259–286.
50 E. Fehrenbach (Anm. 7), S. 501.
51 Zur Bedeutung der Kyffhäuser-Sage in diesem Zusammenhang siehe E. Fehrenbach (Anm. 36), S. 32ff.; und L. Kerssen (Anm. 12), S. 97ff.
52 Siehe Anm. 51.
53 H. Gollwitzer (Anm. 49), S. 507ff; E. Fehrenbach (Anm. 36), S. 158ff. (unter der Kapitelüberschrift »Die imperiale Übersteigerung«).
54 Arthur Moeller van den Bruck, Das Dritte Reich, Berlin 1923.
55 Dazu Jean F. Neurohr, Der Mythos vom Dritten Reich. Zur Geistesgeschichte des Nationalsozialismus, Stuttgart 1957, und H. J. Schwierskott, Arthur Moeller van den Bruck. Der revolutionäre Nationalismus in der Weimarer Republik, Göttingen 1962; vgl. auch Th. Schieder (Anm. 36), S. 429f.
56 Die Idee eines Dritten, in der Zukunft liegenden Reiches des Hl. Geistes, d. h. des reinen und unverfälschten Christentums, fand ihre weithin wirkende Ausprägung in der Rezeption des heilsgeschichtlich-theologischen Schemas des Zisterzienser-Abtes Joachim von Fiore durch die franziskanische Reformbewegung der Spiritualen und Fraticellen; siehe dazu den zusammenfassenden Überblick bei Herbert Grundmann, Geschichtsschreibung im Mittelalter, Göttingen 1965, S. 74; über Joachim und sein Denken ausführlich ders., Studien über Joachim von Fioris, Berlin–Leipzig, 1927 und ders., Neue Forschungen über Joachim von Fiore, Marburg 1950.
57 E. Fehrenbach (Anm. 7), S. 506.
58 Auszugsweise veröffentlicht bei K. Breuning (Anm. 11), S. 347f.
59 Über ihn K. Breuning (Anm. 11), S. 254ff., bes. S. 256, Anm. 20.
60 Siehe Anm. 58.
61 In einem zusammenfassenden Aufsatz mit dem Titel: »Consecratio mundi im 20.

Jahrhundert. Vom Staat zurück zum Reich?«, in: Probleme der Entsakralisierung, hrsg. von Hartmut Bartsch, Münschen 1970, S. 135–145, bes. S. 136.

62 K. Breuning (Anm. 11), S. 225 ff.; siehe auch den als Dokument 4 veröffentlichten Gründungsaufruf, ebd., S. 326 ff.

63 Ebd., S. 67 ff.; siehe auch das annähernd 1300 Positionen umfassende Schriftenverzeichnis, das eine Reihe weiterer namhafter Vertreter mit ihren einschlägigen Publikationen ausweist.

64 Über sie ebd., S. 238 ff.

65 K. Breuning (Anm. 61), S. 136.

66 Es handelt sich um eine Besprechung von Hermann Graml in: Frankfurter Hefte, 25 (1970), die in dem in Anm. 61 genannten Aufsatz ausschnittsweise zitiert ist (S. 136 f.).

67 Zitat nach K. Breuning (Anm. 11), S. 179.

68 Über die Rolle Maria Laachs K. Breuning (Anm. 11), S. 238 ff.

69 Zitiert nach K. Breuning (Anm. 11), S. 238.

70 Siehe oben den Text Seyß-Inquarts bei Anm. 60.

71 So in einem bei K. Breuning (Anm. 11), S. 330 f., edierten Satzungsentwurf.

72 Zitat nach K. Breuning (Anm. 11), S. 226.

73 Zitat nach K. Breuning (Anm. 11), S. 231.

74 In einer 4. Auflage 1973 in der Wissenschaftlichen Buchgesellschaft Darmstadt erneut publiziert; inwieweit Dempf der »Reichstheologie« oder gar dem Bund »Kreuz und Adler« zuzurechnen ist, bleibt bei K. Breuning offen; zu den Wegbereitern der Reichsideologie zählt er ihn jedoch ohne jeden Zweifel (Anm. 11), S. 73 ff.

75 Siehe Anm. 73.

76 Zur Würdigung des Vorgangs neuerdings H. U. Thamer (Anm. 10), Abschnitt VI, 7, Nationalsozialismus und Kirchen, S. 435 ff.

77 Als Dokument Nr. 10 ediert bei K. Breuning (Anm. 11), S. 340.

78 Zitiert nach K. Breuning (Anm. 11), S. 236.

79 Die Auflösung wird bezeichnenderweise in Form einer Erklärung der Reichsparteileitung der NSDAP bekanntgegeben, ediert als Dokument 13 bei K. Breuning (Anm. 11), S. 343.

80 K. Breuning (Anm. 11), S. 237 f.

81 Das kann hier natürlich nur punktuell im Hinblick auf die in der politischen Diskussion angezielten Bezugspunkte geschehen.

82 Siehe dazu die Anm. 32 genannten neueren Gesamtdarstellungen; für manche Aspekte noch unentbehrlich die Beiträge in den Sammelbänden: Herrschaft und Staat im Mittelalter, hrsg. von Helmut Kämpf, Darmstadt 1964, und Königswahl und Thronfolge in ottonisch-frühdeutscher Zeit, hrsg. von Eduard Hlawitschka, Darmstadt 1971.

83 Zu dieser Idee siehe Werner Goez, Translatio Imperii. Ein Beitrag zur Geschichte des Geschichtsdenkens und der politischen Theorie im Mittelalter, Tübingen 1958.

84 Zu dieser für das Verhältnis von geistlicher und weltlicher Gewalt während des gesamten Mittelalters maßgeblichen Lehre siehe die noch immer grundlegenden Aufsätze Wilhelm Levison, Die mittelalterliche Lehre von den beiden Schwertern, in: Deutsches Archiv, 9 (1951), S. 14–42, und Hartmut Hoffmann, Die beiden Schwerter im hohen Mittelalter, in: Deutsches Archiv, 10 (1964) S. 78–114.

85 W. Goez (Anm. 83), S. 5 ff.

86 Zum historiographischen Gesamtkonzept Ottos von Freising, bei dem die Weltalter-Lehre und die Vorstellung von der »Translatio Imperii« eine wesentliche Rolle spielt, siehe die Einleitung des Herausgebers in der jüngsten Edition: Otto Bischof von Freising, Chronik oder Die Geschichte der zwei Staaten, hrsg. von Walter Lammers, Darmstadt 1961, bes. S. XXXVIII ff.

87 Ebd., S. 273.

88 Siehe das Inhaltsverzeichnis des V. Buches, ebd. S. 41 ff.

89 Siehe dazu Horst Fuhrmann, Konstantinische Schenkung und Silvesterlegende in neuer Sicht, in: Deutsches Archiv, 15 (1959), S. 523–554, und neuerdings vor allem auch zu den Möglichkeiten der historischen Auswertung der Silvesterlegende Wilhelm Pohlkamp, Kaiser Konstantin, Der heidnische und der christliche Kult in den Actus Silvestri, in: Frühmittelalterliche Studien, 18 (1984), S. 357–400.

90 Constitutum Constanini, hrsg. von Horst Fuhrmann (MGH Fontes iuris Germanici antiqui, X), Hannover 1968, S. 93.

91 »Duo quippe sunt, imperator auguste, quibus principaliter mundus hic regitur, auctoritas sacrata pontificum et regalis potestas. In quibus tanto gravius est pondus sacerdotum, quanto etiam pro ipsis regibus hominum in divino reddituri sunt examine rationem.« Gelasius-Brief, in: MIGNE, Patrologia Latina 59, Sp. 41 ff. hier Sp. 42.

92 Siehe dazu die grundlegenden Aufsätze in den schon älteren, aber noch immer unentbehrlichen Sammelbänden: Das Königtum, hrsg. von Theodor Mayer, Sigmaringen 1956, und Königserhebung und Thronfolge in fränkisch-karolingischer Zeit, hrsg. von Eduard Hlawitschka, Darmstadt 1975.

93 Die germanischen Vorstellungen vom Königtum behandelt zusammenfassend Otto Höfer, Der Sakralcharakter des germanischen Königtums, in: Das Königtum (Anm. 92), S. 75–104.

94 Zum Davidkönigtum und zur frühmittelalterlichen »Herrschaftstheologie« grundlegend Lothar Bornscheuer, Miseriae regum. Untersuchungen zum Krisen- und Todesgedanken in den herrschaftstheologischen Vorstellungen der ottonisch-salischen Zeit, Berlin–New York 1968.

95 Siehe dazu die in Anm. 84 genannten Arbeiten zur »Zwei-Gewalten-Lehre« und die Arbeiten im in Anm. 92 genannten Sammelband »Das Königtum«, besonders Theodor Mayer, Staatsauffasung in der Karolingerzeit, ebd., S. 169–184, und Friedrich Kempf, Das mittelalterliche Kaisertum, ebd., S. 225–242.

96 Zur Würdigung des Investiturstreits als Epochenwende siehe Karl Jordan, Das Zeitalter des Investiturstreits als politische und geistige Wende des abendländischen Hochmittelalters, in: Geschichte in Wissenschaft und Unterricht, 23 (1973), S. 513–522.

97 Das geht u. a. aus dem Versuch der beiden Protagonisten des Investiturstreits hervor, die Probleme gemeinsam zu lösen; siehe dazu Christian Schneider, Prophetisches Sacerdotium und heilsgeschichtliches Regnum im Dialog 1073–1077. Zur Geschichte Gregors VII. und Heinrichs IV., München 1972.

98 Der Wortlaut der Absetzungssentenzen ist leicht zugänglich in Brunos Buch vom Sachsenkrieg, in das sie im Wortlaut übernommen sind: Brunos Sachsenkrieg, hrsg. von Irene Schmale-Ott, Darmstadt 1968, S. 281 f. und S. 289.

99 Siehe den Text der Wahlanzeige vom März 1152, in: Die Urkunden Friedrichs I. 1152–1158, bearb. von Heinrich Appelt (MGH DD 10.1), Hannover 1975, Nr. 5, S. 10 f.

100 Zu »honor imperii« als Leitidee der frühen Stauferzeit siehe die in Anm. 15 genannten Arbeiten.

101 Siehe dazu besonders Koch (Anm. 15), S. 598 ff.

102 Bekanntlich erschien das unter Papst Innozenz III. (1198–1215) für kurze Zeit erreichbar, um dann alsbald für das Papsttum in der Katastrophe zu enden; siehe dazu die überblicksartige Darstellung in den entsprechenden Abschnitten des Handbuches der Kirchengeschichte: Hans Wolter, Das Papsttum auf der Höhe seiner Macht (1198–1216); ders., Der Kampf der Kurie um die Führung im Abendland (1216–1274); ders., Die Krise des Papsttums und der Kirche im Ausgang des 13. Jahrhunderts, in: Handbuch der Kirchengeschichte, III/2, Freiburg–Basel–Wien 1968, S. 168–362.

103 Siehe dazu den grundlegenden Aufsatz von Heinrich Dannenbauer, Adel, Burg und Herrschaft bei den Germanen, S. 60–134, in dem in Anm. 82 genannten Sammelband »Herrschaft und Staat im Mittelalter«.

104 Musterbeispiel dafür sind die Karolinger, die als fränkisches zwischen Rhein und Maas/Mosel beheimatetes Adelsgeschlecht im 7. und 8. Jahrhundert zunächst zur Vorherrschaft im gesamten Merowingerreich und schließlich zum Königtum aufstiegen; siehe dazu die grundlegenden Untersuchungen von Mathias Werner, Der Lütticher Raum in früh-karolingischer Zeit. Untersuchungen zur Geschichte einer karolingischen Stammlandschaft, Göttingen 1980, und ders. Adelsfamilien im Umkreis der früher Karolinger. Die Verwandschaft Irminas von Oeren und Adelas von Pfalzel. Personengeschichtliche Untersuchungen zur frühmittelalterlichen Führungsschicht im Maas–Mosel–Gebiet, Sigmaringen 1982.

105 Zum Prozeß der Territorialisierung im spätmittelalterlichen Deutschland siehe die zusammenfassende Darstellung Heinz Thomas, Deutsche Geschichte des Späten Mittelalters 1250–1500, Stuttgart 1983; und neuerdings den entsprechenden Abschnitt im 1987 erschienenen Band 2 des Handbuchs der Europäischen Geschichte von Heinrich Koller (Vom Universalreich zu den deutschen Territorialstaaten, S. 381–398).

106 Über diesen Vorgang, der mit der Ausbildung der Nationalstaaten eng verbunden war, siehe die im Forschungsprojekt »Nationes« zusammengefaßten Aktivitäten (Nachweise bei Beumann, Anm. 6) und den zusammenfassenden Abschnitt Josef Engel, Von der spätmittelalterlichen res publica christiana zum Mächte-Europa der Neuzeit, in: Handbuch der Europäischen Geschichte, Bd. 3, Stuttgart 1971, S. 1–443.

107 Zur Reformationszeit als Zeitenwende der europäisch-abendländischen Geschichte ebd., S. 105ff.

108 Musterbeispiel für diesen Typus ist das berühmte, in der Debatte über den Kulturkampf geprägte Diktum Bismarcks »Nach Canossa gehen wir nicht« (in der Reichstagsrede vom 14. Mai 1872); siehe dazu die umfassenden Analysen bei Harald Zimmermann, Der Canossagang von 1077. Wirkungen und Wirklichkeit (Abh. der Akademie der Wissenschaften und Literatur zu Mainz, Geistes- und Sozialwiss. Klasse 1975, Nr. 5), Wiesbaden 1975; über den Bismarck-Ausspruch ebd., S. 1ff.

109 Vgl. als Beispiel für die politisch-philosophische Absolutsetzung eines inhaltlich abstrakten, gleichwohl zum höchsten Wert erklärten Nationsbegriffs Bernard Willms, Die deutsche Nation, Köln 1982.

Teil IV
Die Rahmenbedingungen nationaler Politik

Dietmar Petzina

Deutsch-deutsche Wirtschaftsbeziehungen nach dem Zweiten Weltkrieg – eine Bilanz

Die wirtschaftlichen Verbindungen zwischen der Bundesrepublik Deutschland und der Deutschen Demokratischen Republik sind Mitte der achtziger Jahre weitgehend aus den Schlagzeilen verschwunden und haben – anders als in den Jahren des großen Aufschwungs nach Abschluß des Grundlagenvertrages – das Flair des Einmaligen und Spektakulären verloren. Sie scheinen normal geworden zu sein, normal im Sinne regulärer Wirtschaftsbeziehungen zwischen zwei Staaten unterschiedlicher Wirtschafts- und Gesellschaftsordnungen. Die hochgesteckten politischen Erwartungen, die mit den wirtschaftlichen Verbindungen vor allem auf westlicher Seite verknüpft wurden, haben sich freilich nicht oder in einem anderen Sinne erfüllt, als sie in den Diskussionen der fünfziger Jahre formuliert worden waren: wirtschaftliche Verflechtung gleichsam als Vorstufe erneuten politischen Zusammenwachsens, die Wirtschaft als Stellvertreterin der Politik.

Im folgenden soll skizzenhaft den Grundlagen sowie dem Auf und Ab der wirtschaftlichen Beziehungen zwischen den beiden deutschen Staaten seit dem Zweiten Weltkrieg nachgegangen werden. Dabei interessieren nicht vorrangig die spezifischen politischen Interessen und Hoffnungen, wenngleich das Politische in den nüchternen Ziffern von Handel und Krediten nicht ausgeklammert werden soll. Gefragt wird vorrangig nach den Konstanten und Veränderungen der wirtschaftlichen Beziehungen, namentlich im Spiegel des innerdeutschen Handels; zum anderen nach den politisch-rechtlichen Rahmenbedingungen dieses Prozesses und dem Zusammenhang von politischen Konjunkturen und ökonomischer Entwicklung.

I.

Bis zum Ende des Zweiten Weltkrieges bildeten die einzelnen Teile des Deutschen Reiches eine eng miteinander verflochtene wirtschaftliche Einheit. Dem Prinzip regionaler Arbeitsteilung folgend, hatte sich seit dem 19. Jahrhundert ein eng miteinander kommunizierendes, arbeitsteiliges System der industriellen und agrarischen Erzeugung herausgebildet. Dessen Stabilität und Ausgewogenheit ergab sich aus dem Geflecht von Waren-, Finanz- und Dienstleistungsströmen, die

die einzelnen deutschen Staaten und Regionen im Verlaufe des vorigen Jahrhunderts zu einer einheitlichen Volkswirtschaft verschmolzen. Die südlichen Teile der heutigen DDR, Sachsen und Thüringen, zählten traditionell zu den am stärksten industrialisierten Regionen des Deutschen Reiches, wobei vor allem dem ehemaligen Königreich Sachsen bereits im vorigen Jahrhundert die Rolle einer »Führungsregion« im deutschen Industrialisierungsprozeß zukam[1].

Die Arbeitsteilung zwischen den deutschen Wirtschaftsregionen hat sich in der Periode der Hochindustrialisierung vertieft und zu Beginn des 20. Jahrhunderts stabilisiert, wobei trotz verstärkter Industrialisierung zunächst West-, später Südwestdeutschlands bis in die dreißiger Jahre hinein ein historisch gewachsener, industriell-gewerblicher Vorsprung Mitteldeutschlands erhalten blieb. In den mitteldeutschen Kernregionen des Reiches, in Sachsen, Thüringen sowie der preußischen Provinz Sachsen betrug der Anteil der gewerblich-industriell Beschäftigten an der Gesamtzahl der Erwerbstätigen 1925 52,6 Prozent, demgegenüber im deutschen Westen (Rheinland, Westfalen, Hessen) im Durchschnitt 48,7 Prozent, in Württemberg und Baden 39,4 Prozent und in Bayern nur 32,3 Prozent[2]. Ein anderer wirtschaftlicher Indikator, die Höhe des Volkseinkommens je Einwohner, bestätigt diesen Sachverhalt. Bezogen auf das Stichjahr 1928, belief es sich in Sachsen/Thüringen auf 1 280 Mark, im Westen auf 1 170, im Süden des Reiches (Baden, Württemberg, Bayern) auf 1 090, in Berlin-Brandenburg dank der wirtschaftlichen Dominanz der Reichshauptstadt auf 1 566 Mark[3].

Die industrielle Produktion des gesamten Mitteldeutschlands (ohne Berlin) erreichte 1939 mehr als ein Viertel der gesamten Bruttoproduktion des Deutschen Reiches und repräsentierte 45 Prozent des industriellen Potentials Westdeutschlands, der späteren Bundesrepublik Deutschland[4]. Die Verflechtung zwischen dem damaligen Mitteldeutschland und Westdeutschland läßt sich auf der Grundlage der Industrieerhebung aus dem Jahre 1936 schätzen. Demnach verteilten sich die Gesamtlieferungen der späteren sowjetischen Besatzungszone (SBZ) zum Stichjahr 1936 in Höhe von 5,3 Milliarden Reichsmark zu 51 Prozent auf die spätere Bundesrepublik Deutschland, zu 17 Prozent auf Berlin, zu lediglich 11 Prozent auf die Gebiete östlich der Oder und Neiße und schließlich zu 21 Prozent auf das Ausland. Wenngleich im Falle Westdeutschlands (Gesamtlieferungen: 7,4 Milliarden RM) die Bedeutung Mitteldeutschlands mit 37 Prozent etwas geringer war als umgekehrt, vor allem die Auslandsverflechtung lag deutlich höher (43 Prozent aller westdeutschen Lieferungen), so spielte der »innerdeutsche« Handel innerhalb der gemeinsamen Volkswirtschaft des Reiches doch die überragende Rolle. Ohne die »Exporte« Mitteldeutschlands im Bereich der Konsumgüter war die Versorgung der Bevölkerung im deutschen Westen kaum sicherzustellen, und umgekehrt beruhte die Verarbeitungsindustrie in Berlin und in Mitteldeutschland auf den Lieferungen von schwerindustriellen Produkten aus dem Ruhrgebiet. Alle Teile Deutschlands waren wiederum verknüpft durch die herausragende Position, die das Finanz- und Dienstleistungszentrum der Reichshauptstadt innerhalb Deutschlands einnahm.

Das Schicksal der innerdeutschen Wirtschaftsbeziehungen nach dem Zweiten Weltkrieg wurde zunächst von der materiellen Zerstörung einerseits und der Politik der Besatzungsmächte in den einzelnen Zonen andererseits bestimmt. Eine einheitliche Volkswirtschaft im Sinne eines arbeitsteiligen, in den einzelnen Teilen eng miteinander verflochtenen Systems hat es zwischen 1945 und 1947/48 weder im westlichen noch im mittleren Teil Deutschlands gegeben. Selbst ohne die zunächst nahezu unüberwindlichen Barrieren der Zonengrenzen gab es angesichts der Zerstörung des Verkehrs- und Kommunikationssystems, der Zerrüttung der Währungsverhältnisse und der Desorganisation der Produktion den Rückfall in Naturaltausch, bestenfalls staatliche Zuteilung, die mit dem Entwicklungsstand eines Industrielandes unvereinbar waren. Zwar hat es im Oktober und November 1946 die ersten sogenannten »Länderratsgeschäfte« zwischen der US-Zone und der sowjetischen Zone gegeben, doch blieb das Volumen 1946 mit gerade drei Prozent des Standes von 1936 vernachlässigenswert gering. Und selbst 1947 und 1948, als sich Bezüge und Lieferungen mehr als verdoppelten, erreichten Bezüge bzw. Lieferungen der sowjetisch besetzten Zone noch weniger als ein Zehntel des in den dreißiger Jahren erreichten Niveaus. Die Zusammensetzung des statistisch erfaßten Interzonenhandels (der freilich die auf privater Basis abgewickelten Kompensationsgeschäfte nur unzureichend erfaßt) zwischen 1946 und dem Beginn der Berliner Blockade dokumentiert *Tabelle 1*, die vor allem für 1946 das Übergewicht von Rohstoff- und Agrarlieferungen sichtbar macht.

Für die SBZ waren die Folgen dieser Auflösung innerdeutscher Wirtschaftsbeziehungen viel gravierender als für die westlichen Zonen. Mitteldeutschland war stärker noch als das westliche Deutschland von Rohstoff- und Agrarbezügen abhängig, ebenso von gesicherten Absatzmärkten für seine hochspezialisierte Industrie, etwa im Bereich des Maschinenbaus, der Chemie und der Konsumgüter[5]. Die Last der Reparationen wog schließlich im sowjetisch besetzten Teil Deutschlands erheblich schwerer als im Westen. Neuesten Schätzungen zufolge dürfte ein »Fünftel bis ein Viertel der materiellen Produktion ... Ende der vierziger Jahre« in die Sowjetunion geliefert worden sein[6]; dies würde eine jährliche Belastung von vier bis fünf Milliarden Mark bedeuten. Die Versorgung der eigenen Bevölkerung stellte sich damit bei weitem schwieriger dar als in der britischen oder amerikanischen Zone, zumal die Ablieferungsquoten in einzelnen Bereichen der Konsumgütererzeugung bis zu 90 Prozent erreichten.

Die Reparationen, der Beginn der erzwungenen politischen Umgestaltung in der SBZ und schließlich die wirtschaftliche Desorganisation in allen Besatzungszonen waren wesentliche Ursachen für den Niedergang der innerdeutschen Wirtschaftsbeziehungen, da auf diese Weise weder die notwendige Überschußproduktion noch die kaufkräftige Nachfrage für verstärkten Handelsaustausch existierten. Freilich erklären sie nur einen Teil des dramatischen Verfalls. Hinzu traten politisch begründete Restriktionen auf beiden Seiten der innerdeutschen Grenze, die einerseits dem Ziel der »Störfreimachung« entsprangen, andererseits Ausfluß des beginnenden kalten Krieges, der Berlinkrise und schließlich des Koreakon-

Tabelle 1: Struktur des amtlichen Interzonenhandels von 1946 bis zum 30. September 1948[a]

Warengruppe	Bezüge der SBZ						Lieferungen der SBZ					
	in Mio. RM			in Prozent			in Mio. RM			in Prozent		
	1946	1947	1948	1946	1947	1948	1946	1947	1948	1946	1947	1948
Landwirtschaftliche Erzeugnisse	10,8	37,6	4,0	12,6	17,1	2,1	11,9	47,5	3,7	13,1	17,1	2,2
Forstwirtschaftliche Erzeugnisse	–	–	–	–	–	–	0,9	23,5	15,5	1,0	8,5	9,4
Kohlen und Koks	26,8	27,5	23,4	31,4	12,5	12,2	33,8	29,2	4,8	37,1	10,6	2,9
Eisen und Stahl[b]	15,3	51,3	19,7	17,9	23,3	10,3	–	–	–	–	–	–
Maschinenbau-erzeugnisse	2,0	16,7	8,7	2,3	7,6	4,5	–	–	–	–	–	–
Chemische Erzeugnisse	5,5	37,8	48,1	6,4	17,2	25,1	5,3	38,4	26,2	5,8	13,9	15,8
Glaswaren und Keramische Erzeugnisse	–	–	–	–	–	–	4,8	19,0	16,4	5,3	6,9	9,9
Nahrungs- und Genußmittel	1,4	10,1	43,2	1,7	4,6	22,5	7,2	26,9	17,0	7,9	9,7	10,3
Sonstige Waren	23,7	38,8	44,7	27,7	17,7	23,3	27,1	92,0	81,9	29,8	33,3	49,5
Insgesamt	85,5	219,8	191,8	100,0	100,0	100,0	91,0	276,5	165,5	100,0	100,0	100,0

a 30. September 1948 = Berliner Blockade.
b Einschließlich Roheisen und Walzwerkerzeugnisse.

Quelle: Fritz Federau, Der Interzonenhandel Deutschlands von 1946 bis Mitte 1953, in: Vierteljahreshefte zur Wirtschaftsforschung, 1953, S. 403.

flikts waren. Von seiten der westlichen Besatzungsmächte, allen voran der USA, wurde seit Ende 1947 die Politik des »selektiven Handelsembargos«[7] als Instrument gegenüber der Sowjetunion und den von ihr abhängigen Staaten benutzt. Der Export-Control-Act formulierte die Ziele dieser Politik, die sowohl an der Sicherung der eigenen ökonomischen Interessen als auch an der politischen Destabilisierung des sowjetischen Hegemonialreiches orientiert waren. Die Wirtschaftshilfe im Rahmen des Marshallplanes wurde ausdrücklich an die Bereitschaft der Empfängerländer gebunden, sich den Prinzipien der amerikanischen Embargo-Politik anzuschließen.

Die neugegründete Bundesrepublik Deutschland übernahm im Dezember 1949 die Verpflichtungen aus den amerikanischen Embargo-Maßnahmen und mußte sich darüber hinaus bis 1953 den direkten Kontrollmaßnahmen der alliierten Mächte unterwerfen. Von einer eigenständigen Wirtschaftsstrategie der Bundesregierung gegenüber der DDR konnte somit nicht gesprochen werden, wenngleich die deutschen Handlungsspielräume in der konkreten Umsetzung nicht zu unterschätzen waren. Freilich wurde diese Abhängigkeit auf dem Höhepunkt des kalten Krieges zumindest von der Bundesregierung in der ersten Hälfte der fünfziger Jahre kaum als wirkliches Problem empfunden, da es keine gravierenden Differenzen zwischen den USA und der Bundesrepublik Deutschland in der Nutzung des »ökonomischen Hebels« gegenüber der DDR gab. Dieser regierungsamtliche Konsens konnte aber nicht darüber hinwegtäuschen, daß sich die Bundesrepublik angesichts ihrer besonderen politischen und wirtschaftlichen Situation, an der Schnittstelle zwischen den beiden Blöcken und mit nach wie vor engeren Wirtschaftsbeziehungen zur DDR, in einer Sonderstellung gegenüber allen anderen westlichen Ländern befand. Zudem galten im Falle der westdeutschen Wirtschaft nicht nur die allgemeinen Embargobestimmungen, die sich in der sogenannten Cocomliste niederschlugen, sondern die schärferen inneramerikanischen Restriktionen.

Wie sehr politische Erwägungen den Warenaustausch zwischen den beiden deutschen Staaten vor allem seit Sommer 1950 politisch überlagerten, zeigt sich in einer ganzen Reihe von wirtschaftlichen Sanktionsbeschlüssen. Auslösender Faktor waren zumeist Probleme um Berlin, nachdem bereits während der eigentlichen Blockade der Handel gestoppt worden war. Im Juni 1950 kam es für mehrere Monate zu einem Stahlembargo gegenüber der DDR als Antwort auf erneute Turbulenzen um Berlin, und seither erfolgten immer wieder politisch begründete Eingriffe, die schließlich sogar in die Aufkündigung des Interzonenabkommens (Ende 1960) einmündeten. Der Warenaustausch wurde damit unter eine Widerrufsklausel gestellt, die ausdrücklich auf die Sicherung des ungestörten Verkehrs nach Berlin abhob.

Die Politisierung des Interzonenhandels zeigt sich in den nüchternen Daten der Bezugs- und Lieferungsstatistik. Zwischen 1951 und 1953 erreichten die Umsätze zwischen dem Bundesgebiet (ohne Berlin-West) und der DDR durchschnittlich nur noch die Hälfte des bereits 1950 erreichten Standes. Erst seit 1954 entkrampfte sich der Wirtschaftsaustausch, so daß der Handel bis 1960, innerhalb eines Jahrfünfts, dann auf das doppelte Volumen anwachsen konnte *(Tabelle 2)*.

II.

Kernstück der wirtschaftlichen Beziehungen zwischen den beiden deutschen Staaten war und ist der gegenseitige Handelsaustausch. Bevor im folgenden auf seine rechtlichen Grundlagen und die politische Bedeutung eingegangen wird, sei zumindest der ungewollte »Wirtschaftsaustausch« erwähnt: die Abwanderung von dreieinhalb Millionen Deutschen aus der DDR in die Bundesrepublik zwischen 1950 und 1961. Wenngleich sich dieser überwiegend politisch und humanitär begründete Exodus einer genaueren wirtschaftlichen Quantifizierung entzieht, gilt doch als gesichert, daß sich die Qualität des Arbeitskräftepotentials in der DDR auf diese Weise erheblich verschlechtert, in der Bundesrepublik Deutschland entsprechend verbessert hat. »Republikflüchtlinge« waren zumeist nicht die Alten oder Unqualifizierten, vielmehr zumeist Jüngere mit hohem Bildungsstand, darunter viele Ärzte und Wissenschaftler. Die westdeutsche Gesellschaft hat sich auf diese Weise »Investitionen in den Menschen« erspart, die eigenen Bildungsausgaben relativ niedrig halten können. Die hohe Mobilität und Leistungsbereitschaft der bundesdeutschen Gesellschaft in den fünfziger Jahren bliebe unverständlich, wenn nicht die große Zahl der Flüchtlinge aus Ostdeutschland und aus der DDR berücksichtigt würde.

Die formale Grundlage des Handelsaustausches zwischen der Bundesrepublik Deutschland und der DDR – in den fünfziger Jahren auf östlicher Seite »innerdeutscher Handel«, auf westlicher »Interzonenhandel« genannt – stellt das »Abkommen über den Handel zwischen den Währungsgebieten der Deutschen Mark (DM-West) und den Währungsgebieten der Deutschen Mark der Deutschen Notenbank (DM-Ost)« vom 20. September 1951 dar. Bemerkenswerterweise fällt dieses »Berliner Abkommen« in die Zeit der Embargoverschärfungen sowie des Tiefstandes des Handelsaustausches. Trotz mancher Ergänzungen und Modifikationen hat es bis in die Gegenwart wegen der damaligen Einbindung des westlichen Teils Berlins seine Bedeutung behalten. Dieser Vereinbarung vorausgegangen waren das »Mindener Abkommen« vom Januar 1947, das für eine zeitlich begrenzte Frist den Warenaustausch zwischen der SBZ und der neugebildeten Bizone regelte, das erste »Berliner Abkommen» vom November 1947, ebenfalls zwischen der Bizone und der SBZ, und schließlich das »Frankfurter Abkommen« vom Oktober 1949[8]. Freilich blieb das erste Berliner Abkommen faktisch unwirksam, da mit der Blockade Berlins das Einfrieren aller formellen Kontakte zur SBZ einherging. In diese Zeit fiel auch die Neuregelung der Währungsverhältnisse im westlichen und mittleren Teil Deutschlands, so daß übergangsweise der Handelsaustausch ausschließlich auf der Basis privater Abmachungen und Kompensationsgeschäfte erfolgte.

Tabelle 2: Die Entwicklung des Interzonenhandels 1948 bis 1964 in Millionen Verrechnungseinheiten

Jahr	Bezüge			Lieferungen			Umsätze		
	Bundesgebiet	Berlin (West)	insgesamt	Bundesgebiet	Berlin (West)	insgesamt	Bundesgebiet	Berlin (West)	insgesamt
1948	124,1	–	–	155,0	–	–	279,1	–	–
1949	205,8	–	–	221,7	–	–	427,5	–	–
1950	414,6	–	–	330,0	–	–	744,6	–	–
1951	145,3	–	–	141,4	–	–	286,7	–	–
1952	172,1	48,3	220,4	158,3	19,8	178,5	392,4	68,1	398,9
1953	205,5	101,4	306,9	238,7	32,5	271,3	444,2	133,9	578,1
1954	339,3	110,4	449,7	420,8	33,7	454,5	760,1	144,1	904,2
1955	461,4	126,5	587,9	518,3	44,3	562,6	979,7	170,8	1 150,5
1956	521,2	132,3	653,5	639,8	59,4	699,2	1 161,0	191,7	1 352,7
1957	671,5	145,8	817,3	784,8	61,2	846,0	1 456,3	207,0	1 663,3
1958	660,1	198,1	858,2	732,0	68,4	800,4	1 392,1	266,5	1 658,6
1959	711,0	180,7	891,7	1 007,7	70,8	1 078,6	1 718,7	251,5	1 970,3
1960	938,2	184,3	1 122,5	885,2	74,3	959,5	1 823,4	258,6	2 082,0
1961	775,5	165,4	940,9	808,3	64,6	872,9	1 583,8	230,0	1 813,8
1962	748,5	165,9	914,4	788,3	64,4	852,7	1 536,8	230,3	1 767,1
1963	825,1	197,2	1 022,3	815,5	44,1	859,6	1 640,6	241,3	1 881,9
1964	802,7	224,6	1 027,4	1 106,6	44,4	1 151,0	1 909,3	269,0	2 178,4

Quelle: Horst Lambrecht, Die Entwicklung des Interzonenhandels von seinen Anfängen bis zur Gegenwart, DIW Sonderhefte Nr. 72, Berlin 1965.

Der Frankfurter Vertrag nahm wesentliche Elemente des späteren Berliner Abkommens vorweg. Eines der größten Probleme des künftigen Handels stellte dabei angesichts der Zerstörung der früheren Währungseinheit die Einigung auf eine Währungsbezugsgröße dar, die schließlich in der sogenannten Verrechnungseinheit geschaffen wurde. Faktisch handelte es sich dabei um die Übernahme der DM als gültige Bezugsgröße, da der Wert der Verrechnungseinheit, wie er im Frankfurter Abkommen festgeschrieben wurde, jenem der westlichen Währungseinheit entsprach. Als vorläufige Regelungen wurden der »Swing« sowie die Trennung zwischen den im Umfang begrenzten Warengruppen (Konto A) sowie nicht kontigentierten Waren (Konto B) »erfunden«. Von zentraler politischer Bedeutung angesichts der damaligen Konflikte um West-Berlin war die ausdrückliche Einbeziehung Berlins. Damit war aus westlicher Sicht ein bedeutsamer Schritt in Richtung der faktischen Anbindung West-Berlins an die Bundesrepublik Deutschland getan, der auch später nicht mehr in Frage gestellt werden konnte.

Mit dem Berliner Abkommen wurden die wesentlichen Bestimmungen der Frankfurter Vereinbarung fortgeführt, erweitert und konkretisiert. Neben den technischen Bestimmungen über Warenlisten, Bezugsgenehmigungen usw., die alles in allem ein Bild eines hochbürokratisierten Warenhandels vermitteln, wurde vor allem der Modus des Zahlungsverkehrs festgelegt. Die Vertragsobjekte waren (und sind) die beiden Währungsgebiete, deren Geltungsbereich die immer wiederkehrenden politischen Konflikte um Berlin gleichsam »unterlief«. Beide Vertragspartner richteten bei der Zentralnotenbank der anderen Seite ein Verrechnungskonto ein, in dessen Rahmen Waren und gegenseitige Dienstleistungen ausgeglichen wurden. Die spätere, auch politische Bedeutung des Swing war seinerzeit nicht absehbar, da seine Grenzen, unterschieden nach Waren- und Dienstleistungskonten, zunächst mit 10 bzw. 20 Millionen Verrechnungseinheiten sehr eng gezogen wurden.

Angesichts des späteren Ungleichgewichts von Bezügen und Lieferungen mußte er vor allem in den sechziger und siebziger Jahren immer wieder erweitert werden und verwandelte sich auf diese Weise von einer ursprünglich technischen Regelung bilateraler Kontenverrechnung zu einem Instrument der Kreditgewährung an die DDR. Vertragsschließende Institution auf westlicher Seite war die im Zuge des Frankfurter Vertrags geschaffene »Treuhandstelle« für den Interzonenhandel, zunächst ein Organ des deutschen Industrie- und Handelstages, später de facto eine dem Bundeswirtschaftsministerium nachgeordnete Institution »ohne Behördencharakter«. Der Sonderstatus der Treuhandstelle wurde demonstrativ auch dadurch betont, daß ihr langjähriger Leiter, Kurt Leopold, in keinem formellen, beamtenrechtlichen Verhältnis zur Bundesregierung stand. Erst mit seinem Nachfolger trat hier eine Änderung ein[9].

In dem Maße, wie die Wirtschaft der Bundesrepublik Deutschland seit Beginn der fünfziger Jahre wieder Teil eines größeren weltwirtschaftlichen Verbundes wurde, stellte sich die Frage nach der rechtlichen Abgrenzung von Außenhandel und innerdeutschem Handel. In der Einschätzung der beiden deutschen Staaten, für die das Ziel der Wiedervereinigung – wenn auch mit unterschiedlichen Perspektiven – in den fünfziger Jahren unbestritten war, blieb der Handelsaustausch ein Faustpfand politischer Einheit. Diese Interpretation war freilich in den westlichen Ländern von Anfang an umstritten. Der Beitritt der Bundesrepublik zum Allgemeinen Zoll- und Handelsabkommen (GATT) im Jahre 1951 war insoweit ein bedeutender Meilenstein, als er die Abgrenzung zwischen den beiden Typen des westdeutschen Handels erzwang. Durch Ergänzung zum Beitrittsprotokoll wurde am 21. April 1951 festgelegt, daß der Beitritt »keine Änderung der gegenwärtigen Regelungen oder des gegenwärtigen Zustandes für den innerdeutschen Handel mit Gütern deutschen Ursprungs erfordert«[10]. Für die Bundesregierung war die Festschreibung und damit die internationale Anerkennung des Sonderstatus des innerdeutschen Handels von erheblicher außenpolitischer Bedeutung. Die Bundesrepublik konnte unbeschadet ihrer Verpflichtungen aus dem GATT-Vertrag im Handel zwischen den beiden deutschen Staaten am Grundsatz der Zollfreiheit festhalten, ohne damit die Grundregel der Meistbegünstigung zu verletzen. Dies bedeutete in der Praxis, daß die privilegierten Handelsbeziehungen gegenüber der DDR nicht auf die übrigen Vertragspartner übertragen wurden, so daß sich ein Handelsraum eigenen Rechts zwischen den beiden deutschen Staaten herausbildete.

Unbeschadet der hohen politischen Präjudizwirkung der GATT-Klausel ergaben sich die eigentlichen wirtschaftlichen und politischen Probleme durch den Prozeß der westeuropäischen Wirtschaftsintegration. Erstmalig stellte sich die Notwendigkeit der Sonderbehandlung des innerdeutschen Warenaustausches bei Gründung der Montanunion im Jahre 1952. Um den Besonderheiten des bis dahin praktizierten innerdeutschen Austausches von Kohle, Eisen und Stahl Rechnung zu tragen, wurde anläßlich des Inkrafttretens des Vertrags über die Europäische Gemeinschaft für Kohle und Stahl im »Abkommen über die Übergangsbestimmungen« eine einschlägige Spezialklausel auf Wunsch der Bundesregierung verankert. Danach sollte der »Warenaustausch auf dem Gebiet von Kohle und Stahl zwischen der Bundesrepublik Deutschland und der sowjetischen Besatzungszone . . . , soweit es sich um die Bundesrepublik Deutschland handelt, unbeschadet des Ablaufs der Übergangszeit durch die deutsche Bundesregierung im Einverständnis mit der hohen Behörde geregelt« werden[11].

Die Ausnahmebestimmungen der Römischen Verträge von 1957 wurden im »Protokoll über den innerdeutschen Handel und die damit zusammenhängenden Fragen« zusammengefaßt. Dieses Protokoll regelte in drei Abschnitten

- die Kontinuität des eigenständigen Rechtscharakters der innerdeutschen Handelsbeziehungen unbeschadet der EWG-Bestimmungen;
- die Informationspflicht der Bundesrepublik Deutschland gegenüber der EWG-Kommission sowie den anderen Mitgliedstaaten in den den innerdeutschen Handel betreffenden Fragen;

– schließlich die Ermächtigung für alle Mitgliedstaaten der EWG, Schutzmaßnahmen gegen drohende wirtschaftliche Einbußen als Folge deutsch-deutscher Handelsbeziehungen zu treffen.

Ein Vergleich der Regelungen von 1951 und 1957 verdeutlicht die zwischenzeitlich gestiegene Verhandlungsposition: Nach den Übergangsbestimmungen des Montanvertrages war die Bundesrepublik vom »Einverständnis« der Hohen Behörde – faktisch also der übrigen Mitgliedstaaten – abhängig. Hingegen schrieb das Protokoll die Alleinzuständigkeit der Bundesrepublik Deutschland in der Ausgestaltung des Wirtschaftsaustausches mit der DDR fest, solange sich diese Ausfüllung mit dem »bestehenden System« des EWG-Vertrags vereinbaren ließ. Bedeuteten diese Bestimmungen, daß die DDR gleichsam durch die Hintertür Mitglied der Montanunion oder der EWG geworden war? Da es namentlich nach 1970 innerhalb der EWG verstärkte Kontroversen um den Sonderstatus der deutsch-deutschen Beziehungen gegegeben hat, erscheint es geboten, die praktischen Folgen von »Ausnahmevorschriften« und EWG-Protokoll zu überprüfen.

Die politische Substanz des Vertrags über die Montanunion war zwischen den beiden großen Parteien des Deutschen Bundestages umstritten. Die SPD hat aus grundsätzlichen deutschlandpolitischen Erwägungen die Politik der Regierung Adenauer, aktiv am Prozeß der westeuropäischen Wirtschaftseinigung mitzuarbeiten, kritisiert. Dahinter stand die verständliche und berechtigte Sorge, daß Westintegration und Wiedervereinigungsanspruch dauerhaft miteinander unvereinbar seien. Angesichts der prinzipiellen Ablehnung der Bestimmungen über den Montanvertrag verwundert es nicht, daß bei der parlamentarischen Behandlung des Vertragswerks die »Ausnahmevorschriften« keine erkennbare Rolle spielten. Lediglich die kommunistische Fraktion kritisierte die vertraglich fixierte Einvernehmensverpflichtung zwischen Bundesregierung und Hoher Behörde, ohne daß freilich diese Kritik im Kontext der politischen Debatte besonderes Gewicht erhalten hätte[12]. Die grundsätzliche Kritik der großen Oppositionspartei hat sich 1957 nicht wiederholt. Im Gegenteil, die SPD hat die Regelungen des Protokolls ausdrücklich begrüßt, welche die Fortführung der besonderen Beziehungen garantierten.

Um die mögliche Brisanz der innerdeutschen Sonderregelungen für die Entwicklung der Montanunion und EWG abschätzen zu können, bedarf es der Rekapitulation der tragenden Prinzipien dieser supranationalen Wirtschaftsvereinigungen. Über die Verwirklichungen einer Zollgemeinschaft hinaus sollten – zunächst begrenzt auf den Teilmarkt der schwerindustriellen Erzeugnisse, ab 1957 erweitert auf das gesamte Spektrum wirtschaftlicher Tätigkeiten – integrierte Märkte mit deutlicher Abgrenzung gegenüber Drittländern geschaffen werden. Äußere Zeichen hierfür waren der gemeinsame Außentarif der Mitgliedsländer der EWG und die Übertragung der handelspolitischen Kompetenzen der Einzelstaaten auf die Europäische Kommission.

Erstaunlicherweise hat die Anwendung des Übergangsabkommens, worauf Ehlermann nachdrücklich verwiesen hat, seit den fünfziger Jahren keine besonderen Probleme aufgeworfen. Dabei besaß der Handel mit Eisen und Stahl bzw. Kohle für beide Seiten eine erhebliche Bedeutung. Die Eisen- und Stahllieferungen der Bundesrepublik an die DDR bildeten bis in die sechziger Jahre hinein die wichtigste Gütergruppe, und umgekehrt standen an der Spitze der DDR-Lieferungen Braunkohle und Braunkohlenprodukte. Offenkundig hat es von seiten der Hohen Behörde keinen Anlaß gegeben, auf Restriktionen des Güterverkehrs zu drängen, da die Interessen der übrigen Mitgliedsländer der EWG nicht tangiert wurden. Nach der Koreakrise gab es dank schnell wachsender Kapazitäten keine Engpässe im Bereich von Eisen und Stahl in Westeuropa, und Kohlelieferungen in die Bundesrepublik waren weder für Frankreich noch für Belgien von wesentlichem Interesse.

Anders hingegen stellten sich die Folgen der Protokollbestimmungen von 1957 dar[13], wobei zum auslösenden Moment das Problem der gemeinsamen Agrarmarktfinanzierung wurde. Zu Beginn der sechziger Jahre wuchsen die einzelstaatlichen Marktordnungssysteme der Mitgliedsländer zu einem supranationalen System zusammen, das sich rasch zum eigentlichen finanz- und wirtschaftspolitischen Kernstück der Gemeinschaft entwickelte. Abschöpfungsregelungen an den Grenzen der Gemeinschaft, die Einrichtung eines europäischen Ausrichtungs- und Garantiefonds, schließlich die Bindung der Einnahmen der Brüsseler Institution an die Abschöpfungen bzw. gemeinsamen Agrarzölle machten den landwirtschaftlichen Sektor der Mitgliedsländer zu einem hochreglementierten, gegenüber Drittländern weitgehend abgeschotteten System. Das Verhältnis zur DDR war hingegen durch den »Grauzonen«-Charakter bestimmt, da Waren aus der DDR abschöpfungs- und zollfrei in die Bundesrepublik importiert werden konnten und die Kommission von ihrer alleinigen Zuständigkeit in Handelsfragen in diesem Falle keinen Gebrauch machen konnte. Mehr noch, die Bundesregierungen haben in den sechziger Jahren folgerichtig alle Versuche der anderen fünf Mitgliedsländer abgewehrt, der Kommission eine Regelungskompetenz zumindest für die übrigen Länder zuzuweisen, um auf diese Weise einer politischen Aufwertung der DDR zu begegnen.

Freilich gab diese politische Exklusivität der Beziehungen zwischen der DDR und der Bundesrepublik Deutschland Anlaß zu immer wieder aufflammendem Streit mit den anderen Ländern der Gemeinschaft. Namentlich die Niederlande und Belgien warfen der Bundesregierung vor, daß Waren aus der DDR über die Bundesrepublik in ihre eigenen Märkte transferiert und damit zu wirtschaftlichem Schaden der eigenen Importeure führen würde[14]. Die wiederholten und innerhalb des Europäischen Parlaments berühmten Anfragen des niederländischen Abgeordneten Vredeling geben beredtes Zeugnis von der verbreiteten Skepsis, mit der in den späten sechziger und frühen siebziger Jahren die wachsende Bedeutung des innerdeutschen Handels und dessen Folgen für die EWG verfolgt wurden. Die Bundesrepublik sah sich schließlich im Mai 1969 veranlaßt, ein Memorandum vorzulegen, in welchem ihre Einschätzung der Beziehungen der übrigen fünf EWG-Mitglieder zur DDR dargelegt wurde. Kern der Argumentation war eine Bestätigung der »Sui-generis-These«, derzufolge die wirtschaftlichen Beziehungen zwischen den beiden deutschen Staaten einen spezifischen Charakter besäßen, während der Handel der übrigen EWG-Mitglieder mit der DDR als Außenhandel zu deklarieren sei. Vor allem könne die Gemeinschaft als solche nicht gegenüber der DDR tätig werden, vielmehr nur die einzelnen Mitgliedstaaten kraft eigenen Rechts. Folgerichtig wurde erneut darauf verwiesen, daß die klassischen handelspolitischen Instrumente der Gemeinschaft, der gemeinsame Außentarif sowie das System der Abschöpfungen im Agrarhandel, nicht anwendbar seien, vielmehr spezielle Instrumente (Zusatzabschöpfungen, Garantieerklärungen) angewendet werden müßten[15].

Die rechtliche Positionsbeschreibung, die primär auf die wachsenden Probleme der Agrarfinanzierung in der Gemeinschaft reagierte, läßt sich in ihren politischen Ergebnissen nicht präzise einschätzen. Die EWG-Kommission hat den deutschen Vorstoß offiziell nicht kommentiert, zumal sich Ende 1969 ein deutlicher Wandel der Beziehungen zwischen der Bundesrepublik Deutschland und der DDR abzeichnete. Die Vermutung erscheint plausibel, daß weder die Kommission noch die übrigen Mitgliedsländer die neue Deutschlandpolitik der sozial-liberalen Koalition stören wollten, da es ohnehin praktische Möglichkeiten der einzelnen Mitgliedsländer gab, ihre wirtschaftlichen Interessen gegenüber der DDR (etwa Abschöpfungen) zu wahren. Diese politische Schonfrist ging jedoch mit Abschluß des Grundlagenvertrages im Dezember 1972 zwischen der Bundesrepublik Deutschland und der DDR zu Ende. Die politische Anerkennung der DDR-Eigenstaatlichkeit – wenn nicht als Ausland, so doch als souveränes Gebilde eigener Art – mußte notwendigerweise die Frage nach der politisch-rechtlichen Legitimation der besonderen innerdeutschen Wirtschaftsbeziehungen aufwerfen.

Vor allem die französische Regierung, aber auch Belgien und die Niederlande hatten im Vorfeld des Vertragsabschlusses kaum verhüllt ihr Interesse an geregelten Beziehungen zur DDR sowie an der Einschränkung deutscher »Exklusivität« angemeldet, so daß sich ab 1973 – nunmehr in der erweiterten Gemeinschaft – das grundlegende Problem der Zukunft des innerdeutschen Handels stellte. Praktisch bedeutete dies vor allem eine Antwort auf die Frage, ob die bisherigen Festlegungen des Protokolls von 1957 und die damit verknüpfte politische Begründung weiterhin akzeptiert werden sollten. Im Zusatzprotokoll zum Grundvertrag zwischen den beiden deutschen Staaten (Art. 7) wurde darauf aus der Sicht der Bundesrepublik eine Antwort gegeben. Dort wurde vereinbart, daß sich der Handel zwischen den beiden Staaten weiterhin »auf der Grundlage der bestehenden Abkommen« entwickeln sollte, darüber hinaus wurden »langfristige Vereinbarungen mit dem Ziel« angestrebt, »eine kontinuierliche Entwicklung der wirtschaftlichen Beziehungen zu fördern, überholte Regelungen anzupassen und die Struktur zu verbessern«[16].

Unbeschadet der damit verbundenen förderlichen Wirkung auf die künftigen wirtschaftlichen Beziehungen war das politische Gewicht dieser Festlegung von weitreichender Bedeutung. Trotz des Bemühens der DDR-Regierung, besondere Beziehungen zwischen den deutschen Staaten nicht hinzunehmen, blieb eine wesentliche Klammer erhalten. Und tatsächlich hat die DDR in den folgenden Jahren, sozialistische Nation hin, kapitalistische Nation her, diese Regelung aus ureigenstem Interesse niemals in Frage gestellt. Der rechtlich-politische Status des innerdeutschen Handels war freilich in sich, wie auch in seinen Wirkungen auf die übrigen Länder, widersprüchlich. Beide deutsche Staaten, der eine explizit, der andere implizit, verhielten sich so, als ob der Grundlagenvertrag nicht auch wesentliche staatsrechtliche Veränderungen für den gegenseitigen Handelsaustausch gebracht hätte. Mit der Anerkennung der DDR war zudem der Weg auch zu geregelten Beziehungen mit den übrigen Gemeinschaftsländern offen. Die Bundesregierung hat auf die geänderte Situation schnell reagiert, als sie bereits im März 1973, wenige Monate nach Unterzeichnung des Vertrages, gegenüber der Kommission ihre Bereitschaft signalisierte, bisherige Rechtspositionen, vor allem die »Sui-generis-Konstruktion«, zu überprüfen. Indem die Bundesregierung ihre früheren Vorbehalte gegenüber dem »Drittland-Status« der DDR in bezug auf die übrigen EWG-Länder aufgab, konnte sie um so nachdrücklicher am Fortwirken der Spezialbeziehungen zur DDR festhalten.

Der Kurswechsel der Gemeinschaft gegenüber der DDR erfolgte in Etappen in den Jahren 1973 und 1974. Im Juni 1974 wurde von der Kommission ein Vorschlag an die Mitgliedsländer formuliert, demzufolge die Wirtschaftsbeziehungen zwischen der Gemeinschaft (ohne die Bundesrepublik Deutschland) und der DDR künftighin in der Verhandlungsautorität der EWG formuliert und dem Status der übrigen Staatshandelsländer angepaßt werden sollten. In der Konsequenz brachte er die Aufgabe der bisherigen Rechtsvorbehalte der Bundesrepublik, aber auch jener Bestimmungen aus dem Protokoll des Jahres 1957, die die eigenständige Interessenwahrnehmung der einzelnen Mitgliedsländer gegenüber der DDR ermöglicht hatten. Dies bedeutete in den folgenden Jahren zwar die Formulierung einer gemeinsamen handelspolitischen Linie der Kommission, jedoch nicht die Aufgabe bilateraler Wirtschaftsverträge zwischen den Gemeinschaftsländern und der DDR. Da jedoch dieser Bilateralismus auch die übliche Form der Beziehungen zu den anderen Staatshandelsländern war und ist, bedeutete diese Praxis der siebziger Jahre ein weiteres Stück an Normalität im Verhältnis der DDR zu den Gemeinschaftsländern. Mit dieser fortschreitenden Normalisierung kontrastierte in erstaunlicher Weise die Konstruktion und Praxis des Handels zwischen den beiden deutschen Staaten, die gleichsam der letzte materiell relevante Erinnerungsposten für frühere gesamtdeutsche Staatlichkeit geworden ist.

III.

Nach dem bisher Gesagten ist deutlich geworden, daß sich das politische Gewicht der wirtschaftlichen Beziehungen zwischen den beiden deutschen Staaten seit annähernd vier Jahrzehnten kaum verringert hat. Im letzten Abschnitt wird nunmehr nach der konkreten Bedeutung des Handels vor allem für die DDR gefragt. Über die Dokumentation der globalen Daten hinaus, die für die Zeit bis in die sechziger Jahre hinein bereits angeführt wurden, gilt es, vor allem Antwort auf zwei Fragen zu finden:

- Entsprachen das Gewicht und die Zusammensetzung des Handels den arbeitsteiligen Beziehungen zwischen zwei Industrieländern, unbeschadet ihrer unterschiedlichen Wirtschafts- und Gesellschaftsverfassung?
- Welchen Nutzen konnte die Wirtschaft der DDR aus den besonderen Beziehungen ziehen?

Die Bedeutung des innerdeutschen Handels für die Bundesrepublik bzw. die DDR kann nicht nur nach dem absoluten Volumen beurteilt werden, sondern ist vor dem Hintergrund der Außenhandelsverflechtungen der beiden Volkswirtschaften zu sehen. Bei einem Bruttosozialprodukt von 90,4 Milliarden Mark im Jahre 1960 belief sich die Gesamteinfuhr der DDR auf 9,2 Milliarden Mark, die Ausfuhr ebenfalls auf 9,2 Milliarden oder 10 Prozent des Sozialprodukts. Bis 1975 hatte sich die Export- bzw. Importquote auf 20 Prozent erhöht. Dies bedeutete bei einer realen Verdoppelung des Sozialprodukts von 90,4 Milliarden Mark auf 180 Milliarden Mark jeweils eine Vervierfachung der Einfuhr (von 9,2 Milliarden auf 39,3 Milliarden) und Ausfuhr (von 9,2 Milliarden auf 35,1 Milliarden)[17]. Im Vergleich zur Bundesrepublik fällt für 1960 zunächst die deutlich niedrigere Quote der Außenhandelsverflechtung auf (10 Prozent gegenüber 16 Prozent), dann aber die überraschend schnelle Entwicklung in den folgenden fünf Jahren. Die sechziger und frühen siebziger Jahre bedeuteten in der DDR, vergleichbar den fünfziger Jahren in der Bundesrepublik, eine Phase hohen wirtschaftlichen Wachstums ohne größere konjunkturelle Schwankungen. Vorausgegangen war dem in den späten fünfziger Jahren eine tiefgreifende Wachstumskrise, die teils die Folge verstärkter Abwanderung, teils das Ergebnis verfehlter Planungen war. 1961 mußte der laufende Siebenjahresplan, der sich noch ganz und gar an der »Tonnen-Ideologie« rein quantitativer Entwicklung orientiert hatte, abgebrochen werden, da sich die inneren Widersprüche und Verzerrungen gehäuft hatten. Mit der Einführung des »Neuen Ökonomischen Systems der Planung und Leitung« (NÖS) war 1960 eine wesentliche Bedingung für die Verbesserung der wirtschaftlichen Verhältnisse geschaffen worden, da es die Dispositionsfähigkeit der Unternehmen vergrößerte und die preislichen Verzerrungen innerhalb der Volkswirtschaft durch eine tiefgreifende Industriepreisreform teilweise korrigierte.

An der Expansion des DDR-Außenhandels in den sechziger Jahren hat die Wirtschaft der Bundesrepublik Deutschland entsprechend ihrem schon Mitte der fünfziger Jahre erreichten Anteil profitieren können. Zwischen 1955 und 1960 lag die Quote des innerdeutschen Handels am Gesamtumsatz des Außenhandels der DDR regelmäßig zwischen 10 und 11 Prozent, in der ersten Hälfte der sechziger Jahre erfolgte ein Rückgang auf etwa 9 Prozent, um sich dann bis in die frühen siebziger Jahre wieder bei 9 bis 10 Prozent zu stabilisieren[18]; vgl. *Tabelle 3*.

Tabelle 3: Anteil des innerdeutschen Handels an den gesamten Außenhandelsbeziehungen der DDR 1952–1974 in Prozent

Jahr	Einfuhr	Ausfuhr	Umsatz	Anteil am Westhandel
1952	5,9	4,5	5,2	.
1955	11,2	10,7	10,9	.
1957	11,4	11,3	11,3	.
1960	9,5	11,0	10,3	49,0
1962	8,1	8,7	8,5	48,9
1964	9,7	9,0	9,4	47,3
1966	10,9	9,6	10,2	45,9
1968	8,6	8,9	8,7	43,9
1970	10,6	9,8	10,2	41,9
1972	11,5	9,2	10,3	40,1
1974	9,0	9,8	9,4	30,3

Quelle: Annemarie Schlemper, Die Bedeutung des innerdeutschen Handels, Beiträge zur Mittelstandsforschung, Heft 43, Göttingen 1978, S. 130f.

Freilich ist unübersehbar, daß sich im Laufe der siebziger Jahre das Gewicht der Bundesrepublik an den Westbeziehungen der DDR verringert hat. Die durchschnittliche Wachstumsrate betrug 9,5 Prozent jährlich, der Außenhandelsumsatz mit den »kapitalistischen Industrieländern« insgesamt hingegen 13,5 Prozent[19]. Der Anteil des innerdeutschen Handels am Westhandel der DDR ging damit von etwa 40 auf 30 Prozent zurück. Diese Reorientierung der außenwirtschaftlichen Beziehungen in den siebziger Jahren dürfte teilweise Ausdruck der Normalisierung der Beziehungen gegenüber den westlichen Ländern sein, andererseits auch den Versuch der DDR-Führung widerspiegeln, die exklusiven Bindungen zur Bundesrepublik Deutschland aufzulockern. Angesichts begrenzter Liefermöglichkeiten der DDR-Wirtschaft war und ist zudem die Verfügbarkeit an Hartwährungs-Devisen eine entscheidende Schranke für eine weitergehende Westverlagerung der Außenwirtschaft. Dies berücksichtigt, ist die Verschiebung des Handels zu Lasten der sozialistischen Länder durchaus bemerkenswert. Verglichen mit der ersten Hälfte der sechziger Jahre ging das relative Gewicht der sozialistischen Länder von 76 auf 65 Prozent zurück, vor allem bedingt durch die Anteilsverluste der Sowjetunion, während der Anteil westlicher Industrieländer kontinuierlich anstieg; vgl. *Tabelle 4*.

Tabelle 4: Regionalstruktur des DDR-Außenhandels in Prozent

Ländergruppen bzw. Länder	1961/65	1966/70	1971/75
RGW-Länder	72,3	68,9	65,6
davon UdSSR	46,1	41,1	35,2
ČSSR	9,2	9,6	9,2
Polen	7,0	7,0	8,4
sonstige sozialistische Länder	4,2	4,5	3,2
westliche Industrieländer	19,5	22,4	27,2
davon Bundesrepublik Deutschland	9,1	9,7	9,4

Quelle: Horst Lambrecht, Der Handel der Deutschen Demokratischen Republik mit der Bundesrepublik Deutschland und den übrigen OECD-Ländern, DIW Sonderheft 119, Berlin 1977, S. 33.

Für die Bundesrepublik Deutschland besaß der innerdeutsche Handel, gemessen an den Anteilen am gesamten Außenhandel, eine vergleichsweise geringe Bedeutung. Der Umsatz erreichte im Durchschnitt nur 2 Prozent des gesamten Außenhandels, mit einer Spitze von 2,4 Prozent in der zweiten Hälfte der fünfziger Jahre. Unbeschadet der eindrucksvollen Steigerungsraten sowie der Erhöhung des absoluten Volumens, blieb damit der Austausch zwischen den beiden deutschen Staaten auch in den sechziger und siebziger Jahren bei weitem hinter den Größenordnungen des Austauschs mit der Schweiz, den Niederlanden oder Belgien zurück. Ähnlich wie die DDR zu 70 Prozent ihres Warenaustausches mit den Staatshandelsländern verflochten war, so auch die Bundesrepublik mit den westlichen Industrieländern. In den späten siebziger Jahren stand die DDR auf Rang 15 der bundesdeutschen Außenhandelspartner, hinter Norwegen und vor Spanien und Libyen. Umgekehrt nahm die Bundesrepublik auch um 1980 – nach der Sowjetunion und der Tschechoslowakei – die dritte Stelle der Außenhandelsstatistik der DDR ein, so daß sich seit etwa drei Jahrzehnten ein vergleichsweise stabiles Bild deutsch-deutscher Wirtschaftsbeziehungen ergibt.

Die aufgeführten globalen Daten sagen freilich nur wenig über das Gewicht des Handels für Engpaßbereiche aus. Zudem läßt erst eine genauere Analyse deutlich werden, inwieweit der besondere Rechtsstatus des Austausches zu seiner inhaltlichen Präformierung geführt hat. Dabei wird zweckmäßigerweise zwischen der Entwicklung bis in die sechziger Jahre und den Verschiebungen seit der Periode der allgemeinen Reaktivierung des Westhandels in den siebziger Jahren unterschieden. Mitte der fünfziger Jahre überwogen bei den Lieferungen der Bundesrepublik an die DDR landwirtschaftliche Erzeugnisse mit 27 Prozent (einschließlich Nahrungs- und Genußmittel), Eisen und Stahl (14 Prozent) sowie chemische

Produkte (15 Prozent). Die Gegenlieferungen aus der DDR bestanden vor allem aus Produkten des Bergbaus (29 Prozent), Textilien sowie Mineralöl und Mineralölerzeugnissen. Der größte Einzelposten in den fünfziger und frühen sechziger Jahren bestand aus Braunkohlenbriketts, die vor Umstellung des Energiesystems in der Bundesrepublik Deutschland vorrangig für den Hausbrand genutzt wurden. Die Bundesrepublik nahm hier mit jährlich 4 bis 5 Millionen Tonnen bis zu 80 Prozent der Gesamtausfuhren auf, ähnliches galt für die Lieferung von Dieselkraftstoff und Benzin. Eine enge Verknüpfung zwischen Einfuhren und Ausfuhren der DDR ist in den fünfziger Jahren im Bereich der Textilien festzustellen. Die bundesdeutsche Wirtschaft lieferte Rohstoffe und Halbfabrikate im Austausch für sächsische und thüringische Endprodukte. Hier wirkte zumindest in einem Teilbereich die historisch gewachsene Arbeitsteilung zwischen den deutschen Wirtschaftsregionen nach. Insgesamt gilt jedoch, daß sich die zwischen zwei Industrieländern zu erwartende Arbeitsteilung im Handel nur begrenzt niedergeschlagen hat. »Regulär« wäre angesichts der Rohstoffarmut und hohen Industrialisierungsdichte beider Länder schon in den fünfziger Jahren ein Übergewicht bei den industriellen Fertigwaren, namentlich im Investitionsgüterbereich, gewesen. Tatsächlich jedoch ähnelte die Bezugsstruktur der Bundesrepublik Deutschland in diesem Zeitraum mehr den Wirtschaftsverbindungen mit Spanien oder Ungarn, denn jenen mit Großbritannien oder der Schweiz: Übergewicht bei Rohstoffbezügen und Erzeugnissen der Bekleidungsindustrie, erhebliche Defizite in den fortgeschrittenen Industriezweigen (Maschinenbau, Elektrotechnik, Feinmechanik und Optik).

Eine Interpretation der Daten für die fünfziger Jahre, die eine erstaunliche Konstanz über mehr als ein Jahrzehnt aufweisen, bestätigt die Vermutung, daß zunächst, wenngleich geschrumpft, die innerdeutsche Arbeitsteilung der Vorkriegszeit fortwirkte. Die DDR-Wirtschaft war im Bereich der Nahrungsmittelversorgung sowie bei der Lieferung von Eisen- und Stahlerzeugnissen weitgehend auf die Zufuhr aus Westdeutschland angewiesen, da sie zunächst weder über eigene Kapazitäten noch über hinreichende Bezugsmöglichkeiten aus den übrigen sozialistischen Ländern verfügte. Zwar hat es seit dem Zweiten Weltkrieg eine schnelle und radikale Umorientierung des Handels der DDR nach Osten gegeben, doch blieb die Versorgung mit Produkten der Grundstoffindustrien weiterhin ein Engpaß. Damit entwickelte sich in den fünfziger Jahren das folgende Austauschschema: Die DDR lieferte in die Länder des Rates für gegenseitige Wirtschaftshilfe (RGW) industrielle Fertigwaren und bezog von dort Rohstoffe und landwirtschaftliche Erzeugnisse. Umgekehrt erhielt sie aus der Bundesrepublik industrielle Engpaßprodukte aus dem Bereich Eisen und Stahl sowie Maschinenbau und lieferte dorthin leichtindustrielle Erzeugnisse, für die innerhalb des RGW zumindest keine Priorität bestand. Die letztlich politisch verursachte Veränderung der Regionalstruktur des Handels bedeutete die Herausbildung einer Zwischenposition der DDR zwischen den relativ wenig entwickelten sozialistischen Ländern einerseits und dem hochindustrialisierten Westeuropa andererseits. Charakteristisch für diese Arbeitsteilung sind die Austauschrelationen zwischen der DDR und ihrem größten Handelspartner, der Sowjetunion. Im Durchschnitt der Jahre 1961/65 lieferte die Sowjetunion vor allem Eisen und Stahl, Bergbauerzeugnisse sowie landwirtschaftliche Produkte, umgekehrt überwog im Falle der DDR mit 59 Prozent der Export von Investitionsgütern. Die DDR stellte sich somit als hochindustrialisierter Handelspartner nach Osten und als Lieferant von Rohstoffen und einfachen Konsumgütererzeugnissen nach Westen dar. Für die internationale Konkurrenzfähigkeit der DDR-Wirtschaft dürfte diese Form der Arbeitsteilung langfristig von Nachteil gewesen sein. Anders wäre es kaum verständlich, daß die gesamtwirtschaftliche Produktivität in der DDR 1967 nur 67 Prozent des Niveaus der Bundesrepublik Deutschland erreichte und in den folgenden Jahrzehnten sogar eine weitere Tendenz nach unten aufwies (1974: 64 Prozent)[20]. Das Ausmaß des Produktivitätsrückfalls des früheren Mitteldeutschlands in den fünfziger Jahren wird an der Tatsache sichtbar, daß 1939 der Bruttoproduktionswert je Beschäftigten hier mit 5653 Mark höher lag als im Territorium der späteren Bundesrepublik Deutschland (5555 Mark)[21].

Der Strukturwandel im innerdeutschen Handel in den sechziger Jahren war zumindest teilweise eine Reaktion der DDR auf das Wirtschaftsgefälle zwischen West und Ost. Ausgelöst wurde er jedoch von der Krise des Energiemarktes in der Bundesrepublik Deutschland einerseits, von dem verstärkten Bemühen der DDR-Führung, die wirtschaftliche Abhängigkeit im Schlüsselbereich der Eisen- und Stahlprodukte zu verringern, andererseits. *Tabelle 5* dokumentiert die davon ausgelösten Umschichtungen im deutsch-deutschen Handel.

Aus der Sicht der DDR-Wirtschaft war in den frühen sechziger Jahren vor allem der Niedergang des Handels mit Braunkohle und Mineralölerzeugnissen das herausragende Problem. 1964 hatte ihr Anteil noch 24 Prozent aller Lieferungen betragen, 1970 nur noch 5 Prozent und 1977 schließlich gerade noch 2,3 Prozent. Ähnliches galt für den Mineralölbereich: 1963 21 Prozent, 1967 1,6 Prozent. Die DDR-Wirtschaft stand damit vor ungeahnten Anpassungsproblemen, die zumindest teilweise die Stagnation des Handelsaustausches in der ersten Hälfte der sechziger Jahre erklären. Es hätte angesichts des industriellen Entwicklungsstandes der DDR nahegelegen, den Ausweg einer substantiellen Steigerung der Ausfuhren im Bereich der Investitionsgüterindustrie zu wählen. Tatsächlich hat sich dieser Bereich zwar als langfristig stabil erwiesen, das heißt, er wuchs parallel zur Ausweitung des Gesamtvolumens des Handels in den späten sechziger und siebziger Jahren, die eigentliche Alternative suchten die Planungsbehörden jedoch im Bereich der landwirtschaftlichen Lieferungen sowie der Verbrauchsgüterindustrie. Zumindest kurzfristig mußten die Landwirtschaft und Ernährungsindustrie in die Bresche der schrumpfenden Kohlelieferungen springen: Ihr Anteil erhöhte sich sprunghaft von 13,7 Prozent auf 25 bis 30 Prozent in den Jahren 1967 bis 1969, auf längere Sicht erfolgte die entscheidende Kompensation im Bereich der Verbrauchsgüterindustrien, namentlich der Bekleidungswirtschaft.

Tabelle 5: Entwicklung des Warenverkehrs im innerdeutschen Handel 1961–1977 nach Wirtschaftsbereichen in Millionen Verrechnungseinheiten[c]

Jahr	Bergbau-Erzeugnisse		Grundstoffe und Produktionsgüter[d]		Investitionsgüter		Verbrauchsgüter		Erzeugnisse der Ernährungsindustrien[e]	
	a	b	a	b	a	b	a	b	a	b
1961	39,8	209,7	490,4	325,5	119,4	98,5	69,4	196,0	70,8	108,5
1962	40,1	240,5	450,0	306,5	127,6	84,4	64,4	162,9	169,4	117,7
1963	71,5	255,9	418,4	341,8	122,6	83,3	65,2	197,9	180,6	140,5
1964	86,9	252,4	500,1	211,9	215,6	122,1	92,7	260,1	253,8	177,2
1965	29,9	213,9	648,3	274,8	190,6	152,0	94,0	326,9	239,5	288,6
1966	32,8	171,0	768,6	275,1	302,0	150,4	149,3	369,0	364,6	375,9
1967	30,0	122,5	668,7	247,3	343,6	133,3	158,8	356,8	274,8	397,5
1968	22,2	113,7	712,7	322,1	324,4	184,5	134,7	460,1	231,9	351,1
1969	73,6	101,1	1 171,3	333,3	500,3	227,2	187,1	508,7	337,8	388,0
1970	92,9	109,8	1 146,7	496,9	636,1	337,3	202,5	590,6	308,8	447,1
1971	102,0	89,0	1 106,8	691,3	655,1	316,1	231,8	753,0	370,4	452,9
1972	172,3	97,0	1 272,1	672,7	600,6	273,1	390,2	808,1	457,2	511,0
1973	119,2	87,5	1 254,9	903,5	858,8	258,9	368,9	789,7	364,6	603,1
1974	114,2	112,7	1 964,8	1 292,8	789,7	312,5	415,6	960,8	353,5	555,0
1975	368,6	89,2	1 937,6	1 225,6	892,8	331,6	339,1	1 074,5	333,4	600,7
1976	478,6	115,0	1 758,0	1 503,7	1 231,7	408,5	366,7	1 162,0	380,9	665,5
1977	487,3	130,0	1 692,0	1 534,7	1 316,8	435,9	366,0	1 183,2	428,5	642,0

a Lieferungen der Bundesrepublik Deutschland.
b Bezüge der Bundesrepublik Deutschland.
c Ab 1970 einschließlich Rückwaren und Ersatzlieferungen.
d Einschließlich Erzeugnissen der Stahlverformung.
e Einschließlich Erzeugnissen der Land- und Forstwirtschaft und der Fischerei sowie Genußmitteln.

Quelle: Statistisches Bundesamt, Fachserie F, Reihe 6, diverse Jahrgänge. *Übernommen aus:* Annemarie Schlemper, Die Bedeutung des innerdeutschen Handels, Beiträge zur Mittelstandsforschung, Heft 43, Göttingen 1978, S. 139.

Einen vergleichbaren Anpassungsprozeß hat es in den sechziger Jahren für die Wirtschaft der Bundesrepublik Deutschland, von der Ausnahme der Stahl- und Kohlelieferungen abgesehen, nicht gegeben. Die Steinkohlelieferungen, die 1964 einen vorläufigen Höhepunkt erreicht hatten, sanken in den folgenden Jahren drastisch ab, um dann im Verlaufe der siebziger Jahre wieder kräftig anzusteigen. Bedeutsamer war jedoch der Niedergang der Rohstahllieferungen sowie der Zieherei-, Kaltwalz- und Stahlverformungserzeugnisse. Hierauf waren 1961 nicht weniger als 38 Prozent aller Lieferungen der Bundesrepublik entfallen; 1970 betrug ihr Anteil weniger als 10 Prozent. Zwei Faktoren verstärkten einander: Einmal führten die Suspendierung des Berliner Abkommens durch die Bundesregierung und die damit verknüpften Embargomaßnahmen zu einer verringerten Lieferbereitschaft der westlichen Seite, andererseits hat die DDR sowohl als Reaktion auf diese Erfahrungen als auch als längerfristig geplantes Ergebnis ihrer Industrialisierungsstrategie erfolgreich die von ihr so genannte Politik der »Störfreimachung« in diesem Schlüsselbereich verfolgen können. Gewollt oder ungewollt beförderte diese Strukturkrise des innerdeutschen Handels zu Beginn der sechziger Jahre auf seiten der Bundesrepublik Deutschland jene Veränderung der Lieferstruktur, die für den Austausch hochindustrialisierter Länder typischer war als die Zusammensetzung der fünfziger Jahre. Statt Eisen und Stahl wurden im verstärkten Umfang chemische Erzeugnisse sowie hochqualifizierte Produkte der Investitionsgüterindustrien geliefert. Auf diese Weise konnten die Bereiche Chemie und Maschinenbau ihre Anteile an den westdeutschen Lieferungen von einem Viertel (1961) auf 38 Prozent (1971) steigern, während sich der Bereich der Verbrauchsgüterindustrie als relativ stabil erwies.

Eine zusammenfassende Würdigung bestätigt dennoch die geäußerte Vermutung, daß der innerdeutsche Handel auch in den sechziger und siebziger Jahren noch hinter den Möglichkeiten zweier hochindustrialisierter Staaten zurückgeblieben ist. Im Stichjahr 1970 bestanden ein Drittel der Lieferungen der Bundesrepublik Deutschland aus Rohstoffen und Halbwaren und 13 Prozent aus landwirtschaftlichen Produkten und Erzeugnissen der Ernährungsindustrie. Mit etwas anderer Gewichtung (Anteil der Landwirtschaft 22 Prozent, der Rohstoffe und Halbwaren ebenfalls 22 Prozent) zeigt sich ein ähnliches Bild im Falle der DDR-Lieferungen. Die Quote der Fertigwaren (Vorerzeugnisse und Enderzeugnisse) war demgegenüber auf beiden Seiten mit jeweils 54 Prozent niedriger als in den sonstigen Beziehungen der Bundesrepublik zu Industrieländern. Ähnliches gilt auch für die DDR, die in ihrem Handel mit den übrigen EWG-Ländern einen höheren Grad der »Veredelung« auswies als im Austausch mit der Bundesrepublik[22]. Diese Differenz läßt sich nicht aus der ökonomischen Logik der jeweils am Handel beteiligten Länder erklären, sondern wird nur durch die besondere politische Überformung des deutsch-deutschen Handels verständlich. Dank des Sonderstatus der DDR-Wirtschaft im Verhältnis zur Bundesrepublik Deutschland konnten dort wegen der Zollfreiheit und der fehlenden Abschöpfung im Agrarbereich Waren abgesetzt werden, für die in den übrigen EWG-Ländern kein vergleichbarer Markt bestand. Auf diese Weise war das ökonomische Verhältnis beider deutscher Staaten aus der Sicht der DDR durch zwei Merkmale ausgezeichnet:

- zum einen konnte sie ihren Status als Zollinland für Lieferungen nutzen, die anderweitig an die Zoll- bzw. Abschöpfungsbarrieren der EWG gestoßen wären. Der innerdeutsche Handel entwickelte sich auf diese Weise zum bedeutsamsten Devisenbringer für den Westhandel der DDR insgesamt;
- zum anderen sicherte der zwischendeutsche Handel die Zufuhr von Gütern, die in der DDR nicht verfügbar und die auch aus anderen RGW-Ländern nicht zu beziehen waren, ohne daß es hierfür des vergleichbaren Devisenaufwandes wie im Falle des übrigen Westhandels bedurfte.

Hieraus erklärt sich nach Einschätzung des Deutschen Instituts für Wirtschaftsforschung[23] auch das hohe Gewicht des Grundstoffbereichs für die Lieferungen in die DDR, da er eine Vielzahl von »Spezialitäten« und Vorprodukten für die eigene industrielle Produktion enthielt, die wiederum für die Eigenfertigung bedeutsam waren. Trotz der Preiszugeständnisse, die die DDR bei ihren Lieferungen in die Bundesrepublik Deutschland wegen ihres vielfach traditionellen und wenig konkurrenzfähigen Warenangebots machen mußte, überwogen in den sechziger und siebziger Jahren noch aus einem weiteren Grund die Vorzüge des deutsch-deutschen Handels seine möglichen ökonomischen Nachteile: Die finanziellen Gewinne aus Regelungen, die faktisch einer zinslosen Kreditgewährung entsprachen.

In der Ära der Großen Koalition wurde seit 1967 eine Reihe von Maßnahmen durch die Bundesregierung ergriffen, die einerseits auf eine Ausweitung des Handels zielten, andererseits eine Folge des wachsenden Überhangs der Lieferungen über die Bezüge darstellte[24]. Die Erhöhung des zinslosen Überziehungskredits im Mai 1970 auf insgesamt 440 Millionen Verrechnungseinheiten (VE) war nur eines dieser Instrumente, wenngleich lange erprobt und von besonderem Gewicht. Positive Impulse dürften auch von der Entbürokratisierung des Handels ausgegangen sein, als im Dezember 1969 für die meisten Güter an die Stelle der Genehmigungspflicht die bloße Meldepflicht trat. Dank der Swing-Regelung und großzügigerer Bürgschafts- und Finanzierungsregelungen stieg der Passivsaldo der DDR von 0,7 Milliarden VE (1969) auf 3,0 Milliarden VE (1977), das entsprach immerhin drei Vierteln der Gesamtlieferungen der DDR im selben Jahr. Zwar entzieht sich der materielle Vorteil des deutsch-deutschen Handels insgesamt einer genauen Quantifizierung, doch dürften vorliegende Schätzungen für das Jahr 1970 in der Größenordnung von 500 Millionen DM durchaus realistisch sein[25].

IV.

Die wichtigsten Ergebnisse der Entwicklungsbilanz deutsch-deutscher Wirtschaftsbeziehungen lassen sich abschließend in folgenden Thesen zusammenfassen:

1. Die enge interregionale Arbeitsteilung innerhalb Deutschlands zwischen Westdeutschland einerseits und Mitteldeutschland andererseits wurde nach 1945 zerstört. Trotz seines wachsenden Volumens in den sechziger und siebziger Jahren stellte der innerdeutsche Handel als Kernstück der verbliebenen deutsch-deutschen Wirtschaftsbeziehungen hierfür keinen Ausgleich dar.

2. Die Handelsbeziehungen zwischen den beiden deutschen Staaten spiegeln bis Ende der sechziger Jahre den jeweiligen Stand der politischen Beziehungen wider. Mehr noch: Der Handel wurde primär als politisches Instrument genutzt, um gesamtdeutsche Ansprüche zu untermauern.

3. Die Bundesrepublik Deutschland hat seit Beginn der fünfziger Jahre erfolgreich den politischen Sondercharakter des innerdeutschen Handels sowohl auf internationaler Ebene als auch im Zuge der westeuropäischen Wirtschaftsintegration zu verteidigen gewußt. Wenngleich die Einschätzung des früheren EG-Kommissars Ralf Dahrendorf aus dem Jahre 1970 übertrieben war, die DDR sei quasi ein assoziiertes Mitglied der EWG[26], so hat die Wirtschaft der DDR aus dem Status des Zoll-Inlandes beachtliche materielle Vorteile gezogen.

4. Das wirtschaftliche Gewicht des deutsch-deutschen Warenaustausches war für die DDR von Anfang an sehr viel größer als für die Bundesrepublik Deutschland. Wenngleich die Struktur des Handels vor allem bis zur Mitte der sechziger Jahre keineswegs den Möglichkeiten hochindustrialisierter Länder entsprach, so sicherte er der DDR doch den Zugang zu Märkten und Produkten, die ihr anderweitig nur schwer zugänglich gewesen wären. Der bundesdeutsche Markt war für die DDR-Wirtschaft bedeutsam für die Lieferung wichtiger Grundstoffe und Produktionsgüter zum Aufbau der eigenen Exportwirtschaft, aber auch als Zwischenglied zu den Märkten anderer westlicher Industrieländer.

5. In den siebziger Jahren hat der deutsch-deutsche Handel zwar nicht rechtlich, doch faktisch einen Teil seiner früheren politischen Exklusivität verloren. Mit dem Abschluß des Grundlagenvertrags war die Chance für die DDR gegeben, das bisherige Westhandelsmonopol der Bundesrepublik Deutschland zu durchbrechen und die Beziehungen mit den anderen westlichen Industrieländern zu intensivieren. Die besondere politische Qualität deutsch-deutscher Wirtschaftsverklammerung hat sich damit abgeschwächt, ohne allerdings völlig geschwunden oder in Frage gestellt worden zu sein.

Anmerkungen

1 Wolfram Fischer, »Stadien« und »Typen« der Industrialisierung in Deutschland. Zum Problem ihrer regionalen Differenzierung, in: Werner Abelshauser/Dietmar Petzina (Hrsg.), Deutsche Wirtschaftsgeschichte im Industriezeitalter, Königstein/Taunus-Düsseldorf 1981.
2 Dietmar Petzina, Wirtschaftliche Ungleichgewichte in Deutschland, in: Landeszentrale für politische Bildung Baden-Württemberg (Hrsg.), Nord-Süd in Deutschland?, Stuttgart 1987, S. 73.
3 Ebd., S. 76f.
4 Bruno Gleitze, Ostdeutsche Wirtschaft, Berlin 1956, S. 170.
5 Siegfried Kupper, Politische Aspekte des innerdeutschen Handels, in: Claus-Dieter Ehlermann u. a., Handelspartner DDR – Innerdeutsche Wirtschaftsbeziehungen, Baden-Baden 1975, S. 19.
6 Wolfgang Zank, Wirtschaft und Arbeit in Ostdeutschland 1945–1949, München 1987, S. 29.
7 S. Kupper, Aspekte (Anm. 5), S. 26.
8 Fritz Federau, Der Interzonenhandel Deutschlands von 1946 bis Mitte 1953, in: Vierteljahreshefte zur Wirtschaftsforschung, Berlin 1953, S. 385ff.
9 Horst Lambrecht, Die Entwicklung des Interzonenhandels von seinen Anfängen bis zur Gegenwart, DIW Sonderheft 72, Berlin 1956, S. 14.
10 Ziffer 1. b) der Ergänzung zum Torquay-Protokoll, BGBl II, 1951, S. 1980.
11 Zitiert nach C.-D. Ehlermann u. a., Handelspartner (Anm. 5), S. 211.
12 Ebd., S. 213.
13 Protokoll über den innerdeutschen Handel und die damit zusammenhängenden Fragen, BGBl, 1957, II, S. 984.
14 Belege bei Peter Scharpf, Europäische Wirtschaftsgemeinschaft und Deutsche Demokratische Republik, Tübingen 1973, S. 127f.
15 C.-D. Ehlermann, Handelspartner (Anm. 5), S. 223ff.
16 Grundlagenvertrag, BGBl, 1973, II, S. 559.
17 Deutsches Institut für Wirtschaftsforschung (Hrsg.), Handbuch DDR-Wirtschaft, Reinbek 1977, S. 307 und 353.
18 Annemarie Schlemper, Die Bedeutung des innerdeutschen Handels, in: Beiträge zur Mittelstandsforschung, Heft 43, Göttingen 1978, S. 133.
19 Doris Cornelsen u. a., Die Bedeutung des innerdeutschen Handels für die Wirtschaft der DDR, in: DIW Sonderheft 138, Berlin 1983, S. 168.
20 DIW, DDR-Wirtschaft (Anm. 17), S. 106.
21 Berechnet nach Angaben bei B. Gleitze (Anm. 4), S. 153 und 170.
22 Näheres in Horst Lambrecht, Der Handel der Deutschen Demokratischen Republik mit der Bundesrepublik Deutschland und den übrigen OECD-Ländern, DIW Sonderheft 119, Berlin 1977.
23 D. Cornelsen, Bedeutung (Anm. 19), S. 179.
24 Einzelheiten bei A. Schlemper, Bedeutung (Anm. 18), S. 95ff.
25 Reinhold Biskup, Deutschlands offene Handelsgrenze. Die DDR als Nutznießer des EWG-Protokolls über den innerdeutschen Handel, Frankfurt a. M. 1976, S. 207.
26 Vgl. Der Volkswirt vom 28. August 1970.

Jochen Abr. Frowein

Die Deutschlandfrage zwischen Recht und Rechtspolitik

I. Einleitung

Der »Grundriß der heutigen Staatsverfassung des Teutschen Reichs« von Johann Jakob Moser, erschienen im Jahre 1748, enthält im zweiten Buch ein Kapitel IV mit der Überschrift »Von des Teutschen Reichs Aktivansprüche«. Dort sind die territorialen Ansprüche des Deutschen Reiches in vier Kategorien eingeteilt. Die erste Kategorie betrifft die seit 1648, also in den vorausgegangenen 100 Jahren entstandenen Ansprüche, in die zweite Kategorie fallen die seit 1500 bestehenden, in die dritte die, die seit mehr als 200 Jahren »nie malen mehr auf das Tapet gekommenen«, und die vierte Kategorie betrifft diejenigen, die nur in den Schriften einiger Gelehrten eine Rolle spielen. Während das Elsaß zur ersten Kategorie gezählt wurde, kam in die dritte Kategorie etwa »die Ansprach auf die Oberherrschaft auf die französische Provinz Provence, weil es zu dem Königreich Arelat gehörte und es noch von Kaiser Albrecht nur als ein Reichslehen an den König Philipum Pulchrum in Frankreich überlassen worden sei«[1].

Werden wir mit unseren Überlegungen zu Deutschlands Rechtslage und etwa zum Status der früheren deutschen Ostgebiete eine ähnliche Entwicklung einleiten? Es wird im folgenden darum gehen, die wichtigsten Rechtspositionen, die die Bundesrepublik Deutschland in bezug auf das Problem der Rechtslage Deutschlands einnimmt, kurz darzustellen und rechtspolitisch zu bewerten.

Man muß sich darüber klar sein, daß das nicht unproblematisch ist. Es besteht bei uns eine deutliche Neigung, die Bindungswirkung von Entscheidungen des Bundesverfassungsgerichts, die gemäß Paragraph 31 des Bundesverfassungsgerichtsgesetzes für alle Gerichte und Behörden gilt, auch auf den Bürger und etwa die Wissenschaft auszudehnen. Davor kann nur gewarnt werden. Ich war ernsthaft betroffen, als vor einiger Zeit ein bekannter Bundestagsabgeordneter in einem Leserbrief die Meinung vertrat, bestimmte Thesen, die ich vertreten hatte und die nach seiner Meinung gegen die Rechtsprechung des Bundesverfassungsgerichts verstießen, könne ein Professor rechtmäßig gar nicht äußern.

II. Das Fortbestehen des Deutschen Reiches

1. Die Rechtspositionen

Die Bundesrepublik Deutschland sieht sich als mit dem Deutschen Reich identisch an und setzt das Deutsche Reich auf ihrem Territorium fort. Das Bundesverfassungsgericht bezeichnet das Verhältnis als eines der »Teilidentität«[2]. Hieraus folgt, daß nach der Auffassung der Bundesrepublik Deutschland, die sich in einer Vielzahl von Staatsakten geäußert hat, das Deutsche Reich nicht untergegangen ist, sondern fortbesteht, und zwar in Gestalt der Bundesrepublik Deutschland[3]. Das besagt allerdings nicht, daß die Bundesrepublik das nicht zu ihr gehörende Territorium des Deutschen Reiches als ihr Staatsgebiet ansieht. Die Bundesrepublik Deutschland kann Zuständigkeiten für außerhalb ihrer Grenzen gelegenes deutsches Territorium nicht beanspruchen und hat das auch, entgegen anderslautenden Darstellungen, nie getan. Die Deutsche Demokratische Republik nimmt an, daß das Deutsche Reich im Jahre 1945 untergegangen sei und sich auf seinem Territorium zwei deutsche Staaten gebildet hätten[4].

Nicht völlig eindeutig ist, wie die Bundesrepublik Deutschland offiziell die Lage der DDR sieht. Es ist klar, daß die DDR ein eigener Staat ist, für den auch im Verhältnis zur Bundesrepublik Deutschland nach der Aufnahme der beiden deutschen Staaten in die Vereinten Nationen alle Rechtsprinzipien der UN-Satzung gelten. Damit sind die wichtigsten Regeln für die völkerrechtlichen Beziehungen zwischen Staaten auch im Verhältnis zwischen den beiden deutschen Staaten anwendbar. Allerdings gibt es in großem Umfang noch Sonderrechtsverhältnisse, ich brauche nur an die Regelungen des sogenannten Interzonenhandels und seiner Behandlung im Rahmen der EWG zu erinnern[5].

Nicht völlig klar ist, ob das Bundesverfassungsgericht und die offizielle Position der Bundesrepublik Deutschland die DDR ebenfalls als einen mit dem Deutschen Reich »teilidentischen« Staat ansieht. Gewisse Formulierungen in der Entscheidung des Bundesverfassungsgerichts zum Grundlagenvertrag sprechen dafür. Indessen ergibt sich hier die kaum überwindbare Schwierigkeit, daß damit der DDR ein Selbstverständnis aufgedrängt würde, das sie selbst dezidiert ablehnt. Die ebenfalls mit der Vorstellung der Teilidentität vereinbare Position, wonach die DDR als ein sezedierender Neustaat anzusehen ist, erscheint von daher zutreffender. Freilich ist diese Sezession rechtlich bisher nicht abgeschlossen. Das ist ein ganz wesentlicher Punkt.

Sie ist solange rechtlich nicht abgeschlossen, als die Deutsche Frage auch nach Auffassung der vier für Deutschland eine besondere Verantwortung tragenden Mächte nicht gelöst ist. Es gehört nach meiner Auffassung zu den wichtigsten rechtlichen Konsequenzen der Ostpolitik von 1969 bis 1972, daß die Fortexistenz der Vier-Mächte-Rechtspositionen nunmehr von allen Beteiligten, auch von der DDR, ausdrücklich anerkannt ist. Sowohl die Sowjetunion als auch die DDR haben bei dem Abschluß des Grundlagenvertrages förmlich darauf Bezug genommen, daß es weiterhin Rechte und Verantwortlichkeiten der Vier Mächte gibt, die ihren Rechtsgrund in den Ereignissen des Jahres 1945 und den in diesem Zusammenhang stehenden Verträgen zwischen den vier Alliierten finden[6]. Das ist bei dem Beitritt der beiden deutschen Staaten zu den Vereinten Nationen bestätigt worden. Am 9. November 1972 gaben die Vier Mächte gemeinsam eine Erklärung ab, wonach der UN-Beitritt der beiden deutschen Staaten in keiner Weise die Rechte und Verantwortlichkeiten der Vier Mächte und die entsprechenden diesbezüglichen vierseitigen Vereinbarungen, Beschlüsse und Praktiken berühren solle[7].

Die wichtigste aus der Vier-Mächte-Verantwortung folgende rechtliche Konsequenz ist, daß die endgültige Regelung der Deutschen Frage einer Zustimmung der Vier Mächte bedarf und daß ohne die Zustimmung aller Vier Mächte eine endgültige Regelung nicht getroffen werden kann[8]. Dabei ist von zentraler Bedeutung für die Bundesrepublik Deutschland, daß die drei Westmächte ihr im Deutschlandvertrag zugesagt haben, ihre Wiedervereinigungspolitik zu unterstützen und die Bundesrepublik in allen Angelegenheiten zu konsultieren, welche die Ausübung der Rechte der Drei in bezug auf Deutschland als Ganzes berühren[9].

2. Rechtspolitische Bewertung

Eine rechtspolitische Bewertung der von der Bundesrepublik eingenommenen Position zur Rechtslage Deutschlands wird vor allem von der Einschätzung des sogenannten Wiedervereinigungsgebotes auszugehen haben. Das Bundesverfassungsgericht sieht die Notwendigkeit der Erhaltung der staatsrechtlichen Klammer zwischen der Bundesrepublik Deutschland und der DDR in unmittelbarem Zusammenhang mit dem Wiedervereinigungsgebot des Grundgesetzes[10].

Es ist nützlich darauf hinzuweisen, daß das Wiedervereinigungsgebot auch nach der Rechtsprechung des Bundesverfassungsgerichts den politischen Organen einen weiten Spielraum beläßt. Das Grundgesetz erklärt noch nicht einmal genauer, was unter Wiedervereinigung zu verstehen ist. Man muß auch im Auge behalten, daß zur Zeit der Verabschiedung des Grundgesetzes die Präambel im Anschluß an die Verfassungstradition der Weimarer Zeit allgemein als nicht bindend angesehen wurde[11]. Insofern spricht einiges dafür, daß der Verfassungsgeber vorwiegend eine politische Zielsetzung zum Ausdruck bringen wollte.

Im vorliegenden Zusammenhang erscheint vor allem die Frage bedeutsam, ob unter rechtspolitischen Gesichtspunkten der Anspruch stärker auf die staatliche Wiedervereinigung bezogen oder auf die Ausübung des Selbstbestimmungsrechts hin verstanden werden sollte. Das Bundesverfassungsgericht scheint beides gleichzusetzen. Es äußert sich freilich zu dem Selbstbestimmungsrecht nicht näher. Wenn die Präambel die freie Selbstbestimmung des deutschen Volkes beruft und Art. 146 festlegt, daß das Grundgesetz seine Gültigkeit an dem Tage verliert, an dem eine Verfassung in Kraft tritt, die von dem deutschen Volk in freier Entscheidung beschlossen worden ist, so dachte der Verfassungsgeber naturgemäß an den gemeinsamen Akt einer deutschen Selbstbestimmung durch das ganze deutsche Volk.

Es ist bereits vielfach darauf hingewiesen worden, daß nach der Konsolidierung der beiden deutschen Staaten das Selbstbestimmungsrecht nicht mehr im luftleeren Raum ausgeübt werden kann. Richtigerweise setzt eine Selbstbestimmungsentscheidung die Sicherung der DDR-Bevölkerung gegen Majorisierung voraus[12]. Die rechtspolitisch begründete, aber auch aufrechtzuerhaltende Forderung ist, daß den Deutschen in der DDR die Möglichkeit gegeben werden muß, über ihr staatliches Schicksal in freier Entscheidung zu befinden.

Erkennt man diese Beziehung zwischen der Problematik des Selbstbestimmungsrechts als Forderung und der Frage der Rechtslage Deutschlands, so zeigt sich durchaus eine gewisse rechtspolitische Alternative, die immer wieder, meist freilich relativ unausgesprochen, die politische, aber teilweise auch die juristische Diskussion durchzieht. Es gibt einmal die Möglichkeit, vor allem auf das Selbstbestimmungsrecht der Deutschen in der DDR zu dringen, und es gibt zum anderen die Forderung, die staatliche Einheit Deutschlands unter allen Umständen wiederherzustellen.

Ich habe persönlich keinen Zweifel daran, daß allein die Forderung nach freier Selbstbestimmung für die Bevölkerung der DDR auf die Dauer aufrechterhalten werden kann. Die Wiederherstellung der staatlichen Einheit gegen den Willen der Mehrheit der DDR-Bevölkerung scheidet wohl nach Vorstellung aller aus. Dann muß es aber vor allem darum gehen, die freie Selbstbestimmungsentscheidung zu ermöglichen. Gerade weil eine solche Entscheidung nie getroffen werden konnte, besteht auch die Rechtfertigung, die Sezession der DDR letztlich als unabgeschlossen anzusehen. Könnte eine Selbstbestimmungsentscheidung getroffen werden, so müßte die Bundesrepublik Deutschland den Versuch machen, auch von den Vier Mächten die Zustimmung zu einer endgültigen Lösung zu erreichen. All das klingt natürlich außerordentlich theoretisch, und von einer Chance der Verwirklichung sind wir gewiß weit entfernt. Dennoch erscheint mir juristisch und politisch die Aufrechterhaltung der Forderung nach freier Selbstbestimmung möglich und völlig vertretbar.

III. Die Oder-Neiße-Gebiete

1. Die rechtlichen Daten

Die Oder-Neiße-Gebiete sind durch die auf der Potsdamer Konferenz getroffenen Entscheidungen aus dem besetzten Gebiet Deutschlands ausgegliedert und unter eine besondere polnische Verwaltung gestellt worden[13]. Es ist – rechtlich gesehen – klar, daß damit weder die Souveränität Polens begründet wurde, noch ein endgültiger Anspruch auf Übertragung der Gebiete entstand. Freilich hat Polen sehr schnell durch einseitige Maßnahmen die volle Gleichstellung der sogenannten Westgebiete mit seinem sonstigen Territorium vorgenommen. Es hat, um in der alten Sprache des Völkerrechts zu sprechen, die Gebiete annektiert. Eine Annexion, deren Zulässigkeit unter heute geltendem Völkerrecht sehr zweifelhaft ist, war auch nach früherem Recht und am Ende des Zweiten Weltkrieges nicht ohne weiteres wirksam. Sie kann wirksam werden, wenn sie von allen Seiten anerkannt wird.

Die DDR hat bekanntlich bereits im Görlitzer Vertrag vom 6. Juli 1950 die Oder-Neiße-Linie als Grenze vertraglich anerkannt. Die Bundesrepublik Deutschland hat im Warschauer Vertrag vom 7. Dezember 1970 die Qualität dieser Grenze als Staatsgrenze Polens bestätigt. Gleichzeitig ist allerdings auf die fortbestehenden Vorbehaltsrechte der Vier Mächte hingewiesen worden. Damit ist eine nicht leicht zu durchschauende und in ihren Einzelheiten auch umstrittene Rechtslage entstanden[14]. Nach meiner Auffassung ist die Bundesrepublik Deutschland verpflichtet, die Gebiete als polnisches Staatsgebiet anzusehen. Dieses gilt in vollem Umfang. Lediglich für den Fall einer friedensvertraglichen Regelung bedürfte es noch einer endgültigen Entscheidung. Es wird freilich nicht selten die Auffassung vertreten, daß die Gebiete auch heute noch zu dem Rechtssubjekt »Deutschland« gehörten. Hier wird dann von einem weiterhin vorhandenen Rechtssubjekt ausgegangen, das sich nicht nur über die DDR, sondern auch über die Ostgebiete erstreckt. Man beruft sich dafür auch auf Entscheidungen des Bundesverfassungsgerichts. In der Tat hat das Bundesverfassungsgericht ausdrücklich dargelegt, durch den Warschauer Vertrag seien die Ostgebiete nicht aus dem territorialen Verband Deutschlands ausgeschieden und die Bundesrepublik habe nicht den Willen gehabt, über den territorialen Status Deutschlands zu verfügen[15].

2. *Rechtspolitische Bewertung*

Die auf Grund der Formulierungen des Bundesverfassungsgerichts meist vertretene Position, wonach die Ostgebiete auch für die Bundesrepublik Deutschland heute noch zum Territorium Deutschlands gehören, erscheint sehr fragwürdig. Sie ist in der Gefahr, der immer wiederholten Anerkennung des polnischen Bedürfnisses, in gesicherten Grenzen zu leben, diametral zu widersprechen. Rechtspolitisch besteht nach meiner Auffassung keinerlei Grund, warum die Bundesrepublik Deutschland nicht eindeutig und unmißverständlich darlegen sollte, sie selbst werde die Oder-Neiße-Grenze niemals in Frage stellen.

Gewiß gibt es den rechtlichen Vorbehalt des Friedensvertrages und der Vier-Mächte-Rechte. Daran kann die Bundesrepublik allein nichts ändern und sollte das auch wegen der Verbindung zu der Gesamtproblematik der Rechtslage Deutschlands nicht tun. Aber das besagt nicht, daß man nicht der polnischen

Kritik durch eine klarere Sprachregelung die Spitze nehmen könnte. Die vor einigen Jahren entstandene Auseinandersetzung um die Schulatlanten ist ein gutes Zeichen für die zwiespältige Haltung, die vielfach bei uns zu dieser Frage eingenommen wird. Es wäre dringend zu wünschen, daß hier ein stärkerer Bewegungsspielraum erreicht würde.

IV. Die deutsche Staatsangehörigkeit

1. Das Recht der Bundesrepublik Deutschland

Gemäß Art. 116 des Grundgesetzes knüpft das Staatsangehörigkeitsrecht der Bundesrepublik Deutschland an das im Jahre 1949 geltende deutsche Staatsangehörigkeitsrecht an. Auf Grund der Identität zwischen der Bundesrepublik Deutschland und dem Rechtssubjekt Deutsches Reich war es konsequent, daß alle deutschen Staatsangehörigen mit dem Entstehen der Bundesrepublik Deutschland ihre Staatsangehörigkeitsbeziehungen zu der Bundesrepublik als dem neu organisierten deutschen Staatswesen fortsetzen. Ausnahmen galten für die früheren österreichischen Staatsangehörigen, die ihre deutsche Staatsangehörigkeit mit dem Wiederentstehen der Republik Österreich jedenfalls grundsätzlich verloren, sowie für einige Fälle als nichtig behandelter Einbürgerungsmaßnahmen während des Zweiten Weltkrieges. Grundsätzlich ist die deutsche Staatsangehörigkeit, deren Erwerb und Verlust sich nach dem mehrfach geänderten Reichs- und Staatsangehörigkeitsgesetz von 1913 richtet, auch die Staatsangehörigkeit der Bundesrepublik Deutschland[16].

Aus dieser Rechtslage folgt, daß diejenigen, die die Erwerbsgründe des deutschen Staatsangehörigkeitsrechts erfüllen, auch dann nach dem Recht der Bundesrepublik Deutschland deutsche Staatsangehörige sind, wenn sie in Gebieten leben, die zum Deutschen Reich gehört haben, nicht aber zur Bundesrepublik gekommen sind. Das ist an sich nicht ungewöhnlich, da der Erwerb der Staatsangehörigkeit durch Abstammung normalerweise von der Zugehörigkeit des Gebietes, in dem jemand geboren wird, unabhängig ist. So nimmt niemand Anstoß daran, daß die deutsche Staatsangehörigkeit etwa von Auslandsdeutschen in Argentinien ohne Probleme weiter vermittelt wird. Ungewöhnlich ist freilich, daß damit fast alle Bewohner der Deutschen Demokratischen Republik gleichzeitig deutsche Staatsangehörige im Sinne des Rechts der Bundesrepublik Deutschland und damit ihre Staatsangehörige sind. Sie haben nach dem Recht der DDR durchweg auch deren Staatsbürgerschaft.

Allerdings bedeutet das nicht, daß Bewohner der Deutschen Demokratischen Republik im Recht der Bundesrepublik automatisch mit staatsangehörigkeitsrechtlichen Rechten und Pflichten ausgestattet würden. Wehrpflicht, Wahlrecht und Steuerpflichten knüpfen an den Wohnsitz oder andere Beziehungen zur Bundesrepublik Deutschland an. Das Bundesverfassungsgericht erkennt zutreffend an, daß es einen Unterschied zwischen dem »Bürger der Bundesrepublik Deutschland« und dem »deutschen Staatsangehörigen« geben kann[17]. Ein deutscher Staatsangehöriger, der bisher nicht Bürger der Bundesrepublik war, kann diese Eigenschaft erwerben, indem er sich dem Schutz der Bundesrepublik unterstellt. Auch wenn sonst ein deutscher Staatsangehöriger in den Schutzbereich der Bundesrepublik Deutschland und ihrer Gesetze gelangt, so genießt er die vollen Garantien des Grundgesetzes und ihrer Rechtsordnung. Behörden der Bundesrepublik Deutschland, vor allem ihre Botschaften, müssen jedem, der sich auf seine deutsche Staatsangehörigkeit beruft, Schutz gewähren.

Richtigerweise sind die Behörden der Bundesrepublik Deutschland nach deutschem Recht aber nicht verpflichtet, deutsche Staatsangehörige auch gegen ihren Willen als solche in Anspruch zu nehmen, wenn diese sich allein auf die Staatsbürgerschaft der DDR berufen wollen. Die Bundesrepublik bestreitet nicht mehr, daß die DDR ein Staat mit einem Staatsvolk ist. Damit wäre es aber unzulässig, wenn sie alle Staatsangehörigen der DDR auch gegen deren Willen als deutsche Staatsangehörige in Anspruch nehmen wollte. Das Bundesverfassungsgericht hat denn auch ausdrücklich auf die Möglichkeit hingewiesen, daß ein Deutscher darauf verzichtet, in den vollen Schutz der deutschen Rechtsordnung zu gelangen[18]. Das muß dahin verstanden werden, daß nach dem Recht der Bundesrepublik Deutschland keinem Bürger der DDR die Rechte und Pflichten der deutschen Staatsangehörigkeit aufgedrängt werden.

Besondere Probleme wirft die deutsche Staatsangehörigkeit im Verhältnis zu Drittstaaten auf. Wo ein deutscher Staatsangehöriger im Sinne des Grundgesetzes als Bürger der Deutschen Demokratischen Republik auf deren Territorium lebt, kann die Bundesrepublik Deutschland nicht die Rechte geltend machen, die ein Staat normalerweise hinsichtlich seiner Staatsangehörigen hat. Das tut die Bundesrepublik auch nicht. Im Grunde liegt hier dieselbe Situation vor, die wir auch sonst bei Doppelstaatern antreffen.

Sobald ein DDR-Bürger sich in einem Drittstaat auf seine deutsche Staatsangehörigkeit beruft und dem Schutz der Organe der Bundesrepublik Deutschland unterstellt, ist die individuelle Anknüpfung zur Bundesrepublik Deutschland vorhanden, die jeder Drittstaat berücksichtigen darf und berücksichtigen sollte. Das haben verschiedene Staaten bei Abschluß von Konsularabkommen mit der DDR deutlich gemacht, indem sie darauf hingewiesen haben, daß auf ihrem Territorium jeder deutsche Staatsangehörige im Sinne des Grundgesetzes sich auf diese Staatsangehörigkeit berufen könne. Hierin liegt keine Völkerrechtsverletzung gegenüber der DDR.

2. *Rechtspolitische Bewertung*

Gerade hinsichtlich der Probleme der deutschen Staatsangehörigkeit sollte man leicht über die Bewertung einig sein können. Es ist für die Bundesrepublik

Deutschland essentiell, daß sie an der Erstreckung der deutschen Staatsangehörigkeit auch auf alle Deutschen außerhalb des Gebiets der Bundesrepublik Deutschland festhält. Diese Verantwortung ist ihr verfassungsrechtlich aufgetragen, und sie ist völkerrechtlich dazu in der Lage. Solange die Bevölkerung der DDR keine freie Selbstbestimmungsentscheidung über ihr staatliches Schicksal treffen konnte und dem einzelnen die Wahl zwischen den beiden deutschen Staaten verwehrt wird, muß die Bundesrepublik Deutschland dieses Wahlrecht, wo immer es ausgeübt werden kann, respektieren. In diesem Sinne muß die deutsche Staatsangehörigkeit als die »offene Tür«, wie es Ulrich Scheuner prägnant formuliert hat, DDR-Bürgern zustehen[19].

Das bedeutet aber in keiner Weise, daß die Bundesrepublik Deutschland die Staatsbürgerschaft der DDR nicht zur Kenntnis nimmt. Vielmehr behandelt sie diese DDR-Staatsbürgerschaft ebenso wie in den meisten Fällen, in denen Deutsche eine andere Staatsangehörigkeit neben der deutschen haben. Wo sich ein Deutscher aus der DDR nur auf die DDR-Staatsbürgerschaft berufen will, erkennt die Bundesrepublik Deutschland das selbstverständlich an. Sie berücksichtigt auch die Staatsbürgerschaft der DDR in vielfältigen Zusammenhängen. Im Rahmen der Vereinten Nationen hat selbstverständlich die DDR eine eigene Quote für die Besetzung von Beamtenstellen mit ihren Staatsbürgern. Die Bundesrepublik versucht nicht etwa, diese Quote als eigene in Anspruch zu nehmen. Die Beispiele könnten vermehrt werden. Sogar von deutschen Gerichten wird im internationalen Privatrecht die DDR-Staatsbürgerschaft zumindest vielfach berücksichtigt.

Dennoch hat sich bedauerlicherweise ein politischer Streit um die von der DDR formulierte Notwendigkeit der Anerkennung der DDR-Staatsbürgerschaft ergeben. Ein Institut der Anerkennung der Staatsangehörigkeit gibt es jedoch nicht. Die Praxis der Bundesrepublik Deutschland ist dagegen vollständig vereinbar mit ihrer Verpflichtung, die DDR im Rahmen der UN-Satzung als einen selbständigen Staat zu behandeln, der selbstverständlich auch Staatsangehörige hat. Man kann nur hoffen, daß auf diesem Gebiet der Streit um Worte sorgsamer vermieden wird, als das bisher gelegentlich der Fall war.

V. Berlin

1. Zur Rechtslage

Die Probleme der Rechtslage Deutschlands kann man nicht behandeln, ohne zumindest mit einigen Worten auch Berlin zu streifen. Wie in einem Brennpunkt sammeln sich in Berlin die Probleme der Rechtslage Deutschlands[20]. Gemäß Art. 7 des Abkommens über die Kontrolleinrichtungen in Deutschland vom 14. November 1944 sollte das Gebiet von Berlin, das zu keiner Besatzungszone gehörte, von einer Kommandantur, bestehend aus drei Stadtkommandanten, verwaltet werden. Nach der Einbeziehung Frankreichs wurde diese Zahl später auf vier erhöht. Die gemeinsame Verwaltung existierte bis zum 1. Juli 1948, als die sowjetischen Vertreter sich aus der Kommandantur zurückzogen; seitdem setzen die Stadtkommandanten der drei Westmächte deren Arbeit fort.

Das Vier-Mächte-Abkommen über Berlin von 1971 hat den Status quo bestätigt. Die Präambel verweist ausdrücklich auf die Vier-Mächte-Rechte und -Verantwortlichkeiten und die Vereinbarungen und Beschlüsse der Vier Mächte aus der Kriegs- und Nachkriegszeit, die nicht berührt werden sollen. Aus dem Vier-Mächte-Status folgt das freie Bewegungsrecht von Militärpersonal der Vier Mächte in allen vier Sektoren Berlins, das regelmäßig in Anspruch genommen wird. Auch die Sonderregelung für die Kontrollen von Militärtransporten nach Berlin knüpfen an den gemeinsamen Besatzungsstatus an.

Die drei Westsektoren befinden sich völkerrechtlich insofern in einer besonderen Lage, als im Vier-Mächte-Abkommen detaillierte Bestimmungen über ihre Bindungen zur Bundesrepublik Deutschland, ihre Außenvertretung sowie den Zugang zu ihnen getroffen worden sind. Besonders wichtig ist der versteckte Hinweis im Vier-Mächte-Abkommen, daß die gewachsenen Beziehungen zwischen der Bundesrepublik Deutschland und West-Berlin aufrecht erhalten bleiben. Danach ist Berlin »weiterhin« kein »constituent part« (continues not to be). Damit zeigt sich, daß alle bisher geschaffenen rechtlichen Beziehungen mit dieser nicht formellen Zugehörigkeit zur Bundesrepublik Deutschland voll vereinbar sind.

2. Rechtspolitische Bewertung

Alle Deutschlandpolitik muß auf die besondere Lage Berlins Rücksicht nehmen. Gerade an Berlin bewährt sich aber auch Deutschlandpolitik. Sehr wichtig ist dies im Bereich der Staatsangehörigkeit. Gelegentlich wird die Staatsangehörigkeit der Einwohner West-Berlins zum besonderen Problem gemacht. Das sollte nicht geschehen. Die oben dargelegte Auffassung zur deutschen Staatsangehörigkeit kann auf Berlin voll angewandt werden. Es ist selbstverständlich, daß Westberliner damit deutsche Staatsangehörige im Sinne des Staatsangehörigkeitsrechts der Bundesrepublik Deutschland sind; sie haben sich aber auch durchweg dem Schutz der Bundesrepublik unterstellt; sie beantragen Bundespässe. Ob diese in den Ostblockstaaten nur mit einem besonderen Stempel zugelassen werden, hat mit der Frage nichts zu tun.

Man kann hier auf Parallelen in der völkerrechtlichen und verfassungsrechtlichen Lage anderer Teilgebiete in Europa hinweisen. Die Kanalinseln und die Isle of Man sind kein »constituent part« des Vereinigten Königreichs von Großbritannien und Nordirland. Sie gehören aber völkerrechtlich zu Großbritannien, und die Einwohner haben die britische Staatsangehörigkeit.

VI. Die Elbe-Grenze

1. Die rechtliche Problematik

Zum Schluß soll ein zunächst unbedeutend erscheinendes Detail der Problematik angesprochen werden: die Elbe-Grenze. Bekanntlich gehört ihre Korrektur zu den sogenannten Geraer Forderungen[21], und es lohnt sich, hier einmal den Spielraum für einvernehmliche Regelungen abzutasten. Interessant und weitgehend nicht bekannt ist, daß der im Londoner Protokoll vom 12. September 1944 festgelegte Grenzverlauf in der Elbe ganz eindeutig ist, weil er auf frühere deutsche Verwaltungsgrenzen verweist, die sämtlich in der Mitte der Elbe verlaufen[22]. Das ist unstreitig. Allerdings sind erhebliche Unklarheiten darauf zurückzuführen, daß der sogenannten Neuhauser Streifen und kleine andere Gebiete durch Vereinbarungen zwischen den zuständigen Militärkommandeuren, die der Kontrollrat genehmigt hat, unter sowjetische Besetzung kamen. Damit wurde die Elbe auch dort zur Grenze, wo sie nicht früheren deutschen Verwaltungsgrenzen entsprach. Insbesondere der Neuhauser Streifen, der früher zum Regierungsbezirk Lüneburg gehörte, ist unter sowjetische Besatzung gekommen, weil er östlich der Elbe lag. Für diese Teile ist nun kein Grenzverlauf in der Elbe festgelegt worden. Über die Praxis besteht erheblicher Streit. Unter diesen Umständen sollte es eigentlich möglich sein, mit Zustimmung der Vier Mächte eine pragmatische Lösung der Mittellinie zu finden. Aber leider stößt das auf erhebliche politische Schwierigkeiten.

2. Bewertung

Bei der Bewertung wird man sich darüber klar sein müssen, daß die gegenwärtige Praxis an der Elbe-Grenze weitgehend unproblematisch ist. Der Verkehr wird auf Grund des Art. 23 des Verkehrsvertrages und des eingehenden Protokollvermerks zu diesem Artikel ohne Komplikationen abgewickelt[23]. Das ist möglicherweise ein besonders gutes Beispiel für das Fortbestehen von Provisorien im Rahmen der Deutschlandproblematik.

VII. Resümee

Als Zusammenfassung lassen sich einige Thesen formulieren:

1. Deutsche Politik sollte nicht den Versuch machen, das Fortbestehen des Deutschen Reiches in bezug auf die DDR oder die deutschen Ostgebiete zum Anlaß für politische oder rechtliche Forderungen zu nehmen. Dagegen ist zu

betonen, daß die Deutsche Frage nicht endgültig gelöst ist und der besondere Status Deutschlands, auf den sich die Vier-Mächte-Verantwortung bezieht, fortbesteht.

2. Die Bundesrepublik Deutschland sollte eine noch klarere Stellung zu den Gebieten östlich von Oder und Neiße einnehmen. Sie sollte deutlich machen, daß sie die Zugehörigkeit dieser Gebiete zu Polen niemals in Frage stellen wird.
3. Die Bundesrepublik Deutschland setzt die deutsche Staatsangehörigkeit fort. Diese muß für alle Deutschen als »offene Tür« erhalten bleiben. Das hindert nicht, daß die Staatsbürgerschaft der DDR im selben Sinne zur Kenntnis genommen und respektiert wird, wie das sonst bei Doppelstaatern der Fall ist.

Die Rechtslage Deutschlands in der zweiten Hälfte des 20. Jahrhunderts knüpft, wie Ulrich Scheuner betont hat, an frühere Phasen an, als eine Einordnung Deutschlands in die europäische Gesamtordnung dadurch gesichert wurde, daß seine Verfassungsordnung durch die Verträge von 1648 (Münster und Osnabrück) völkerrechtlich gewährleistet war[24]. Diese Einbindung bringt besondere Probleme in einer Zeit mit, in der sich politische Ordnungsvorstellungen und gesellschaftliche Ideologien antagonistisch gegenüberstehen und die beiden deutschen Staaten wie die beiden Teile der alten Hauptstadt Berlin jeweils zu einem der Lager gehören. Es ist natürlich, daß sich Spannungen und Veränderungen des Gesamtklimas hier besonders bemerkbar machen. Die die Blockgrenzen überschreitende rechtliche Gesamtordnung Deutschlands und Berlins kann Ansatzpunkt für weitere Entwicklungen, aber auch immer wieder Gefahrenherd für Zusammenstöße sein. Nach dem österreichischen Staatsvertrag von 1955 war das Berlin-Abkommen von 1971, das unter der Beteiligung der drei Westmächte und der Sowjetunion zustande kam, das nächste große Beispiel einer freilich nur begrenzten Regelung von Verhältnissen, die durch das Ende des Zweiten Weltkrieges offen geblieben waren[25].

Es erscheint wohl möglich, daß das deutsche Volk das Opfer der Teilung als Preis für eine beispiellose und die Welt in eine Katastrophe stürzende Politik der nationalsozialistischen deutschen Reichsregierung noch lange wird tragen müssen. Viel wäre bereits gewonnen, wenn eine geregelte Nachbarschaft der beiden deutschen Staaten im Rahmen einer gesicherten Friedensordnung in Europa und der Welt den Deutschen individuell in West und Ost ein Maximum an Freiheit gewährleisten könnte. Auch das wird freilich immer nur dann möglich sein, wenn auf beiden Seiten elementare Sicherheitsinteressen nicht gefährdet werden. Die Bundesrepublik Deutschland bleibt verfassungsrechtlich verpflichtet und nach ihrem Selbstverständnis aufgefordert, Verantwortung für Deutschland und die Deutschen zu tragen und die Möglichkeit für die Wiedererlangung der Einheit in freier Selbstbestimmung zum Maßstab ihrer Politik zu machen.

Anmerkungen

1 Johann Jakob Moser, Grundriß der heutigen Staatsverfassung des Teutschen Reichs, Tübingen 1748, S. 88ff., 91, 96f.
2 BVerfGE 36, 1, 16.
3 Zu den Einzelheiten Jochen Abr. Frowein, Die Rechtslage Deutschlands und der Status Berlins, in: Ernst Benda/Werner Maihofer/Hans J. Vogel (Hrsg.), Handbuch des Verfassungsrechts der Bundesrepublik Deutschland, Berlin 1983, S. 29, 33ff., 47ff.
4 Vgl. vor allem Jens Hacker, Der Rechtsstatus Deutschlands aus der Sicht der DDR, Köln 1974, S. 137ff., 145ff.
5 Eingehend dazu J. A. Frowein, Die Rechtslage (Anm. 3), S. 36ff.
6 Die Bundesrepublik Deutschland übermittelte eine Note an die Drei Mächte, die DDR eine gleichlautende an die Sowjetunion. Inhalt der Noten war, daß die Rechte und Verantwortlichkeiten der Vier Mächte durch den Vertrag nicht berührt werden können (BGBl. 1973 II, S. 429).
7 International Legal Materials XII (1973), S. 217.
8 J. A. Frowein, Die Rechtslage (Anm. 3), S. 44.
9 Art. 7 Abs. 2 und 4 des Deutschlandvertrages:
Abs. 2: »Bis zum Abschluß der friedensvertraglichen Regelung werden die Unterzeichnerstaaten zusammenwirken, um mit friedlichen Mitteln ihr gemeinsames Ziel zu verwirklichen: Ein wiedervereinigtes Deutschland, das eine freiheitlich-demokratische Verfassung, ähnlich wie die Bundesrepublik, besitzt und das in die europäische Gemeinschaft integriert ist.«
Abs. 4: »Die Drei Mächte werden die Bundesrepublik in allen Angelegenheiten konsultieren, welche die Ausübung ihrer Rechte in bezug auf Deutschland als Ganzes berühren.«
10 BVerfGE 36, 1,15ff.
11 Gerhard Anschütz, Die Verfassung des Deutschen Reiches, Berlin 1933[14], S. 31.
12 Dazu im einzelnen schon Karl Doehring, Das Selbstbestimmungsrecht der Völker als Grundsatz des Völkerrechts (Berichte der Deutschen Gesellschaft für Völkerrecht, 14), Karlsruhe 1974, S. 40f.; vgl. auch in der Diskussion J. A. Frowein, S. 86.
13 J. A. Frowein, Die Rechtslage (Anm. 3), S. 31, 44f. Für den sowjetischen Teil Ostpreußens gilt entsprechendes.
14 Vgl. Jochen Abr. Frowein, Zur verfassungsrechtlichen Beurteilung des Warschauer Vertrages (Jahrbuch für Internationales Recht, 18) Berlin 1975, S. 11ff.
15 BVerfGE 40, 141, 171.
16 Einzelheiten bei J. A. Frowein, Die Rechtslage (Anm. 3), S. 48ff.
17 BVerfGE 36, 1, 30f.
18 BVerfGE 36, 1, 30f.
19 Vgl. Ulrich Scheuner, Der Gedanke der nationalen Einheit im Verhältnis der beiden deutschen Staaten, in: Politik und Kultur 1/1980, S. 3, 23.
20 J. A. Frowein, Die Rechtslage (Anm. 3), S. 54ff.
21 Rede von SED-Generalsekretär Erich Honecker, gehalten am 13. Oktober 1980 in Gera. Weitere Forderungen waren: die Anerkennung der DDR-Staatsbürgerschaft durch die Bundesrepublik Deutschland, die Umwandlung der Ständigen Vertretungen in Botschaften und die Auflösung der Zentralen Erfassungsstelle in Salzgitter.
22 Dem Protokoll war allerdings eine Übersichtskarte (Map A) beigegeben, deren Bedeutung umstritten ist. Vgl. Dietrich Rauschning, Die Grenzlinie im Verlauf der Elbe, in: Recht im Dienst des Friedens, Festschrift für Eberhard Menzel, Berlin 1975, S. 429.

23 Art. 23 des Verkehrsvertrages vom 26. Mai 1972 und der Protokollvermerk haben folgenden Wortlaut:
Art. 23: »Die Vertragsstaaten gewährleisten einen reibungslosen Binnenschiffsverkehr auf dem Abschnit zwischen Kilometer 472,6 bis Kilometer 566,3 der Elbe.«
Protokollvermerk zu Art. 23: »1. Zwischen der Bundesrepublik Deutschland und der Deutschen Demokratischen Republik besteht Übereinstimmung, daß sich ihre zuständigen Behörden beziehungsweise Organe über Arbeiten zur Erhaltung eines ordnungsgemäßen Zustandes für den Wasserabfluß und die Erhaltung der Schiffahrt auf der Elbe zwischen Kilometer 472,6 und Kilometer 566,3, wie zum Beispiel Längs- und Querpeilungen, Abflußmessungen, Baggerungen zur Beseitigung von Untiefen und die Beseitigung von Schiffahrtshindernissen, rechtzeitig vorher informieren. Eisaufbruch sowie die Kennzeichnung des Fahrwassers werden in beiderseitiger Abstimmung durchgeführt. – 2. Das Fahrwasser, die Strombauwerke und Hafeneinfahrten auf diesem Abschnitt der Elbe werden entsprechend der bisherigen Praxis gekennzeichnet. Dabei gehen beide Seiten von dem Zustand im Zeitpunkt der Unterzeichnung dieses Vertrages aus. Eine Änderung der Bezeichnung bedarf der Abstimmung zwischen ihren zuständigen Behörden beziehungsweise Organen. – 3. Bei Unfällen und Havarien in diesem Abschnitt der Elbe werden die Untersuchung und die Ausfertigung der Protokolle von den zuständigen Behörden beziehungsweise Aufsichts- und Kontrollorganen desjenigen Vertragsstaates vorgenommen, dessen Binnenschiff am Unfall oder an der Havarie beteiligt ist. Sind Binnenschiffe beider Vertragsstaaten am Unfall oder an der Havarie beteiligt, werden ihre zuständigen Behörden beziehungsweise Organe die Untersuchung gesondert vornehmen und die Protokolle austauschen. – 4. Binnenschiffe der Deutschen Demokratischen Republik, die auf diesem Grenzstreckenabschnitt der Elbe im Binnenverkehr zwischen Häfen der Deutschen Demokratischen Republik eingesetzt sind, werden mit einer besonderen Flagge gekennzeichnet und unterliegen nicht der Grenzabfertigung durch Behörden der Bundesrepublik Deutschland«.

24 U. Scheuner (Anm. 19), S. 6.

25 Der Verfasser war anwesend, als Bundesaußenminister Scheel dem sowjetischen Außenminister Gromyko bei Beginn der Verhandlungen über den Moskauer Vertrag 1970 eindeutig darlegte, daß eine befriedigende Berlin-Regelung Voraussetzung für das Inkrafttreten etwa vereinbarter Ostverträge sei.

ANDREAS HILLGRUBER

Die Forderung nach der deutschen Einheit im Spannungsfeld der Weltpolitik nach 1949

Der »Stellenwert« der Forderung nach der deutschen Einheit im Spannungsfeld der Weltpolitik nach 1949 ist nur unzureichend in seiner wechselvollen Bedeutung von der Gründung der beiden deutschen Staaten an bis heute zu erfassen, wenn man nicht wenigstens in starker Verkürzung einige Aussagen darüber zu den Jahren seit der Endphase des Zweiten Weltkrieges macht. Das Ziel der »bedingungslosen Kapitulation« Deutschlands, verkündet von Roosevelt und Churchill in Casablana im Januar 1943 und von Stalin mit gewissen Vorbehalten akzeptiert, sollte als »Antwort« auf die zweifache »Herausforderung« Europas und der Welt durch Deutschland in zwei Weltkriegen den Weg frei machen für die Zerschlagung des Deutschen Reiches als europäischer Machtfaktor in Gestalt einer – in den Einzelheiten, wie die folgenden Auseinandersetzungen zwischen den »Großen Drei« in Teheran (1943) und Jalta (Februar 1945) zeigten, umstrittenen – »Zerstückelung« Deutschlands. Der politische Eigenwille der Deutschen sollte auf diese Weise gebrochen, der Ausgangspunkt so vieler Krisen und Konflikte, die sogenannte »Deutsche Frage«, »endgültig« gelöst werden. Doch schon Ende März 1945 zogen sich die britische und die sowjetische Regierung von den eben noch in Jalta festgeschriebenen »Zerstückelungs«-Absichten wieder zurück, und am Tage des Sieges (9. Mai 1945) verkündete Stalin als erster der »Großen Drei« öffentlich, daß die Sowjetunion nicht beabsichtige, Deutschland zu zerstückeln oder zu zerstören.

Dementsprechend setzten die Errichtung eines Alliierten Kontrollrats als »Dach« für das um die Gebiete östlich von Oder und Lausitzer Neiße verkleinerte »Vier-Zonen-Deutschland« und die Beschlüsse der »Großen Drei« auf der Konferenz von Potsdam (17. Juli–2. August 1945) einen – wenn auch kleinen – »gesamtdeutschen« Rahmen, weil sie unbeschadet der dies der Sache nach gleich wieder in Frage stellenden Regelung des Reparationsproblems von der fortdauernden wirtschaftlichen und implizit auch einer politischen Einheit »Rest-Deutschlands« ausgingen. Dies entsprach auch der Bewußtseinslage der von den Besatzungsmächten zugelassenen deutschen Parteien, vor allem ihrer Führungen, die ein fortbestehendes »gesamtdeutsches«, am Bismarckreich (in den Grenzen von 1937) orientiertes Nationalbewußtsein zur Grundlage ihres politischen Planens und Handelns machten. Doch nicht dieses nationale Wollen der Deutschen, sondern das sich zunächst zurückhaltend äußernde, dann immer offener zutage tretende Bestreben der beiden neuen Supermächte (einerseits der USA, die dabei Großbritannien und schließlich auch Frankreich als Besatzungsmächte an ihre Leitvorstellungen banden, und andererseits der Sowjetunion), ihre sozialen und politischen Ordnungsvorstellungen in ihrem gesamten Machtbereich in Europa zur Geltung zu bringen und diesen Machtbereich nach Möglichkeit auf Kosten des Kontrahenten auf ganz »Rest-Deutschland« und möglichst noch darüber hinaus auszudehnen, führte dazu, daß die »Deutsche Frage«, die eben noch als »endgültig« erledigt betrachtet worden war, recht bald wieder in Bewegung gebracht und für fünfzehn Jahre (bis 1961) noch einmal zu einem Schlüsselproblem der Weltpolitik wurde.

Dabei war die bis 1945 vielschichtige und komplizierte »Deutsche Frage« nun auf die *eine* Entscheidungsfrage reduziert und konzentriert: entweder Einheit bzw. Wiederherstellung der Einheit »Rest-Deutschlands« (»Vier-Zonen-Deutschland«) zwischen Oder-Neiße und Aachen oder aber Spaltung »Rest-Deutschlands« auf der innerdeutschen Demarkationslinie Lübeck – Helmstedt – Eisenach – Hof. Sowohl die USA als auch die Sowjetunion suchten, von Fall zu Fall forciert, dann wieder längerfristig, verdeckt operierend, die »Deutsche Frage« im Sinne einer Einheit der Deutschen als Trumpf zu eigenen Gunsten auszuspielen und die Deutschen, die an der nationalen und staatlichen Einheit festhalten bzw. diese wiedergewinnen wollten, im eigenen Machtbereich und im Machtbereich des Kontrahenten an sich zu binden. Beiden Seiten ging es um das hoch eingeschätzte, mitunter weit überschätzte deutsche demographische, ökonomische und militärische Potential sowie um die Gewinnung der geostrategischen Position der anderen Seite, die im Ringen des »Kalten Krieges« jeweils in die eigene Waagschale geworfen und/oder dem Gegenspieler entzogen werden sollten.

Dabei hing die Frage, ob die eine oder die andere Seite sich für eine »Neutralisierung«, d. h. für eine einvernehmliche »Ausklammerung« Deutschlands aus den sich formierenden Militärblöcken in Europa, stark machte oder die Spaltung »Rest-Deutschlands« betrieb (in der Regel mit der Begründung, daß dies nur eine bedauerliche, aber unumgänglich notwendige Etappe auf dem Wege zu einer Wieder- oder Neuvereinigung Deutschlands unter dem eigenen ideologisch-gesellschaftspolitischen Vorzeichen sei) in erster Linie von der Einschätzung der Stärke oder Schwäche des weltpolitischen Gegenspielers ab. Das Argument aus der Kriegszeit, Deutschland müsse »zerstückelt« werden, damit es fortdauernd geschwächt bleibe, wurde im bald einsetzenden Werben für die jeweils eigene Position bei den Deutschen von niemandem mehr öffentlich ins Feld geführt. Insofern ist das Ergebnis des »Kalten Krieges«, die langfristige Spaltung Deutschlands, von keiner Seite intendiert gewesen. Beiden Supermächten ging es immer um das ganze »Rest-Deutschland«.

In die Entscheidungsfrage »Neutralisierung« oder »Spaltung« spielte auch die Einschätzung der Deutschen selbst hinein, ihr Wille zur Rettung der Einheit (unter allen Umständen) oder zur Bewahrung der neu gewonnenen liberal-demokratischen Freiheiten beziehungsweise – zumindest in der Selbstdarstellung der Sowjetunion und ihrer deutschen Trabanten – zur Aufrechterhaltung der »sozialistischen Errungenschaften« im jeweiligen Teilstaat (unter Zurückstellung der Wiederherstellung der Einheit Deutschlands). Angesichts der übermächtigen Position der USA und der Sowjetunion, die ihre jeweiligen Ziele durchzusetzen entschlossen waren, die »Deutsche Frage« zweckgebunden instrumentalisierten und die Deutschen selbst dafür einzuspannen versuchten, blieben alle Anstrengungen deutscher Politiker vergeblich, nicht nur die nationalstaatliche Einheit zu wahren, sondern an einem – äußerst bescheidenen ideologischen – »Sonderbewußtsein« zwischen den großen politischen und ideologisch-gesellschaftlichen Systemen in Ost und West festzuhalten. Zu erinnern ist hier vor allem an die »Brücken«-Konzeption als Leitvorstellung eines »christlichen Sozialismus«, wie sie dem Vorsitzenden der CDU in der sowjetischen Besatzungszone und Berlin, Jakob Kaiser, vorschwebte. Er suchte die machtpolitische und zugleich ideologisch-gesellschaftspolitische Zerreißung der deutschen Nation zu verhindern, solange noch nicht später schwer korrigierbare »Fakten« hüben und drüben geschaffen waren.

Die Initiative zu einer über die für zeitlich begrenzt gehaltene Phase der Besatzungsherrschaft hinausgehenden Deutschlandplanung ging – nach der Potsdamer Konferenz – von den USA, genauer gesagt: vom amerikanischen Außenminister Byrnes, aus[1]. Er verfolgte hartnäckig und zäh, wenn auch schließlich am Widerspruch der Sowjetunion scheiternd, welche die Einheit Deutschlands unter ihren Prämissen auf der Pariser Außenministerkonferenz im Juli 1946 forderte, die Konzeption einer (25jährigen, gar 40jährigen) »Entmilitarisierung« und »Neutralisierung« »Rest-Deutschlands« mit im wesentlichen liberal-demokratischen Strukturen im Innern. Er befürchtete in Erinnerung an die folgenschweren nationalistischen Reaktionen der Deutschen nach dem Ersten Weltkrieg, als es »nur« um die Abtretung einiger Provinzen ging, daß ein neuer deutscher Nationalismus große internationale Gefahren in Europa heraufbeschwören würde. Müßte er nicht unvergleichlich stärker sein als nach 1919, wenn sich die USA, weil sie ja den größeren, ökonomisch weitaus bedeutenderen Teil »Rest-Deutschlands« beherrschten, zu der von ihrem Interesse aus gesehen naheliegenden Alternative entschlössen, »Rest-Deutschland« zu spalten und eine Zerreißung der deutschen Nation auf der Ost-West-Demarkationslinie hinzunehmen, deren Überwindung dann in weite Ferne rücken konnte.

Zu dieser Alternative drängte indessen schon seit dem Sommer 1945 eine an Gewicht ständig zunehmende Gruppe innerhalb der amerikanischen Führung mit George F. Kennan als Wortführer. Sie hielt eine Einigung mit der Sowjetunion auf der Basis des im Endeffekt trotz aller Kompromißelemente, die das Projekt enthielt, doch die Position der USA begünstigenden Byrnes-Plans für aussichtslos und weitere Verhandlungen darüber mit der Sowjetunion nur für Zeitverschwendung. Mit dem Einschwenken von Byrnes auf diese Linie, sichtbar geworden in seiner Stuttgarter Rede vom 6. September 1946, schien die amerikanische Führung auf die Konzeption des von Kennan propagierten *containment*, einer »Eindämmungs«-Strategie gegen die (unterstellte) sowjetische Expansionsabsicht in Europa unter Hinnahme der Teilung des Kontinents und »Rest-Deutschlands«, festgelegt. In diesem Rahmen wurden die Wiederankurbelung der Wirtschaft in Westeuropa und Westdeutschland eingeleitet, Vorbereitungen für die Gründung eines provisorischen deutschen Weststaates getroffen und die sich sträubenden westdeutschen Politiker hierauf eingeschworen. Wenig später wendete sich die pessimistische – oder wohl besser: realistische – Lageeinschätzung Kennans indessen in eine optimistische. Unter dem Eindruck der erfolgreichen Abwehr der sowjetischen Berlin-Blockade (1948/49) und vor allem des Bruchs zwischen Tito und Stalin im Sommer 1948, der in den USA als Beginn des Zerfalls des Sowjetimperiums gedeutet wurde, entwickelte Kennan nun seinerseits ein Konzept für eine »Neutralisierung« »Rest-Deutschlands«, die von ihm als Zwischenstation betrachtet wurde auf dem Wege zu einer Einbeziehung ganz Zentraleuropas in den »westlichen« Machtbereich, in eine »Pax Americana« für Europa, in der auch ein wiedervereinigtes, liberal-demokratisches »Gesamt-Deutschland« seinen Platz finden würde[2].

Präsident Truman folgte allerdings nicht dem Vorschlag Kennans, sondern hielt an der Containment-Konzeption fest. Dies erwies sich, wie sich bei allen Schwankungen der amerikanischen Politik im einzelnen in den folgenden Jahrzehnten bis heute zeigen sollte, als eine Konstante, ja, als eine Fundamentalentscheidung. Darin war die Gründung der Bundesrepublik Deutschland 1949 eingebettet, die im Selbstverständnis der Gründungsväter allerdings den Kern eines liberal-demokratischen »Gesamt-Deutschlands« darstellte. Ebenfalls ein gesamtdeutscher Anspruch, wiederum der Gedanke eines Kernstaates, lag der Gegenstaatsgründung der DDR zugrunde, deren Verfassung von 1949 zwar formal nicht weit von den liberal-demokratischen Prinzipien des Grundgesetzes entfernt war, deren Realverfassung jedoch eher, wenn auch vorerst noch nicht generell, dem sowjetischen Vorbild entsprach. Konnte sich die DDR-Führung bei ihren auf eine Wiedervereinigung Deutschlands abzielenden Aktivitäten auf die Unterstützung der Sowjetunion verlassen, weil sie ja der sowjetischen Deutschland- und Europapolitik ein- und untergeordnet waren, so fand die von der Bundesregierung unter Adenauer wie von der SPD-Opposition unter Schumacher geforderte Wiedervereinigung Deutschlands »in Frieden und Freiheit« die Rückendeckung der USA und der europäischen Westmächte. Im Zusammenhang mit den Bemühungen, auch das westdeutsche militärische Potential in die westliche Allianz (NATO, Projekt einer »Europäischen Verteidigungsgemeinschaft«) einzubeziehen, erklärten sie am 19. September 1950, daß sie »bis zur Vereinigung Deutschlands . . . die Bundesrepublik als die einzige frei und gesetzlich konstituierte deutsche Regierung [betrachteten], die infolgedessen befugt ist, in internationalen Angelegenheiten als Vertreter des deutschen Volkes für Deutschland zu sprechen«[3]. Darauf gründete sich der »Alleinvertretungsanspruch« der Bundesrepublik Deutschland.

Aus dem Dilemma, daß die Containment-Strategie die Spaltung dauerhaft machen würde, zumal wenn über die politische und ökonomische Integration der Bundesrepublik in »den Westen« hinaus auch noch die militärische folgte, wie es seit Ausbruch des Korea-Krieges (Juni 1950) im Prinzip beschlossene Sache war, auch wenn die Realisierung dann noch sechs Jahre auf sich warten lassen sollte, schien die Parole des *roll back* herauszuführen. Mit ihr erfochten die Republikaner in den USA im November 1952 ihren Wahlsieg; die Regierung Eisenhower – Dulles übernahm im Januar 1953 die Staatsführung. Diese von den meisten Deutschen, auch und gerade in der sowjetischen Besatzungszone begrüßte Zielvorstellung einer »Befreiung« der vom Sowjetkommunismus »versklavten« Teile Europas, also eines Hinausdrängens der Sowjetunion aus ihren mittel- und ostmitteleuropäischen Positionen (die sie 1945 bei Kriegsende gewonnen hatte), hätte eine Wiedervereinigung »in Frieden und Freiheit« unter dem Schutzdach der USA eingeschlossen. Das stellte sich spätestens beim Volksaufstand des 17. Juni 1953 in Ost-Berlin und in der DDR als Wunschvorstellung ohne machtpolitischen Gehalt heraus. Dessenungeachtet hatten die meisten Deutschen in der Bundesrepublik Deutschland schon bei der Staatsgründung 1949 jenen politisch-geistigen Grundlagen-»Pakt« mit den aus der Besatzungsmacht zur Schutzmacht gewordenen USA geschlossen, der seither – unter Infragestellung durch eine zahlenmäßig schwankende Minderheit unter den Westdeutschen im Verlauf der folgenden Jahrzehnte – die Basis der Gesamtpolitik der Bundesrepublik bildet: Die Deutschen hatten sich in freien Wahlen 1949, 1953 und weiter bis heute für das in gemeinsamen Ideen und Wertvorstellungen begründete Bündnis mit »dem Westen« entschieden. Sie lehnten damit implizit alle noch so großen Verlockungen einer durch »Neutralisierung« angebotenen national-deutschen Wiedervereinigung ab, die die Trennung Deutschlands vom Westen, zunächst machtpolitisch, längerfristig – so die Befürchtung – wohl auch wieder im Bereich der Ideen und Ideologien und der politischen Grundordnung zur Folge haben würde. Dies geschah unter der Voraussetzung, daß der Westen, vor allem die Führungsmacht USA, die Überwindung der Spaltung Deutschlands zu ihrem eigenen Problem machte, so wie es in Artikel 7 des »Deutschlandvertrages« von 1952 (und gleichlautend im Vertrag von 1954, der 1955 in Kraft trat[4]) festgelegt war: daß sich die westlichen Alliierten verpflichteten, zusammen mit der Bundesrepublik »mit friedlichen Mitteln ihr gemeinsames Ziel zu verwirklichen: ein wiedervereinigtes Deutschland, das eine freiheitlich demokratische Verfassung ähnlich wie die Bundesrepublik erhält und das in die europäische Gemeinschaft integriert ist«.

Bezeichnend für die Lageeinschätzung durch Stalin war, daß er seinerseits erst mit dem Projekt einer »Neutralisierung« »Rest-Deutschlands« hervortrat, als mit der bevorstehenden Unterzeichnung des Deutschland- und des EVG-Vertrages die Integration der Bundesrepublik Deutschland in ein supranational konstruiertes Westeuropa unmittelbar bevorstand und sich dadurch – sowie durch die Erweiterung der NATO um Griechenland und die Türkei – eine militärpolitische und militärstrategische Gefährdung der eigenen Position in Zentraleuropa abzuzeichnen schien; bis dahin hatte die Sowjetunion seit dem New Yorker Kommuniqué vom September 1950 die DDR-Führung mit – zuletzt, im Januar 1952, den westdeutschen Vorstellungen erstaunlich weit entgegenkommenden – Vorschlägen zur Wiedervereinigung Deutschlands agieren lassen. Das in der Stalin-Note vom 10. März 1952[5] enthaltene Angebot, ein begrenzt wiederbewaffnetes, wiedervereinigtes »Rest-Deutschland« bei »Ausklammerung« aus den beiden Militärblöcken zuzugestehen – unter Fallenlassen der DDR –, zielte politisch auf jene Kräfte in Deutschland, die die volle politische, gesellschaftliche und ideologische Einbindung Westdeutschlands in »den Westen« unter Hinnahme der Spaltung des »Vier-Zonen-Deutschlands« ablehnten und an den traditionellen »Eigenweg« der Deutschen zwischen Ost und West auch unter den grundlegend veränderten internationalen Rahmenbedingungen anzuknüpfen suchten. Es waren dies zugleich aber die Repräsentanten jener großbürgerlichen Schicht (oder deren Reste), die sich politisch an der Stresemann-Linie aus der Zeit der Weimarer Republik orientierten, die die Sowjetunion im Zuge der gewaltsamen Sowjetisierung ihrer Besatzungszone aus dieser vertrieben hatte und die nun im »Westen« nolens volens keinen anderen Weg sahen, als die auf reine Westorientierung ausgerichtete Politik Bundeskanzler Adenauers zu unterstützen, der sie im Grunde fernstanden. Ganz abgesehen von den tief wirkenden Folgen des sowjetischen Verhaltens bei der Eroberung des deutschen Ostens 1944/45, verdarb so die ideologisch bestimmte Gesellschaftspolitik der Sowjetunion nach 1945 ihr machtpolitisches Kalkül von 1952. Damit verfehlte der Vorstoß Stalins auch in Deutschland sein Ziel, ganz unabhängig davon, daß die USA – und abgeschwächt auch die europäischen Westmächte – entschlossen waren, an der Integration der Bundesrepublik Deutschland ins westliche System als der für sie vorteilhafteren Alternative festzuhalten. Die Befürchtungen hinsichtlich eines starken deutschen Nationalismus, der Einheit vor Freiheit gesetzt hätte, wie sie Byrnes bei seiner Deutschlandpolitik noch mit motiviert hatten, erwiesen sich dank Marshallplan, schneller ökonomischer Erholung und bald expandierender Wirtschaft der Bundesrepublik und – rein westlich geurteilt – insgesamt erfolgreicher Politik Adenauers als nicht begründet.

Der Tod Stalins (März 1953) und die nachgiebiger, zumindest unsicherer erscheinende Deutschlandpolitik der untereinander zerstrittenen Nachfolgegruppe in der sowjetischen Führung ließen dann noch einmal eine gewisse Chance aufscheinen, die schon als festliegend angesehene langfristige Spaltung Deutschlands in Frage zu stellen. Der britische Premierminister Churchill, der danach strebte, Großbritannien aus der allzu starken Unterordnung unter die Ziele der USA in Europa hinauszulenken, trat im Mai 1953 überraschend mit dem Plan einer »Neutralisierung« »Rest-Deutschlands« und eines »Ost-Locarno« (zur Garantierung der künftigen Ostgrenzen Deutschlands an Oder und Neiße zwecks Befriedigung des von ihm im Gegensatz zur Regierung Eisenhower-Dulles anerkannten hochgradigen sowjetischen Sicherheitsbedürfnisses) hervor[6]. Ein Schlaganfall Churchills, der sich verschärfende Konflikt innerhalb der sowjetischen Führung, der zur Schwächung der Position des potentiellen Partners Churchills, des Ministerpräsidenten Malenkow, führte, nicht zuletzt aber die entschiedene Ablehnung eines solchen Alternativprojekts zum inzwischen erreichten Status quo im geteilten Deutschland durch die amerikanische Regierung und durch Adenauer ließen die Diskussion schnell versickern. Auch das Scheitern der EVG (30. August 1954) an der Haltung Frankreichs, das ebenfalls gegen die Einseitigkeiten der amerikanischen Europapolitik rebellierte, brachte keine prinzipielle Infragestellung des Kurses der USA in der Deutschlandfrage. Vielmehr gelang es relativ, schnell mit den Pariser Verträgen einen Kompromiß zwischen den westlichen Alliierten und der Bundesrepublik Deutschland als Ersatzlösung zu finden. Ihr Kern bestand darin, anstelle der supranationalen Konzeption der EVG (und darauf aufbauend einer »Europäischen Politischen Gemeinschaft«, in der die Bundesrepublik gleichsam ein Gliedstaat unter anderen in einem tatsächlich »vereinten« Westeuropa geworden wäre) einen Beitritt der für »souverän« erklärten Bundesrepublik als quasi eines Nationalstaats unter anderen Nationalstaaten in den Nordatlantikpakt anzusteuern. Mit der damit vollzogenen allianz- und militärpolitischen Grundentscheidung für den Westen verband sich bei Adenauer indessen auch die Überzeugung, daß die Mitgliedschaft im – wie er sich ausdrückte – »stärksten Bündnis der Welt« Deutschland die Wiedervereinigung unter »westlichem« Vorzeichen, unter der Devise »in Frieden und Freiheit«, bringen werde[7].

Diese Erwartung gründete sich auf die zwischen ihm und den westlichen Alliierten vereinbarte politische Leitlinie, daß Vereinbarungen zwischen West und Ost über Abrüstung und europäische Sicherheit (gemäß dem nun erstmals ausgegebenen Stichwort »Entspannung«) nur als Folge einer Lösung der »Deutschen Frage« im »westlichen« Sinne möglich seien. Diese Leitlinie wurde im Laufe der folgenden vier Jahre allmählich abgeschwächt, indem von »Gleichzeitigkeit« bei der Lösung beider Komplexe, schließlich gar nurmehr von »Fortschritten« in Richtung auf eine Lösung der »Deutschen Frage« im »westlichen« Sinne die Rede war. Dagegen hatte die Sowjetregierung, die kurz vor der Ratifizierung der Pariser Verträge erklärt hatte, daß für sie mit deren Inkrafttreten der Komplex »Wiedervereinigung Deutschlands« kein Verhandlungsthema mehr sei, ein solches Junktim stets abgelehnt. Sie beharrte seit 1955 konsequent auf der Priorität der europäischen »Sicherheit« und einer allgemeinen »Entspannung« im Ost-West-Konflikt – in der Erwartung, daß auch die Westmächte früher oder später auf diese Linie einschwenken würden, weil kaum zu erwarten war, daß die Öffentlichkeit in den westlichen Staaten an der Gleichrangigkeit des national-deutschen Anliegens und des allgemeinen Interesses an Abrüstung und »Entspannung« auf lange Sicht festhalten würde und die Regierungen der Westmächte sich nicht langfristig gegen diesen Trend stemmen könnten.

Die Gründung des Warschauer Gegenpakts zum Nordatlantikpakt wenige Tage nach Inkrafttreten der Pariser Verträge im Mai 1955 unter Einbeziehung der bald darauf (nach März 1954 nun zum zweiten Mal) von der Sowjetunion auch für »souverän« erklärten DDR wurde zunächst in ihrer Bedeutung im »Westen«

unterschätzt – angesichts der vermeintlich noch hohen Überlegenheit im nuklearwaffentechnischen Bereich und hinsichtlich des zur Verfügung stehenden Potentials im Vergleich zu dem in seiner inneren Geschlossenheit (Polen und Ungarn) gerade jetzt gefährdeten Ostblock. Hinzu kam, daß es auf der Genfer »Gipfel«-Konferenz in der zweiten Hälfte des Juli 1955 den drei Westmächten – wie sich dann bald herausstellte – zum letzten Male gelungen war, die Sowjetführung im Abschlußkommuniqué für die Formulierung zu gewinnen[8], »daß die Regelung der Deutschland-Frage und der Wiedervereinigung Deutschlands im Wege freier Wahlen im Einklang mit den nationalen Interessen des deutschen Volkes und den Interessen der europäischen Sicherheit durchgeführt werden solle«.

Ehe es zu der vorgesehenen Außenministerkonferenz kam, auf der die Prozeduren dafür präzisiert werden sollten, trat mit dem Besuch von Bundeskanzler Adenauer in Moskau (September 1955) eine wesentliche Veränderung innerhalb des westlichen Bündnisses ein[9]. Aus humanitären Gründen (Rückkehr der letzten 10000 deutschen Kriegsgefangenen aus der Sowjetunion) sah sich Adenauer genötigt, der Aufnahme diplomatischer Beziehungen zwischen der Bundesrepublik Deutschland und der Sowjetunion zuzustimmen. Damit trat insofern eine schwerwiegende politische »Schieflage« ein, als der Bundeskanzler selbst die bislang gemeinsam mit den westlichen Alliierten verfochtene Linie in der »Deutschen Frage« zumindest faktisch aufgegeben hatte (was mit Verkündung der sogenannten Hallstein-Doktrin nur mühevoll kaschiert werden konnte), indem eine Supermacht, die Sowjetunion, nun über Beziehungen zu beiden deutschen Staaten verfügte, die von ihr als »souverän« anerkannt waren. Die USA konnten sich so von ihren Verpflichtungen aus dem Deutschlandvertrag wenn nicht entlassen, so doch hinsichtlich der dort geforderten intensiven Anstrengungen zur Lösung der »Deutschen Frage« gemäß der bisherigen Devise »in Frieden und Freiheit« entlastet fühlen. Die Sowjetunion untermauerte ihren Erfolg sogleich durch eine »Zwei-Staaten-Theorie«. Dies und das schnelle Scheitern der Genfer Außenministerkonferenz im Oktober/November 1955, in der es um die Erfüllung des Auftrages der »Gipfel«-Konferenz hinsichtlich der »Deutschland-Frage« ging, wiesen bereits auf den sich immer mehr verstärkenden Trend der Entwicklung in Mitteleuropa hin, der die Teilung Deutschlands für sehr lange Zeit zum Grundfaktum der »Deutschen Frage« in der Gegenwart und überschaubaren Zukunft machte.

Maßgeblich dafür, daß dieser Trend sich durchsetzte, war das unerwartet schnelle Aufholen der Sowjetunion auf dem Felde der Nuklearrüstung, das einer Pressionspolitik des Westens mit dem Ziel, die Sowjetunion aus Ostmitteleuropa hinauszudrücken, die reale Grundlage entzog. Sobald das »nukleare Patt« eintrat (Ende der fünfziger oder Anfang der sechziger Jahre), war an eine grundlegende Veränderung des Status quo in Mitteleuropa zugunsten der einen oder der anderen Seite und damit an eine Wiedervereinigung Deutschlands, sei es unter westlichem oder unter sowjetischem Vorzeichen, nicht mehr zu denken, es sei denn, daß ein weltpolitischer »Erdrutsch« die Position der Sowjetunion oder der USA in Europa von Grund auf erschütterte und die Gegenmacht dadurch in die Lage versetzt würde, in das entstehende Machtvakuum einzudringen.

Ein Überlegenheitsgefühl veranlaßte 1958 den sowjetischen Partei- und Regierungschef Chruschtschow, der Unsicherheiten im westlichen Bündnis geschickt ausnutzte, ultimativ eine Veränderung der im Vergleich zur Bundesrepublik wie zur DDR allein in Deutschland noch unklar gebliebenen Situation Berlins zugunsten der Sowjetunion anzustreben (Umwandlung West-Berlins in eine entmilitarisierte »Freie Stadt«). Auch wenn dies in der vorgesehenen Weise schließlich nicht gelang, wurde doch im Verlauf der Genfer Außenministerkonferenz im Sommer 1959, an der, als »Berater« an »Katzentischen« sitzend, auch Vertreter beider deutscher Staaten teilnahmen, deutlich, daß die Westalliierten die Lösung der »Deutschen Frage« in ihrem Sinne, wie es gemeinsam mit der Bundesrepublik im Deutschlandvertrag 1954 vereinbart worden war, in der politischen Praxis zumindest auf absehbare Zeit aufgegeben hatten. Es gab seither auch keine »Gipfel«- oder Außenministerkonferenzen mehr, auf denen es um eine einvernehmliche Lösung des Deutschlandproblems gegangen wäre. Die westlichen Alliierten waren sogar bereit, eine Schwächung der eigenen Position in einer Kompromißlösung für Berlin hinzunehmen. Vollends klar wurde dies, als der neue amerikanische Präsident Kennedy 1961 einseitig den »Kalten Krieg« für beendet erklärte und die Respektierung der sowjetischen Macht- und Einflußsphäre in Europa (einschließlich der DDR und Ost-Berlins) zur Grundlage der künftigen amerikanischen Weltpolitik machte. Die zuletzt nur noch vage Koppelung von Lösung der »Deutschen Frage«, Abrüstung und »Entspannung« in Europa wurde nun vollkommen aufgegeben. Die Beschränkung der bis dahin bewußt vage gehaltenen Garantieerklärung für Berlin auf drei *essentials*, die sich ausschließlich auf West-Berlin bezogen, machte für die Sowjetunion und die DDR den Weg für eine rigorose Absperrung des Ostsektors von Berlin von den Westsektoren frei (13. August 1961). Der Vertraute Adenauers, Heinrich Krone, kommentierte in seinem Tagebuch: »Die Stunde der großen Desillusion«[10]. Der damalige Regierende Bürgermeister von Berlin, Willy Brandt, faßte später in seinen Memoiren die Situation in dem Bild zusammen, es sei so gewesen, als ob der Vorhang vor einer Bühne weggezogen worden sei und sich nun gezeigt habe, daß dahinter nichts Substantielles vorhanden war[11].

Die Spaltung Deutschlands war seit dem 13. August 1961 total. Kennedy forderte sowohl von Adenauer als auch von Brandt eine Anpassung an die neue amerikanische Leitlinie, die als »Friedenspolitik« deklariert wurde. Nach der Kuba-Krise (Oktober 1962), die der Sowjetunion die Grenzen der nur halb richtigen Einschätzung der USA durch Chruschtschow demonstriert hatte, rückte der Gedanke eines weltpolitischen Arrangements zwischen den beiden Supermächten, gestützt auf Absprachen auf dem Felde der Nuklearwaffenrüstung, in den Vordergrund. Das am 5. August 1963 von den Weltmächten bekanntgegebene Abkommen über ein Verbot von Kernwaffenversuchen in der Atmosphäre, im Weltraum und unter

Wasser enthielt die Aufforderung an alle Staaten, das heißt auch an die Bundesrepublik Deutschland und die DDR, sich diesem Abkommen anzuschließen. Krone kommentierte[12]: »Das widerspricht dem Text und dem Sinn des Deutschlandvertrages.«

In der Weltpolitik, in der das Deutschlandproblem seit 1945, mehrfach an- und abschwellend, im Mittelpunkt der Ost-West-Auseinandersetzung gestanden hatte, rückte nun die »Deutsche Frage« ganz an den Rand. Probleme der Abrüstung und der europäischen »Sicherheit« bestimmten von jetzt an die Gespräche und Verhandlungen zwischen den beiden Supermächten, Probleme der »Dritten Welt« im Zuge der seit Anfang der sechziger Jahre im Gegensatz zu dem vorausgehenden Jahrzehnt nun stürmisch voranschreitenden Dekolonisation immer mehr die Diskussion in der Öffentlichkeit der westlichen Länder.

Damit begann Anfang der sechziger Jahre auch die vorläufig letzte Phase der Auseinandersetzungen um die »Deutsche Frage«, die sich auf innenpolitische Kontroversen in der Bundesrepublik und auf die nun so genannten innerdeutschen Beziehungen konzentrierten. Adenauer wie Brandt blieb nichts anderes übrig, als sich – so schwer dies vor dem Hintergrund der Entstehungsgeschichte der Bundesrepublik Deutschland und der bisher dominierenden politischen Leitvorstellung für alle westdeutschen Parteien auch sein mochte – auf die neue weltpolitische Konstellation einzustellen. Adenauer versuchte, statt der bis dahin als einzige Lösung proklamierten Wiedervereinigung Deutschlands »in Frieden und Freiheit« in den letzten zwei Jahren seiner Regierung die Forderung nach »menschlichen Erleichterungen« in der DDR in den Mittelpunkt zu rücken und über ein »Burgfriedensangebot« an die Sowjetunion eine Entscheidung über Wiedervereinigung oder Hinnahme der Teilung (unter bestimmten Bedingungen) zu vertagen. Brandt visierte, zunächst unter der Parole seines Beraters Egon Bahr »Wandel durch Annährung«, dann – nach Erstickung der tschechoslowakischen Reformbewegung durch den Einmarsch der Warschauer-Pakt-Truppen (August 1968) davon losgelöst – eine neue westdeutsche Ostpolitik an, die, von einer langfristigen Spaltung Deutschlands (wie Europas) als Grundtatsache ausgehend, die Situation nicht nur durch Verträge mit der Sowjetunion, Polen und der DDR für die Menschen im geteilten Deutschland erträglicher zu machen suchte, sondern auch nationale deutsche Interessen stärker als bisher zur Geltung zu bringen bestrebt war.

Die nur partiell gelungene Realisierung dieser Konzeption nach der Regierungsübernahme 1969 erfolgte in Auseinandersetzung mit der amerikanischen Weltpolitik unter Nixon und dessen Chefberater Kissinger, der für die USA eine neue Schlüsselrolle im Rahmen eines globalen Gleichgewichtssystems anstrebte und der sich die neue westdeutsche Ostpolitik als Hilfsmittel für das amerikanische Interesse dienstbar zu machen suchte. Am Ende des halb verdeckt geführten Konflikts zwischen den USA und der Bundesregierung standen die Verträge der Bundesrepublik Deutschland mit der Sowjetunion und Polen sowie der Grundlagenvertrag mit der DDR. Sie akzeptierten den Status quo der sowjetischen Oberhoheit über den gesamten Ostblock (»Breschnew-Doktrin«) als Ausgangsbasis, stellten die zum »Sonderkonflikt« der Bundesrepublik mit der Sowjetunion und dem gesamten Ostblock gewordenen *querelles allemandes* hintan, suchten der Verbesserung der politischen und wirtschaftlichen Beziehungen auf der neuen Grundlage zu dienen und den ideologisch-gesellschaftlichen Gegensatz in den Hintergrund zu drängen. Das zu dem Komplex der Ostverträge gehörende Viermächteabkommen über Berlin (September 1971) schrieb einen gegenüber dem bisherigen Zustand deutlichen Status quo minus für West-Berlin fest, brachte aber in der Alltagspraxis erheblich ins Gewicht fallende »menschliche Erleichterungen«. In der – wie es im Grundlagenvertrag hieß – »nationalen Frage« mit der DDR im Dissens bleibend, wurde sowohl beim Abschluß des Moskauer Vertrages (August 1970) der Regierung der Sowjetunion als auch im Zusammenhang mit der Unterzeichnung des Grundlagenvertrages (Dezember 1972) der Regierung der DDR von der Bundesregierung ein »Brief zur deutschen Einheit« zugestellt[13], in dem es hieß, daß diese Verträge »nicht im Widerspruch zu dem politischen Ziel der Bundesrepublik Deutschland [stünden], auf einen Zustand des Friedens in Europa hinzuwirken, in dem das deutsche Volk in freier Selbstbestimmung seine Einheit wiedererlangt«. Mit dem Inkrafttreten des letzten Teils der Ostverträge, des Grundlagenvertrages zwischen der Bundesrepublik und der DDR im Juni 1973, und vor allem mit der Verabschiedung des Schlußdokuments der Konferenz über Sicherheit und Zusammenarbeit in Europa (KSZE) in Helsinki (August 1975) hatte sich der seit 1961 eingeleitete Trend der Weltpolitik, an dem Status quo der Teilung Deutschlands nicht mehr zu rütteln oder, wie es Hans-Peter Schwarz genannt hat, die »Deutsche Frage« »einzukapseln«, langfristig durchgesetzt.

Angesichts dieser Entwicklung der Machtverhältnisse, ihrer politischen Interpretation und ihrer völkerrechtlichen Regulierung lassen sich für die politische Bedeutung, welche die Vorstellung von der Einheit der Nation in den Köpfen der Deutschen besitzt, einige grundsätzliche Überlegungen anschließen. Die immense Schwierigkeit für jede Bundesregierung, seit 1961 oder spätestens seit 1975, dem Verfassungsauftrag des Grundgesetzes entsprechend, das Ziel der Wiedervereinigung Deutschlands in der praktischen Politik über Deklamationen und über kleine Schritte hinaus unter der sich zwar ständig verändernden, aber die Rahmenbedingungen für eine aktive Deutschlandpolitik bisher nicht verbessernden internationalen Konstellation zu verfolgen, liegt auf der Hand. Die beiden Supermächte haben sich machtpolitisch und militärstrategisch in den Positionen in Mitteleuropa festgekrallt, die sie 1945 gewonnen und seither ständig ausgebaut haben. Es liegt daher für die Deutschen in der Bundesrepublik psychologisch recht nahe, sich mit den nun einmal gegebenen Verhältnissen, weil offensichtlich in voraussehbarer Zukunft nicht abzuändern, resignierend abzufinden. Vor allem für die nachwachsende Generation ist das, was zwischen 1945 und 1961 vergeblich angestrebt wurde, eine Wiedervereinigung Deutschlands wenigstens zwischen Oder-Neiße und Aachen, »reine« Historie. Allerdings wäre es ein höchst fragwürdiger Kurzschluß, wenn man dem sich stimmungsmäßig in der Bevölkerung abzeichnenden Trend auch von seiten der politischen Führung folgen würde. Schon das dem Anschein nach eindeutig auf dauerhafte Zweistaatlichkeit abzielende, in Wahrheit aber höchst doppeldeutige Verhalten der DDR in der »Deutschen Frage« sollte immer wieder Anlaß sein, die eigenen Möglichkeiten in der Deutschlandpolitik zu überdenken, sich nicht auf tagespolitische Fragen zu beschränken, vielmehr sich langfristig auf eine mehrgleisige politische Strategie einzustellen.

Einerseits betreibt die DDR bekanntlich eine rigorose »Abgrenzungs«-Politik, bezeichnet die Bundesrepublik Deutschland als »Ausland« und verlangt von der Bundesregierung ständig – wie sie selbst – aus der faktischen Existenz zweier deutscher Staaten rechtliche Konsequenzen zu ziehen. Andererseits ist der in langfristiger Perspektive fortbestehende »gesamtdeutsche« Anspruch der DDR keineswegs aufgegeben. Er ist vielmehr bei genauerer Analyse der DDR-Politik gar nicht zu übersehen. Dieser Anspruch ergibt sich nicht nur aus der marxistisch-leninistischen Ideologie, die die Abfolge der geschichtlichen Epochen grundsätzlich für zwingend ansieht, so daß der Übergang zum Sozialismus auch in der Bundesrepublik eines Tages unaufhaltsam wird, so wie es Erich Honecker zuletzt im Februar 1981 in einer Rede in Ost-Berlin ausführte[14]: Dann würde sich »die Frage der Vereinigung beider deutscher Staaten vollkommen neu stellen«. In diesem Sinne wird auch mit der seit etwa einem Jahrzehnt konsequent betriebenen Pflege eines »gesamtdeutschen« Geschichtsbewußtseins (ohne die lange Zeit festzustellende Selektion der Ereignisse und Gestalten unter zeitlichen, räumlichen und vor allem »klassenideologischen« Gesichtspunkten) die DDR historisch zu einer »Durchgangsstation«, zu einer Art deutschem »Piemont«, einem »Kernstaat«, umgedeutet, der dereinst das deutsche Gesamterbe auch politisch übernehmen wird, wenn der »Sozialismus« an die »Tür« der Bundesrepublik »klopfen« werde.

Die im weitesten Sinne politischen und pädagogischen Probleme, wie man einer solchen Perspektive der DDR eine vergleichbare, den historischen Ort der freiheitlich-demokratischen Bundesrepublik im Rahmen der deutschen Geschichte markierende Perspektive entgegenstellen kann, sind angesichts der pluralistischen politischen, gesellschaftlichen und geistigen Grundstrukturen sowie der divergierenden Gruppeninteressen in der Bundesrepublik Deutschland manifest. Als (politisch gesehen) »mittlere Macht« ohne nationalstaatliche Fundierung in einem Europa, das in West wie in Ost nationalstaatlich gegliedert ist, und als eine Macht, die wirtschaftlich gesehen eine großmachtähnliche Rolle zu spielen vermag, befindet sie sich in dem Dilemma, daß sie einerseits an der national-deutschen Zielsetzung (allerdings im europäischen Rahmen) festhalten will und festhalten muß, andererseits vorerst keine Möglichkeiten zu erkennen sind, wie man angesichts der Konzentration der Weltpolitik auf Rüstungs- bzw. Abrüstungsfragen, von denen die Zukunft der Menschheit insgesamt abhängt, eine Lösung der »Deutschen Frage« politisch-»operativ« angehen kann.

Die Bundesrepublik kann folglich auch ihrerseits nur in einer Art »Doppelstrategie« wirken, die einen sehr langen Atem erfordert. Sie muß – einerseits –, vorerst ohne Chancen auf einen Erfolg, auf die Verwirklichung des Selbstbestimmungsrechts des ganzen deutschen Volkes und auf die volle Realisierung der Menschenrechte in der DDR drängen, ohne – andererseits – tagespolitisch die so begrenzten Möglichkeiten, menschliche Erleichterungen zu erreichen, die ihr durch den Grundlagenvertrag geboten sind, die aber weit unterhalb der eben genannten Prinzipien liegen, durch ein zu massives Auftreten gegenüber der DDR zu gefährden. Das alles erfordert ein Höchstmaß an konzeptionellen wie operativen Anstrengungen sowie an – unendlich erscheinender, daher leicht die Menschen überfordernder und für die nachwachsenden Generationen in ihrem »Sinn« kaum einsehbarer – Geduld. Möglich ist dies nur so lange, wie die überwiegende Mehrheit der Deutschen in der Bundesrepublik und in West-Berlin trotz allem der festen Überzeugung ist, daß es immer noch die eine, die Bundesrepublik, die DDR und Berlin umspannende deutsche Nation gibt, und sich nicht das gelegentlich schon recht deutlich abzeichnende »besondere« Bewußtsein der »Bundesdeutschen« gegenüber den Deutschen in der DDR so verfestigt, daß das Auseinanderleben der beiden Teile der »alten« deutschen Staatsnation eine neue Situation herbeiführt.

Es würde dies ein Vorgang sein, der sich mit der Ausprägung der reichsdeutschen (»kleindeutschen«) Nation nach 1866/71 vergleichen ließe, in der die (damals) »neue« »deutsche Nation« sich von den älteren Lebensformen der auf die vielen Einzelstaaten verteilt lebenden bisherigen »gesamtdeutschen« Nation im Rahmen des unter anderen auch Österreich mit einschließenden Deutschen Bundes abhob und schließlich nationalstaatlich im Sinne des Bismarckreiches formte. Dies aber hieße, daß mit der Reduktion des Nationalbewußtseins der Westdeutschen auf die Bundesrepublik die »Deutsche Frage« langfristig der DDR zur Entscheidung überlassen würde; sie könnte die Vereinigung der beiden deutschen Staaten in einer ihr und der ihren Handlungsspielraum absteckenden Sowjetunion günstig erscheinenden weltpolitischen Konstellation im marxistisch-leninistischen Sinne vorantreiben. Das in der Publizistik viel beschworene gegenwärtige »Gleichgewicht« in Europa, das nach Auffassung manches vordergründig urteilenden zeitgenössischen Beobachters nicht zuletzt auf der Teilung Deutschlands beruht, darf nicht ausschließlich militärstrategisch oder militärtechnisch verstanden werden. Es basiert vielmehr – neben vielen anderen Faktoren, die die machtpolitische »Balance« mit ermöglichen – nicht zuletzt auch auf dem politisch weit nach Osten ausstrahlenden Willen der Deutschen im freien Teil, an der Forderung nach einer auf der Verwirklichung des Selbstbestimmungsrechts aller Nationen in Europa beruhenden künftigen Friedensordnung unbeirrt festzuhalten und nicht in Resignation den Gegenkräften den Weg frei zu geben. Die Gefahr, daß sonst das »Gleichgewicht« in Europa verlorenginge, ist andernfalls nicht auszuschließen.

Anmerkungen

* Der essayartige Charakter dieser Skizze schließt einen Anmerkungsapparat wie in wissenschaftlichen Arbeiten üblich aus. Die Anmerkungen beschränken sich auf Hinweise zu neuester Literatur an Partien, deren Inhalt nicht als allgemein bekannt vorausgesetzt werden kann. – Zum Thema der Skizze allgemein: Andreas Hillgruber, Die Deutsche Frage im 19. und 20. Jahrhundert. Zur Einführung in die nationale und internationale Problematik, in: Josef Becker/Andreas Hillgruber, Die Deutsche Frage im 19. und 20. Jahrhundert, München 1983; Wolf D. Gruner, Die deutsche Frage. Ein Problem der europäischen Geschichte seit 1800, München 1985. Helmut Wagner, Die Deutsche Frage. Historische Entschlüsselung eines politischen Dilemmas, in: Neue Deutsche Hefte, 2/1987, S. 227–252. – Zur Deutschlandpolitik der »Anti-Hitler-Koalition«: Wilfried Loth, Die Teilung der Welt 1941–1955 (dtv-Weltgeschichte des 20. Jahrhunderts), München 1980; Hermann Graml, Die Alliierten und die Teilung Deutschlands. Konflikte und Entscheidungen 1941–1948, Frankfurt a. M. 1985; Josef Foschepoth (Hrsg.), Kalter Krieg und Deutsche Frage. Deutschland im Widerstreit der Mächte – 1945–1952, Göttingen-Zürich 1985; Ludolf Herbst (Hrsg.), Westdeutschland 1945–1955. Unterwerfung, Kontrolle, Integration, München 1986; Göttinger Arbeitskreis (Hrsg.), Studien zur Deutschlandfrage, Bd. 7, Berlin 1984. – Bestandsaufnahme vorwiegend unter didaktischen Aspekten: Wolfgang Jacobmeyer (Hrsg.), Deutschlandbild und Deutsche Frage in den historischen, geographischen und sozialwissenschaftlichen Unterrichtswerken der Bundesrepublik Deutschland und der Deutschen Demokratischen Republik von 1949 bis in die 80er Jahre (Studien zur internationalen Schulbuchforschung, Schriftenreihe des Georg-Eckert-Instituts, Bd. 43.), Braunschweig 1986.

1 Hierfür vor allem Axel Frohn, Neutralisierung als Alternative zur Westintegration. Die Deutschlandpolitik der Vereinigten Staaten von Amerika 1945–1949 (Dokumente zur Deutschlandpolitik, Beihefte, Bd. 7.), Frankfurt a. M. 1985, auch Werner Link, Die amerikanische Deutschlandpolitik 1945–1949, in: Göttinger Arbeitskreis (Hrsg.), Studien zur Deutschlandfrage, Bd. 7, Berlin 1984, S. 7–28.

2 Zu diesem sog. »Program A« A. Frohn (Anm. 1), S. 116 ff.

3 Europa-Archiv, 1950, S. 3405 f.

4 Europa-Archiv, 1954, S. 7171 ff.

5 Texte des Notenwechsels 1952 bei Eberhard Jäckel (Hrsg.), Die deutsche Frage 1952–1956. Notenwechsel und Konferenzdokumente der vier Mächte, Frankfurt a. M. – Berlin 1957. – Zur Kontroverse um die Stalin-Note vom 10. März 1952 zuletzt Rolf Steininger, Eine Chance zur Wiedervereinigung? Die Stalin-Note vom 10. März 1952. Darstellung und Dokumentation auf der Grundlage unveröffentlichter britischer und amerikanischer Akten, Bonn 1985; Wilhelm G. Grewe, Die Deutsche Frage in der Ost-West-Spannung. Zeitgeschichtliche Kontroversen der achtziger Jahre, Herford 1986; ferner: Hermann Graml, Die Legende von der verpaßten Gelegenheit, in: Vierteljahrshefte für Zeitgeschichte, 29 (1981), S. 307–341; Hans-Peter Schwarz, Die Ära Adenauer 1949–1957 (Geschichte der Bundesrepublik Deutschland, Bd. 2.) Stuttgart-Wiesbaden 1981, S. 149–166; Ders. (Hrsg.), Die Legende von der verpaßten Gelegenheit. Die Stalin-Note vom 10. März 1952 (Rhöndorfer Gespräche, Bd. 5.), Stuttgart-Zürich 1982.

6 Hierzu Rolf Steininger, Ein vereinigtes unabhängiges Deutschland: Winston Churchill, der kalte Krieg und die deutsche Frage im Jahre 1953, in: Militärgeschichtliche Mitteilungen, 36 (1984), S. 105–144; Josef Foschepoth, Churchill, Adenauer und die Neutralisierung Deutschlands, in: Deutschland Archiv, 12 (1984), S. 1286–1301.

7 Konrad Adenauer, Erinnerungen 1953–1955, Stuttgart 1966, S. 433.

8 E. Jäckel (Anm. 5), S. 116.

9 Renata Fritsch-Bournazel, Die Sowjetunion und die deutsche Teilung. Die sowjetische Deutschlandpolitik 1945–1979, Opladen 1979.

10 Heinrich Krone, Aufzeichnungen zur Deutschland- und Ostpolitik 1954–1969, in: Rudolf Morsey/Konrad Repgen (Hrsg.), Adenauer-Studien III (Veröffentlichungen der Kommission für Zeitgeschichte, Reihe B, Bd. 15.) Mainz 1974, S. 162.

11 Willy Brandt, Begegnungen und Einsichten. Die Jahre 1960–1975, Hamburg 1976, S. 84 ff.

12 H. Krone (Anm. 10), S. 180.

13 Auswärtiges Amt (Hrsg.), Die Auswärtige Politik der Bundesrepublik Deutschland, Köln 1972, S. 763.

14 Neues Deutschland vom 16. Februar 1981.

Die Autoren

GÜNTER C. BEHRMANN, Dr. phil., geb. 1941; Studium der Politikwissenschaft, Soziologie, Geschichte und Germanistik in Freiburg und Tübingen; 1971–1975 Wissenschaftlicher Assistent am Soziologischen Seminar der Universität Tübingen; seit 1975 Professor für Didaktik der politischen Bildung an der Universität Osnabrück, Abt. Vechta. – *Veröffentlichungen* u. a.: Soziales System und politische Sozialisation, Stuttgart 1975²; Geschichte und Politik. Didaktische Grundlegung eines kooperativen Unterrichts (zusammen mit K.-E. Jeismann und H. Süssmuth), Paderborn 1978; Politische Sozialisation und nationale Identität, in: Verfassung und Geschichte der Bundesrepublik Deutschland im Unterricht (Schriftenreihe der Bundeszentrale für politische Bildung, Bd. 161), Bonn 1980, S. 243–265.

FROWEIN, JOCHEN ABR., Dr. jur., Direktor am Max-Planck-Institut für ausländisches öffentliches Recht und Völkerrecht, Professor an der Universität Heidelberg, Vizepräsident der Europäischen Kommission für Menschenrechte; geb. 1934, Promotion 1960, Habilitation 1967; 1967–1969 o. Professor in Bochum, 1969–1981 o. Professor in Bielefeld. – *Veröffentlichungen* im Staats- und Völkerrecht.

GLAESSNER, GERT-JOACHIM, Dr. rer. pol., Professor für politische Wissenschaft an der Freien Universität Berlin; geb. 1944, Studium der politischen Wissenschaft, Soziologie und Volkswirtschaftslehre, 1976 Promotion, 1982 Habilitation; Arbeitsgebiete: Politische Soziologie, DDR- und vergleichende Kommunismusforschung, Geschichte sozialer Bewegungen. – *Veröffentlichungen* u. a.: Sozialistische Systeme. Einführung in die Kommunismus- und DDR-Forschung, Opladen 1972; Auszug aus der Gesellschaft? Gemeinschaften zwischen Utopie, Reform und Reaktion, Berlin 1986 (zus. mit Klaus-Jürgen Scherer); Die andere deutsche Republik. Politik und Gesellschaft in der DDR, Opladen 1987.

HILLGRUBER, ANDREAS, Dr. phil., Universitätsprofessor für Neuere Geschichte an der Universität zu Köln (seit 1972); geb. 1925, Studium (Geschichte, Germanistik, Pädagogik) an der Universität Göttingen (1948–1952), 1953 Promotion, 1965 Habilitation (Marburg/Lahn), 1968–1972 Professor für Neuere und Neueste Geschichte an der Universität Freiburg i.Br. – *Veröffentlichungen* u. a.: Hitlers Strategie. Politik und Kriegführung 1940–1941, München 1982²; Der Zweite Weltkrieg 1939–1945. Kriegsziele und Strategie der großen Mächte, Stuttgart 1985⁴; Die gescheiterte Großmacht. Eine Skizze des Deutschen Reiches 1871–1945, Düsseldorf 1984⁴; Die Last der Nation, Düsseldorf 1984; Zweierlei Untergang, Berlin 1987³; Deutsche Geschichte 1945–1986. Die »deutsche Frage« in der Weltpolitik, Stuttgart 1987⁵.

JAKOBI, FRANZ-JOSEF, Dr. phil., seit 1986 Leiter des Stadtarchivs Münster; apl. Professor für Mittelalterliche Geschichte und Didaktik der Geschichte an der Westfälischen Wilhelms-Universität in Münster; geb. 1940, 1976 Promotion, 1983 Habilitation, 1968–1985 Wissenschaftlicher Mitarbeiter und (seit 1984) Mitglied des Sonderforschungsbereiches 7 »Mittelalter-Forschung« an der Westfälischen Wilhelms-Universität Münster. – *Veröffentlichungen* u. a.: Wibald von Stablo und Corvey. Benediktinischer Abt in der frühen Stauferzeit, Münster 1978; Die Klostergemeinschaft von Fulda, 5 Bde., München 1979 (Mitherausgabe); Klosterkultur des Früh- und Hochmittelalters. Klöster und Stifte als Zentren kulturellen, wirtschaftlichen und sozialen Lebens. Unterrichtseinheiten für die Sekundarstufe I, Paderborn 1982; zahlreiche Aufsätze zur Sozialgeschichte des Mittelalters und zur Didaktik der Geschichte.

JEISMANN, KARL-ERNST, Dr. phil., o. Professor für Neuere und Neueste Geschichte und Didaktik der Geschichte an der Universität Münster; 1978–1984 Direktor des Georg-Eckert-Instituts für internationale Schulbuchforschung in Braunschweig; geb. 1925, Studium der Geschichte, Germanistik, Philosophie und Geographie in Kiel und Münster. – *Veröffentlichungen* u. a.: Das Preußische Gymnasium in Staat und Gesellschaft. Die Entstehung des Gymnasiums als Schule des Staates und der Gebildeten, 1787 bis 1817, Stuttgart 1974; (zus. mit G. C. Behrmann u. H. Süßmuth); Geschichte und Politik. Didaktische Grundlegung eines kooperativen Unterrichts, Paderborn 1978; Geschichte als Horizont der Gegenwart, 1985; Handbuch der deutschen Bildungsgeschichte, Bd. 3, 1800–1870 (hrsg. zusammen mit P. Lundgreen), München 1987.

KOSTHORST, ERICH, Dr. phil., em. Professor für Neueste Geschichte, Zeitgeschichte und Didaktik der Geschichte an der Universität Münster; geb. 1920. – *Veröffentlichungen* u. a.: Jakob Kaiser – Bundesminister für gesamtdeutsche Fragen 1949–1957, Stuttgart 1985²; (Hrsg.) Geschichtswissenschaft – Didaktik – Forschung – Theorie, Göttingen 1977; Zeitgeschichte und Zeitperspektive, Paderborn 1981; Deutschlandbild und Deutsche Frage in Lehrplänen und Unterrichtswerken für das Fach Geschichte in der DDR seit 1949 (mit K.-E. Jeismann), Braunschweig 1986; Die Teilung Deutschlands als Problem des Geschichtsbewußtseins. Eine empirische Untersuchung über Wirkungen von Geschichtsunterricht auf historische Vorstellungen und politische Urteile (mit K.-E. Jeismann, B. Schäfer u. a.), Paderborn 1987.

MARIENFELD, WOLFGANG, Dr. phil., Professor für das Lehrgebiet Geschichte und ihre Didaktik am Fachbereich Erziehungswissenschaften I der Universität Hannover; geb. 1926; Studium der Pädagogik, Geschichte, Geographie und Ur- und Frühgeschichte an der Pädagogischen Hochschule Hannover und an den Universitäten Hamburg und Göttingen; Promotion 1956; Professor an der Pädagogischen Hochschule Hannover 1963, an der Universität Hannover 1978. – *Veröffentlichungen* u. a.: Die alliierte Deutschlandplanung und -politik, Hannover 1962; (zus. mit W. Osterwald), Die Geschichte im Unterricht, Düsseldorf 1966; Das Deutschlandproblem in seiner geschichtlichen Entwicklung, Hannover 1985²; (zus. mit M. Overesch), Deutschlandbild und Deutsche Frage in den Geschichtsbüchern der Bundesrepublik Deutschland und den Richtlinien der Länder, in: Studien zur internationalen Schulbuchforschung, Bd. 43, Braunschweig 1986, S. 1–118.

PETZINA, DIETMAR, Dr. rer. pol., Professor für Sozial- und Wirtschaftsgeschichte an der Ruhr-Universität Bochum; geb. 1938, Studium der Wirtschaftswissenschaften, Geschichte und Soziologie in München und Mannheim. – *Veröffentlichungen* u. a.: Deutsche Wirtschaftsgeschichte im Industriezeitalter (hrsg. mit W. Abelshauser), Königstein/Ts. 1981; Deutsche Sozialgeschichte 1914–1945. Ein historisches Lesebuch (hrsg. mit W. Abelshauser und A. Faust), München 1985; Industrieland im Wandel 1945–1980, in: Wilhelm Kohl, Westfälische Geschichte, Bd. 3, Düsseldorf 1984, S. 439–532.

KARL ROHE, Dr. phil., Professor für Politikwissenschaft an der Universität Essen, gegenwärtig Gastprofessor an der Universität Oxford; geb. 1934, Studium in Münster, Freiburg und Oxford, 1964 Promotion, 1969 o. Professor für Politische Wissenschaft an der PH Ruhr. – *Veröffentlichungen* u. a.: Das Reichsbanner Schwarz-Rot-Gold. Ein Beitrag zur Geschichte und Typologie politischer Kampfverbände zur Zeit der Weimarer Republik, Düsseldorf 1966; Politik. Begriffe und Wirklichkeiten, Stuttgart 1978; (Hrsg.), Vom Revier zum Ruhrgebiet. Wahlen, Parteien, Politische Kultur, Essen 1986; Krise in Großbritannien? Studien zu Strukturproblemen der Britischen Gesellschaft und Politik im 20. Jahrhundert , Bochum 1987; Aufsätze zur Theorie der Politik, zur vergleichenden Politik, zu historischen und kulturellen Grundlagen von Wahlverhalten und Parteien sowie zur Geschichte und Politik Großbritanniens im 19. und 20. Jahrhundert.

SCHÖNEMANN, BERND, Dr. phil., seit 1984 Hochschulassistent am Institut für Didaktik der Geschichte im Fachbereich 10 Geschichte der Westfälischen Wilhelms-Universität Münster, 1980/81 und 1984 wissenschaftlicher Mitarbeiter am Georg-Eckert-Institut für internationale Schulbuchforschung in Braunschweig; geb. 1954, Studium der Geschichte und Germanistik an der Universität Göttingen. – *Veröffentlichungen* u. a.: Das braunschweigische Gymnasium in Staat und Gesellschaft. Ein Beitrag zur Schulgeschichte des 19. Jahrhunderts, Köln–Wien 1983; Determinanten der Darstellung der polnischen Geschichte am Beispiel des dreibändigen Schullehrbuches »Geschichtliche Weltkunde«, in: Karl-Ernst Jeismann (Hrsg.), Geschichtsdarstellung. Determinanten und Prinzipien, Göttingen 1982, S. 82–98; Geschichtsunterricht zwischen Wissenschaft und politischen Legitimationsbedürfnissen. Ein Projektbericht, in: Karl-Ernst Jeismann (Hrsg.), Geschichte als Legitimation. Internationale Schulbuchrevision unter den Ansprüchen von Politik, Geschichtswissenschaft und Geschichtsbedüfnis, Braunschweig 1984, S. 9–20.

VIERHAUS, RUDOLF, Dr. phil., Direktor des Max-Planck-Instituts für Geschichte in Göttingen; geb. 1922, 1955 Promotion, 1961 Habilitation in Münster; 1964 bis 1971 Professor für Neuere Geschichte an der Ruhr-Universität Bochum, Honorarprofessor an der Universität Bochum (bis 1980) und Göttingen. – *Veröffentlichungen* u. a.: Ranke und die soziale Welt, Münster 1957; Deutschland im Zeitalter des Absolutismus, Göttingen 1984^2; Staaten und Stände, 1648–1763 (Propyläen Geschichte Deutschlands, Bd. 5), Berlin 1984.